U0898784

欧洲思想的危机
（1680—1715）

〔法〕保罗·阿扎尔 著
方颂华 译

商务印书馆
The Commercial Press
2019年·北京

PAUL HAZARD

LA CRISE DE LA CONSCIENCE EUROPÉENNE, 1680–1715

本书根据法亚尔出版社1961年版译出。

“二十世纪人文译丛”
编辑委员会

〔法〕保罗·阿扎尔

作者简介

保罗·阿扎尔（Paul Hazard，1878—1944），法国作家、历史学家、哲学家。1925年起任法兰西公学院（Collège de France）比较文学教授，1940年当选法兰西学士院（Académie française）院士，代表作《欧洲思想的危机（1680—1715）》，其他重要作品有《18世纪的欧洲思想，从孟德斯鸠到莱辛》等。

译者简介

方颂华，南京大学法国文学硕士，自1999年起翻译、合译著作十余部，主要译作有《伯里克利》《自由》《梅西埃与卡米耶》《沉默的战斗》《感谢这一刻》等。

总　序

“人文”是人类普遍的自我关怀，表现为对教化、德行、情操的关切，对人的尊严、价值、命运的维护，对理想人格的塑造，对崇高境界的追慕。人文关注人类自身的精神层面，审视自我，认识自我。人之所以是万物之灵，就在于其有人文，有自己特有的智慧风貌。

“时代”孕育“人文”，“人文”引领“时代”。

古希腊的德尔斐神谕“认识你自己”揭示了人文的核心内涵。一部浩瀚无穷的人类发展史，就是一部人类不断“认识自己”的人文史。不同的时代散发着不同的人文气息。古代以降，人文在同自然与神道的相生相克中，留下了不同的历史发展印痕，并把高蹈而超迈的一面引向二十世纪。

二十世纪是科技昌明的时代，科技是“立世之基”，而人文为“处世之本”，两者互动互补，相协相生，共同推动着人类文明的发展。科技在实证的基础上，通过计算、测量来研究整个自然界。它揭示一切现象与过程的实质及规律，为人类利用和改造自然（包括人的自然生命）提供工具理性。人文则立足于“人”的视角，思考人无法被工具理性所规范的生命体验和精神超越。它引导人在面对无孔不入的科技时审视内心，保持自身的主体地位，防止科技被滥用，确保精神世界不被侵蚀与物化。

回首二十世纪，战争与革命、和平与发展这两对时代主题深刻地影响了人文领域的发展。两次工业革命所积累的矛盾以两次世界大战的惨烈方式得以缓解。空前的灾难促使西方学者严肃而痛苦地反思工业文明。受第三次科技革命的刺激，科学技术飞速发展，科技与人文之互相渗透也走向了全新的高度，伴随着高速和高效发展而来的，既有欣喜和振奋，也有担忧和悲伤；而这种审视也考问着所有人的心灵，日益尖锐的全球性问题成了人文研究领域的共同课题。在此大背景下，西方学界在人文领域取得了举世瞩目的成就，并以其特有的方式影响和干预了这一时代，进而为新世纪的到来奠定了极具启发性、开创性的契机。

为使读者系统、方便地感受和探究其中的杰出成果，我们精心遴选汇编了这套“二十世纪人文译丛”。如同西方学术界因工业革命、政治革命、帝国主义所带来的巨大影响而提出的“漫长的十八世纪”“漫长的十九世纪”等概念，此处所说的“二十世纪”也是一个“漫长的二十世纪”，包含了从十九世纪晚期到二十一世纪早期的漫长岁月。希望以这套丛书为契机，通过借鉴“漫长的二十世纪”的优秀人文学科著作，帮助读者更深刻地理解“人文”本身，并为当今的中国社会注入更多人文气息、滋养更多人文关怀、传扬更多“仁以为己任”的人文精神。

本丛书拟涵盖人文各学科、各领域的理论探讨与实证研究，既注重学术性与专业性，又强调普适性和可读性，意在尽可能多地展现人文领域的多彩魅力。我们的理想是把现代知识人的专业知识和社会责任感紧密结合，不仅为高校师生、社会大众提供深入了解人文的通道，也为人文交流提供重要平台，成为传承人文精神的工具，从而为推动建设一个高度文明与和谐的社会贡献自己的一份力量。因此，我们殷切希望有志于此项事业的学界同行参与其中，同时也希望读者们不吝指正，让我们携手共同努力把这套丛书做好。

“二十世纪人文译丛”编委会
2015年6月26日于光启编译馆

目　录

前　言

多么鲜明的对照！又是多么迅猛的转型啊！等级制度，清规戒律，权威维护下的秩序，牢牢束约生活的教理：这是生活在17世纪的人所喜爱的。然而，束缚、权威、教条，这些正是紧随其后、生活在18世纪的人所厌恶的。前一代人是基督徒，后一代人向基督教发出挑战；前一代人信奉神法，后一代人笃信自然法；前一代人能在一个分化成不同阶级的不平等社会里生活得安然自得，而后一代人唯一的梦想就是平等。的确，后辈总免不了会嘲笑前辈，因为后辈总是自以为能创造出一个新世界，世界只有靠他们才会变得更美好；不过，光凭一代代人潮起潮落的说法，并不足以解释这样一次如此迅疾，态度又如此坚决的变化。曾几何时，大部分法国人的思想还是以博絮埃为参照的；但转瞬间，法国人就全效仿起了伏尔泰：这分明是一场革命。

为了弄清楚这场革命是如何发生的，我们进入一处处不为人熟知的地域。过去，人们对17世纪已经有过很多研究；如今，人们又对18世纪做了不少探索。然而，在这两个世纪的交界处，还延伸着一片不清晰、不平坦的地带，一片能让人期待新探险、新发现的地带。本书就是我们穿行这片地带的记录，我们选用了两个难言严谨的时间点，为其做出了界定：起点在1680年左右，终点则是1715年。

在这片地带里，我们遇到了斯宾诺莎（此时他的影响力还只是刚刚形成）；我们还遇到了马勒伯朗士、丰特奈尔、洛克、莱布尼茨、博絮埃、芬乃伦、贝尔，这里所列出的只是那些最伟大的名字，此外，笛卡尔的身影也依然驻留于此，不曾远去。这些思想界的英豪各有各的天才，他们以各自的特色，像对待新问题那样，重新探讨各种困扰人们的永恒问题，即上帝的存
VIII 在与属性的问题、本质与现象的问题、善与恶的问题、自由与宿命的问题、君权的问题、社会形态形成的问题——所有与生存相关的根本问题。到底该以什么为信仰？又该如何行动？一个一度被认为已经彻底解决的问题也重新成为话题：“*Quid est Veritas?*”（何谓真理？）光看表象，在威严的君权下，“伟大世纪”[1]一直延续着其欣欣向荣的势头，那些混迹于思想界和写作圈的人，只需要参考前一代丰富的杰作，做做照搬照套的工作就可以了。也就是说，写悲剧就看谁写得像拉辛，写喜剧就看谁写得像莫里哀，写寓言就看谁写得像拉封丹；而批评家所评论的，是史诗中寓含的道德问题，或是基督教神奇故事的运用问题，他们会无休无止地赞美三一律，将其看作艺术界的辉煌成就。但随着《神学政治论》《伦理学》《人类理解论》《新教教会改易史》《历史与批评辞典》和《对一位外省人问题的回复》这些著作的面世，争论开始出现，前面所说的那些行为顿时显得极端乏味，简直如同儿戏，或是垂暮老人的无趣消遣。争论所涉及的问题，是要弄清人们究竟该继续信教，还是该放弃信仰；究竟该服从传统，还是该反抗传统；人类究竟是该信任原先的向导，沿着老路走下去，还是该在新领袖的带领下转变方向，走向新的乐土。正如皮埃尔·贝尔所说，“理性人士”和“宗教人士”分居这场斗争的两个阵营，他们为争夺人们的灵魂而竭力拼杀，全欧洲的思想界都是这场斗争的见证者。

进攻的一方渐渐占据了上风。异端不再孤立，也不再需要躲躲藏藏；它赢得了不少信徒，开始变得咄咄逼人、趾高气扬。人们在表达自己的否定意见时可以直抒胸臆，而不再需要掩饰。理性不再是一种强调平衡的智慧，而是一种富有批评精神的胆气。关于上帝的存在和神迹的真实性，曾有过一些

1 “伟大世纪”（le grand siècle），指法国的17世纪。起先这个说法仅指路易十四统治时期（1643—1715），后来被拓展到整个17世纪，甚至可指从亨利四世登基（1589年）到路易十四驾崩（1715年）之间的这段时期。——译注

得到极广泛认同、被人们普遍接受的观念，但这些观念现在都开始受到质疑。神被贬到了人无法靠近的、陌生的天国；人从此变成了万物的尺度，而且也只有人能承担这一角色；人的生存意义和终极指向都是人自身。人民的牧师，他们执掌大权实在太久了；他们曾承诺，要让善行、公正和友爱遍布大地，但他们并未实现自己的诺言；在这场以真理和幸福来决定胜负的角逐中，他们成了输家，于是他们只能退场。万一他们不愿体面离开的话，那也只好将他们赶走。人们认为，旧建筑是必须要毁掉的，因为它没有庇护好人 IX
类这个大家庭；因此，第一桩要务就是拆除的工作。而第二桩要务是重建，是准备未来新城里的基石。拆除与重建是同样刻不容缓的事，为了避免陷入某种会走向死胡同的怀疑主义学说，人们必须要建立起一种哲学，这种哲学能摒弃那些总带着些欺骗性的形而上学梦想，转而研究现象，研究那些能让我们弱小的双手触碰到的现象，也就是说，这是一种可以让我们感到满足的哲学；此外，还必须建立起一种与神权无关的政治、一种不存在秘仪的宗教和一种脱离教条的伦理道德观。必须要对科学进行改造，让它不再是简单的智力游戏，而彻底成为一种能驾驭自然的力量；无疑，科学是会让人们赢得幸福的。人们像这样重新征服世界后，自然还会进行各种建设，来谋求自身的福祉和荣耀，谋求未来的极乐。

这样的描述，让人很容易想到18世纪的精神。而我们想说明的是，远在我们通常所认为的时间点之前，这一精神的主要特点就已经显露出来了；在路易十四依然处在辉煌全盛期的时候，它就已经完全成形了；1760年左右甚至1789年左右的那些看起来极具革命性的主张，其实在1680年前后，就几乎全都有人表达过了。当时，欧洲思想爆发了一场危机；它的直接源头是文艺复兴，并为法国大革命做了铺垫，在文艺复兴与法国大革命之间，思想史上没有比这场危机更重要的事件了。以往的文明是一种以尽责为理念基础的文明——对上帝尽责，对君王尽责，对此，“新哲学家们”想用一种以权利为理念基础的文明取而代之：个体意识的权利、批评的权利、理性的权利、人权以及公民权。

这是一段35年的欧洲精神生活史，不过，在做时间划分时，无法不顾及紧随其后的那些年份，更不能不考虑在其之前的那些年份。在这段历史中，人本身被传唤到法庭，再次受到质问，他究竟是生而无辜还是生而有罪，他究竟是拿现世还是永恒当作生命的追求；在这段历史中，出现了各种敏锐的思想，它们或是极具攻击力，或是有强大的防御力，尽管已成过去，但这些思想依然在不断地产生影响，如今，我们在提出宗教、哲学、政治和社会的问题时，从某种程度上说，还是在继续重复当时这些无法平息的重大争论；
x 在这段历史中，还出现了丰富的作品，有些作品分量十足、内容紧凑，文笔间带有特别的才气，它们的作者更看重文字的功效和理据的充实，而不是形式的完美，还有些作品深奥莫测，讨论的是神学或哲学方面的问题；在这段历史中，国与国之间产生了为数众多、千丝万缕的联系，各国之间互相传播、渗透、影响，有些现象出现在某些国家本身会显得难以解释，但重回欧洲的大环境来理解就会容易得多。在这山峦密布、山脊线起伏、大路和小径交错的风景中，要找出通往各处的方向；要从各民族的日常特征里，从他们的喜怒哀乐中，勾勒出他们的个性，把握他们的总体面貌：毫无疑问，这是项很繁重的任务。但我们不会对自己的这次梳理感到后悔。因为我们很明白，即便我们做了一些工作，我们的后辈依然有很多事要做，依然有很多事要从头再来，我们也很清楚，想了解一棵树，就只能对树根和树的一条条分枝做认真细致的研究；有时候我们会觉得，行走在一片混乱的森林里，先草绘出几条临时的路径，终归还是有益的。[1]

有些时代是带着诗意和旋律的。在研究这些时代的时候，聆听其中的和谐之音，感受其中的种种音韵，沉浸在那些精妙入微的乐曲声中，即便一曲

1 在1932年8月15日、9月1日、9月15日出版的《两个世界杂志》（*Revues des Deux Mondes*），1932年10至12月的《比较文学季刊》（*Revue de littérature comparée*），以及1933年10月21日、11月25日的《中欧》（*Europe centrale*）里，我们选录了本书的一些片段。但全书正式出版时这些片段有明显改动。——原注

终了，仍然余音不绝，这样的感觉实在是妙不可言：整个大地仿佛都成了一首悠扬之歌。但我们涉足的时期并非如此，它根本不在乎什么节奏和旋律，它与诗性完全背道而驰，它完全无力呈现这样的魅力。这倒不是因为想象和情感的价值突然间就不复存在了，也不是因为人类暂时中断了自己的游戏和各种兴趣爱好；相反，我们注意到，在纯粹的求知求智类工作之外，人们的生活始终具有绚丽的色彩和丰富的形式，内心世界也存在着种种矛盾对立。不论是法国之外的虔诚派，还是法国境内的寂静主义[1]，都向我们展现了一些无法从理性那里得到满足的、不安分的伟大心灵，拥有如此心灵的人有着种种向往，经历过种种内心的震动，他们所寻求的，是一个充满圣爱的上帝。而这样的神秘主义正是促生出思想危机——那个时代的主要特征——的因素之一。它揭露了宗教与权势之间的联盟关系，摆脱了正统教会的控制，认为信仰只是一种个体的冲动，是一种原始的自发行为；它打破了既定的秩序，让自己充当起创新者的角色。与此同时，还有人在社会中播下了无政府 XI
主义的种子，用野蛮人的原始美德来反驳文明社会的谬误与罪行。

这35年是一路崎岖又风景无限的35年，充满了纷争，也充满了恐慌，在这35年里结下了许多思想的硕果，但同样不乏纯净之美。让我们来回溯这一场场声势浩大的运动；让我们来看看无数的思想是如何破灭，接着又是如何以其他的形式，遵循其他的法则卷土重来；让我们来关注我们在人世间的这些兄弟，他们勇敢地寻求着自己的道路，即便未来的命运不可预知也在所不惜，他们从不会泄气，也从不会被击垮——此时，一种难以名状的情感在我们心头油然而生。这些人的执着和不懈让我们看到了一种伟大的精神；如果说，我们下文中所展现的欧洲，它的本质是永不满足，是随时会为寻求真理和幸福重新上路，那么我们也同样可以认为，这样的追求还蕴含着一种悲壮之美。不过，本书的宗旨并不仅限于此。研究各种思想的诞生，或者至少可

1 虔诚派又译“虔敬派”，是17至18世纪德国宗教复兴运动中的路德宗教会派别之一。寂静主义是一种神秘的灵修神学，产生于17世纪的法国，寂静主义者不同意人能够靠人为的努力来达到完美的境界，主张应该将自身完全交给上帝。——译注

以说是研究各种思想的转型变迁过程，追随着它们的发展轨迹一路同行，看着它们从少人问津的起点，到崭露头角、勇气彰显的初始阶段，再经过一次次进步、一次次成功，直至最终的胜利，在这整个过程中，我们会在内心深处形成一种信念，引领和指导生活的，并不是物质的力量，而是智慧的力量和道德的力量。

第一卷

巨大的心理变化

第一章 从稳固到运动

固守现状；避免任何变化，因为一旦变化，就有可能毁掉某种神奇的平衡格局：这就是古典主义时代的期盼。不安的灵魂总会受到好奇心的撩拨，而这样的好奇心是很危险的；不仅危险，而且疯狂，因为一个人哪怕周游四海，走到世界的尽头，所能发现的也无非是一路伴随他的东西：他作为人的处境。就算他发现了什么不一样的东西，那这必然会使他分神耗力。但愿他能集中精神，来面对那些永恒的问题，那些分心时无法解决的问题。塞内加[1]对此曾说过，一个人的内心如果是井然有序的，其首要表现就是能停下脚步，固守自我；帕斯卡则发现，人所有的不幸都源自一件事，那就是不懂得待在房间里静守岁月。

古典主义热衷于稳固：它试图让自身成为稳固的代名词。经历了大冒险、大变革的文艺复兴和宗教改革，现在该进入静思的时代了。政治、宗教、社会、艺术，别再无休止地讨论这些话题了，也别再不知足地对它们发出种种批评声了；人类可怜的航船已经找到了港湾，但愿它能在此长久停留，甚至永驻于斯！秩序成为生活的主导，既然有了一套完备的、大家都觉得出色的体系，那何苦还要在此之外，再尝试着重新质疑一切呢？那些有奇观、有异事的空间让人感到恐惧；如果可能的话，时间也最好停下它不断向

1 塞内加（Lucius Annaeus Seneca，约公元前4—公元65），古罗马时代著名的斯多葛学派哲学家，曾任尼禄皇帝的导师及顾问。——译注

前的步伐。人们到凡尔赛一带转转后会产生一种感觉，连水似乎都失去了自主流动的能力；水被人截获、被人改变方向，然后引向空中，仿佛人们想用这种方式让水永久地为人服务。

4 在《堂吉诃德》一书下卷的第十六章，塞万提斯描写了“愁容骑士”[1]在路上偶遇的一位绿衣绅士。此人正赶着回家，他的家能让他享受到一种智者的幸福。他有一定的财产，但并不奢华；他与妻子、儿女和朋友们一起生活；他最大的爱好是打猎和钓鱼，但他并不花心思去配置装备，去挑选随行的鹰犬，而只是驯化了一只苍鹭和一只山鹑；他有大约120本书，这对他来说就够用了；他偶尔会上邻居家共进晚餐，有时也会请他们来自己家做客，尽管他吃的不是珍馐美馔，但也绝不寒酸将就。他喜欢一种适度合理的自由，喜欢公正，喜欢和谐；他在向穷人施舍的同时，还注意不让自己滋生虚荣之心；别人发生争执时他会尽力平息事端；他既是圣母的虔诚信徒，也对上帝的无限慈悲笃信不疑。他在自我介绍时也就是这样说的；桑丘听完后深受触动，他当即跳下毛驴，一把抓住绅士的脚，开始吻了起来。“您这是干什么呢，我的兄弟?”——“让我吻吻您的脚吧，”桑丘对他说道，“因为您似乎是我一生中见过的第一位马背上的圣人。”

绿衣绅士堂·迭戈·德·米兰达并不是一位圣人；在作品出版的1615年，作者塑造他这样一个人物，仿佛只是预见到了一种能代表古典主义智慧的理想形象。绿衣绅士并没有看不起游侠骑士，甚至于他本人心中也存有某种英雄主义气概，但他肯定是不会跟着他们一起上路的。他知道，人生中最幸福的事，莫过于心、灵、智的和谐一体了；既然已经发现了美好生活的秘诀，他自然会坚守下去；他会一直身体力行，直至临终的那一天。

然而时过境迁，对他的后人而言，他的秘诀已不值一文；他的孙辈成年后都觉得，做绿衣骑士实在是太过时了。他自得自满的那种生活方式，他们是看不上的；他们打破了这种平静的生活节奏，这种休养生息式的、幸福的

1 即堂吉诃德。——译注

生活节奏；他们将长久忍耐下被过度压抑的情绪释放出来，他们奔赴远方，探索各种会让自己产生疑惑的事物。我们能看到，随着时代的更迭，旅行已成为一种传播得越来越广、影响力越来越大的时尚；探索之士走出自己的村落，告别自己的城市、省份，甚至踏出自己的国境，去了解其他人是如何生活、如何思考的：这些全新的动态代表着一种初显的征兆，它让我们明白，引领生活的原则已开始发生某种转变。“如果您是个有好奇心的人，那不妨就去旅行吧……”[1]

布瓦洛去波旁城的浴场时，自以为来到了世界的尽头，奥特伊城已经完全可以满足他的需求。[2]同样，对拉辛来说，巴黎城也已足够；拉辛和布瓦洛，他们两人在被迫陪同国王远行时，都会显得非常不适应。博絮埃从未去过罗马，芬乃伦也一样没去过。莫里哀再没回到过佩泽纳[3]的理发店。古典时代的伟大人物都是定居在某处的。居无定所的行游者，那是后世的伏尔泰、孟德斯鸠、卢梭；产生这样的转变，是因为某些不太明显的力量发生了作用。

事实上，在17世纪末、18世纪初的时候，意大利人重新喜欢上了旅行；至于法国人，他们更是具有水银般的流动性。当时有一位观察家曾说，他们极度热衷于新生事物，甚至会想尽办法，不让某段友谊维持得太久；他们每天都会发明出不同的时尚；他们在自己的国家待腻了，就会出境远游，或

1　特罗蒂·德·拉·谢塔尔迪：《对一位年轻贵族的教诲或雅士之思》（Trotti de la Chétardie, *Instructions pour un jeune Seingeur, ou l'idée du galant homme*），巴黎，1683年，第68页。——原注

2　布瓦洛（Nicolas Boileau，1636—1711），法国诗人、文学批评家，代表作品《诗艺》。波旁城指的是波旁拉尔尚博（Bourbon-l'Archambault），位于现法国奥弗涅—罗讷—阿尔卑斯大区，是历史上波旁内省（province du Bourbonnais）的中心城市。13世纪起，波旁城以其带蒸汽室的洗浴场所闻名。奥特伊城（Auteuil）位于巴黎西部，现为巴黎16区的一部分。——译注

3　佩泽纳（Pézenas）是现法国奥克西塔尼大区的一座城镇，莫里哀早期在外省巡回演出时曾于1655至1656年间来到这里，当时他与一位理发师成为好友，经常会在理发店的木椅上休息。——译注

是亚洲，或是非洲，只求转换环境，得几分消遣。[1]德国人旅行，因为这是他们的习惯，是他们的嗜好；不可能让德国人守在家里不出门。“我们一代代人，从父辈到子孙辈，全都爱旅行，绝不会有什么事能拦得住我们，”在《波利提克爵士》这部有趣的、倡导国际主义精神的喜剧中，作者圣埃弗尔蒙[2]借剧中一位德国人之口说出了这样的话，“我们一学会拉丁语，就开始准备旅行了；装备中的头一样东西是本地图册，地图册中标明了沿途的各条道路；第二样东西是本介绍各国新奇事物的小书。旅行者如果是文人，他们在出发时还会带上一本精装的、全是空白页面的册子，这种册子被称作‘*Album Amicorum*’（友谊之书），因为他们免不了要在所经之地拜访学者名
6 士，此时他们可以呈上这本书，请这些人签名留念……”说这番话的这位德国人在旅行时是有很多事要忙的：一遇到山，他就会向上攀登直至顶峰；一看见河，他就要从源头开始顺流而下跟到入海口，沿途还会记录所有的渡口和桥梁；不论是圆形剧场的遗迹还是庙宇的残垣，他都喜欢研究一番；教堂、修道院、修女院、公共广场、市政厅、引水渠、城堡、兵工厂，他都要看一看，记一记；他还乐于摘抄墓碑上的铭文；钟楼、排钟、大自鸣钟，他也不会错过；但是，假如他听说法国国王的加冕礼就要举行，或是神圣罗马帝国即将选出新皇帝，他会抛下一切飞奔而去。

英国人也旅行，这算是对他们学校教育的补充吧；刚走出牛津、剑桥校门的年轻贵族，他们带上充足的金钱，再加上一位睿智导师相伴辅佐，便跨越海峡，开始他们的**伟大游历**。不过，游历的目标是不尽相同的；有些人只想尝尝弗龙蒂尼昂和蒙蒂菲阿斯科尼的麝香酒，品品阿伊、阿尔布瓦、波尔

---

1 乔瓦尼·保罗·马拉纳:《一位西西里人写给友人的信，内含对巴黎和法国人的善意批评》（Giovanni Paolo Marana, *Lettre d'un Sicilien à l'un de ses amis, contenant une agréable critique de Paris et des Français*），1700年及1710年。——原注

2 圣埃弗尔蒙指夏尔·德·圣埃弗尔蒙（Charles de Saint-Évremond，1614—1703），法国持宗教自由思想的伦理学家、批评家，晚年先后在荷兰、英国定居。他的戏剧《波利提克爵士》（*Sir Politick Would-be*）是根据本·琼生（Ben Johnson，1572—1637）代表作品《福尔蓬奈》（*Volpone*）改编而成。——译注

多和赫雷斯的葡萄酒[1]，另一些人则更看重思想上的收获，他们要参观各类自然史陈列馆，研究各种典藏古迹。总之，各国人有各国人的特点："一般来说，法国人旅行时都会省着花钱，他们上一个地方暂住，有时候不但不会给当地带来什么裨益，反而会造成损失。英国人则相反，他们离开英国时都会带上数额可观的汇票，随从、装备一应俱全，出手阔绰。据统计，仅在罗马一城，平日里总会有50名以上的英国绅士，他们个个都会雇上一帮人，见到什么东西都买，每年每位英国人的平均消费至少有2 000埃居；这样算下来，仅罗马一城，每年就会从英国赚取超过3万皮斯托尔的现钱。"巴黎的情况也一样，"这里向来少不了英国的旅客。有一天，一位英国商人对我说，一年之内，英国绅士在他这里兑换并用来在法国消费的钱就达到了13万埃居；而这位商人还根本算不上是最富有的银行家"。这些记叙来自于一位一生漂泊的冒险家格雷戈里奥·莱蒂（Gregorio Leti）：这位格雷戈里奥·莱蒂[2]，他至少有五个祖国，因为他生于米兰，在日内瓦皈依加尔文宗，在巴 7
黎写书颂扬过路易十四，在伦敦当过史官，后来又为荷兰联省共和国写过檄文式的文书，并于1701年在那里去世。还有些学者通过周游各地来丰富自己的学识，如帕多瓦人安东尼奥·孔蒂[3]，他1713年来到巴黎，1715年在伦敦加入了微积分之争；接着他去汉诺威与莱布尼茨交流，半路上还取道荷兰，拜访了列文虎克。也有些爱旅行的哲学家，但他们并不是想找个远离尘嚣的地方冥思，而是为了去感受世间新奇的事物，比如说洛克和莱布尼茨。远游的君王也不少：瑞典的克里斯蒂娜女王1689年在罗马故去；1696年，彼得大帝游历了欧洲。

1 弗龙蒂尼昂（Frontignan），现法国奥克西塔尼大区的城镇。蒙蒂菲阿斯科尼（Montefiascone），意大利中部城镇。阿伊（Ay），现法国大东部大区的城镇。阿尔布瓦（Arbois），现法国勃艮第—弗朗什—孔泰大区的城镇。赫雷斯（Xerez），西班牙西南部城市。——译注

2 格雷戈里奥·莱蒂：《克伦威尔生平及回忆》（Gregorio Leti, *Historia e Memorie sopra la vita di O. Cromvell*），阿姆斯特丹，1692年。法译版，1694年，法译版再版，1703年，第46页。——原注

3 安东尼奥·孔蒂（Antonio Conti，1677—1749），物理学家、数学家、历史学家、哲学家，以孔蒂神父之名著称。——译注

旅行造就了一种难以界定又非常实用的文学体裁，因为什么都可以往里面装，博学的论文，博物馆藏品名录，甚或是爱情故事，游记的成功可谓辉煌。它可以是一篇沉甸甸的知识性作品，也可以是一部心理学研究著作，或者是纯小说，又或者是本大杂烩。有人贬它，也有人褒它，但不论是褒是贬，都反映出它的重要性，都说明它已经是人们生活中一件不可或缺的东西了。游记成为时尚的同时，也带动了地图册和旅行指南这一产业的繁荣。这类书品种齐全，人们只要按需选用即可，如《在法国旅行的外国绅士》《诚实的木偶或旅行注意事项总览》《西班牙、法国、意大利及德国各省道路指南》等。名城还会享受到专著的特殊待遇，如《威尼斯城及威尼斯共和国》《游客用罗马城介绍》《那不勒斯王城名胜导览》《巴黎城最佳景观新介》等。有些书还用上了一种很具诱惑力的书名，让人一看就会产生踏上旅途的想法，期待的美景也会顿时浮现在眼前——乐土（Délices），如《意大利乐土》《丹麦、挪威的乐土与乐事》《英国、爱尔兰的乐土》《瑞士的国家与乐土》等。将所有这些“乐土”汇编在一起，我们就能看到一本《欧洲奇观》。

8 不过，《世界风情画廊》的诱惑力会不会更强呢？

确实，欧洲发现世界、开发世界的脚步从未停顿过；17世纪的欧洲人延续了16世纪传承下来的使命。早在1619年，一位不太知名的作家皮埃尔·贝尔热隆就表达了这样的观点（1636年，托马索·康帕内拉又再次阐述了这一观点）[1]：探索世界、开发世界，这动摇了旧哲学赖以存在的部分基础，必将促生出一种对万事万物的新理念。[2]这种观点起初发展缓慢，但随着荷兰人在东印度公司贸易通畅之余又将他们在东印度地区发现的奇闻逸事描述出

1 皮埃尔·贝尔热隆（Pierre Bergeron，约1580—约1637），法国诗人、地理学家；托马索·康帕内拉（Tommaso Campanella，1568—1639），意大利空想共产主义者，著有《太阳城》一书。——译注

2 关于在本书所研讨时期之前不久产生的旅行对思想的效应，参见亨利·布松：《从沙朗到帕斯卡的法国宗教思想》（Henri Busson, *La pensée religieuse français de Charron à Pascal*），1933年，第284页。——原注

来，随着英国人向各处海域派出船队之余又出版了丰富无比的游记类文学作品，随着科尔贝尔[1]建议法国人到富饶的殖民地安家、去远方的商行立业，它开始得到迅速的传播：有多少游记是“奉国王旨意”写成的啊！但国王并没有料到，这些游记可以形成一些撼动传统观念的见解，而这些传统观念对维护其信仰、保障其权威是弥足珍贵、不可或缺的。

就这样，各种纪实类、风情类、调查类的作品，以文集、套书、丛书、杂集的方式层出不穷，数量不断攀升直至接近失控；足不出户的人，根本没去过北美五大湖、印度马拉巴尔花园、中国宝塔的那些人，他们只要守在炉火边，就可以读到其他人讲述的见闻。那些外方传教会、嘉布遣会、方济各会、雷哥列派[2]和耶稣会的先生们，他们描述的是异教徒皈依的经历；那些在突尼斯、阿尔及尔或摩洛哥被关押过的人，他们叙述的是自己因为信仰而饱受折磨的故事；为驻外公司效力的医生记叙的内容犹如病例报告；航海家们则光荣地回顾他们的环球旅行，如丹皮尔、杰梅利·卡雷里、伍兹·罗杰斯[3]。1690年7月10日，一群新教徒为了避难开始了冒险之旅，这场旅行算得上是当时那个时代的象征性事件，他们从阿姆斯特丹起航，离开了薄情的欧
洲，期待在通往东印度的路途中觅得一处可以让他们重生的伊甸园。但他们 9
并没有找到。[4]

这些新鲜事物让思想界非常兴奋；到了17世纪末，已经有人全力投入，对其做出了充分的研究。威廉·坦普尔爵士在摆脱政务烦恼后，除了在穆尔

1 科尔贝尔指让-巴蒂斯特·科尔贝尔（Jean-Baptiste Colbert，1619—1683），路易十四时期的重要大臣。——译注

2 雷哥列派（Récollets），方济各会里的一派。——译注

3 分别指英国旅行家、航海家威廉·丹皮尔（William Dampier，1652—1715），意大利探险家杰梅利·卡雷里（Gemelli Careri，1651—1725），英国的海盗船船长、巴哈马第一任总督伍兹·罗杰斯（Woodes Rogers，1679—1732）。——译注

4 这群新教徒指的是1691至1693年在西印度洋罗德里格斯岛上生活的8位原籍法国的胡格诺派海盗。他们一路先后辗转至今天的毛里求斯和雅加达，回到欧洲时仅剩3人。其中的一位幸存者弗朗索瓦·勒古阿（François Leguat，约1637—1735）于1708年在荷兰出版了他的回忆录，记载了这些故事。——译注

帕克他那美丽的花园里种花养草之外，就只剩下精神世界的劳作了。[1]我们可以看看他到底都思考了哪些问题。——多亏了这些商人、航海家和远游者的记录，那么多过去不为人知或者被视作蛮夷之邦的地方，现在我们都有了深入的了解！尽管这些地方刚刚进入我们的视野，尽管它们今天才成为学界的话题，但它们在历史上同样有丰富的发现，也同样发生过很多了不起的事件，与传统上为我们提供精神食粮的那些地方相比，丝毫也不逊色。吸引人的，并不只是它们的广阔疆域，或是它们的土地、气候和物产，更重要的还有它们的法律、习俗、政体和帝国体制……于是，威廉·坦普尔研究起了中国、秘鲁、鞑靼、阿拉伯的政治和道德；通过审视新世界的格局，他也对主导旧世界的那些准则进行了反思。[2]

的确，远游者归来时，常自认为带回来一种独特的思想，其实在他出发那一刻，这思想就已经和他的行李同在了；不过，他觉得这思想能行之有效，倒也没有错。因为当他回到阿姆斯特丹、伦敦或巴黎的时候，这思想已经多了份自豪感，多了份胆量，形成了起先并不具备的力量。毫无疑问，那些最重要的理念，如物权的理念、自由的理念、公正的理念，随着远方事例的出现，确实都开始重新被人讨论起来。究其原因，首先在于，人们并不会自发地将差异看作一种普遍的典型现象，人们能看到的，是独特性，是无法与其他现象归并的特质，是个体特征。其次，那些过去被大众认可接受的观点，现在有人可以拿亲身体验过的事例来反驳，而且这些事例思想家也可
10 以毫不费力地查阅引用。想反对某条教义，想批驳基督教的某种信仰，过去只能在古代流传下来的典藏中艰难地寻找证据，但现在有了新鲜夺目的新凭证：远游者将它们带了回来，它们从此成为大众可以掌握的信息。皮埃尔·贝尔就多次援引过这些新权威人士的言论。“贝尼埃在他关于莫卧儿

1 威廉·坦普尔爵士（Sir William Temple，1628—1699），英国政治家、散文家，曾聘小说家斯威夫特任个人秘书。穆尔帕克（Moor Park）是他退休后的居住地，位于英国东南萨里郡（Surrey）。——译注

2 《论英雄的美德》（*Essay upon Heriock Virtue*），载1690年出版的《杂文集》（*Miscellanea*）。——原注

帝国的奇文中向我们确认过……”——“塔维尼埃先生的旅行让我们了解到……”——“中国见闻录让我们明白……”——“请看荷兰公司对日本的描述吧……”——他还提到过有些民族以制造喧哗的方式来解救月球的事情：“据彼特罗·代拉·瓦勒的记述，波斯人现在还沿用着这种荒谬的仪式。此外东京王国也有这样的风俗，那里的人们认为，月亮在与一条龙拼杀：参见塔维尼埃先生新作中的描述。”——“我刚刚谈到，行为卑劣在基督徒中是一种波及面相当广泛的现象，在做此评论的同时，我不禁回想起曾在里科特先生的作品里读到的内容……里科特先生的作品当时引起了太多非议，所以你们也不可能没有听说过……”[1]——在他阐述上帝的存在并没有得到普世公认的话题时（这是他阐述的关键内容），也用上了远游者为他提供的理据，这理据为他的高声疾呼增添了一份新的力量：“如果我用斯特拉波[2]提到过的无神论民族来反驳你们，再加上现代远游者在非洲和美洲发现的民族做补充，那你们该怎么回答我呢？”[3]

空间能给我们带来各种教益，其中最新的一条或许是相对性的观念。人们看问题的视野从此发生了转变。一些过去看起来非常杰出的理念，今后只能在地域有别的前提下成立；一些从前被认为是建立在理性上的做法，从此也只能被视作习惯性行为；相反，一些过去被评价为荒谬不经的习性，一旦有了起源和环境等方面的解释，似乎也形成了逻辑。我们会留头发，但胡须多了就要刮；土耳其人却蓄起胡须，把头发给剃光。在我们这里右手为尊，到土耳其人那里却变成了左手：这会造成一些麻烦，但无法评判是非，只能

1　贝尼埃指弗朗索瓦·贝尼埃（François Bernier，1620—1688），法国旅行家、医生、哲学家；塔维尼埃指让-巴蒂斯特·塔维尼埃（Jean-Baptiste Tavernier，1605—1689），法国旅行家，最早与印度从事贸易的人士之一；彼特罗·代拉·瓦勒（Pietro della Valle，1586—1652），意大利旅行家；东京（Tunquin）是越南城市河内的旧名，法国人曾用其代称整个越南北方地区；里科特指保罗·里科特（Paul Rycaut，1628—1700），英国历史学家、翻译家、外交官。——译注

2　斯特拉波（Strabo，约公元前64或前63—约公元23），古罗马地理学家、历史学家。——译注

3　《关于彗星的思考》(*Pensées sur la Comète*)，1683年，第14、73、89、129、165章及其他各处。——原注

原样接受。暹罗人在女人经过时会转过身去；他们认为，不当着她们的面看
11 她们，才是表达尊重。对于这个问题我们的想法肯定不同；但谁能算对，谁又能算错呢？中国人按照他们4 000年来形成的独特思维评价我们的习俗时，自然很容易把我们当成野蛮人；但我们在探讨中国习俗时，也会觉得这都是些奇怪而疯狂的做法。耶稣会士李明[1]在他的著作《论中国礼仪书》(*Des cérémonies de la Chine*)中就表达了相同的观点，并做出了这样带有哲学意味的总结："我们同样也会犯错，因为自幼形成的固化思维使我们难以意识到，大部分的人类行为其实本身并没有什么讲究，它们的意义，只是在最初形成时确保相关的民族乐于接受。"这类格言式的语句被不断发挥，甚至让人产生了普遍相对性的意识。"没有舆论造就不了的事，"贝尼埃说，"树立成见，确定习俗，培育希望，定义何为荣誉攸关之事，它什么事都办得到。"——"气候，"夏尔丹[2]说，"我本人相信，每个民族所在地的气候，都是形成人们爱好和习俗的根本原因……"他又补充道："怀疑是科学之源。对任何事都不怀疑，就不会对任何事进行分析反思；对任何事都不分析反思，就什么都发现不了；什么都发现不了，就会变得盲目，并且一直盲目下去。"读罢这些意蕴丰富的语句，我们便理解了拉布吕耶尔[3]在《品格论》的《论不信神者》这一章中的说法："有些人经过长途旅行就会不再堕落，但他心中仅存的那点宗教思想也会随之消失：他们每天都能看到一种新的信仰，以及各种习俗、各种礼仪……"

这些异族的使徒，他们来了；他们带着自己的习俗、法律和独特的价值观来了；他们成为欧洲思想必须重视的对象，因为欧洲正渴望了解他们的历

1 李明，原名路易·勒孔特（Louis Le Comte，1655—1729），法国耶稣会士，1687至1692年在中国生活。——译注

2 夏尔丹指让·夏尔丹（Jean Chardin，1643—1713），法国旅行家、作家，曾游历波斯和东方。——译注

3 拉布吕耶尔指让·德·拉布吕耶尔（Jean de La Bruyère，1645—1696），法国作家、哲学家、道德家。——译注

史和宗教。他们对所有问题都给出了答案，但各有各的说法。

美洲原住民让我们有些困惑。他们与世隔绝地生活在这片人们太晚才发现的大陆上，他们不是闪、含、雅弗当中任何一位的后人：那他们会是谁的子孙呢？基督降世前就已经出现的那些异教徒，至少他们还是有原罪的，因为他们全是亚当的后代；但美洲原住民是怎么一回事呢？他们又是凭借什么 12
神奇的事躲过了全球性的大洪水呢？——还不止这些。大家都知道，美洲人只能算是野蛮人：要是有人想描述一下社会形成之前人类的生活形态，总会以他们这群赤身裸体行走的人当作样板。但这就造成了一个疑问：野蛮人就一定是该被人瞧不起的低等生命吗？就不存在幸福的野蛮人吗？

从前人们在绘制地图时，会在各片大陆上标出代表性的植物、动物和人：让我们学他们的样子，在世界思想地图上标出“高贵野蛮人”（Bon Sauvage）的位置，来研究一下他们的重要性吧。其实这个概念本身已算不上新鲜了；但到了我们研究的这个时代，也就是说，在17、18两个世纪之交，“高贵野蛮人”的形象最终定型，并对人们产生了冲击。这实际上是有充分铺垫的；各修会的传教士都在这类人身上找到了值得夸耀的优点并大肆宣扬，他们也不再留意，宣扬的这些美德究竟是否符合基督教教义。他们在宣扬时热情四溢，没有了以往稳重谨慎的作风，他们说，野蛮人身上有一种与大自然融为一体的纯朴；他们还说，野蛮人的善良、大度是欧洲人身上难得一见的品质。等这些观点基本成形后，和往常的同类情况一样，就会有一个人出现，这个人会充满激情、狂热并极富才华地陈述这些观点：极富才华是其中最不可缺的必要条件。当时出现的这个人是一位具有反叛精神的人，名叫拉翁唐男爵[1]；他混迹于法国的王室军团，并在1683年来到了魁北克。他起初想在加拿大干一番事业出来，毕竟他既不蠢也不懒；他参加了讨伐易洛魁人的远征军，从中尉做到上尉；但他是个不守纪律的人，又容易被激怒，在经历了一次次挫折后他当了逃兵，回到欧洲，过起了失意的生活。不

1　拉翁唐男爵（Baron de Lahontan），原名路易·阿尔芒·德·洛姆·达尔斯（Louis Armand de Lom d’Arce，1666—1716），法国旅行家、人类学家、作家。——译注

过，他在1703年写出了自己的游记、回忆录和对话录，并结集出版；或许他从没有轻视过自己，但他应该还是没有料到，他就此树立了一座生命力旺盛而持久的丰碑。

在野蛮人阿达里奥（Adario）与文明人拉翁唐的辩论中，后者扮演的是反派的角色。阿达里奥首先成功地用自然宗教战胜了《福音书》。欧洲的法律只想极力凭借惩罚的方式让人产生畏惧之心，对此他以自然道德来对抗。此外，他又借助一种能同时保证公正和幸福的原始共产主义回击了欧洲的社
13 会。休伦人[1]万岁！他高喊道。对于那位文明世界的可怜人，他深表同情，因为此人没有美德，没有力量，无法保障自身的衣食和住所；这是个退化的人，在道德方面也变得愚钝；脸上戴着嘉年华的面具，身上穿着蓝外套、红袜子，头上戴着顶黑帽子，帽子上还有白翎毛、绿缎带；这样的人随时都会死去，因为他为了赢得财富和荣誉，在不断地折磨自己，其实这些东西只会让他的良心感到难受。相比之下，野蛮人是多么健美又是多么高贵啊！他身体强壮，步伐矫健，精于狩猎，从不知疲倦，也从不惧艰苦。他的无知倒更像是一种先天优势：既不会读也不会写，他就免去了许多罪恶；科学和艺术是致人堕落的源头之一。他只听从他的慈母，即大自然的教诲，因此，他过得很幸福。文明人才是真正野蛮的那类人：希望野蛮人的例子能给他们教益，让他们重新找到作为人的自由和尊严。

智慧的埃及人认为，他们应该在高贵野蛮人旁边享有一席之地，不过他们的地位尚未得到一致公认，还需要进一步确立。

进一步确立其地位，这是一种类似拼接镶嵌画的工作：首先是希罗多德和斯特拉波奠定下的基石，他们的文字被人反复援引，从不曾过时；其次是一些年代学家的赞美[2]，他们试图把希伯来人的神圣荣光转移到埃及人身上；此外还有旅行者的游记。这些游记提醒人们，是在古代埃及的土地上，诞生

1 休伦人，操易洛魁语的北美印第安人。——译注

2 参见后文第一卷第二章。——原注

了音乐和几何学；是在古代埃及的天空中，星座第一次得到了划分。我们不禁回想起博絮埃《世界史叙说》(*Discours sur l'Histoire Universelle*)里一页页令人赞叹的文字。斯基泰人[1]和埃塞俄比亚人只不过是野蛮人，是埃及人展现给世人一种完美文明的景观。埃及是个庄重而严肃的国家，这里的思想历史悠久、根基牢固，故而对新事物怀有恐惧感；人们还把埃及看成给其他民族带来最多恩惠的国家，这不仅是份荣耀，同时也让人们看到，埃及还是最乐于和其他民族交往的国家。埃及不仅创立了法律，而且还认真遵守法律，这真是极为罕见的美德。这个国家会对死去的人进行评判；通过这样的最终裁决，善人与恶人被明确区分开来，善人会享受到在高大墓地里厚葬的
荣誉，恶人则要像垃圾一样被随意扔弃。埃及利用尼罗河水的定期泛滥，让 14
土地肥沃多产；它还造出了金字塔。

然而，博絮埃之所以会这样热衷于埃及，是因为他有强烈的怀古情结；此外，在提笔著书前，他还读过曾到访上埃及的一些嘉布遣会底层传教士的游记。沉浸在他们的文字中，他情绪高涨，希望未来有一天那美丽的“百门之都”底比斯城[2]能复活于世。造这样的一座城堪称壮举，能成就如此壮举的人，难道不该被冠以大帝的称号吗？“要是我们的远游者能深入到当年建城的位置，他们可能还会在废墟中发现一些无价之宝，因为埃及人的工程都是不畏惧时间的侵蚀的……如今，这位国王的姓名已成为一个难解之谜，但他曾大力推广各种设计研究，在自然和艺术方面造就了很多旷世奇景，那么，看看尘封在沙漠下的底比斯行省的美景，用古埃及的发明创造来丰富完善我们的建筑理念，这样的好奇想法应当算是一种高尚的情怀吧？”

但他接受不了的，是有人在埃及寻找一种既非常古老又充满新意的哲学。此类人中有一位颇具创造精神但性情乖戾之士，这是个名叫乔瓦尼·保

1　斯基泰人是公元前8至前3世纪位于中亚和南俄草原上的印欧语系东伊朗语族之游牧民族。——译注

2　底比斯城是公元前14世纪中叶古埃及新王国时期的传奇都城，曾被荷马形容为“百门之都”。——译注

罗·马拉纳（Giovanni Paolo Marana）的冒险家，他虽生于热那亚，但和这座城市有很多过节，于是他转而为路易十四效力，却同样不算忠心耿耿。他写过一些虚构类作品，其中有本在1696年出版的奇特的小说，名为《一位哲学家与一位隐居者关于道德及博学问题的对话》（*Entretiens d'un philosophe avec un solitaire, sur plusieurs matières de morale et d'érudition*）。这部小说塑造了一位90岁的长者，他比小姑娘还充满青春活力。这种经久不衰的能量究竟从何而来？原因是他曾长期在埃及生活：在埃及，人们掌握了一些延年益寿的秘诀。但尤其重要的是，人们能在这里学到真正的哲学，完全与基督教无关的哲学……这本小说里还出现了一位年轻的埃及人，他有近乎完美的品行，知识丰富，即便遇上最艰难高深的问题，也能随机应变，展现出一些让人赞叹的思路。这样的品质，正是这片属于异教徒的福地上的特有品质。

让我们再看看博絮埃之后的情况吧。此时埃及在世界舞台上的形象变得更为清晰具体，也更为丰富；布景各式各样，有叉铃[1]，有莎草纸，还有白鹳和荷花；最后，智慧的埃及人的代表终于登台亮相，他是特拉松神父笔下的塞提，而这位神父由此创造了18世纪的新乐土。[2]塞提不像是位英雄，而更像是位哲学家；他也不像是位国王，而更像是图书馆的馆长；他不是基督徒，但他精通厄琉息斯秘仪：他是君王的楷模，也是所有人的楷模。

伊斯兰阿拉伯的运气似乎就没有这么好了，因为穆罕默德常会遭人指责：骗子、恶毒的伪善者、将火和血带到大地的野蛮人、天降灾星。不过，对这块土地的宣传不仅有远游者的功劳，还有学者们的努力，他们研究的是这里的长期演变。为了让东方文明被更好地了解，致力于传播工作的有德埃贝洛先生，他的学生、他在王家公学院教授职位的继任者加朗先生，在牛津

1 叉铃是古埃及一种形似球拍的打击乐器。——译注

2 特拉松神父，即让·特拉松（Jean Terrasson，1670—1750），法国教会人士、文学家，1731年出版《塞提》（*Séthos*）一书，这是一本从希腊文古文稿中翻译而成的书，讲述的是古埃及法老塞提一世的故事，出版后引起热烈反响。——译注

大学教授阿拉伯文化的波科克先生，在乌得勒支教授东方语言和古代教会史的瑞兰先生，在剑桥大学教授阿拉伯语的奥克利先生。[1]他们读原版著作，并从此用新的眼光来看待阿拉伯世界。

这些有识之士让人们注意到，假如穆罕默德只是个有幻想症的狂暴分子，那就不会有这么多人追随他了；更何况，要是一种宗教真像人们所描述的那样粗鄙不堪，它也不会生存并发展下来。相反，要是我们不复述那些极端谬误的传说故事，改作直接向阿拉伯人征求答案，那么我们就会发现，不论是胆识还是才智，穆罕默德和他的那些信徒都不亚于其他民族的著名英雄人物。在异教徒那里，基督教不也是什么罪名都被安过吗？异教徒对基督教什么荒唐的话没说过？置身事外，不切实际地空下结论，任何一方都会犯这样的错误。人们反对的很多东西，其实并不是伊斯兰教认可的主张，人们指责的很多事，其实也并不是他们犯下的错：要是这样就能压倒他们，那胜利未免也来得太容易了。事实上，他们的宗教具有非常严密的结构，形态上也很高贵，充满美感；更进一步看，他们的文明也很令人向往。在世界重新被野蛮行径笼罩的那段时期，是谁在捍卫思想和文化的权利呢？是阿拉伯人……

从反感到认同，这转变并没有花费多少年。1708年它就宣告完成了；在 16
这一年，西蒙·奥克利表达了一个观点（无论这一观点是真相还是幻象，200年后，它依然具有被讨论的价值）：他反对西方胜过东方的看法。因为在东方诞生的天才为数并不少，而且东方人的生活更加幸福。“敬畏神明，节制欲求，生活谨慎节俭，无论何种境遇、何种情形都能保持稳重温和；以上所有这几点（说到底也是最重要的几点），如果西方能在东方智慧的基础上有进一步的发展，哪怕只是最低程度的发展，那我就会承认，我犯了很荒

1　巴泰勒米·德埃贝洛·德·莫兰维尔（Barthélemy d’Herbelot de Molainville，1625—1695），法国东方学家；安托万·加朗（Antoine Galland，1646—1715），法国东方学家；王家公学院即成立于1530年的法兰西公学院（Collège de France）；爱德华·波科克（Edward Pococke，1604—1691），英国东方学家；亚德里安·瑞兰（Adriaan Reland，1676—1718），荷兰早期东方学家；西蒙·奥克利（Simon Ockley，1678—1720），英国东方学家、翻译家。——译注

唐的错误。”他的这个观点迅速传播开来，并影响了一位法国人，他叫布兰维利叶伯爵（Comte de Boulainvilliers），通过借鉴德埃贝洛、波科克、瑞兰和奥克利，他悄无声息地写成了一本《穆罕默德生平》（*Vie de Mahomet*），在这本书里，我们可以看到从反感到认同这种转变在最终完成时形成的理念：每个民族都有一种独特的智慧；穆罕默德代表着阿拉伯人的智慧，这和基督代表犹太人的智慧是一样的。

一个对我们的怪癖、缺点和罪过进行嘲讽的外国人；一个漫步在我们城市街道上，边观察边批评的异乡客；一个既可笑又可恨的家伙，他不断地提醒这个倨傲的国家，你们并没有掌握所有的真理，也并非处处完美：在欧洲文学中，这样的人物似乎正变得不可或缺，因为它已成为最受欢迎的文学形象之一。但经过成百上千次的使用后，人们也难免会心生倦意：未来还会有哪个国家能提供出全新的此类人物呢？土耳其还是波斯？

看起来更应该是土耳其；这是个具有多面性的国家，其中的一面已趋近欧洲，对这一面我们了解得也更多。一位英国人曾极为生动地描写过土耳其，他是曾任大使秘书的保罗·里科特爵士。1666年起，他写的这本书成了经典游记之一，多次重印，广为流传，并促生出很多其他的土耳其游记。前文中对埃及深感好奇的马拉纳对土耳其也有过研究：1684年，他的《土耳其间谍》（*Espion du Grand Seigneur*）初版发行，该书销量极佳，并开创了一个子孙满堂、不计其数的大家族。自称为“摩尔多瓦提多”[1]的间谍玛穆特（Mamut）是个看起来相当不起眼的人，其貌不扬又沉默寡言；由于他行
17 事谨慎，为人低调，所以很难受人关注。他在巴黎住了45年，却从没有引起别人的注意；白天他四处行走，晚上就回到自己屋中，向他在君士坦丁堡的主人土耳其政府写信。收信人要么是苏丹的司库，要么是土耳其禁卫军的长官，要么是苏丹母后的贴身宦官麦赫特，要么是所向无敌的大臣阿泽姆。他

1 提多是新约中的一个人物，他是个外族的基督徒，伴随保罗赴外地传教并管理教会内部事物；摩尔多瓦当时是奥斯曼帝国的附庸国。——译注

的信中充满了不敬的言辞，无论是欧洲的政局、战况还是教会事务，所有一切他都进行了嘲讽。

但波斯人不甘居后，最终也确实是他们占了上风。这或许有两个原因。首先，尽管夏尔丹的作品节奏缓慢，但在引人入胜这方面，其他的游记完全无法与之相比。这位子承父业的珠宝商去波斯销售他的腕表、手镯、项链和戒指；他是位新教徒，法国《南特敕令》废止[1]后新教徒被视为非法，他于是自然就形成了一颗漂泊异乡的灵魂。他对伊斯法罕的了解胜过巴黎，而且他确实也更喜欢这里。所以在读他的文字时，哪怕是见识最有限的读者也会明白，在世界的那一边，在非常遥远的亚洲，有些人过着从任何方面看都不亚于这一边的生活，尽管这两种生活方式之间存在着天渊之别。游记的读者以往在内心里会有某种优越感，但此时已不复存在，他们只能认同地区差异的新概念：这是多么巨大的心理变化啊！在波斯，一切都是另一种套路：饭可以在路边吃，药都是民间医生配的当地特色药，过夜的地方是商队歇脚的大客栈。一切都是另一种模式：服饰、节庆、葬礼，宗教、司法、法律。但这些波斯人并不是野蛮人，相反他们非常优雅；他们不仅有礼教，甚至还有些过度，尤其是长久以来一直如此，令他们内心生出几分厌倦。夏尔丹强调，这“另一种世界”是真实存在而且合情合理的；他告诉读者，“一旦接触这个国家，这个或是因为与我们相隔万里，或是因为日常习俗、生活准则与我们大相径庭而被称作‘另一种世界’的国家，我们就会发现，这里的一切都值得我们欧洲人关注……”[2]

波斯人能胜过土耳其人的第二个原因则非常明显，这里只需点到为止：
经过各类早期作品的铺陈，人们在探索这片不再空白的领域时，又多了一位 18
可参照的作者，此人不再是一位普通的有才之士，而是一位天才，他的名字叫孟德斯鸠。

1　1685年路易十四颁布《枫丹白露敕令》，推翻了亨利四世于1598年制定的宽容的《南特敕令》。基督新教被宣布为非法，很多新教徒被迫移居国外。——译注

2　《夏尔丹骑士波斯游记》，序（Préface du *Journal du Voyage du chevalier Chardin en Perse*），1686年。——原注

暹罗人也差一点加入了这支由东方民族组成的混编部队。路易十四想在暹罗开埠通商，并在那里传播真正的信仰。各种交流于是渐渐起步：1684年，暹罗官员到访巴黎，这对巴黎人来说算是桩大奇闻；1685年，一支法国使团远赴暹罗；1686年，又一批暹罗使节访问法国；1687年，第二支法国使团再度回访。随后，参与交流的一些教会学者和外交官开始撰文立著。这些文字引发了大众的好奇，同时也给人们留下了一种固定的印象，让人们形成了一种不变的心理反应，一提到暹罗人，就会产生美好的联想，觉得他们是虔诚、智慧、开明的人。例如，有人记录过这样一件事，暹罗国王曾被劝说改宗，对此他回答说，如果上天觉得，世间只该由一种宗教来主宰，那对他来说，顺天意而为实在是再简单不过的事了，但既然上帝容许各种不同的宗教存在，那我们可以得出结论，他更希望众生都来赞美他，各用各的方式使他荣耀。记录者在转引这段话的时候也深感惊奇：啊！这位暹罗国王，他对欧洲科学本是一无所知，但他以惊人的气魄和清晰的思路，陈述出一种最能让人接受的理由，用异教徒的哲学来反对唯一真实的宗教！……法国和暹罗交流的这些事例让人们总结出很多观点，有的简直近似于异端思想。暹罗人能容忍各种宗教，暹罗国王也允许基督教传教士在他们的城市里自由传教，那么，欧洲人是否也能如此大气如此包容呢？要是“塔拉布安”（这是那里对僧侣的称呼）敢来法国传播他们的宗教，欧洲人又会怎么说呢？——暹罗人的宗教绝对是离奇怪诞的，比方说，他们尊崇一位很古怪的神，神的名字叫“萨摩诺科多姆”[1]；另一方面，他们的生活方式非常纯朴，甚至很清苦，他们的品行也完全让基督徒无从指责。如此说来，道德和宗教真的是并不一定有必然联系的两件事吗？

一场宫廷革命[2]让法国大使馆的设想最终化为泡影；暹罗国王没有改

1 “萨摩诺科多姆”（法文为Sommonokhodom，英文为Sammonocodom），是泰国古代崇拜的一位神，据称此神由一位处女所生，在花上养大。——译注

2 1688年暹罗阿瑜陀耶王朝经历了一场政变，纳奈王（即前文提到的国王）被推翻、关押，法国使节也遭到攻击。——译注

宗，整个行动就此搁浅；“塔拉布安”也渐渐不敌中国哲学家的冲击。 19

因为在我们要绘制的这张欧洲以外的世界思想地图上，没有任何一个国家能有中国这样的分量。

那些英勇而博学的耶稣会传教士，他们有万丈雄心，希望通过淡化差异、绕开矛盾的方式，把人们引向基督教的信仰，他们的目标或许是全亚洲的大众百姓吧（谁知道呢）；他们成功地赢得了北京皇帝的重视，他们试图说明，中国哲学其实与天主教教义非常贴近，只要怀有一点友善之情，就完全可以将两者等同看待。在他们看来，孔子塑造了他祖国的灵魂，他所倡导的学说，能让人随时感受到神的气息；孔子认为，人的本性来自天国，本是至纯而完美的，但此后逐渐堕落，现在到了还其原有之美的时候了。由此推论，中国人作为孔子的信徒，理应听命于上帝，顺其意愿，爱邻如己。读了孔子的箴言后，西方人会觉得这是一位传播新信仰的圣师，而不是一个在人本性堕落的环境中成长起来的普通人；这是一位在圣徒保罗生前就已出现的圣徒保罗，一位中国的圣徒保罗。或许中国人是在远古的源头中求索真知的；诺亚的一些子女当年辗转来到东亚，并随身携带了真理的种子，孔子无非是对这些种子进行耕耘。他出生于公元前478年，他像先知那样时常发表言论：他说过，真正的圣人在西方[1]。基督诞生后的第65年，汉明帝一方面想验证大师的这句名言，一方面也得到梦的启示，便派使节远赴西方，他下旨说，必须要一路前行，直至遇到圣人。而与此同时，圣多默正在印度传播基督教教义；要是这些官员没有在海上遇险，看到第一座岛便上岸从而中断了航程，那中国或许就会成为罗马教廷的一部分了……

同样，如果耶稣会士的同化努力成功了，或许，在欧洲人眼里，这个
难以忽视的远东国家就不再是一个无法征服、无法归并的区域了。1697年， 20
这些会士亮出了他们的绝招：他们出版了一部伟大的著作《中国哲人孔子》

1 “西方之人有圣者焉”，语出《列子·仲尼》。——译注

（*Confucius, Sinarum Philosophus*）。这部书涉及的主要不是科学，而是学说教义，谈的主要不是事迹，而是侧重于对各种事的诠释，因为它面向的主要群体是年轻传教士：这些“得人如得鱼”[1]的人，他们一旦经过这样的教育，就能更好地去寻找事物之间的相似性，那么也自然就具备了将灵魂收入网内的强大能力；作为基督的战士，他们就这样装配了适合新战争的有力武器。

但耶稣会士失败了；标志性的年份是1700年，在这一年，东方见闻带来的新东西，似乎与欧洲旧框架彻底格格不入了。中国礼仪之争[2]给人带来启示，并分化出两种思想立场，同时也迫使人们做出选择。从最早赴中国的传教团开始，这场争议就出现了，一直以来，耶稣会的宽容、决心和同化的努力，都遭到了对立修会的不断指责。在看到某些神父的成功事迹后，看到中国人最终被同化为类基督徒，甚至就是基督徒本身后，这些修会里的人士表达了极为强烈的反对，他们不仅上诉到教廷和当局，还把问题抛向了大众：我们都清楚，如果大众卷进来的话，神学方面的争辩会变得多么残酷激烈。你们千万别上当，他们说，耶稣会士在愚弄你们。中国人是崇拜偶像的，他们是尊崇祖先、敬慕孔子的。到中国去的那些耶稣会士，他们允许当地的新信徒在清皇像前下跪，用充满迷信色彩的仪式祭奠亡者，祭拜自己的圣师孔夫子；他们向这些人隐瞒基督十字架的奥义，也不为这些人做临终涂油礼，连入教洗礼的仪式也不重视。除此之外，巴黎外方传教会的那些先生们还对李明神父和郭弼恩神父的著作大加批判，罪名是这两人的文字背叛了基督教教义，既不忠于索邦，也不忠于罗马。[3]

---

1 语出《圣经·马太福音》4:18、4:19，耶稣对两位渔夫说：“来，跟从我！我要叫你们得人如得鱼一样。”后借指使徒、传教士。——译注

2 中国礼仪之争，指17至18世纪西方天主教传教士就中国传统礼仪是否违背天主教教义的争议。教皇最后认为，中国儒教的帝皇及祖先崇拜违反天主教教义，故支持多明我会，打压耶稣会，结果引发清朝反制，严厉限制传教士活动。——译注

3 指索邦神学院禁毁李明神父的《中国现状新志》（*Nouveaux mémoires sur l'état présent de la Chine*）及郭弼恩神父（Charles Le Gobien，1652—1708）的《1692年康熙宽容天主教传教诏令史》（*Histoire de l'Edit de l'Empereur de la Chine en faveur de la religion chrétienne*）一事。——译注

双方的斗争是非常惨烈的。罗马决定派遣一位教皇特使，去中国进行一次新调查；但索邦根本等不及，立刻就给耶稣会士定了罪。从此，把未知现象归并为已知现象，把中国宗教归并到基督教教义，把中国归并成基督教 21
国家，都成了不可能的事。人们只能接受现实，世上存在一片无法归并的区域，我们既不能否认它的奇特，也不能否定它的伟大。

持宗教自由思想的人，无论是何种类型，对中国都怀有最浓厚的兴趣：

> 福修斯写了篇关于中国的文章，
> 他说那是个胜似天国的地方。[1]

福修斯在文章中说，中国人只以文人为贵，信文人治国；能名垂青史的君王，都是秉承公正、爱好和平的；皇帝的顾问和宠臣个个都是哲人，他们常常会责备自己的主上，就像过去犹大王国的先知责备国王一样，因为他们如果不这样做，就会激起民愤，遭到人民的弹劾。据说，拉摩特·勒瓦耶[2]曾经差点就要当众高呼：*Sancte Confuci, ora pro nobis*（孔圣人，请为我们祈福）——此时他甚至还没有读过这位中国哲人的作品。到了中国礼仪之争的时候，人们对孔子有了更多的了解，此外还弄清了两件事：首先，中国文明是值得钦佩的；其次，这个文明完全是异教徒式的文明。对那些持宗教自由思想的人来说，这是多么大的惊喜啊，中国为他们提供了太多可以借鉴的素材！例如在政治方面：

> 中国人得不到神启；我们认为是精神世界产物的东西，他们

1　福修斯指荷兰学者伊萨克·福修斯（Issac Vossius，1618—1689）。这句诗的作者为拉封丹（La Fontaine，1621—1695）。——译注

2　弗朗索瓦·德·拉摩特·勒瓦耶（François de La Mothe Le Vayer，1583或1588—1672），法国哲学家、文献学家、历史学家，17世纪宗教自由思想（即不信教的思想）主要代表人物之一。——译注

都归结于物质的力量，他们不认可精神世界的存在，也排斥了精神世界存在的可能性。他们是盲目的，或许还非常固执。

但四五千年以来他们一直如此；他们尽管无知或者说执拗，但他们政治体制所提供的社会福利并没有因此缺少一分一毫，这些福利是所有理性人士都向往的，也是他们理应通过社会享受到的：便利的设施，充足的物品，基本艺术形式一应俱全，求知研究氛围浓厚，社会秩序安全稳定。[1]

又如在宗教方面：

确实会让人感到惊讶，世界上有各式各样的宗教，只有这么一种与神启无关，它既排斥以神迹为中心的认识体系，也反对迷信式的畏惧鬼神，但据称它在指导人们行为时具有极强的实用性，这种宗教完全是以人的自然责任为基础建立起来的。[2]

22 中国人是无神论者；但他们并不像美洲的野蛮人，他们的无神论并不消极，而是一种积极的、有思想的、有意识的无神论，他们也并不因此缺少智慧和美德。他们是很虔诚的人，而且具有斯宾诺莎的精神：

根据远游者的记录，特别是郭弼恩神父在《1692年康熙宽容天主教传教诏令史》中的描述，我们能对中国文人的内心世界有所认识，就我的感觉来说，在有个问题上，他们所有人都和斯宾诺莎的想法一致，那就是宇宙中除了一种物质之外就再没有其他的实体

1 布兰维利叶：《穆罕默德生平》（Boulainvilliers, *La Vie de Mohammed*），1730年，第180—181页。——原注

2 布兰维利叶：《驳斯宾诺莎的谬误》（*Réfutation des erreurs de Spinoza*），1731年，第303页。——原注

了，这种物质斯宾诺莎称作上帝，而斯特拉图[1]称作自然。[2]

对那些呼吁并推动新秩序来临的人而言，无论是高贵野蛮人，还是智慧的埃及人，或是伊斯兰阿拉伯人、精于嘲讽的土耳其人和波斯人，都不会比具有哲学家精神的中国人更具诱惑力。

总的来说，在欧洲旅行的人一般会心平气和，好奇心不会过度；但远赴美洲、非洲或亚洲的旅行者，他们或是期待奇遇，或是追求钱财，或是出于信仰，在这些力量的推动下，他们都充满激情；而那些在虚构世界里的旅行者，他们更是会走向狂热。

最后这类旅行者为数众多，我们也不知道该谈谁才更合适。我们是该跟着雅克·萨德尔（Jacques Sadeur）去他生活过35年以上的"南方大陆"呢，还是该追随西登（Siden）船长到塞瓦朗伯人那里去呢？要么去见识一下所有人都充满理性的卡雷雅瓦岛？或者是民风上佳的模范之地诺德莱岛？又或者是强大的科林克·凯斯梅斯王国？或许我们还可以在雅克·马瑟的奇遇记中寻找乐趣？[3]这些虚构的游记谈不上是艺术作品；它们向我们呈现的主人公，都是些厉害的能说会道的角色，他们动不动就会发表滔滔不绝的长篇大

1 斯特拉图（Straton），即兰萨库斯的斯特拉图，公元前4至前3世纪的古希腊哲学家。——译注

2 柯林斯:《就灵魂不灭问题给多德韦尔的信》（Collins, *Lettre à Dodwell sur l'immortalité de l'âme*），1709年。法译版，伦敦，1769年，第289页。——原注

3 分别出自法国作家加布里埃尔·德·弗瓦尼（Gabriel de Foigny，1630—1692）的小说《发现南方大陆》（*La Terre australe connue*）（主人公名为雅克·萨德尔），法国作家德尼·韦拉斯（Denis Vairasse，1635至1640年间—1672）的小说《塞瓦朗伯人的故事》（*Histoire des Sevarambes*），法国作家克劳德·吉尔贝（Claude Gilbert，1652—1722）的小说《卡雷雅瓦的故事或理性人之岛》（*Histoire de Caléjava ou de l'île des hommes raisonnables*），法国作家皮埃尔·德·莱孔韦尔（Pierre de Lesconvel，1650？—1722）的小说《蒙贝罗亲王在诺德莱岛的旅行记》（*Relation du voyage du prince de Montberaud dans l'île de Naudeley*），荷兰作家亨德里克·斯米克斯（Hendrik Smeeks，1645—1721）的小说《强大的科林克·凯斯梅斯王国》（*Beschryvinge van het magtig Koningryk Krinke Kesmes*），法国作家西蒙·蒂索·德·帕托（Simon Tyssot de Patot，1655—1738）的小说《雅克·马瑟历游奇遇记》（*Voyages et Aventures de Jacques Massé*）。——译注

论；他们的风格都是慢条斯理的。他们个个自命不凡，既要充分夸耀自己的见识，也要细致剖析自己的美德。说到这些书的作者，其中大部分人要么居
23 无定所、四海为家，要么背弃了旧时的家园，他们都乐于在书中展示自己的思想，而正是这些思想让他们被原先所在的团体指责、排斥；剩下的那一部分作者，尽管表面上看属于循规蹈矩的资产阶级，但他们同样是通过书来倾诉自己被压抑的梦想。

套路总是千篇一律的：开篇总会有个书稿的故事，这书稿要么是被一代代流传下来的，要么是被后人神奇发现的。这种写法仿佛能永远保持新鲜感，能对作家产生持续不断的诱惑力，让他们一本接一本地续写，其中的原因到底何在呢？——书稿讲述的往往是某位传奇英雄的史诗故事，他在海上遇险但幸免于难，于是踏上了一片未知的土地，而且这片土地最好是在南半球。故事的主线便由此开始：作者会花大量的笔墨，描述一个连地理学家也毫无概念的国家。文中会堆积各种从乌托邦故事和远行游记中借用过来的细节；随后再添加一些荒唐可笑甚至有意弄得粗俗下流的描写。于是，雅克·萨德尔成了个阴阳人；可这倒成了件好事，因为他到的那个国家生活的全是阴阳人，这些人把只有一种性器官的人当作怪物看待，一旦遇见就会处死。不过，这些都只属于次要情节。作者真正要玩的游戏，是以某片虚构的土地为背景，对旧大陆的宗教、政治和社会形态做番分析检讨，由此来说明，整个基督教（其中尤以天主教为甚）都是荒谬而且野蛮的；此外，所有的政权（其中尤以专制政权为甚）都是不公正而且可憎的；社会需要进行一场彻头彻尾的改造。等这番论述结束，此次虚构旅行的主人公就必然会很快回到欧洲，并在那里终老。

这类小说令人震撼之处，就是从头至尾都在表达推翻、摧毁的意愿。没有哪种传统能免遭反对，没有哪种为人熟知的思想能被继续接受，也没有哪种权威能存活如前。人们毁掉了所有的旧体制，尽情造反。而且总会有智慧的长者适时出现，他们传播世俗的理念，宣扬世俗的精神，并由此取代了灌输教义的神职人员；他们所传播的理念，是不受腐化的共和国，是宽容的寡

头政治，是通过以理服人的方式获取的和平，是既没有教士也没有教堂的宗教，是化作轻松乐事的工作；他们所宣扬的精神，是要让自己这片可爱的土地不再有原罪的概念，是要以智慧作为生活的主导。他们以传授教理的方式，来反对旧日的教条。在这条主线的基础上，时断时续的想象情节会把读者重新带回冒险故事，偶尔出现的一段有伤风化的描写也会提起读者的兴致，至少作者是这么认为的。但插曲告一段落后，他又会回过头来再次阐 24
述，他要说，我们的日常生活是多么令人疲倦，多么陈腐，多么不理智，又是多么可悲；于是他又继续描绘起那个乌有之邦的国民的幸福生活。

更令人震撼的地方，就是书中充满了几何思想的胜利。所有东西都要能测量出来，所有东西都要能转化为数和量：这种想法紧缠着每位作者不放，即便在他们的梦境中，即便在他们的疯狂想象里，也挥之不去。这种标准化的倾向既可怕又专横。它浸透在生活的方方面面，甚至语言也不例外，语言根本不该是经验的产物，而应该完全理性化。它还体现在家家户户的住房上，比如说"塞赞"[1]。每个塞赞有16个街区；每个街区里生活着25户人家；每户人家的屋子都有4间房间，每间房间容纳4个人：这样就组成了一个井然有序的国家。整齐划一的大街，完全同一种风格的大方楼：这样就组成了一座规划完善的城市。方方正正绝无一处棱角的花园，树木完全依照果实的实用性和观赏性有序排列：这样的花园真是美不胜收！人们能靠数字证明所有事情，甚至可以推导出肉体不可复生的结论。假设一个国家有41 600个村庄；每个村庄包括22户人家，每户人家有9口人：这样，总计人口为38 230 000，这意味着10 400 000立方尺的肉体。假设平均每60年这些肉体会完成一次更新；那么请计算一下，要是肉体可以复生，1万年后这个国家的肉体总量会变成什么样子：那应该是一座无与伦比的、比地球还大的高山。因此，肉体的复活是不可能的。——说到山，由于它在人们眼中呈现的是不规则形状，它就成了让人看不惯的东西：南方大陆上的人对此毫不犹

1　塞赞（Sézain），从法文数字"16"（seize）生造出来的词，指包括有16个街区的地域。——译注

豫，他们把山全推平了。

一旦人们沉醉于这样的思想，等到再面对具体事物时，他们就会感到非常痛苦。他们或许会生拉硬拽地将具体事物也转换成某种几何学研讨对象。有人说，基督降世并不真实，因为它违背理性；有人说，圣经是部伪作，因为它的内容有时并不清楚、并不明确；有人说，唯一的智慧，就是只接受可以明证之事。在所有这些乌托邦主义者中，《雅克·马瑟远游奇遇记》(1710年)的作者蒂索·德·帕托是思考面最广、探索程度最深的一位，他曾在书信中写道："这么多年以来，我一直漫步在几何学那宽阔、明亮的大道上，因此，再回头去看宗教那狭窄、黑暗的小路，只能让我深感痛苦……我希望世间任何地方，只有可明证之事，至少也该是明确具有可能性之事。"[1]

在这些描述虚幻旅行的书中，我们能看到，作者们用各种老套的手法，写下了一个个荒唐不经的故事；很多思想表达得层次不清，但激昂有力，很多情感流露得笨拙可笑，但遒劲激越。它们不仅是斯威夫特、伏尔泰和卢梭的前奏，同样也预演了雅各宾派的精神、罗伯斯庇尔的理念。

远游：当时的人们在远游时，还并不会只为了寻求炫目的美景，不会只想着在不同的天空下感悟自己身心的变化。当时，人们至少要比照一下风土人情、生活准则、哲学宗教，要体会一下用相对性的眼光看世界的理念，要找出对立的差异，要敢于怀疑和提问。在那些游历全球、把未知世界介绍回本国的人当中，有不止一位属于持宗教自由思想的人。

读游记是一种逃避，是将思想从原先的稳固状态转换为运动状态。对中华帝国或莫卧儿帝国有了一定的了解后，有多少人的思想从迟钝无力变得活跃起来啊！看看这种种彼此矛盾的理念，每一种都自称代表着世上独一无二的真理；想想这种种千差万异的文明，每一种都自认为具有世上独一无二的完美性，此时，人们怎么可能不怀疑原有的信念呢？——"那些认为欧洲自

1 蒂索·德·帕托：《书信选集》(Tyssot de Patot, *Lettres choisies*)，1727年，第67封信。——原注

身已经拥有一切，不再需要和周边地区打交道的人，他们都是盲目的、没有见识的……他们觉得，毫无疑问，欧洲就算能和南方大陆的人打交道，也不会有任何改变，依然会保持现在的模样。”[1]

欧洲并没有与南方大陆的人进行过交流；在那些有意与欧洲沟通的地区中，欧洲最乐于打交道的是东方。尽管欧洲人已经完全扭曲了东方的原貌，但东方的独特魅力并未因此减少，它代表着一种非基督教的价值观，东方人用自己的方式，构建了自身的道德体系、真理标准和幸福生活。

旧欧洲的思想渐渐混乱失序，它期待被推倒重建，也确实被推倒重建了。而以上所述的内容，便是其中的原因之一。

1　加布里埃尔·德·弗瓦尼：《发现南方大陆》（Gabriel de Foigny, *La Terre australe connue*），1676年，第11章。——原注

第二章　从古代到现代 26

古人啊，亲爱的古人啊，他们都是值得仰慕的模范。他们要是提笔写作，必会创作出崇高的作品；从事哲学研究时，他们就会为世人建立起近乎完美的道德体系，即便是基督教教义也只能做这一体系的补充；一旦他们投身到各种行动中，也同样个个具有英雄气概。他们可不是传奇故事中的人物，不是罗兰，也不是阿玛迪斯[1]：他们是真实存在的。因此，不论是写作、思想还是生活，我们只需要模仿这些古人就可以了。

突然间（至少表面上看事情的发展似乎是这样），来了些不信神的人，来了些亵渎神明的人：这些人就是现代人，他们毁掉了供奉着古代诸神的祭坛。“现代”，光是这么一个词，就形成了一种前所未有的价值：这是个富有魔力的词汇，它能将来自古人的、过去的力量化解于无形。现代人一开始还非常低调，但渐渐就趾高气扬、咄咄逼人了。伟大的古人开始被遗忘、被抛弃，人们从此要追求一种现时的快乐，一种能感受到自己血脉偾张、充满年轻活力的快乐，哪怕这快乐转瞬即逝，哪怕这快乐看起来有些肤浅、有些嚣张，也在所不惜；人们宁愿拿现在做赌注，而不再指望未来，不再期待永恒。大家都觉得马里沃笔下的特里弗兰[2]说得非常对，4 000年的历史扛在肩

1　罗兰是法国早期英雄史诗《罗兰之歌》（*La Chanson de Roland*）中的人物，阿玛迪斯是西班牙早期骑士文学作品《高卢的阿玛迪斯》（*Amadis de Gaula*）中的人物。——译注

2　马里沃（Pierre Carlet de Chamblain de Marivaux，1688—1763），法国18世纪著名的古典喜剧作家，特里弗兰是他作品《假侍女》（*La fausse suivante*）中的人物。——译注

上，那算不上是什么荣耀，而更像是一种承担不起的重负。当时形成了一种新式的迷信，直到今天我们也没有完全摆脱这种迷信的影响。“尽管从本质上来说，新事物终有一天也会消亡，但在我们眼里，新还是一种比什么都重要的特征，要是没有了新，其他的特征都毫无意义，一旦具备了新，其他的特征又会全被它遮蔽。为了避免被人说无能，让人轻视，惹人厌烦，于是，不论是在艺术、道德领域，还是在政治、思想层面，我们都只能始终追求
27 ‘领先一步’，渐渐地，只有令人惊奇的东西才能打动我们，只有当即能引发震撼的事物才能让我们欣赏……”[1]

用现在来取代过去，这种转变究竟是从何而来？崇古是文艺复兴时期和古典主义时期一直以来都在宣扬的事，怎么会遭到欧洲思想界部分人士的批判呢？人们自然会拿著名的古今之争事件来解释这场转变，但这一事件只能算是个标志性事件；真正的根由还有待我们去发现。

在人们内心深处，历史的地位崩塌了；人们的历史情怀有消亡之势。人们之所以会抛弃过去，是因为过去不够牢靠，让人无法把握，总是包含着错误。那些妄言了解过去的人，已经失去了别人的信任；这些人要么是在自欺，要么是在欺人。世界仿佛地动山摇了一回，从此以后，除了现时的场景，人们看什么都不会再有确定之感：所有美好的幻景，都只能寄望于未来。

首先，人们深深感到，现代的历史学家并不是很可靠。

现代的历史学家为数众多，如梅泽莱（François Eudes de Mézeray）、曼堡（Louis Maimbourg）神父、瓦里亚斯（Antoine Varillas）、维尔多（René Aubert de Vertot）、圣雷阿尔（César Vichard de Saint-Réal）、达尼埃尔（Gabriel Daniel）神父、布费耶（Claude Buffier）神父——此人用各种易读易记的小诗句来描写国王和王后、战争与和约，以及帝国、行省和

1 保罗·瓦莱里：《当今世界一瞥》（Paul Valéry, *Regards sur le monde actuel*），1931年，第161页。——原注

城市的故事。又如劳伦斯·埃查德（Laurence Echard）、第一代克拉伦登伯
爵爱德华·海德（Edward Hyde）、阿贝尔·布瓦耶（Abel Boyer），以及名
气最响的吉尔伯特·伯内特（Gilbert Burnet）。此外还有安东尼奥·德·索
利斯（Antonio de Solis），他于1684年记录下西班牙征服墨西哥的辉煌历
史。当然，历史学家还有其他很多位，尽管这些人肯定不甘于默默无闻，但
现实对他们也不算不公正。现代的历史学家风格各异，但还是存在几方面的
共同点：他们都认为，历史是道德学校，是至高无上的法庭，是展现优秀
君王荣耀的舞台，是让恶人无处遁形的断头台。历史还能让我们了解人的
各种性格，因为它是“一种对人类行为的心理解剖”。尤其重要的是，它还
是一种艺术品；正如王储殿下的老师科尔德莫瓦（Géraud de Cordemoy）所
说：“时间最好是花在创作上，花在对历史事件的整理上，而不是去寻找历 28
史真相；考虑的重点应该是文体上的优美简洁、清晰有力，而不要总想着写
的东西都无懈可击。”历史作品是充满悲情的戏剧，它要求一幕幕戏都气势
恢宏；要有战争，有阴谋，有革命，有分裂，有上佳的素材，有壮美的主
题。历史作品还是气宇轩昂的演说，并与诗有几分相似，因为诗本身就可以
视为一种特殊形式的演说，一种有韵律的演说。历史作品是崇高的，这是它
的天然属性。从其自身规律看，历史作品必然包含着各种言论、各种描述、
各种格言、各种分析和各种比照，比如说这样的比照：有人将查理五世[1]和
弗朗索瓦一世放在一起论述，“上天对这两个人的安排，可不是让他们处在
同一个时代、同一个王国、有近亲血缘关系那么简单；上天想让他们的荣耀
建立在彼此相生相克的斗争中；弄到最后，当其中一位告别舞台后，另一位
也不复昔日英勇，开始连连犯错……那么，就让我们用这著名的比较列传式
的写法，先从知晓度最低的事情入手，谈谈我们这两位英豪的故事，接下来
如果可能的话，我们再仿效亚里士多德和普鲁塔克（在擅长此类写法的作者
中，他们是最伟大的两位大师），按照他们所要求的严谨和精准，继续写下

1　查理五世（Charles-Quint，1500—1558），即卡洛斯一世，西班牙国王（1516—1556年在位），神圣罗马帝国皇帝（1519—1556年在位）。——译注

去……”[1]

简而言之，此时的所有历史学家都想成为蒂托-李维，而且是更有雄辩力、风格更华丽的蒂托-李维。于是大家都认同了勒莫瓦内（Le Moyne）神父这位作品体裁理论家的观念。他是这样说的：“所谓历史作品，就是对真实的重大公共事件进行连续式叙述，写的时候要有自己的思想，要有出色的口才，要体现出自己的判断，要对普通人和君王都有启迪，要有益于世俗社会。”[2]

这些历史学家曾在自己的作品前写过一些精彩的前言；他们会借此机会说明，自己最关注的就是展现公正。只是他们同时还承认，他们的任务是要捍卫自己的君主、国家和宗教，无论出现什么情形，他们都有既定的立场，他们不会再努力寻求真理，而只会对立场进行辩护。天主教徒和新教徒以笔
29 为武器对垒相持，一边宣扬法国的路易十四，另一边歌颂英国的威廉三世；无休无止的争论就这样展开了，其中以下几本书引起的纷争最为激烈：吉尔伯特·伯内特的《英国教会改革史》（*The history of the Reformation of the Church of England*，1679—1715），曼堡神父的《路德宗史》（*L'Histoire du Luthéranisme*，1680）和《加尔文宗史》（*L'Histoire du Calvinisme*，1682），以及瓦里亚斯的《欧洲宗教领域革命史》（*Histoire des Révolutions arrivées en Europe en matière de religion*，1686—1689）。

他们的写作模式无拘无束。圣雷阿尔以小说化的形式再现了唐·卡洛斯[3]的个性及生平，并连带讲述了西班牙针对威尼斯共和国的阴谋故事：既然小说家能从历史中寻求素材，那历史学家为什么不能把历史写成小说呢（反正这两种方式弄出来的错误都差不多）？——瓦里亚斯年岁渐长后，眼睛已经看不清楚，他便每天口述几个小时的文章，根本没精力核实写下来的

1 瓦里亚斯：《弗朗索瓦一世传，附作者对弗朗索瓦一世和查理五世的比照分析》（Varillas, *Histoire de François Ier; à laquelle est jointe la comparaison de François Ier avec Charles-Quint par le même auteur*），1684年。——原注

2 勒莫瓦内神父：《谈历史作品》（Le P. Le Moyne, *De l'Histoire*），1670年，第76—77页。——原注

3 唐·卡洛斯（Don Carlos，1545—1568），奥地利大公，西班牙王储，腓力二世之子。——译注

东西对不对。其实他还没老的时候就已经开始自己编造一些故事；他的一位对手指责他说的事很多荒诞不经，这其中包括了弗朗索瓦一世和夏多布里昂夫人（Mme de Châteaubriant）可悲的爱情结局：根据瓦里亚斯的记载，夏多布里昂先生1526年从帕维亚回来后，就把他不忠的妻子关进了一间不见天日的房间；为了满足复仇的快感，他还悄悄去看她伤心绝望的模样；最后，他借两个医生之手，让她大出血而死。但事实上，1532年，弗朗索瓦一世在远游布列塔尼时，将自己几处领地的收益指定交付夏多布里昂夫人；1537年她去世时，他又将这几处领地的使用权和收益权交给了她的丈夫……——劳伦斯·埃查德写过自尤利乌斯·恺撒入侵不列颠开始的英国史，他认为他自己生活的时代是一个优雅的时代，在这样的时代里，没必要去参考僧侣们记录下来的粗浅文字；所以，他只借鉴他觉得好的古今作品，然后进行改写，在必要的时候甚至直接照搬，他觉得，这样的方法就足够了。其实，他只是把其他人不敢承认的惯常举动明说了出来。——这些历史学家还流传下来一些趣闻逸事，听起来也很像是真事。比如说，维尔多在写完了马耳他大围攻[1]后，有人又向他提供了一些材料，但他说太晚了，他的故事已经收篇。又比如说，达尼埃尔神父曾去过王家图书馆，经过一个小时的参观，他表示实在是太满足了。他真是个幸运的人啊！他接着又表示，对写历史的作家而言，能直接引用原始手稿里的素材肯定是非常有益的，他在王家图书馆就见到了相当多这样的手稿，但看了几篇后他认为，尽管用处不少，自己由此添 30
的麻烦却会更多。他这话我们很容易理解。

历史是一座富丽堂皇而又无比脆弱的建筑，经不起最轻微的撞击。在历史学家的内心，疑虑已经出现。他们毕竟是人文主义者，只是他们反应迟缓；他们本身也隐约感觉到了自己的迟缓。疑惑困扰着他们；即便是成功的历史学家，他们的内心也难以平静；他们一边在大众面前高歌他们的华美乐章，一边不安地思索：“*Quid est veritas?*”（真相究竟是什么？）

1　指1565年马耳他骑士团在瓦莱塔（他的名字后被作为马耳他首都的名称）的领导下击退土耳其军队的经典战役。——译注真相，是不是厘清万事可疑的一面、展现可信的一面就能够得到呢？是不是就是“稍微思考一下就能在事物中发现的逻辑性”？它是一种只可意会的概念吗？是通过艺术创作和精巧构思展现出来的和谐结果吗？这太难掌握了！这要怎样才能遇到呢？我们是否有权“打探别人的隐私，闯入密室，掀起帏帘，揭露这个家族隐藏的秘密，以此来满足他人的好奇”呢？同一次围攻，同一场战役，总会出现两三个或三四个作者的描述、记录各不相同，那么究竟该选哪一个版本呢？要借助怎样的神奇力量，才能让历史事件像传奇小说那样呈现出来？这些都是困扰历史学家的问题。的确，这些历史学家往往会流于表面，他们无力进行系统持续的研究，一方面滔滔不绝地行文，一方面又急于收笔立论；他们遇到困难就巧妙地规避；他们不重视素材该怎么获取，打井要一层层挖掘才能探到水源，想得到原始材料也要做类似的工作，但他们对这些并不关心；他们还缺乏批评精神。不过，即便有如此种种不足，他们内心隐隐的不安依然会存在。朗格莱·杜·弗莱斯诺瓦（Lenglet Du Fresnoy）于1713年出版了一本名为《研究历史的方法》（*Méthode pour étudier l'histoire*）的书，在此书中我们能看到相关的言论。杜·弗莱斯诺瓦这个人的思想是相当自由的，但思路还不算非常清晰。他这样说道，千万要注意，避免犯错，没什么能比这件事更难的了；诸位要倍加小心，要遵循可靠的原则；不要什么都接受，要分析验证，要筛选；看到新奇怪异的东西，要敢于适当地表达怀疑；要善于发现作者可能失当之处、可能有意欺骗之处，并找到其中的原因。要有批评精神——“否则的话，真相和谎言就会产生同样的权威性”。这就是危险所在，而人们对这种危险也已
31 有所意识；在这个问题上，有一个词常跳到人们嘴边，尽管大家都觉得这个词是贬义的，但实在无法摆脱：这就是曾让帕斯卡惶惶不安的“皮浪的怀疑主义”[1]，不过现在人们还要在前面加个“历史层面的”这样的限定语。

1702年，赫赫有名的教授雅各布·佩里佐纽斯（Jakob Perizonius）被

1 皮浪（Pyrrho，公元前365或前360—前275或前270），古希腊怀疑派哲学家，怀疑主义创始人。——译注

莱顿大学委托开设一门关于联省共和国历史的课程，此前他已经在这里教授了希腊史和罗马史。按照惯例，他要事先发表一篇演讲，听众中既有莱顿城的官员，也有他的同事和学生；他演讲的主题就是“历史层面的皮浪的怀疑主义”。他用美妙的拉丁语向听众说明，世界进入了一个见到什么就批评什么的时代，一个热衷于极端行为的时代；历史正面临严重的危机；一部分人会愚蠢地轻信别人编造的伪历史故事，而另一部分人则对什么历史故事都不相信；后一种人通常具有更优秀、更吸引人并在不断进步的思想，但这样的思想也非常危险。如果这种思想占了上风，一切都将受到冲击，人们会坠入普遍怀疑论的深渊中。因此他在演讲中肯定地说道，一定程度的历史确定性是存在的；他高声疾呼：“*Valeat tandem Pyrrhonismus!*”（让皮浪的怀疑主义见鬼去吧！）

但他的任务非常艰巨。在攻击历史的人当中，至少存在三个团体。首先是笛卡尔主义者，大师的言论他们自然奉为圭臬。笛卡尔曾说过，一个懂希腊语和拉丁语的人，与一个懂瑞士本地土话和下布列塔尼语的人相比，并不见得更有教养学识；同样，罗马帝国或神圣罗马帝国的历史，也并不比欧洲某个最小的国家的历史更高一等。马勒伯朗士（Nicolas Malebranche）对此又做了进一步的演绎：历史学家讲的都是他人的思想，而没有自己的思想；亚当在伊甸园里所掌握的知识堪称完美，但他懂历史吗？显然是不懂的。因此，完美的知识并不需要历史；而对于马勒伯朗士来说，他只要知道亚当都懂些什么就足够了……对于怀有这种思想的人来说，求真只能靠冥思来完成；真相与历史无关，它属于形而上学的范畴。——其次是冉森派的成员，他们是严苛的道德家，对任何展现出无限“求知欲”（*libido sciendi*）的东西，他们都是提防的。不过，对历史攻击得最猛烈的，则是那些持宗教自由思想的人。

因为历史对这些人来说似乎还带有个人恩怨。他们会表示，历史是不确
定的，也没什么真实性；历史作品都是卑劣的，充满了对强者的吹捧；历史 32
学就像烹饪术，对同一块肉，世界上有多少个国家，就会有多少种做法；假

如说，偶尔读读历史还是有必要的，那倒不是因为这样能了解过去的事件，而主要是为了看不同的人、不同的派别、不同的民族是怎么诠释历史的；总之，自始至终，整个历史能带给人们的，就只有皮浪的怀疑主义。

法国人批历史批得特别猛烈；但不光只有法国人这样，在莱比锡就有一位约翰·伯克哈德·蒙克（Johann Burckhard Mencke），他是《学者动态》[1]创办人奥托·蒙克之子，他曾经痛斥过历史学家，将他们全都归入江湖骗子之列。之所以说历史学家是江湖骗子，是因为其中一部分人向往类似蒂托-李维的声名，于是便在著作中为人物配上种种冗长无趣的言论，哪怕是最粗鲁的人，遣词造句时也会极为精致、极为讲究；又有一部分人似乎认为，要是不描写些美景，不用些老套过时的修饰性文字填满书页，就不会赢得读者的青睐；再有一部分人则会为了取悦资助者，去美化他们的家谱，甚至直接编造假的家谱。在这些江湖骗子当中，排在第一位的是法国人瓦里亚斯；不过总的来说，所有的历史学家都是江湖骗子，因为他们都会在序言里向读者许诺呈现真相，而真相我们从来就没看到过……

一些智者贤人认为，这样的评论是公正的；看过了这么多的法国史，我们都无法找到一部真正值得信任的。英国史也是一样；其他任何一个国家的历史都不例外。过去，人们会盲目相信；今天，终于到了怀疑的时候了。“有人说当今的时代是皮浪的怀疑主义主导历史的时代，这说得难道没有道理吗？”[2]

现在罗马史也遭到了怀疑；特别是人们意识到，古代的作家与现代的相比，恐怕不见得更公正、更尽责，成为江湖骗子的几率也同样不低——这样的话，自然让人更加痛苦难受了。

---

1 《学者动态》（*Acta Eruditorum*）是德国第一本科学学术类杂志，创办于1682年，停刊于1782年。——译注

2 保利安：《对朱利约先生牧函的批评》（Paulian, *Critique des Lettres pastorales de M. Jurieu*），1689年，第78—80页。——原注

毕竟，不论是罗慕路斯[1]，还是在他前后的那些英雄人物，对所有文人来说都实在是再熟悉不过的了。人们从小在学校里就学习相关的知识：他们说过的话都有记载；甚至书信和演讲也不例外。他们的历史受人尊重，情 33
节似乎无可挑剔；相关史料行文的语气也非常确定，文笔高雅庄重，理应不会让谎言有隙可乘。可以说，他们的历史就是一段确实发生过的史诗。有一天——准确地说是世界纪元[2]的2824年，罗马建城前400年——，埃涅阿斯来到了拉丁姆地区，随行的还有他那些逃离了被大火吞没的家园的特洛伊同胞[3]；此前他们在海上流浪了3年。拉丁努斯（Latinus）当时在那里为王，这位大度的君主很同情埃涅阿斯的不幸遭遇，便友好地收留了他们；为了把埃涅阿斯留在身边，拉丁努斯试图与他建立起既紧密又亲密的关系，便向他提出迎娶自己的女儿拉维尼亚（Lavinia）。但拉维尼亚本已许配给卢杜里（Rutuli）之王图努斯（Turnus），图努斯妒火中烧，于是发动了战争；图努斯战败身亡，拉丁姆地区恢复平静，埃涅阿斯的权势也得到了确立，在去世时，拉丁努斯把王位当作给女婿的遗产交给了埃涅阿斯。[4]整个故事宛如一出精美的悲剧；这些罗马人个个活灵活现，让人产生了一种身临其境、观看表演的感觉，他们头顶羽冠头盔，身披战袍，出现在舞台上。

但实际情况并非如此；我们必须改变理念，对这些我们非常熟悉、非常

1　罗慕路斯（Romulus，约公元前771—约前716），传说中罗慕路斯和他的兄弟雷穆斯（Remus，约公元前771—约753）是罗马城的建造者。在普鲁塔克和蒂托-李维的传统罗马历史记载中，罗慕路斯是罗马王政时代的首位国王。——译注

2　世界纪元（*annus mundi*，或*anno mundi*），又译为创世纪年、创世纪元，是一种根据圣经的创世论形成的纪年方式，在希伯来历与拜占庭历中都使用这个纪年法。它有两个元年，一个是公元前5500年，另一个是公元前4004年。——译注

3　埃涅阿斯是古代希腊、罗马神话中特洛伊战争中的战斗英雄，是爱神阿芙洛狄忒（相对于罗马神话中的维纳斯）之子。特洛伊城沦陷后，他长期流浪在外，最后到达了意大利，传说是他的后代子孙们建立了罗马城。拉丁姆地区位于现意大利拉齐奥区，以居住拉丁人得名，为古罗马国家的发源地。——译注

4　参见劳伦斯·埃查德：《从建城开始的罗马史》（Laurence Echard, *The Roman History from the building of the City...*），1694年。维尔多在其《罗马共和国统治期间的革命史》（*Histoire des Révolutions arrivées dans le gouvernement de la République romaine*，1719）中，对这件事的描述尽管有一些细节的不同，但主旨是一样的。——原注

喜欢的朋友们的虚幻形象，我们要极为痛苦地进行纠正。或许我们还要说服自己，这些人物其实只是些幻影；晨曦即将出现，他们也将随风消散殆尽。已经有个声音传了出来，发出这个声音的人说话一向掷地有声，他想通过这个声音来揭露，这些我们喜爱的人物其实并不真实。这个声音还斗胆发出了这样的言论，人从来都是一样的，总是那么天真、虚荣、轻信，对自己的起源问题极度在意。现在的人会为自己的国家和民族争取一些虚妄的古代荣耀，过去的人同样如此。罗马人就编造出了一些异想天开的故事，我们都信以为真，并铭记于心：

> 罗马人也免不了这样的虚荣。埃涅阿斯是个率领特洛伊人来到意大利的领袖，做他的后人，并通过他成为维纳斯女神的传人，罗马人并不满意；于是他们通过罗慕路斯传奇的诞生故事改变了自
> 34 己与神的联系，他们相信罗慕路斯是战神玛尔斯之子，并让罗慕路斯死后也变成了神。他的继任者努马[1]尽管身上没有任何神的属性，但他圣人式的生活让他与宁芙伊吉利亚（Égérie）产生了特殊的关系，这种交往在他确立法律和风俗礼仪时为他提供了不小的帮助。总之，如果相信罗马人的这些话，那就意味着，除了建造罗马城，命运之神对别的事全都不放在心上。这几位国王不论谁当政，都是承天命所为，上天会精巧地为他们设计各种才华，以适应人民的不同需求。
>
> 对罗马人的仰慕，不论是来自这样的传说故事，还是出于其他的错误观点，都让我深感厌恶。罗马人有太多真实的事情值得仰慕，因此，通过传奇故事来宣扬他们的形象，反倒是对他们的不敬。[2]

1 努马，全名努马·庞皮留斯（Numa Pompilius，公元前753—前673），罗马王政时期第二任国王。——译注

2 圣埃弗尔蒙:《对罗马人民在共和国不同时期表现的各种天才的思考》（Saint-Evremond, *Réflexions sur les divers génies du peuple romain, dans les différents temps de la République*）。——原注

这声音如此清晰、如此激昂，这些想法又如此大胆，让那些原本平静恪守自己信仰的人失去了安全感。圣埃弗尔蒙想让人们仰慕真实的事情，可人们又怎么能区分哪些事情是真、哪些事情是假呢？最重要的是，这只是处在发展中的理论，当时还几乎不能让人理解，怎么可以拿它来取代结构完美、各方面都已定型的一整套思想呢？相信这种理论，那我们只能远远地、默默地猜想过去究竟会发生什么，我们真的可以这样抛弃过去，让它变成远古的谜团吗？

与此同时，雅各布斯·赫罗诺维厄斯（Jacobus Gronovius）也在莱顿对罗慕路斯的真实性提出了质疑；亨利·多德韦尔（Henry Dodwell）在牛津同样表达了类似的观点。在差不多2 500年的时间里，无数作者写下了维斯塔贞女[1]雷亚·西尔维亚（Rhéa Sylvia）在与战神玛尔斯相恋后生下了罗慕路斯和雷穆斯的故事，这对双胞胎被人弃于坎皮多利奥山，一只母狼用乳汁喂养了他们。但这个传奇故事实在是荒唐不经，根本不值得一驳。“*Certe nulla est, praeter sacram, historia quae non primas suas origines fabulis immixtas habeat. Historia Romana ante Romulum nulla fide digna. Vel Romuli ipsius fortasse dubia.*”（可以肯定的是，除了圣经里的历史，所有历史在谈源头时都掺杂了传奇故事。罗慕路斯之前的罗马史根本不值得相信。或许连罗慕路斯本身的历史也该受到怀疑。）以上就是人们最初的观点；后来，人们又开始说明，罗马建城后最初4个世纪的历史全都没有丝毫的可靠之处。

至于希腊的历史，我们说起来就更费劲了：看上去它似乎更有欺骗性。 35
雅典人可是人类中最博学的，但他们到很晚的时候才有真正的、有规律的历史记录，他们的起源和最初的活动就这样变得无从考证，这一现象怎么能让人相信呢？他们的年份和时代都模糊不清，他们甚至说不清自己节日的具体日期；阿里斯托芬的戏剧里曾出现这样的一些神，他们抱怨月亮女神没有事先告诉他们节庆的具体时间，这让他们错过了民间大众的盛宴，只得空着肚

1　维斯塔贞女是侍奉圣火维斯塔女神（Vesta）的女祭司，因为要在奉圣职的30年内守贞而得名。——译注

子回到了天庭。事情都这样了，我们还能相信希腊的年代学家吗？

我们能清楚认识到的，就是我们不仅无法从古代史中获取真相，而且连获取真相所必需的工具和方法都没有。古代人采用什么计量标准？他们如何计数？总归要先知道这些，才能斗胆去谈他们生活的真实面貌啊，否则的话，我们注定永远得不到精准的事实，我们所谈的只能是空中楼阁。这种忧虑开始在各种学术会议上被人表达出来，比如说法兰西铭文与美文学士院的会议。确实，这种会议的与会者不会缺少学识，也不会缺乏诚意，但他们缺可靠的方法。人们苦苦寻觅，人们不断怀疑，想要了解真相的欲望却一直得不到满足；人们最终能得到的，只是一种可悲的智慧，那就是他们明白了，其实自己什么也不明白。

算了，世俗的历史我们暂且不谈了；让我们重点讨论一下唯一的信史吧，那就是上帝默示的历史。分析这段历史，情况会变得清楚明了。自创世开始到耶稣基督降生，当中经过了4 004年（如果一定要取整数的话，那就是4 000年）。在第129年，大地上的居民开始迅猛增长，罪恶的行为也不断增多。第1656年，发生了大洪水；第1757年，人们尝试建造巴别塔。亚伯拉罕受神谕的时间是在第2083年。神赐给摩西律法发生在亚伯拉罕受神谕后的第430年，即大洪水结束后的第856年，在这同一年，希伯来人离开了埃及。因为每件大事的时间都清晰确凿，博絮埃在创作他那部气度不凡的《世界史
36 叙说》时，会发现各个时代都自然而然地完成了时间定位；在一排庄严雄伟、彼此协调的廊柱下，延伸着一条通向弥赛亚的康庄大道。能走上这样一条大道真是惬意舒心，多少纯朴真诚之人从此一生充实，时常能找到纪念敬拜的机会，圣经上记载的各种值得追怀之事，他们不仅能知道年份，还能精确到月份，精确到日期。信徒只要打开祈祷书，便可对一切了然于胸：2月18日，在我主耶稣诞生前第2304年的这一天，诺亚把一只鸽子放出了方舟；3月10日，是耶稣得知拉撒路患病的日子；3月21日，耶稣咒诅无花果树；8月

20日，在世界纪元930年的这一天，第一个人亚当去世了……[1]

这条路看似安全可靠，但年代学认为这只是天真的轻信。

年代学看起来只是门不起眼的学科，它对学生确实有用，能培养他们博闻强记的能力，帮他们避免一些张冠李戴的荒唐错误。但这是一门枯燥呆板的学问；它仿佛是具瘦骨嶙峋的身体，只见骨头看不到肉。然而，越来越多的人开始强烈地意识到，人类的历史档案是混乱无序的，在这样的背景下，年代学的重要性体现了出来，这门学科也逐渐赢得了更多的尊重；它变成了一种不可或缺的艺术，甚至是一门必不可少的科学。人们将其称作研究时间和时代的学问；"水手在大海上航行时有航海学提供规则和指引，他才不会在长途航行中迷失方向，同样，有了年代学，我们才能安全可靠地在古代这片辽阔而晦暗的疆域里畅游"。这确实是一场长途航行，因为要游历过去的一个又一个世纪，探访消失的一个又一个民族！尽管年代学的规则还没有得到准确的归纳，但在实践运用中已经形成：不论什么样的文章，究竟是伪是真，年代学不会根据写作者的权威性来判断，它看的是算术上的逻辑；文章究竟用什么语言写成，不论是法语、拉丁语还是希腊语、希伯来语，对它来说都不重要；文章的来源、行文的风格，也不在它考虑范围之内；一篇文章究竟是外行之作，还是神圣的杰作，对它来说只与一种属性有关，这种属性就是计算；年代学只认一样东西，那就是计算上一定要精确。这些审查真伪、验证历史账目的专家们，他们在图书馆里钻研各类书籍，细细查阅，反复比较，干着不讨好但表面上也不得罪人的苦差事。然而这就是他们的乐 37
趣，这就是他们的爱好：要么是搞清楚某些事发生的具体时间，要么是加加减减地验证年份。他们会因为意见不合而高声争辩；外界俗世中的人偶尔听到他们的争论时，只能付诸一笑：这些学究们真是无聊。可等这些学者完成工作后，或者更准确地说，当他们在研究上进入到一个更深层面的新阶段后（因为年代学起步很早，从文艺复兴时就已经发端；未来这项工作也将一直

1　引自亨利·布雷蒙：《法国宗教情怀的文学史》(Henri Bremond, *Histoire littéraire du sentiment religieux en France*)，第10卷，1930年，第6章。——原注

延续下去），他们就会在人们的思想中卷起波澜，让“凡过去之事皆无可靠之处”这样的观点巩固强化，而他们的影响力可比亵渎宗教、背叛教会的人要大得多。他们倒并不是个个都怀疑一切；有些人会为了维护传统的数据，反复计算、反复论证，以此来对抗新派年代学家，因此多年以来，这两个派别一直在暗中激烈地争斗。莱布尼茨就参加过这场争斗，此外还有牛顿。

不过，我们通常看到的那套加法显得还是太简单了。亚当在130岁的时候，生了个和他很相似的儿子。亚当为他取名塞特。在生下塞特之后，亚当又活了800年；他一生生育了多位儿女。亚当共计活了930年，然后他就去世了。塞特150岁的时候，生了以挪士。在生下以挪士后，塞特又活了807年……就这样一代代人传下去，从创世起到耶稣降生，中间经历了4 000年。但整个链条好像缺了几环；或许计数的时候有缺漏，又或许希伯来人的计数方式比较特别……为了消除疑惑，年代学家们开始运用比较法，从犹太人的邻国那里查询对照时间和数字。天啊，这下麻烦大了！说法太不一致了！问题越来越多，人们仿佛进入了“比辛梅里安人生活的地方还要黑暗的空间”[1]。

我们还是直奔主题吧，有两个民族完全打破了原先的理念框架，他们都称自己繁衍了不止4 000年，4 000年根本是不值一提的荣耀，他们存在了几万年，甚至几十万年。首先是埃及人，他们是如此睿智、如此公正，外族
38 也对他们表达了诸多尊重，可他们在时间的问题上执拗得近乎疯狂。他们迷恋自己的悠久历史和高贵传统，他们认为，“（自己的历史）犹如永不见底的深渊，一个个世纪无限累积，近似永恒，沉浸在这样的历史中真是一桩美事”。但人们也很难反驳他们，毕竟埃及人擅长计数，他们也拥有非常系统的编年史。公元前3世纪，“著名的曼涅托，赫里奥波里斯的祭司”[2]，奉法老

1 辛梅里安人，又译西密利安人，是从约公元前1200年起居住在大高加索山脉和黑海以北的俄罗斯草原上的一支印欧人种的民族。古希腊人曾认为他们生活的地方终日黑暗不见天日。——译注

2 曼涅托（Manéthon，活动时期为公元前4世纪末至前3世纪初），古埃及祭司和历史学家，用希腊文写成《埃及史》一书，该书有片段保存下来，是今人研究古埃及历史的重要史料。曼涅托把埃及历史划分为30个王朝和古王国、中王国、新王国三个时期，这种分期法有一定的准确性，至今仍为学术界所沿用。赫里奥波里斯即今埃及开罗。——译注

托勒密二世的谕令，写下了《埃及史》；他在书中叙述了一系列王朝，最早的王朝出现在传统认定为大洪水的时代之前，这些王朝连绵不绝，甚至在大洪水期间也没有中断。据说还有一部编年史成书时间更早，而且远早于托勒密王朝时期，这部史书印证了，埃及的各代王朝“持续了36 525年，直到最后一位法老内克塔内布二世，他被波斯王阿尔塔薛西斯三世赶下了王座，这发生在亚历山大大帝统治前19年”[1]。

另一个民族是中国人，他们精通天文，明理晓智，历法、年鉴一应俱全，他们一再强调，也希望人们相信，远古时代他们的祖先就出现了，甚至在上帝创造光之前就出现了，真是大言不惭！要是和中国最早的那些君王相比，亚当就显得像个晚辈。“……杨光先[2]竟说，从创世起到1620年明熹宗登基，当中至少经过了19 379 096年。”[3]

埃及和中国为当时的思想界制造了极大的难题；整个欧洲学术圈都在尝试解决这个难题，但非常艰难，进展缓慢。1672年，一位英国年代学家约翰·马沙姆（John Marsham）认为自己找到了答案。确实，埃及人如果经历了30个王朝，一个个累加起来，那就比世界本身存在的时间还要长；但问题在于，我们不该累加计算，因为这是一些并存的王朝，而不是连续的王朝，
它们同时统治着埃及，只是各自管辖不同的地区而已……1687年，西多会 39
严守会规派修士保罗·佩兹隆（Paul Pezron）神父设想出另一种答案。他认同，古埃及的历史不止4 000年。但4 000年是希伯来文版圣经里的说法。各位可以参照七十子希腊文本的圣经，在这个版本里，创世到耶稣降生当中有约5 500年；有了这多出来的15个世纪，不论是什么王朝、什么史书，都可以说得通了。佩兹隆神父的意见得到了广泛认同，但也好景不长。除了多出

1　保罗·佩兹隆神父：《修正的古代史》（Le P. Paul Pezron, *L'antiquité des temps rétablie*），1687年，第15章。——原注

2　杨光先（1597—1669），清朝钦天监监正，在他一再的上疏下，汤若望、南怀仁等人被判定谋反。——译注

3　聂仲迁神父：《鞑靼统治时代之中国史》（Le P. Greslon, *Histoire de la Chine sous la domination des Tartares*），1671年，第一卷，第9章，第42页。——原注

来的这些年份似乎还不能完全满足计算需要外，人们还觉得，只是为了埃及人和中国人，就必须在圣经中选择一个版本，这未免有些轻率；有人开始指责佩兹隆神父，认为他是从年代学的研究道路转向了亵渎宗教的歧途；为此，人们通过各种文章、论著，展开了丝毫不留情面的交锋。在意大利，阿斯托里尼（Elia Astorini）神父最先提出了一种假设，1703年，法国的图尔内米纳（René-Joseph de Tournemine）神父又再度重提；通常人们在提到一个整年的年份（比如说1600年）后，再说邻近时间发生的事，就不再重复完整的数字；人们会这样说：1600年发生某事，接着另一件事发生在610年代……或许犹太人也有这样的习惯，因为没有理解他们的说法，我们就把他们的数字当成了实数，这样，历史就被我们少算了几千年……但怎么能证明，希伯来人也用这种完全意大利式的计数法呢？再说，这样的解释，无非是用新的疑惑代替旧的疑惑而已……

时间上的困惑又引发了另一种困惑，这种困惑同样让人感到痛苦无解。我们还是拿博絮埃的一段话做引子吧，“因此，上帝让他的子民逃出埃及人的暴政，将他们引向了他心目中最适于被人侍奉的土地，尚未安顿好子民，他就向他们昭示了在那片土地上生活需要遵循的律法。他在两块石板上亲手写下律法的要义，即十条诫命（或简称十诫），在西奈山上交给了摩西，这十条诫命是规范对上帝的信仰、规范人类社会的最初原则。此外上帝还向摩西传授了其他一些戒律……”对这件事现在有人产生了新的想法，他们觉得，埃及人代表的是一个更古老、更睿智的民族，希伯来人则是长期受埃及
40 人统治的民族；从逻辑上说，高级的文明必然会对低级的文明产生影响，那么，埃及人也必然会对希伯来人产生影响。这个观点最早是约翰·马沙姆提出来的，此后，剑桥大学基督圣体学院院长约翰·斯潘塞（John Spencer）又在1685年以更严谨、更科学的方式进行了阐述。他们两人都仰慕埃及文化，都认为埃及人对希伯来人的律法、戒律和宗教仪式产生了决定性影响：割礼、洗礼、圣殿、祭司、献祭以及各种仪式典礼，都来自于埃及人；摩西用一条铜蛇救他那些被蛇咬伤的同胞，只要是仰望铜蛇的人都能痊愈，但这

根本不是什么神迹，摩西只是照搬了一条古老的埃及咒法。如果真是这样，那么上帝的选民就是异教徒的附庸，他们的基本信仰也都来自异教徒；上帝没有理由会在西奈山上写下十诫；摩西的所作所为，也只是照搬埃及人的传统，因为埃及人是他的主人，是他的老师。

善良而勤勉的阿夫朗什（Avranches）主教于埃（Pierre-Daniel Huet）家有万卷藏书，据说有一天他家的屋子塌了，看着堆积一地的无数本书，他突然产生了一个虔诚的想法：他想把摩西重新树立回应有的地位，也就是最高的地位。他全力表明，异教徒的神学理论其实全部源自摩西的事迹或文字；不论是腓尼基人、埃及人、波斯人，还是色雷斯人、日耳曼人、高卢人、布列塔尼人、罗马人，他们所信奉的神都源自摩西，这些神只是他们将摩西移植到本民族后形成的变体。他先是在1672年写了本《福音的证明》（*Demonstratio evangelica*）；接着又在1690年出版了《关于理性与真理和谐统一的问题》（*Alnetanae Quaestiones de concordia rationis et fidei*），继续自己的追求。但他没有料到，他的论据会被人轻而易举地拿来反击他：既然摩西的信仰与古代异教徒的信仰如此相近，那到底是摩西启发了其他民族的人，还是更古老民族的人把他们的传统传授给摩西了呢？可怜的于埃神父！他写的书倒是成功了，但同时也使他被归入了渎神者的行列。路易·拉辛[1]对此说得比较婉转："我父亲并不认同这位学者的做法，因为他想把他博学的世俗知识用到宗教上。"安托万·阿尔诺[2]则说得更为直白："这本书想告诉持宗教自由思想的年轻人，虽说人们应该信奉某种宗教，但所有的宗教都 41
是好的，这本书还想说，异教也可以与基督教相提并论、相互比照；想写本比这还渎神的书可不是件易事。"

哪怕怀着最好的初衷，也只能换来这样的结果；人们从一个难局陷入另一个难局，从一个疑问转向另一个疑问。科学与信仰的冲突在一代代人身上持续不断，冲突的形式在每代人那里也有所不同，而此时正是这一冲突激烈

1　路易·拉辛（Louis Racine，1692—1763），法国诗人，著名剧作家让·拉辛之子。——译注

2　安托万·阿尔诺（Antoine Arnauld，1612—1694），法国神学家、哲学家、数学家。——译注

爆发的一个新时期。1702年，欧塞伯·勒诺多（Eusèbe Renaudot）神父在法兰西铭文与美文学士院的会议上评价了约翰·马沙姆的著作；对这些作品他一方面表达了尊重，另一方面也流露出深深的焦虑，让我们来听听他是怎么说的："不论是篇章结构，还是行文手法，（他的书）在同体裁作品中都称得上完美，清晰简明，学识渊博，这些优点处处可见。但我们还是很难原谅作者，他要么是对古埃及有偏爱，要么是怀有其他动机，因为他刻意淡化了所有能体现圣经悠久历史和神圣地位的内容，他为持宗教自由思想的人提供了太多怀疑的素材，比大部分公开攻击宗教的人做得还要过分。"

人们开始犹疑不定；人们已经不知道何去何从。的确，人们可以一直坚守在自己的堡垒里，将年代学家的论证拒之门外；人们可以宣称，这些迦勒底人、巴比伦人是为了满足虚妄之心，才给自己安上了长达万年的历史，他们无非是些骗子。圣奥古斯丁对此说过一句话，这句话才能算是一言九鼎的定论：如果有不敬神明的作者向我们讲述了一些与圣经所述历史相悖的事情，那我们就要判定这些事情是不真实的。

但是，一旦他们走出堡垒，就要面对各种新型武器，护教士们对这些武器并没有什么应对的招数，这让前线的战士们难免要面对艰难的险境。一些让人晕头转向的数字纠缠在他们脑中，不清不楚，挥之不去：23 000年，49 000年，100 000年，170 000年。是不是应该像某位安东尼奥·弗雷斯蒂（Antonio Foresti）神父那样，选时间不求确实可靠，而只图简单方便？对于世界究竟存在了多久，人们见解不一，最多的认为有6 984年，最少的认为只有3 740年，在这两者当中，还有其他约70种见解，当然不可能全部接受，也无法一一验证。究竟做出什么样的选择，这只有靠自己决定，决定的标准也只能是实用型原则，与科学毫无关联的原则。弗雷斯蒂正是根据这些原
42 则，开始了他对作者的筛选：不同见解的作者，有多少就找多少，哪怕他们互相矛盾，然后再用排除法将错的一个个去掉。虽然说，选择其中一种就意味着排除了其他所有可能，但自己最后做个定夺就可以了。

人们要么还可以选择学习佩里佐纽斯的谨慎态度，他在莱顿大学新课的

开课演讲中，就驳斥了来势汹汹的皮浪的怀疑主义。9年后，他又在年代学之争中表达了自己的观点，思路一如往常地清晰，此外还带着一种悟道后的大智大慧。毁掉前人的论证相对来说是件易事。重建新的体系可就复杂得多了，因为从埃及人那里我们也得不到什么牢靠的东西。人们至多可以在不同国家的古代史中对应着找出大致在同一时代发生的事件，但深究具体时间就是不值得冒险的行为了。佩里佐纽斯就是以这样的方式，尽力在一场大风暴后将残存的物件挽救保留下来。

过去那些坚定的态度上哪儿去了？过去那些固然简单但气魄宏大的观点上哪儿去了？过去那些平静笃定的信念、对历史事件时间丝毫不加怀疑的信心又上哪儿去了？太多的事情变成了混沌的迷局，我们如何能在这迷局中分辨出上天的意愿呢？既然我们无法牢靠地掌握事实，那又如何接受这些事情的历史价值，并通过这些事情向人们传授知识呢？新观念不仅在摧毁历史，也在挑战上帝，动摇权威。

最后，人们普遍感到了焦虑不安。什么？人们探索得越多，发现得反倒越少？时间的长河上仿佛笼罩了一层雾，人们想拨开迷雾重见天日，却只能让雾气愈发浓厚。“时间吞噬了所有事物，似乎还想让一切全被永久地遗忘，时间近乎是在拒绝人们去了解它的长度、它的历史。这真不是虚言，当下各界人士正竭尽全力想了解时间涵盖的范围，想知道自创世以来到弥赛亚降临共经历了多少个世纪，但人们不仅无法获取真相，甚至还渐行渐远……”[1]

不过还是有种方法能重现历史，那就是靠博学家的各种学问。有那么一群博学之士，他们在辛勤工作，干着吃力不讨好的苦差事；他们编注古代的文章，分析还原古代的手稿，亲手擦拭古代的石头和钱币。这是个有 43
胆识、有激情的小团体；他们像一群蚂蚁那样，各有分工，有工蚁，甚至还有兵蚁。他们是出色的工匠，喜欢干脏活累活，他们要努力树立一些明

1 保罗·佩兹隆神父：《修正的古代史》，1687年，第8页。——原注

确无误的范本，不论发现是大是小，最重要的是能经得起考验；他们不急于诠释，不下定论，也不用修饰的艺术扭曲原貌，他们只求发掘出坚实可靠的历史素材，能永远为人所用。在这些人当中，有弗朗切斯科·比安奇尼（Francesco Bianchini），他通过考古学来寻找书本文章提供不了的确定数据；有理查德·本特利（Richard Bentley），他在剑桥大学三一学院任教，还是王家图书馆馆长、古典学研究专家，他思想上的严谨是常人难以企及的；有普芬道夫（Samuel von Pufendorf），他高度重视历史档案的价值；此外还有莱布尼茨。莱布尼茨常常泡在图书馆里不出来，埋头翻阅各种古老的羊皮纸卷宗，不论是王家的谕令还是外交咨文，或是其他什么材料，他都喜欢亲手誊写一遍；他认为，看国际关系必须以落到笔头的实际素材为准，比如宣战书、和平条约或者其他文件，而不能以口头的几句话为凭。因为当过布伦瑞克公爵（Jean-Frédéric, Duc de Brunswick-Calenberg）私人图书馆的管理员，他便动手写起了布伦瑞克家族史；过了相当长一段时间后，他又出版了一部大部头的历史巨著，此后紧接着再写了两本。这些书全然没有顺应当时的流行风格，书中处处可见对各种来源珍贵的文献的引用。他身边有人对他做这些事感到惊奇，对此他坦然回应道，他做的这些事可比研究修辞学有用多了；他的作品能让人看到前所未见的新东西；过去的一个个世纪原本被笼罩在迷雾中，现在他带来了一道新的光芒，这道光芒消除了很多疑惑，也修正了很多错误。

各个国家都有人从事类似的工作，而且全都在埋头苦干！海因里希·迈博姆（Heinrich Meibom）全力厘清日耳曼的古代史，托马斯·盖尔（Thomas Gale）、托马斯·莱默（Thomas Rymer）潜心研究英国的历史卷宗，尼古拉·安东尼奥（Nicolas Antonio）则在探寻西班牙文学的源头。耶稣会士建起了一座巨型的科学工作车间，博朗研究会[1]的成员们表现得尤

1 博朗研究会（Société des Bollandistes）是一个于17世纪在比利时成立的学术研究团体，成立时的宗旨是研究圣人的生活和对圣人的崇拜，因其创立者让·博朗（Jean Bolland，1596—1665）而得名。——译注

为突出。本笃会士的工作同样不俗，他们以持之以恒、不懈努力的工作闻名于世。这些会士干得过于热火朝天，招来了拉特拉普修道院（l'Abbaye de La Trappe）一位宗教改革人士的反对，此人名叫朗塞（Armand Jean Le Bouthillier de Rancé），他是个性格冲动的人，他指责这些会士把本该留给上帝的时间和爱全都投入到科学中去了；本笃会士马比永（Jean Mabillon） 44
接受了他的挑战，于是一场漫长而高雅的争论就此开始了，双方争论的焦点是何谓“至善”。

本笃会的一些在俗教友也同样在忙碌工作，如埃蒂安·巴吕兹（Étienne Baluze），又如夏尔·杜康日（Charles du Cange）；是他们所有人的付出，才让博学界赢得了几场漂亮的胜仗。让我们回溯一下，1678年，杜康日出版了《中古拉丁语词汇汇编》（*Glossarium mediae et infimae latinitatis*）；1681年，马比永写就了《论外交》（*De re diplomatica*）；1708年，蒙福孔（Bernard de Montfaucon）完成了《希腊古文字学》（*Palaeographia graeca*）。不过，如果从学术生活的角度来选一个最独一无二的代表人物，或许首选者应该是安东尼奥·穆拉托里（Antonio Muratori）：他穷经皓首，一生都在拯救各类被人们遗忘的、有用的历史书籍。从早到晚，他都一直待在自己在摩德纳的书房，偶尔离开，也是为了周游意大利各地的档案馆，进行学术旅行；经过半个多世纪的钻研，穆拉托里的研究成果逐渐堆积成丘。光是他的文学类、哲学类和辩论类文章，就能与其他人一生的荣耀相媲美了，但这些只是他用来休息的消遣之作；他的主要精力是花在一项需要坚持不懈的浩大工程上，只有偶尔写一写这些文章，才能让他消除疲劳：他首先要收集所有可能收集到的关于意大利的历史记录，重点不在罗马时代，而是完全被忽视的中世纪意大利；接着，他还要将沉睡的10个世纪全部唤醒。

说到各国关注的领域，英国可能会对研究希腊更感兴趣，荷兰看重拉丁世界的学问，法国对教会史、圣徒传记情有独钟，意大利则潜心于自己的过去。但这当中并不存在绝对的界限，同一项工作可能会同时在不同的国家出现。等到未来某一天，高水准的研究成果如财富般积累起来，新兴学科如钱币学开始从地下为人们提供逝去文明的印迹，从事这些工作的学者那虚心、耐心的品质也逐渐教育感化了人们的心灵，此时，历史怀疑论自然就会被摧毁。

但又有一个问题出现了，这些工作什么时候能完成呢？人们从假设历史变成知晓历史，能明确地谈问题而不必担心有误导世人之嫌，要等多少年、多少个十年，甚至多少个世纪呢？这看起来是一种近乎令人绝望的任务，学者终其一生，只能为这幅巨型拼贴画添上几块彩石，他们刚刚把这几块彩石拼好，就要和他们研究的历史人物会合了；故人世界一步步向他们进逼，
45 最终将他们也卷入其中。甚至我们可以说，就算他们能完成还原历史的奇迹，但他们还需要把这一段段往日的场景托付给他人描述，受托付的人本该为此著书撰文，将消亡世界的形与色、呼与吸再现人间，但是这些人并不见得愿意这么做。因为事实上就是这样，在这段时间里，博学家与历史学家虽然做的是齐头并进的工作，但相互之间并没有什么了解。他们甚至可以说是走上了分岔路的两侧，渐行渐远；此时还出现了一个新生代群体，他们贪恋舒适、轻松的环境，任何要费力气才能完成的工作都入不了他们的法眼。一边是埋头苦干的人，他们拙于文字技巧，写书时总会在文末堆积各种参考文献，这样的书太过沉闷，难于受到关注，注定只能成为远离光环的作品。另一边则是历史学家，他们是高贵的天才，细枝末节的工作不肯亲力亲为，而把这些杂事交给普通的人去完成，为了不让自己的热情之火被人扑灭，他们还要尽力避免各种讨论和争论。奴隶们辛辛苦苦堆积了各种材料，但那些文界的无冕之王根本不以为然。

那么，人们读到的历史到底是什么样呢？在谈各国起源的时候，历史就是传奇故事集；谈其他的事情时，历史也是错误连篇。丰特奈尔（Bernard Le Bovier de Fontenelle）被认为是最典型的一位怀疑论人士，以下是植根于他心头的一段想法，从这段想法中，人们能看到一种忧伤，甚至还有几分绝望：

> 不管是多么简单的事，想要得出合情合理的结论，让人花的时间都不可思议地漫长！保存过往事件的原貌，这并不是多了不起的大事；但真的能做到这一点估计还要再等上几个世纪，在此之前，世人的认识只能长期停留在幻象或奇谈上……

> 我们小时候听惯了希腊的传奇故事，即便长大后有了理性的
> 思维，也很难再看出这些故事中不合常情之处。但如果我们能摆脱
> 习惯的束缚，改用新的眼光重新审视，那我们必然会惊恐地发现，
> 一个民族的古代史竟然全是虚妄的幻想，全是荒诞不经之言。过去
> 人们怎么会把这一切当真呢？现在又为什么有人突然向我们指出其
> 中的错误？这些事错得那么明显，那么离谱，人们为什么过去会情 46
> 有独钟呢？现在人们为什么又弃之如敝屣呢？

于是，一种新的历史写法取代了过去的那一套，这种新写法在学者和有识之士那里一度成为主流；它探讨的主要是行为的动机，以及行为人的个性特征。但新写法与老套路相比，并不见得会少犯多少错误。因为但凡是人，做事情总有可能感情用事，或者轻信他人，又或者知识欠缺，再或者考虑不周；"必须找到一个人，他能够以旁观的态度审视一切，全神贯注，秉持公允"。但这是不可能做到的。历史作者至多可以像研究形而上学的学者那样，建立起一种"*a priori*"（先验）的系统，并由此构成一个各部分紧密关联的整体框架；历史作者在掌握一些事实后，是通过自己的想象来推导原因的；这样的话，他的工作其实并不见得比哲学家的思辨更可靠、更有说服力。历史唯一有用之处，就是它能反映人类存在多少错误，人类的行为又会在怎样的程度上受情感支配：

> 我们是疯子，但我们和疯人院里的那些疯子不太一样。旁边的人得了哪种疯病，或是以前住自己病房的人是谁，对疯人院里的

> 任何人来说都不重要；但这两件事对我们来说就很重要。只要人能知道自己犯错会犯到何处程度，有多少种犯错的方式，那他犯的错误就会越来越少，在研究我们误入歧途的历史时，花再多的时间和精力都是适当的。

按照这位现代人——这位在古今之争中代表尚今一派赢得胜利的现代人——的说法，历史能给予我们的东西，上述文字就全部概括了。身处现世，那我们就关心现世吧！在学校里，年轻人要花几年时间来阅读罗马历史学家的著作，假如说，他们生活在什么时代，就教他们什么时代的知识，这样岂不是更好？毕竟，话说到底，我们并不清楚，从康涅利乌斯·尼波斯那里，或是从昆图斯·库尔蒂乌斯·鲁夫斯那里，又或是从蒂托-李维的最初十年中[1]，我们可以借鉴什么用到当今的事务上；尽管如此，人们还是把所有内容牢记于心，还是能如数家珍地罗列出他们作品中的经典语句、经
47 典思想。罗马人打败埃魁人、赫尔尼基人、沃尔西人后究竟带回了多少头牛、多少头羊，知道这些根本没任何用处。[2]只有现世，只有生活，只有未来，才是值得人们向往的，才是值得人们心醉神迷的。“*Ration vicit vetustas cessit...*”（这就是为什么今能胜古的原因……）

---

1 康涅利乌斯·尼波斯（Cornelius Nepos，约公元前110—前25），古罗马传记作家；昆图斯·库尔蒂乌斯·鲁夫斯（Quintus Curtius Rufus，活动时间在公元1世纪，逝于公元53年），古罗马历史学家；意大利政治哲学家马基雅维利于16世纪创作了一本名为《论蒂托-李维的最初十年》（*Discours sur la première décade de Tite-Live*，又译《论李维》）的著作，该书评价的是蒂托-李维所著《罗马史》的前三卷，从中总结统治的经验。——译注

2 普芬道夫：《欧洲当代伟大帝国和国家的历史之导言》（S. von Pufendorf, *Einleitung zu der Histoire der vornehmsten Reiche und Staaten...an Europa*），1682年。还可见马勒伯朗士：《论真理的探求》（Malebranche, *De la Recherche de la vérité*），1674年，第二卷，第4、5、6章。——原注

第三章　从南方到北方 48

欧洲似乎已经渐趋定型。它的每个民族都有极度鲜明并广为人知的个性，只要说出一个民族的名称，就有一系列专用的形容词对应着浮现在人们脑中，就像一说到雪就会联想到白，一说到太阳就会感觉到热一样。瑞士人有什么特点？——他们真诚明理，开诚布公，质朴无华，爽朗大度；他们勇气十足，行事果决，如果有敌人来犯，他们会很快转守为攻，积极还击；他们能持之以恒，又忠诚可靠，勇敢无畏，此外个个都有副好身板；他们当中出过很多优秀的战士，大部分在法国服役。不过瑞士人是很看重薪水的：俗语说得好，“没钱就别请瑞士人”。——德国人呢？德国人是个尚武的民族，只要经过部队的训练，他们都能成为杰出的战士；他们有做生意的天赋，各行各业都做得不错。对他们来说，不论国家采用哪种统治形式，只要习惯了他们就会安于现状，不会叛乱生事。他们能形成一个庞大的集体，只可惜内部派别众多，宗教的小团体、政治的小团体……比比皆是。——“波兰人是个勇敢的民族，他们喜爱文学艺术，略有点放荡不羁，全都是天主教徒。”1708年，名士尼古拉·德菲尔（Nicolas de Fer）曾说过这样的话，他是身为天主教徒的国王陛下以及王储殿下的御用地理学家。——“匈牙利人有良好的先天身体条件，他们喜欢骑马，也热衷于戎马生活，他们胆识过人、不拘小节，酒量惊人。那里的上层人士都很杰出，女人个个美丽温柔。”——“瑞典人是个有教养、有勇气的民族，喜爱艺术和科学。他们的国家气候寒冷，但空气纯净、环境怡人；那里的森林里遍布着各种凶猛的野 49

兽……丹麦人和瑞典人的习性有相近之处。挪威人似乎更为质朴，他们非常坦诚直率。”

民族性被这样定义后，文人创作时想找某种特定的性格，就有了方便的参照对象。假如有人要编部芭蕾剧，或是写个宫廷消遣用的剧本，他完全不必绞尽脑汁凭空想象，因为演几段外国人的故事就够了，不论是那不勒斯人还是斯拉沃尼亚人[1]，他们的性格比喜剧中的典型角色——如长者或仆人——更为鲜明，也更为人熟知。1697年，乌达尔·德拉莫特（Antoine Houdar de la Motte）请王家音乐学院的演员们表演了一部名为《风雅的欧洲》（*L'Europe galante*）的音乐剧。“我们挑选的欧洲国家在个性特征上彼此反差强烈，能制造出上佳的舞台效果：法国、西班牙、意大利和土耳其。我们按照人们通常的认识，让每个角色都带上了自己民族的典型特征。法国人爱打扮，冒失，见异思迁；西班牙人感情丰富，但忠诚不渝；意大利人好妒忌，精明，脾气火爆；最后，我们还尽量发挥舞台空间的有限条件，表现出土耳其苏丹的轩昂气度、神圣权威，以及苏丹王妃们的颐指气使。”这套方法还可以被人以负面的方式推向极端，尽管套路不变，但原本稀松平常的形容词变成了诅咒。1700年，丹尼尔·笛福（Daniel Defoe）发表了一首引起巨大反响的政论诗，诗名叫《纯正出身的英国人》（*The true-born Englishman*）；他用这种简单的套路，让每个国家都得到了他的“美言”：

> 在地狱的贵族院里，那位首席议员兼主席的人叫作傲慢，
> 他掌控的行省是西班牙，幅员最为宽广……
> 炎热的意大利属色欲先生管辖，
> 这里淫乱当道，无论男女都会受人亵狎……
> 地狱国有位可爱的宠妃叫酗酒女士，

1 斯拉沃尼亚（Slavonija）是克罗地亚东北部历史地区名。——译注

日耳曼被她纳入了自己的统治……
激情无度先生的首选地是法兰西，
这里的人们生活疲于奔命，发家致富全靠运气。
人们成天跳舞，见异思迁，缺乏真情真义……

这些民族一方面犹如手足，另一方面又世代为敌，他们有过太多次的对 50
抗与交锋；同样，他们也非常容易和解、拥抱、结盟；长久以来，他们比邻共生，一同经历过如此多的磨难和不幸，这也让他们自认为互相知根知底；于是他们对彼此的看法也永不会改变。——这真是个弥天大错！实际上，在这西方世界的天宇中，有一些星辰正在暗淡下去，而另一些星辰开始熠熠生辉；新的光源开始出现。无休无止的战争让国与国的边界不断变化，但现在变的不仅是国界；欧洲思想界的力量分布在变化，欧洲总体精神的主导方向也在变化。但这样的变化是伴随着斗争和痛苦的；在这场变化中，免不了会出现一场新的革命。

长期以来，欧洲思想界的主导权从来没有脱离过拉丁文化圈，它已经类似于一种家族传承式的权力。文艺复兴时期的掌门是意大利；接着西班牙也经历了它的黄金世纪；最后又轮到法国在近期接过了权力之杖。北方的蛮族想与这些思想界的王族一较高下，但这想法看起来既放肆又荒唐；他们有什么人能拿得出手？怪物般的莎士比亚？或者是粗鄙不堪的、以哥特式风格写作的德国诗人？这些人是不能登大雅之堂的。罗马有三个女儿继承家业，意大利、西班牙和法兰西，她们个个多疑好斗到了极点，相互间争执不休，但她们在行使权力时，都能充分体现自身的权威。

只是，西班牙的光彩已经不再。这倒不是说它现在已经没能力再为欧洲映照出几道永恒之光；可是，一个国家要一直保持领先地位，实在是项艰苦的重任；它要坚持不懈，活力永存，让新的事物不断涌现，为其增添荣耀并四海传播。而西班牙现在确实丧失了活力；不论是17世纪的最后30年，还是18世纪的最初30年，西班牙都处在乏善可陈的时代；奥特加·伊·加塞特[1]曾说，西班牙的思想史在此时陷入了最低潮，仿佛一颗心脏进入了前所未有的缓慢跳动的节奏。西班牙变得自我封闭起来，对外界它长久保持着冷漠傲
51 慢的态度。尽管它还能吸引世界各地的游客，但它的景象已经让游客们难掩轻蔑之情；这些异乡人纷纷发表言论，批评这个国家人民的迷信、朝臣的无知，他们写文分析这里商业衰败的原因，一有机会，还要挖苦西班牙人的懒惰和虚荣；在文学领域，他们举出各种事例，说明西班牙人的作品风格浮夸造作，戏剧不合常规、古怪离奇，而这些都是贻笑大方的可耻现象。人们甚至开始形成一种观点，西班牙人不仅仅失去了霸权和影响力，而且还背弃了上天赋予他们的优秀特质：浪漫情怀，民族自豪感，对荣誉的渴望，对公正的热爱，无私奉献的精神——所有曾经为西班牙人独有的优秀品质。塞万提斯在他的《堂吉诃德》中把这些品质全做了荒诞化处理；西班牙人既然为塞万提斯鼓过掌，那自然也就开始了自我否定、自我背叛。这样的推论尽管不值一驳，但对那些与西班牙争夺霸权的国家来说，这就足以让它们给自己日渐式微的邻国下个定论了。

意大利一直保持着活力，也一直非常灵活，它有能力转变自己的优势项目，尽管文学走了下坡路，但它可以在别的领域（比如说科学）继续追求昔日的荣耀。凭借古罗马的历史印迹，意大利可以在国门外保持自己的影响力：在意大利的每一个历史阶段，人们都会祈求古罗马的庇护，就连未来的希望也要寄托于斯。语言也是意大利人影响外界的渠道，他们的语言不仅柔美，而且饱含韵律，他们的语言一直在被外国人学习，因为这是音乐的语言，也是爱的语言。意大利是靠自己的歌手、舞蹈家、歌剧作者、音乐家传播影响的：它的歌剧为文明世界提供了无穷乐趣。它对东部国家的影响胜

1 何塞·奥特加·伊·加塞特（José Ortega y Gasset，1883—1955），20世纪西班牙伟大的思想家之一，他的思想和政治理念深刻影响了西班牙知识界。——译注

于西部的国家，例如达尔马提亚[1]、奥地利、波兰。总之，意大利的这些优势都是难以忽视的。但人们当下所处的时代是个以思想为重的时代，意大利却没有新思想可以贡献出来。从这个角度看它已经衰落了。不过，去意大利旅行观光的人还是络绎不绝！这里我们只说游客当中的几位名人吧：吉尔伯特·伯内特；落难流亡的胡格诺派信徒米松，此时他正陪着一位年轻爵爷周游列国；威廉·布罗姆利；蒙福孔和他的同伴堂·布里瓦；阿狄生。[2]他们的意大利之旅留下了各种旅行日记、信件和游记作品，在他们的文字中我们能看到什么？只有持续不变的对过去的仰慕，只有逐渐形成的对现世的厌恶，在他们眼中，意大利在政治、道德和思想等各个领域都堕落了，意大利 52
的土地上现在除了苦橙树以外，只剩下废墟，它已经是一片逝者之土。

当下的时代是属于法国的。在政治领域，它至少统领了欧洲40年；正如霍勒斯·沃波尔[3]后来所说，不论是法国的友国还是敌国，都能注意到，“自1648年《明斯特和约》起，至英国‘光荣革命’爆发、1689年反法大同盟成立，法国的势力以令人惊叹的速度强大起来”。地位的攀升，力量的壮大，荣耀的增多，都反映出某种蓬勃活力的存在。法国仿佛整个国家变成了一个法人式的实体；它正以一种越来越清晰的逻辑，形成并逐步实现自己的统一意愿和扩张意愿。尽管它强调团结一致，但它的热情并没有因此消退，因为它知道该把热情往什么方向引导；它积蓄了强大的力量准备向外界释放，而这股力量也将长久保持正轨，不落歧途。它的国王时刻准备着开疆拓

1　达尔马提亚（Dalmatia），现克罗地亚的一个地区，包括亚得里亚海沿岸的达尔马提亚群岛和附近1 000多个小岛。——译注

2　吉尔伯特·伯内特（Gilbert Burnet，1643—1715），苏格兰历史学家、神学家（参见前一章的内容）；弗朗索瓦·马克西米连·米松（François Maximilien Misson，1650—1722），法国作家；威廉·布罗姆利（William Bromley，1663—1732），英国托利党（即今保守党）政治家；贝尔纳·德·蒙福孔（Bernard de Montfaucon，1655—1741），法国本笃会僧侣，前一章中作者提到，他在1708年著有《希腊古文字学》；堂·布里瓦（Dom Briois，1666—1700），随蒙福孔外出游历，逝于罗马；约瑟夫·阿狄生（Joseph Addison，1672—1719），英国政治家、作家、诗人。——译注

3　霍勒斯·沃波尔（Horace Walpole，1717—1797），英国作家、艺术史学家、政治家，他开创了哥特式小说风尚。——译注

土，威仪天下；他就是光，甚至可以说，他就是太阳；他建起了一个以凡尔赛为中心的太阳系，并想让全欧洲的国家都成为卫星：他“以全面系统的方式，力求实现以一种思想秩序统治世界的壮美景观”[1]。

法国人口众多，城市村庄星罗棋布；这是个精通战争艺术的国家，贵族们个个都随时准备拿起武器、奋勇作战；这里的居民性情活泼、充满活力，他们有很强的适应力，也很容易招人喜欢；他们勤劳能干，做什么事都能成功，尤其是那些主要耗脑力而不是体力的工作。但另一方面，他们缺乏持之以恒的品质，不够稳重，爱拿些荒唐不经的行为当本事自夸，甚至有些人还会无中生有地编故事来吹嘘……虽然以上都是些老套的看法，但其中也不乏经得起时间考验的真实评价。不过，法国人现在又有了新的倾向，他们普遍热衷追求各种杰出的成就，这让他们的旧特征添上了新光彩。法国现在盛行谦恭之道，人人重视礼仪，他们追求文化，追求生活的艺术。法国欢迎来自欧洲各国的才俊，为他们提供在学院里进修、在宫廷里学习礼仪的机会；这
53 些外国人被法国的情调深深吸引，他们开始了自己的深造，开始学习如何让自己变得更为优雅。正是因为具有这种吸引八方来客的凝聚力，巴黎开始变成世界上首屈一指的城市。巴黎的魅力来自于它的自由、它的便捷；在巴黎，你干什么都不会有人在意：你想换一种活法，那换个街区、换个住处就可以办到。你可以今天穿金戴银，明天再换成粗布衣裳，有谁会来管你呢？在巴黎，不论你缺什么，只要肯打听，随时随地你都可以弄得到。这里的人一旦发明了什么改善生活情趣的新事物，马上就会被广泛应用。过去，站在世界城市之巅的是罗马，但现在已经换成了巴黎。

在老对手们疲态尽显之际，法国却奇迹般地杰作频出：这可不是只受本国追捧、敝帚自珍式的杰作，而是普世认同的杰作。在笛卡尔、高乃依之后，法国又涌现出莫里哀、拉辛、拉封丹、博絮埃；这一代人还没有完全谢

---

1 萨尔瓦多·德·马达里亚加：《英国人、法国人和西班牙人》（Salvador de Madariaga, *Englishmen, Frenchmen, Spaniards*），伦敦，1928年。西班牙文版，1929年。法文版，1931年。——原注

幕，马西永、勒尼亚尔、勒萨日[1]又接过了他们的衣钵。作品层出不穷的现象持续了四分之三个世纪。旧的悲剧、喜剧、寓言故事和格言录很快成为经典，被不断重印，而与此同时，新的作品又面世了，这些新鲜血液不仅能壮大整体的力量，还能带动整体加速前进：法国既然做出这么多贡献，那它对全欧洲的影响岂不就是顺理成章的事了？至高无上的地位一旦确立并形成传统，就会延续下去，并一天比一天巩固。首先是那些最伟大的作家，他们的传播能力自不待言；其次是紧随在这些名人身后的那支队伍；接着还有第三流、第四流的作家，尽管我们常常会忽略他们、遗忘他们，但他们的文字同样能走出国门、遍布四方，在他们当中，有布乌尔（Dominique Bouhours）、拉潘（René Rapin）、佛勒里（Claude Fleury）以及其他很多人。于是我们不难想见，法国当年的影响范围有多广，程度有多深，影响方式又是多么丰富。[2]

欧洲高知贵族渐渐不再需要翻译的媒介，法语正演变为一种通用语言。
居伊·米埃日（Guy Miège）是一位定居伦敦的热那亚人[3]，他曾编撰过一 54
本法英—英法词典，因为“从某种意义上说，法语正变成一种世界通用的语言”；格雷戈里奥·莱蒂在阿姆斯特丹将自己的《克伦威尔传》译成了法语，按他本人的说法，之所以要译成法语，“是因为法语在本世纪成为全欧洲普遍为人所知的语言：这可能是法兰西国家的强大带动了语言的兴盛，过去罗马人在俯瞰天下时也同样把他们的语言传播到全世界；也可能法语本身就是种高雅的语言，它清晰准确，自然无华，让人能深深感受到它的独特之美”。类似的感言，我们还能轻而易举地找出很多例子，但最具典型意义的，可能还是皮埃尔·贝尔的话——“从此，法语成了欧洲各国交流沟通的

1　马西永（Jean-Baptiste Massillon，1663—1742），法国著名教会人士；勒尼亚尔（Jean-François Regnard，1655—1709），法国作家；勒萨日（Alain-René Lesage，1668—1747），法国小说家、剧作家，代表作《吉尔·布拉斯》（*Gil Blas*）。——译注

2　在后文第四卷第二章中，我们能看到，法国的这种影响力在不同国家还是存在种种局限的。——原注

3　原文如此，居伊·米埃日实际上应为定居伦敦的瑞士洛桑人。——译注

基本语言，是一种可称作‘先验式’的语言，哲学家在谈广泛散布于各类事物中的天然属性时，也会用‘先验’这个词，其中的道理是一致的……”[1]

法国的影响不仅体现在书籍和语言上，就连日常习俗、生活用品也不例外。我们常常会看到一座仿凡尔赛宫而建的城堡，城堡的主人为他的孩子专设一间学习室，在这间学习室里，必然会有一位来自法国的家庭教师。此外，法国的男装、女裙、假发也风靡各国。想学习舞蹈，自然要找熟稔优雅之道的老师，而这样的老师，除了将意大利人取而代之的“法国舞蹈大师”外，还能有谁呢？哪怕您屈尊走进厨房，您也会在那里发现，厨师和厨师长正用法国人的方式烹饪菜肴，膳食总管手上正在开的也是法国酒。“可以说，现在人们想吃顿正餐，不论是中饭还是晚饭，只要稍微有点档次，就不能不配进口酒，这些酒都装在厚玻璃做成的长颈大肚瓶里，对这种容器，我们通常要用法语的bouteille来称呼……”——“我们这些老实巴交的意大利人，简直就像荒唐可笑的猴子，”安东尼奥·穆拉托里这样说道，“法国有什么新鲜玩意儿，有什么新时尚，我们都会急不可耐地照搬过来，弄得好像这些事物是从朱庇特神的天庭那儿来的。”[2]——“要是我们的祖先来到今
55 天，”德国人托马修斯[3]在他《论对法国人的效仿》(*Discours sur l'imitation des Français*，1687）中这样说道，“他们或许已经认不出我们：我们已经变种了，已经成了杂交的一代。今天，我们的一切都必须遵循法国的样式：法国式服装、法国式菜肴、法国式语言、法国式习俗、法国式罪行……”[4]

被法语取代的并不仅是意大利语和西班牙语，还包括了拉丁语，过去，拉丁语可是维系欧洲这个共同体的纽带之一。“所有人都想学说法语，大家

1 《文学共和国新闻》(*Nouvelles de la République des lettres*)，1685年11月号，第5篇文章。——原注

2 引自朱利奥·纳塔利:《十八世纪》(Giulio Natali，*Il Settecento*)，米兰，1929年，第68页及以下。——原注

3 克里斯蒂安·托马修斯（Christian Thomasius，1655—1728），德国法学家、哲学家。——译注

4 克里斯蒂安·托马修斯:《论对法国人的效仿》(继1687年、1701年后的新版)(Christian Thomasius, *Von Nachahmung der Franzosen, Nach den Ausgaben von 1687 und 1701*)，斯图加特，1894年。——原注

觉得这是一种证明自己受过良好教育的标志；尽管这种迷恋程度会让人们自己也感到吃惊，但他们的态度并没有因此改变；城市里遍地都是法语学校，甚至在有些地方，拉丁语学校与法语学校的比例会达到1:10，甚至1:12；古人的拉丁文著作到处都有现代文字的译本，学者们开始担心，拉丁语会不会被逐出它旧有的领地……”[1]法语就像是一位登基的新王，对这一现象，人们用诸多理由进行解释，而这些理由也都不无道理，如语言本身的内在价值，又如语言背后的思想深度，还有人认为，法国人是一个把语法和词汇问题小心翼翼地看作重大问题的民族，世上也只有这个民族拥有一个监管语言使用情况的国家级政府机构——法兰西学士院；这些理由有的立意深邃，有的观察入微，有的分析公正，但在所有这些理由的基础上，我们还要再加上一条理由，那就是欧洲此时正处在革新的道路上，法语顺应了它自身的需求。拉丁语让人联想到的是烦琐的经院哲学，是神学里的教义；它带着一种陈旧的腐朽气息；它已渐渐无法成为现实生活的一部分。拉丁语当然是绝好的教育工具，但在课堂之外，它已不再能满足人们的需要。法语就像是文明发展过程中出现的一股清流：它用现代的模式发扬了拉丁语的优良传统。它是一种清楚、明确、可靠的语言，此外它还是富有生活气息的活语言。科学正全力用“动力因”[2]之外的方式来解释世界，它不能再接受适用于中世纪的语言，它需要一种新的表达方式。另一方面，1714年《拉斯塔特条约》签订后，法语正式成为外交通用语言，毕竟，到了1714年，神圣罗马帝国大使馆里的那套用语已经不再能满足各国的外交家了。就连法国人那种逍遥不羁的生活态度，尽管会受人指责，也不乏现实意义，因为他们由此摆脱了沉 56
重而乏味的过去。当然，国外的道德家会批评他们的作风，觉得他们迷恋浮华，热衷交际，但怎么说也没用，法国人就是时尚的代表。“时尚”（à la

1 《文学共和国新闻》，1684年8月号，第7篇文章。——原注

2 亚里士多德用“四因”（质料因、形式因、动力因、目的因）对以往哲学进行了概括总结，他认为以往哲学对自然的探索主要是为了认识事物的“原因”。其中“动力因”探讨的是宇宙生成的动力问题。希腊哲学一般比较倾向于认为宇宙万物生成发展的动力来自其自身，本原自身就包含着运动发展的动力。——译注

mode）是个法语的说法，这个词组是在17世纪末被意大利接受的，当时在意大利，商店橱窗里的模特穿的都是巴黎最新流行款式的服装。英国人也同样使用这一词组；女士们打理头发时都参考最新的“时尚”发型；书店老板争相购进《时尚的秘书》[1]；托马斯·布朗（Thomas Brown）在他的喜剧《把舞台上的情郎踢到毯子里》（*The Stage-Beaux Toss'd in a Blanket*）中，嘲笑了“时尚的虚伪”；法夸尔（George Farquhar）在他的《恩爱夫妻》（*The constant couple*）中，让“伦敦的时尚”与“法国的时尚”形成了对立冲突；斯蒂尔（Richard Steele）则编排了一部《葬礼或时尚悲痛法》（*The funeral, or Grief à la mode*），阿狄生为这部喜剧写了首序诗，在序诗中他道出了“时尚”这个词流行的奥妙所在：

> 我们的作者……
> 呈现了两位流浪的女子：
> 第一位少女，她带着颗浪漫之心远行；
> 第二位则更优雅，因为她来自法兰西……

这是一场全方位变化中的一个典型特例；而这种变化是顺应需求产生的必然趋势：这就是为什么法国能引领潮流的原因，在这方面法国并没有借助什么强权，毕竟在思想领域建立起一个长治久安的王国，靠强权是没有用的，靠的只能是普遍的认同。法国引领的这股潮流影响了世界各地：西班牙自然也少不了，甚至连西班牙海外的殖民地也不例外，1710年，高乃依的《罗多庚》（*Rodogune*）和莫里哀的《女学究》（*Femmes Savantes*）先后经改编在利马上演；在荷兰，人们想通过安东尼德斯·凡·德·高斯[2]的作品捍

1 《时尚的秘书》（*The à la mode secretary*，又译成*The secretary in fashion*），是法国作家德拉塞尔（Jean Puget de la Serre，1600—1665）的作品。——译注

2 安东尼德斯·凡·德·高斯（Antonides van der Goes，1647—1684），荷兰诗人、剧作家。——译注

卫本土的文化，但最终还是事与愿违；在波兰，意大利的痕迹在明显减少，法国的影响力则不断扩大。我们的语言回响在世界各地，我们的作品处处都有人阅读，处处都会被搬上舞台，我们的思想在其他民族思想发展的过程中留下了印迹。

可是，法国刚建立起这个强大的帝国，就出现了一个竞争对手；让人觉得新鲜奇怪的是，这个对手居然来自北方。

英国首先向法国的政治野心发起了挑战。不论是大陆还是海洋，英国都 57
不愿向法国做出任何让步；它不但要挑战法国的霸权，甚至还要挑战法国王权的权威，这可是关系王权根基的原则性问题。路易十四与威廉三世的对决开始了，这是一场发生在两位代表性英雄人物之间的决斗。1688年，威廉三世将詹姆斯二世逐出英王国，接受在议会掌权的前提下加冕，路易十四为流亡的詹姆斯二世提供了个人保护，在圣日耳曼昂莱[1]将他安顿下来，让他依然过着不失排场的生活，并坚持把他当作英国君权神授的代表。不过，法国在与反法大同盟长期作战后，最终不得不做出让步，并于1697年签署《里斯威克和约》，这对太阳王来说真是莫大的羞辱！此时他也只得承认自己对手的权威，接受其地位，认同其合法王权；于是他也就背叛了自己的表兄詹姆斯二世。

英国人就这样号令起欧洲，让法国一次性蒙受了前50年累加在一起都比不上的奇耻大辱。他们究竟是怎么样的一个民族呢？从宫廷到市井，整个法国都在热烈地讨论这个问题，反思这个问题。比如说，在《阿达莉》[2]壮美的布景下，人们能看到对英国革命的影射；又比如说，1709年，第戎街头曾传唱过这样一首歌：

1　圣日耳曼昂莱（Saint-Germain-en-Laye），法国城镇，位于巴黎西部约20千米外。——译注

2　《阿达莉》（*Athalie*）是拉辛创作于1691年的一部剧作。——译注

祖父爱吹牛皮，
儿子是个白痴，
孙子胆小如鼠，
啊！这样的家庭真让人羡慕！
真是同情你们，法国人民，
做这样一个帝国的臣民！
快去学学英国人吧，
能说的也就这么多了……

在复兴之初，这个强大而坚韧的民族似乎并没有表现出多少文学天赋。路易十四曾询问过驻伦敦的法国大使，想知道英国著名的艺术家和作家有哪些，大使回答道，文学和科学有时候会彻底抛弃某个国家，专心到另一个国
58 家为其增光添彩；现在的情况是，文学和科学全都来到了法国；如果说它们在英国还保有几处留痕的话，那也仅仅是对培根和乔治·布坎南（George Buchanan）的追忆，此外还有一个叫“弥尔托纽斯”（Miltonius）[1]的，此人的文字非常危险，他的无耻卑鄙程度，甚至超过了意图谋杀国王的那些刽子手、杀人犯。

但很快人们就不得不将一种特权交到英国人手上：思想的特权。在这个领域同样出现了激烈的对立：一边是法国，这里看重的是社会生活的艺术，是侃侃而谈的能力，是优雅的举止，是精致的思想；另一边则是英国，这里追求的是个体的力量，是研究的深度和胆识，是独立自由的思辨。或许可以说，英国以往只有一些大众风格的作家，剧作家也只会照搬复辟王朝时期的风俗，写些热闹放荡的喜剧，例如威彻利（William Wycherley）、康格里夫（William Congreve）、范布勒（Sir John Vanbrugh）、法夸尔等，但实际上英国当时或许对这种追随他国的格局并没有什么不满：英国人会坦然地模仿

1 当指英国诗人、政论家约翰·弥尔顿（John Milton，1608—1674）。——译注

法国作者，甚至还可以冠冕堂皇地抄袭法国作品。另一方面，以往他们只关心如何编排好某个爱情情节，如何刻画好某位放荡子的个性，但现在他们公开讨论的问题，早已远远高出了这种层面。他们不会觉得宗教问题是早已解决的问题，便在讨论中避而不谈，相反，对人应该如何理解人与神之间的关系，他们有多种见解，并为此争论不休。在这当中，有班扬（John Bunyan）清教徒的神秘主义，有克拉克（Samuel Clarke）、蒂洛森（John Tillotson）以开明方式信奉国教的主张，还有托兰德（John Toland）离经叛道的自然神论。此外，洛克开创了一种新哲学；牛顿引发了一场科学界的革命：他在1687年出版了一部《自然哲学的数学原理》。这些就是英国所展现的无穷活力，甚至法国人也深表艳羡：

> 英国人思考问题确实深刻不凡；
> 在思想领域，他们的探索精神是民族天性使然；
> 钻研各类主题，精通各种实验，
> 他们把科学王国的疆土拓展到四面八方……[1]

最后，随着时间的积累，他们终于要争一争文学界的荣耀了：从此，精神世界的王国走向了全面彻底的分化。1700年德莱顿（John Dryden）去世时，英国人还认为，他们失去的是他们仅有的一位伟大诗人，可现在他们已经重迎辉煌。如果其他国家的人问他们有哪些哲学家，他们会回答说：卡德沃思（Ralph Cudworth）、贝克莱（George Berkeley）。道德家呢？阿狄生、斯蒂尔、阿巴斯诺特（John Arbuthnot）、沙夫茨伯里（Anthony Ashley Cooper, 3rd Earl of Shaftesbury）。博学家呢？理查德·本特利。诗人呢？蒲 59
柏（Alexander Pope）、盖伊（John Gay）、普赖尔（Matthew Prior）。此外

1　拉封丹：《寓言》（La Fontaine, *Fables*），第12集（1694年），《狐狸和葡萄》（*Le renard et les raisins*）。——原注

还有一位精通各个领域的全才：斯威夫特。以上点到的不过是其中最伟大的人物。英国人深深认识到，这些人是他们宝贵的财富，他们要倍加珍惜，于是他们对自己的作家和学者表达爱戴之情，给予这些人无数荣誉。现在，轮到法国的作家、学者羡慕起英国同行了；时过境迁，风水轮流转了。胜利的时代终于来临了，树液在长期不断上升的过程中，用养分保证了树干的茁壮成长，并最终开出了艳美的花朵。

我们能感到，写英国文学史的学者在谈这段伟大时期时，都带着种深深的热情，要对这些年进行一番详细的回顾。“1702年，”埃德蒙·戈斯（Edmund Gosse）曾这样写道，“安妮女王登基，尽管她统治时间很短，但英国文学在此期间实现了辉煌复兴，出现了一批才华出众、卓尔不群的人物。从1711至1714年，各种杰作百花齐放式地涌现，有散文，也有诗歌，它们几乎同时在伦敦印刷出版。仿佛有一阵风吹散了长久笼罩天空的阴霾，云开月明，几颗耀眼的星辰便显露了出来。1702年，全欧洲没有任何一个国家像英国这样，处在一种知识真空的可悲状态；但到了1712年，不论是看作品的数量还是质量，连法国都不能和它这个邻国相提并论了。”“1713年——这是神奇的一年！在1713年这个‘*annus mirabilis*’（神奇年份），贝克莱出版了一本小部头的对话录，名叫《海拉斯和菲洛诺斯的三段对话》[1]，与此同时，蒲柏、斯威夫特、阿巴斯诺特、阿狄生、斯蒂尔也都进入了各自的巅峰期，英国突然间涌现出一大批文学界的才士，他们仿佛群星闪耀，这种态势欧洲其他任何地方都无法企及，甚至无法接近。”

大势已定；照耀欧陆的光现在是从北方而来；北方可以理直气壮地与南方分庭抗礼了；既然精神世界有如此丰富的产品，于是便有一位诗人用以下的诗句来要求为北方正名：

---

1 《海拉斯和菲洛诺斯的三段对话》（*Trois dialogues entre Hylas et Philonous*），其中海拉斯代表的是唯物论者，菲洛诺斯（即作者本人）代表的是精神至上论者。——译注

你们南方的好东西，
在我们北方都不稀奇，
就算不能一模一样，
至少也属于同一个等级……[1]

英国人终于跻身一流，他们对自己的胜利实在是无比骄傲！在回顾艰 60
辛历程时，他们感慨地说道，原本他们处在近乎绝望的险境，最强大的外邦君主让他们的自由、宗教甚至还有土地都遭受到威胁，不过，转眼间欧洲的事务就发生了翻天覆地的变化，感谢上天，恶人受到了惩治，正义得到了伸张，而他们就是正义的一方。他们极力夸耀自己的哲学、文学，以及他们拥有的一切。也正是在这些年里，开始了一场余波延续到今天的运动。说实话，在1713年就有人敢拿英语与法语一较高下，这谁能想到？"英语是能和希腊语、拉丁语一较高下的语言，它和这两种语言一样，是蕴涵丰富的语言，是生动有力的语言，它厌恶任何一种束缚（讲这种语言的民族也同样如此），只要是能体现美感的说法，只要是优雅的说法，它都能兼收并蓄；法语可就不同，法语因为过度追求精致，让人在使用时要小心翼翼，这也让法语本身走向了贫乏，法语一直很拘泥于小节，它变成了各种规则、各种用法的奴隶，几乎无法再提供任何自由，任何一点无伤大雅的新尝试都不能接受……"[2]

要将这股生机勃勃的力量释放出来并施加影响，还需要具备很多前提条件。看上去首先要改变人们对英国的旧印象，代之以更真实、更迷人的新形象。以往，各国的上流人士都会自发地远游巴黎；谁会来伦敦观光呢？不过，从1660年起，英国接待的游客开始明显增多。当然，这一转变还是有很

1　约翰·劳莱特：《小记我在北方的生活》（John Rawlet, *An account of my life in the North*），载《诗杂集》（*Poetick Miscellanies*），伦敦，1687年。——原注

2　阿贝尔·布瓦耶，为阿狄生《加图传》（*Caton*）法译本撰写的序言，1713年。——原注

多障碍要克服的；英国人的习俗在外人眼里还较为野蛮，英国人的语言也很少人能听懂，此外最重要的问题是，想去英国，就必须要一路惊险地越过一片让人心存畏惧的海域：我们听说过一个故事，有位诺曼底的神父来到瑟堡（Cherbourg），想试着冒险西渡，但他刚看到风浪就打消了念头，匆忙地踏上回家的路。本身就生活在海边的人在这方面要更为勇敢，于是他们先行一步，为后人做出了榜样；接着一部分绅士也踏入了斯图亚特王室的领地，这
61 些人当中有学者，有文人，甚至还有些单纯为了满足好奇心的普通人士。搭乘海轮，越过海关，租用驿车，在某家专宰外来客的旅馆里住下；马路，田野，世界上最美的草地，一一呈现在他们面前；接着是伦敦和它的种种新奇景象，百舸争流的泰晤士河，威斯敏斯特大教堂，大本钟；英国人的习俗非常古怪，吃饭喝茶都有自己的一套，他们在娱乐时也很奇怪地带着种庄重、忧郁的气氛：旅行者一路艰辛，见识了种种趣事，这让他们回国后写的游记会带着近似英雄返航的口吻。总之，到了1715年，英国的真正面貌已开始展现在人们眼前；在此之后的一代代人再也不必亲自绘制英国的风情画了，他们只需将现有的画卷稍加修饰，甚至原样照搬也没有问题，因为在世界各国风情画廊中，英国的那幅画卷已经确定了自己的一席之地，得到了人们的认可。

很快，英国人的思想就在德国登陆了。当汉诺威选帝侯在英国登基后[1]，这两个国家就形成了政治联盟。此外，不论是维护新教，还是仇视天主教，或是反抗罗马教廷，他们都同声共气，相互间至少可以说有半联盟形式的合作。1697年，德国图宾根一位名叫安德烈·亚当·霍赫施泰特（Andreas Adam Hochstetter）的教授发表了一段拉丁语的《关于朝圣英国益处的演讲》（*Oratio de utilitate peregrinationis anglicanae*），在演讲中他极力宣扬去英国旅行的益处。“我不想过多美言英国的富饶，”这位教授说，

1 指1714年汉诺威选帝侯乔治一世成为英国国王一事。——译注

“我也不想过多描绘伦敦这座大城市的新奇景观；在这里，我想说说它的科学；此外，我还要重点说说它的宗教。”“在詹姆斯二世治下，一批英国精英挺身而出，以极大的勇气，反抗罗马教廷的传教士，他们维护的这项事业可是与我们休戚与共的啊！在座的各位应该没有人不清楚这一点吧？”在此之后，洛克的哲学也进入了德国。接着是文学。英国思想对德国思想的影响产生了种种成效，其中最明确的一点就是让德国思想脱离了法国样板，毕竟这与德国人的本质精神相去甚远；英国思想为德国人提供了距离更近也更具亲近感的参照体系，它帮助德国实现了思想解放，找到了符合自身本源的形态。等到18世纪，人们就可以清晰地看到，英国思想登陆后播下的种子已在德国大地遍地发芽：德国开始反抗法国的霸权；为了挑战这一霸权，一个北方同盟应运而生。

但英国思想要传播到南方国家，有什么路可走呢？伦敦出版的那些书，
有可能要等很久才会传到这些国家，毕竟英语在欧洲大陆上少有人懂；拉 62
丁语系国家的人没多少能看懂英语，会说的人就更为稀少了。要是不发生什么因缘际会的巧事，传播的速度是没法加快的。比方说，如果英语能借助广为人知的法语的力量，那就有可能出现转机；换句话说，要由法语来负责传播藏在大不列颠岛上的各类瑰宝。“这些如此杰出的作品埋没在英伦诸岛上，真是一件憾事。英语本身再美也是枉然，法语毕竟是欧洲几乎所有国家都使用的交际语言，它的优势是不可比拟的。说实话，法语与英语之间的关系，就好比西塞罗在《为诗人阿齐亚斯辩》（*Pro Archia*）中所阐述的希腊语与拉丁语在他那个时代的关系——‘希腊语是各国通用的语言，拉丁语则只在其本土使用，但必须承认的是，这两种语言的关系是非常紧密的’……”[1]为此，就必须要培养一支翻译团队，需要有为数众多的法国人在伦敦安家；这些人有勤勉的态度，有良好的文化修养，他们接触了英国文学，并产生兴趣，于是挑选其中的精华之作翻译出版，这样一方面可以保障自己的生活，

1　引自里柯提埃（Ricotier）在其翻译的克拉克《论上帝的存在及属性》（S. Clarke, *De l'existence et des attributs de Dieu*）开头所写的《告读者》（*Avertissement*），阿姆斯特丹，1717年。——原注

另一方面也可以证明，他们对接纳自己的国家是非常认同的。的确，除此之外，应该不可能还有什么更快捷的传播方式了，但所有这一切似乎只能存在于梦境……

但是后来发生的事真的就是如此，法国的宗教迫害让很多牧师、教授、作家背井离乡，流亡伦敦，他们从此成了英国思想的翻译者。当然了，整个过程并不是这么简单一句就能完全概括的；在此之前某些步骤已经展开，准备工作已经有了一些头绪；局面并不是朝夕间说变就变的。此外，这些流亡人士在向欧洲大陆介绍英国文学的同时，还尽力让英国人进一步了解法国文学。法国废止《南特敕令》产生了一些意料之外的效应，其中之一就是让英国有了一批代理人，他们在特殊的情境下加快了英国作品的传播速度，拓展了英国作品的影响范围：英国在其复兴的前夕，拥有了一批信使，他们向世界各个文明国度宣扬英国的种种荣耀。

那么，这些人都是什么样的人呢？他们并不是天才；他们只是怀有一颗
63 好奇之心、勤于探索的人；这些人也是意志极度坚强的人，他们勇气十足地接受了流亡漂泊的命运，而且不满足于只在异乡求得温饱。这些人还是热衷于新事物的人……他们当中有阿贝尔·布瓦耶，他求学于皮洛朗[1]的新教学院。在他19岁时，路易十四废止了《南特敕令》；于是他取道荷兰，在1689年来到英国，他谋得一个家庭教师的职业，以此保障生活。他出版了很多法语作品的英译本，其中不少是教学用书，1702年，他出版了一本《圣品法英—英法词典》(*Dictionnaire royal français-anglais, et anglais-français*)，这本词典为几代人提供了方便，不仅对英国人实用，后来还被法国人树为经典。此后他又译介了阿狄生的《加图传》，这本书在欧洲大陆成为英国悲剧作品中最具代表性的杰作；接着，他将精力放在了编年史上，并成为英国半官方的编年史专家；他还参与过各种文学的争论，最终，在经历了一生的坎坷后，他就像一位正宗的伦敦绅士那样，在切尔西区自建的房子里平静离

1 皮洛朗（Puylaurens），现法国奥克西塔尼大区城镇。——译注

世。——作为牧师之子，在新教徒遭受迫害之际，皮埃尔·德·迈佐（Pierre des Maizeaux）来到瑞士避难，他先后在伯尔尼和日内瓦学习神学：他的父亲希望他能成为“自己忠实的接班人，将耶路撒冷那坍塌的城墙重新树立起来”。但他选择去荷兰谋求自己的事业，在那里他结识了皮埃尔·贝尔：在传授正统教理方面，贝尔可不是一位好老师。当然，迈佐也同样不算一位正统的牧师，他更应该算作文人，一位持自由思想的文人。接着他又去了英国：从瑞士到荷兰，再从荷兰到英国，无数逃亡者踏上的都是这同一条路线！他在英国从事了各种工作，他编辑出版过圣埃弗尔蒙和贝尔的书，他与沙夫茨伯里、托兰德、柯林斯（Anthony Collins）交往甚密，他选录了洛克、托兰德等人的一些文章辑集出版，他专心研究过奇林沃斯[1]，他还把莱布尼茨、克拉克、牛顿在哲学、宗教、科学等领域的主要辩论文章收录成集，最后，他终日在咖啡馆里安身，为报纸写稿，给友人写信，遇到乞讨者或需要帮助的人，他会为他们找点财路，寻份工作，他就像汇聚了八方通路的一个中心点，不仅容纳各种思想，也结交形形色色的人：正是因为这些理由，我们可以说，迈佐的身上生动地体现了当时思想交流的特点，热情似火，敢于冒险，令人不安，但这样的思想交流能提供诸多裨益，内容也无限丰富。

接下来我们再看一位皮埃尔·科斯特（Pierre Coste），在所有这些勤勉
工作的人当中，他可能算是成就最高的之一。他于1668年生于于泽城[2]，他 64
原本是要一生在教会工作的，并因此被派到了日内瓦大学学习。等他完成学业，他就会被安排到塞文山区[3]做教师或是牧师；这样的话，他的工作就可能是主持圣事，为信徒讲道；他也可能会一生限于自己狭窄的生活圈子内，直至终老。但他赶上了废止《南特敕令》这件事，从此他无法返回法

1　奇林沃斯（William Chillingworth，1602—1644），英国宗教人士，以精于宗教问题的辩论著称。——译注

2　于泽（Uzès），现法国奥克西塔尼大区城镇。——译注

3　塞文山脉（Cévennes）是法国中央高原东南部的山脉。——译注

国；他就这样变成了一个四海为家的人。他辗转于洛桑、苏黎世和莱顿的各所大学；1690年，阿姆斯特丹的瓦隆教会决定接受他学习神学。毕业后他进了一家印刷厂做校对；1697年，他来到英国；从此他走上了自己的正途，并将在思想史上书写下属于自己的一页。他为英国一些名门贵族的孩子做家庭教师，并选了一些学生，带着他们环游了整个欧洲。他当选为伦敦的皇家学会会员；他发表过哲学言论、历史学论文；他编辑出版了拉布吕耶尔、蒙田和拉封丹的部分著作。他翻译过色诺芬的希腊语作品，格雷戈里奥·莱蒂、弗朗切斯科·雷迪（Francesco Redi）的意大利语作品，但他最主要的贡献还是对英语作品的译介：沙夫茨伯里的《论嘲笑的使用》[1]、牛顿的《光学》。牛顿，沙夫茨伯里，能贡献自己的一份力量，让法国人并通过法国让整个拉丁世界的人了解这些英国的伟人，这确实是一项伟大的工作。但他还有更出色的工作。因为他还是洛克的译者。他充满热情、认真细致地将《人类理解论》译成法语，让英国哲学也进入了欧洲大陆。“法国人有太多地方要感谢科斯特先生，这就像英国人有太多地方要感谢洛克一样……”[2]

回顾思想的传播史，时而能看到一些出人意料的流传途径，让我们情不自禁地叹为观止，不过，法国在情势所迫下迅速、主动地承担起自己的传播义务，还是更值得我们啧啧称奇。北方出现的这个强大势力直接威胁到了法国的霸权，但法国不仅欣然接受，甚至还会为其效力。于是，法国除了自身的创造性活动之外，又多了一项新的任务：把英国的价值观介绍到“拉丁市场”。它热情地向自己的意大利、西班牙、葡萄牙客户推荐来自这个北方
65 国家的思想。它甚至还会偶尔插手不同北方国家之间的事务，让出自伦敦的作品要经过巴黎才能到达莱茵河彼岸的德国。不过最常见的情况是，它在向罗马、马德里和里斯本传播自己产品的同时，顺带推荐英国的产品，后来连德国的产品也包含在内。但法国在传播异国产品时，并不会只做简单的搬运

1 《论嘲笑的使用》（*Essai sur l'usage de la raillerie*）是科斯特法译版的书名，沙夫茨伯里的原书名为《常识》（*Sensus Communis*）。——译注

2 达让：《道德书信录》（D'Argens, *Lettres morales*），第23封信。——原注

工，不在乎运的是什么；相反，它是会把这些产品事先清洁一遍的，它要让这些东西符合“欧洲通行的使用方式”，也就是说，要让它们符合由法国主导的欧洲格调，即法国的格调。这些英国人行文含混不清，必须将其整理清晰；他们不遵循形式逻辑的法则，必须给他们的思想归纳出条理；他们喜欢漫无边际地侃侃而谈，必须对他们的话删繁就简；他们有失粗鄙，必须添加几分优雅。于是法国人动手干了起来，他们调换、删减，重披新装，涂脂抹粉。经法国人加工后再转手介绍给世人的那些人物，虽然还保留着几分异国情调，但已经没有了原汁原味：只能维持一定的吸引力，而不会让人有拍案称奇的感觉。法国知道自己在这个过程中具有哪些优势；它也了解自己的国民喜欢什么格调，从此，它把自身的利益与英国的利益、欧洲的利益结合成一体，并牢牢地掌控不放。法国译者的地位得到了明显上升；他们的使命不再是缺乏独立性、只求忠实于原义的简单体力工作；他们变成了创作者，二手创作者；他们的身份至少应该算是某种全权代表吧。“用英语阐述的思想常会有某种含混不清的地方（因为英国人在这方面没有我们那么严谨），每当我碰到这种文章并产生理解问题的时候，我就先把句子结构弄清楚，然后用法语清晰地将其转换过来，换成法语后，自然就不会再看不懂了。法语之所以胜过其他各种语言，最主要就是因为它清晰明确……由此我产生了一个想法，译者是可以和全权代表相提并论的。这个比较实在是太妙了，但我很担心，我把一份在世界各国声誉都不算很高的职业说成这样，会不会有人指责我言过其实。不管怎么说吧，在我看来，译者和全权代表还有个共通之处，如果他们权力过度受限，就无法充分发挥他们原本的优势……”[1]——法国成了推动英国思想传入拉丁国家的媒介：一股新的潮流由此形成，它贯穿 66
了整个18世纪，并延续到18世纪之后。

一艘艘商船停靠在码头，把货物卸到市中心——没错，因为整个城市

1　皮埃尔·科斯特：《人类理解论》法译本《告读者》（Pierre Coste, *Avertissement* de la traduction de l'*Essai Philosophique concernant l'entendement humain*），阿姆斯特丹，1700年。——原注

其实就是一座巨型海港；一幢幢奢华的建筑，有证券交易所，有银行，还有东印度公司的商厦；沿着运河排立着一户户华丽的私宅；人们忙忙碌碌，每天保持着同样的节奏，富足感溢于言表；这里没有乞丐也没有穷人，只有生意兴旺的商人，或是容光焕发的资产阶级：这就是异乡人所描述的阿姆斯特丹。对于他们来说，荷兰是一片欣欣向荣的乐土：

> 我眼前的这片河岸，
> 处处洋溢着纯真自由的风尚。
> 这里包罗万象，
> 纵使有天地的差异，
> 也能和睦共处、令人称奇！
> 丰衣足食却节俭朴素，
> 威震四方却无人为奴，
> 富甲天下却不会放荡无束，
> 气质高贵、勇担责任，却不会因此骄傲满足：
> 我的选择已定……[1]

荷兰是个繁荣的国家，也是个强大的国家。或许它在商业领域有英国这个强劲的竞争对手，或许在1688年后它渐渐变得像一艘深海巨轮旁的小艇，或许过去把它造就成一个海上强国、殖民强国的冒险精神、尚武精神正在慢慢退化，但这些改变并不代表它走上了贫弱之路；它依然富足，并享受着富足带来的甜美果实。它有另一条途径获取世界各地的金银财宝：银行。它提供了最早的资本主义国家模式；金融活动让它一直走在富足的大道上。

由于各种财富在这里进进出出、来来往往，荷兰自然成了一个媒介式、

---

1 据考为让-巴蒂斯特·卢梭（J.-B. Rousseau）所作，但收入《肖利厄作品集》（*Œuvres de Chaulieu*），1774年，第二卷，第304页。——原注

调和式的国家。它常常会进行政治领域的调停，因为它需要一个平衡的欧
洲、一个和平的欧洲。同样，它也是一片能为各种宗教人士提供庇护的土
地。一个人有办法劝说犹太人改宗，此人肯定是个好的基督徒，但未必是个 67
好商人。荷兰提倡思想自由，这首先是因为它曾长期蒙受过宗教压迫之苦，它的历史就是一段争取精神独立的英勇斗争史；其次，要是与客户交往还要让对方提供洗礼证明，那自然谈不成生意，也开不了银行。因此不管是新教徒、天主教徒还是犹太教徒，他们在荷兰修建教堂，都可以得到宽容。不过这种宽容也并不是绝对的；宗教人士之间如果发生争斗，公共权力机关一样会出面干预；说到公共权力机关，荷兰和世界其他各处一样，如果有人意图推翻政府，同样会受到打击。不过，尽管这里的自由还属于相对的自由，但已经极为难得、极为美好了。

荷兰是一个媒介式、调和式的国家，在这方面，它的大学发挥了相当重要的作用。在它的大学校园里，求学者来自四面八方，他们听的课也不仅仅是由荷兰人传授的，教师中还有法国人、德国人。在荷兰，“各国的人、各国的书、各国的思想汇聚一堂；这里思想交流的繁盛景象至少在当时是其他任何国家都比不上的……在整个17世纪，以及在18世纪的大部分时间里，英格兰人、法国人、苏格兰人、丹麦人、瑞典人、波兰人、匈牙利人，特别是还有大量的神圣罗马帝国侨民在莱顿、弗拉讷克、格罗宁根、乌得勒支负笈游学……”[1]

《南特敕令》被废止时，荷兰已经完全做好了应对的准备。这片包容、好客的土地对这类事早已形成了习惯，它接收过流亡至此的英国人，如克伦威尔时期的保王党人，又如查理二世时期的共和派人；英国经历过多次风波和革命，每当一位英国知名人士确信自己在本国有人身安全问题时，他就会选择去荷兰，不论他是叫沙夫茨伯里、洛克还是叫柯林斯；他可以在那里平

1　约翰·赫伊津哈:《论荷兰在西欧与中欧间的媒介作用》，卡内基基金会欧洲中心期刊（J. Huizinga, *Du rôle d'intermédiaire joué par les Pays-Bas entre l'Europe occidentale et l'Europe centrale*. Centre européen de la fondation Carnegie），第7期，1933年。——原注

安地等待自己霉运结束。大约在1685年左右，开始有法国的胡格诺派人士来到荷兰各地的城门下求助；荷兰一如既往地怀着同情之心欢迎这些人，尽管
68 这些人为数众多。荷兰尽其所能，在自己的工厂、军队和学校为他们安排出路。他们来多少人荷兰就接受多少人，因为它本身也是个新教国家，因为它本身也痛恨路易十四的政治，因为它本身就是个倡导人道的国家。

于是，荷兰在国际舞台发挥重要作用的时代开启了。欧洲此时正在尝试用各种方式表达自己的新思想，对于这样的一个欧洲来说，必须要具有几份能真正代表欧洲理念的报刊；由于在荷兰重新赢得了自由，又深深被荷兰人热情待客之道感动，出于回报，法国的胡格诺派便在这个领域为荷兰人献上了一份精贵的礼品。实际上这件事已经有多次尝试，但出于各种原因从来没成功过。《学士报》(*Journal des Savants*)是份古老的早期报纸，尽管它一直尽力结合国外思想，但基本上还是局限在法国的小圈子里；《哲学思辨》(*Philosophical Transactions*)更愿意探讨科学问题而不是哲学话题；《文人报》(*Giornale dei Letterati*)缺乏活力和格局；莱比锡的《学者动态》则显得过于沉闷：总之这个领域还存在有待填补的空白。人们期待的那类报刊现在终于出现了；它们正是出现在荷兰。1683年3月，皮埃尔·贝尔的《文学共和国新闻》创刊了，1686年1月，让·勒克莱尔(Jean Le Clerc)的《世界及历史图书馆》(*Bibliothèque universelle et historique*)面世了，1687年9月，又出现了巴斯纳日·德·博瓦尔(Basnage de Beauval)的《学者作品史报》(*Histoire des ouvrages des savants*)。这三份报刊虽然以法语编排，但它们所追求的是整个欧洲的读者。

它们也很快赢得了欧洲读者的认可。一份报刊可以凭自己的意愿，给予某位作者跨国界的荣耀、在世界各国都享有知名度的荣耀，或是拒绝赋予他这种荣耀，这会在写作界引起多大的反响啊！哪位作家不想听听别人对自己的评价呢？如果别人认可他的价值，欣赏他、推崇他，他如何能不心存感激？如果没人认可他的价值，他被忽略、被贬低，他又怎么会不表达反抗呢？——“先生，在《文学共和国新闻》7月号副刊的一篇文章里，你们谈

论我的方式在我看来非常不妥，因此我特意写下此信向您表达不满……请贵刊不要轻易侵犯人权；请秉持公正办报的方针；请坚守基督教爱德的原则……”[1]——或者是：“自从您的《文学共和国新闻》12月号谈到我的作品 69
后，所有人都向我要这本书；我们这里的学者就算没看过书，也表达了对这本书的重视，因为他们相信，贵刊可以看透一本书的本质，能为所有书做出公正的评价，这一点其他任何人都做不到。”[2]——“自从我有幸读到贵刊起，我就把它看成能承载不朽传奇的最神圣殿堂之一，在这座殿堂里，必须凭借杰出的贡献、全心投入，才可以觅得一个位置……”[3]但最令人触动的还是这段记载，有一天维柯（Giovanni Battista Vico）从那不勒斯给让·勒克莱尔写信，他说，在那不勒斯他没有得到公正的待遇；但是让·勒克莱尔给了他这个平台，维柯的名字从此能被整个欧洲熟知。[4]

今天，北方之光照耀到我们这里……但它同样也照耀了东方，在东方，价值观正在发生着不同以往的转变。波兰经历过太多次战争，宣扬过太多次英雄主义，它已深感疲惫，在索别斯基[5]建立了种种让全欧洲艳羡的盖世功勋后，波兰逐渐走上了内部分化的道路。过去它曾长期向莫斯科公国传播欧洲文明，效果也非常显著：它用自己的文学、美术、科学和政治理念，深深影响过它的蛮夷邻邦，可现在莫斯科公国要找其他的榜样学习了。瑞典往日的强盛之势也开始土崩瓦解，卡尔十二世兵败波尔塔瓦象征着瑞典鼎盛期的终结。因此，过去的主角已离开舞台前台，取而代之的是一颗颗新星。1701

---

1 德维尔神父（abbé de Ville）写给皮埃尔·贝尔的信，尚贝里，1686年8月31日，载《皮埃尔·贝尔未刊书信选》（*Choix de la correspondance inédite de Pierre Bayle*），埃米尔·吉加斯（Emile Gigas）出版，哥本哈根，1890年。——原注

2 弗朗索瓦·贝尼埃写给皮埃尔·贝尔的信，巴黎，1686年2月28日。——原注

3 德尼·帕潘（Denis Papin）写给皮埃尔·贝尔的信，1685年6月26日。——原注

4 E. 尼科利尼：《维柯写给让·勒克莱尔的两封信》（E. Nicolini, *Due Lettere inedited di G. B. Vico à Giovanni Le Clerc.*），载《比较文学杂志》（*Rev. de litt. Comparée*），第9卷，1929年，第737页。——原注

5 扬·索别斯基（Jan III Sobieski，1629—1696），波兰立陶宛联邦的国王（1674—1696年在位）。——译注

年1月18日，勃兰登堡选帝侯腓特烈三世在柯尼斯堡加冕，自称普鲁士国王腓特烈一世，这条新闻巴黎人是听说了，但刚听到时并没有太过在意。那么，莫斯科公国的现状又怎样呢？他们出了一位被他们称作“沙皇”的大公，他想把这片辽阔的亚洲土地改造成文明之邦；他曾经周游德国、匈牙利、荷兰、英国和法国，学习每一处的先进做法；于是，由此开始，莫斯科公国出现了日新月异的变化：不论是民间习俗、生活习惯、流行风尚，还是
70 发型衣着，都发生了深刻的改变；一位游历到那里的荷兰人科内利斯·德布鲁因（Cornelis de Bruijn）强烈地感受到这些变化，于是他赶紧把当地的各种服饰全画了一遍，以便保留下历史的记忆——“这里的变化太快，随着时间的推移，这个国家过去的服饰很可能会完全消失在历史中，于是我把姑娘们的穿着打扮都记录在画布上……”老牌国家个个对此惊讶不已，这位让俄罗斯各邦国臣服的彼得大帝的非凡气度，令他们深深仰慕。

不过这两股新兴势力真正形成影响力都是后来的事了：普鲁士和俄国还要再等一段时间才能在思想界掀起波澜。就目前来说，主要格局是这样的：拉丁文化已经不再能一统思想界；英国开始要求分庭抗礼，它意识到自身价值所在，开始主动宣扬自己的伟大，对葡萄牙人、西班牙人、意大利人、法国人所有这些拉丁国家的人，英国人已经难掩不屑。他们无非是些奴婢。“至于我们，大英帝国的子民，我们受到了上天的恩宠，在治理国家的问题上，祖先为我们传下了更正确的理念。我们有人民的概念，有宪法的概念；我们知道该如何设立立法机构和执法机构……我们能总结的治国原则与数学法则一样清晰。我们在这方面的认识还在不断加深，这让我们每天都能更清楚地意识到，常识在政治领域能形成多大的价值；由此我们必然也会试着去理解常识在道德领域的价值，唯有常识才是建立道德的根基。”[1]沙夫茨伯里曾这样炫耀过英国的政治。阿狄生则是通过与意大利的比较，来赞美英国的自由意识：

---

1 沙夫茨伯里：《机智和幽默的自由》（Shaftesbury, *Freedom of wit and humour*），1709年，第一卷，第3节。——原注

意大利，你真是个美丽的国度！……
绮丽的自然风光仿佛在对人微笑，
无限的艺术魅力陶冶了人们的情操，
但要是暴政横行，国民广受迫害凌欺，
上帝的这些恩赐又有什么意义？
金黄的橙子，饱满的谷粒，
穷人能看不能食，
香桃木的芬芳香气，
他们闻过又有何益？
他们在丰饶的田地里饿死；
他们在葡萄园里渴死……
自由！只有你能让穷人欢喜；
只有你能给太阳带来春曦，
只有你能给日子带来欣怡。
自由是属于英国的女神，
她不会迁往别处，
哪怕那里的气候极为宜人，
因为付出的代价会极重极沉；
自由，她宁愿在贫瘠的岩礁上快乐安身。 71
殿宇、名画、雕塑，你们大可以尽情去爱；
英国人关注的，是欧洲的命运和未来，
是聆听邻国受难人民倾诉悲哀，
是为了讨伐暴君而发兵境外……[1]

“我对英国人的观察越深，就越仰慕他们；总体而言他们在各方面都超

1 阿狄生：《1701年自意大利写给第一代哈利法克斯伯爵查尔斯·蒙塔古的信》（Addison, *A letter from Italy, to the right honourable Charles lord Halifax in the year 1701*）。——原注

过了我们。”[1]总之，至少我们可以说，英国人已经树立了自己的地位，明确展现了自己的力量，他们代表了一种新的精神。——但这是什么样的一种精神呢？

1 达尼埃尔·拉洛克（Daniel Larroque）写给皮埃尔·贝尔的信，1686年7月12日。——原注

第四章 异 端 72

事情发生在1678年。博絮埃与克劳德（Jean Claude）牧师进行了一次特别的谈话；这次谈话是由德杜拉小姐（Marie de Durfort, dite Mademoiselle de Duras）促成的，因为她此时正犹豫不决，不知道究竟该选择她后来背弃的新教，还是该选择她最终皈依的天主教；两位辩论者面对面坐在一起，为了征服一颗心灵，为了各自的真理，为了各自的信仰，一步步展开了角逐。在谈到个人意识的权利这个问题时，博絮埃向克劳德发难道，新教教会里的这些先生们要求自由，但这自由究竟要达到什么样的程度呢？它是没有限度的吗？照这样说的话，一个个体，可能是个女人，也可能是个无知的人，不论他是谁，都可以相信，也必须相信，他本人对上帝话语的理解，胜过了任何一次主教会议的教谕——哪怕这样的会议集中了从宗教中心到世界各地的各路杰出代表——，也胜过了教会其他所有人的理解，真的是这样吗？克劳德回答说，是的，正是这样。[1]

---

1 博絮埃：《与克劳德先生涉及教会无谬误性的会谈》（Bossuet, *Conférence avec M. Claude, touchant l'infaillibilité de l'Eglise*），1682年，载《对莫城主教先生〈与克劳德先生的会谈〉一书的回应》（*Réponse au livre de Monsieur l'Evêque de Meaux, intitulé Conférence avec M. Claude*），奎维利和鲁昂，1683年，第485页及以下。克劳德牧师用以下这段话进行了自我辩解："在这位高级神职人员的提议下，我发表了言论。我一开始是这样说的，在我们看来，每一个个体，不论他有多么无知，都必须相信，他本人可以很好地去理解上帝的话语，这胜过了最具世界代表性的主教会议上的教谕，也胜过了整个教会的共同理解。这个命题可以从两个意义上去理解。第一种理解方式是，每一个个体，哪怕他很无知，也必须要相信，他可以很好地理解上帝的话语，

（转下页）

73 权威与自由是一对永恒的矛盾体，这一天，两者在宗教领域的冲突变得格外尖锐；人们在究竟该选择什么样的原则指导自身生活这个问题上一直存在不同的立场，这一天，这些立场发生了激烈的碰撞。在这两个对峙的阵营里，克劳德和博絮埃各守一方，他们两人都是豪杰中的豪杰，现在，他们共同面对着一颗正在决定自身命运的心灵，共同面对着法国，共同面对着欧洲。其中的一位全力捍卫的是无拘无束思考的权利，是摆脱掣肘调查分析的权利，是个体在做决定时以个人意识而不是普遍共识为参考的权利；另一位倡导的则是主动融入集体思想的意愿，是一旦服从某种纪律就永远忠诚的朴素快乐，是必须以某种权威作为生活指导的原则。

这一天，克劳德所捍卫的是一项眼见就要失败的事业，而博絮埃维护的是一项胜利在望的事业。异端正在节节败退；德国的路德宗已经开始堕落，它逐渐失去活力并变得庸俗，这些评价是当时一些最有见识的牧师亲口所言；英国的新教似乎也危机四伏，它一方面受到亲斯图亚特王朝的天主教徒的威胁，另一方面受到各类不同政见者的攻击；反宗教改革的势力也重新占据了中欧的大部分地区；作为维护正统规范、整顿秩序的杰出代表，耶稣会士的队伍正前所未有地壮大起来。

在思想领域，法国是最重视逻辑性的国家，也可以说是最不宽容的国家，它一直痴迷地追求某种理想化的完美统一体。一位权倾天下的国王以简单教条的方式看待政治问题，因为长久以来，部分臣民一直怀有异见，少数人一直钟情于某种忤逆的宗教信仰；他深感困惑，深感痛苦，他觉得自己有

（接上页）

这胜过了最具世界代表性的真正的主教会议上的教谕（会议成员都是正人君子、虔诚的信徒，是有智慧有才学的人，他们以耶稣基督之名聚集在一起开会），也胜过了真正的教会里其他所有人的理解。第二种理解方式是，每一位忠诚的个体信徒，每一位有圣灵相伴的个体信徒，他都必须相信，他可以很好地理解上帝的话语，这胜过了那些最具世界代表性的虚伪的主教会议上的教谕（会议成员由世俗之徒、利益相关人士、虚情假意之人组成，换句话说，他们都是不会得到圣灵沟通交流的人），也胜过了整个世俗界的共同理解，尽管他们虚伪地盗用了教会之名。”克劳德认为，第一种理解方式纯属无端的指责，是新教徒排斥在外的；第二种理解方式则包含着明显的真理，博絮埃对此是无力反驳的。——原注

项任务尚未完成。规范信仰，一统教义，驱逐新教，让国家最终井然有序，只保留一家教会存在：这就是路易十四的梦想。他要消灭那个自称改革的宗教派别，先制造争论，再鼓励改宗，并渐渐借助武力进行干预。有人向他禀告——当然他也非常乐于相信这样的话——，宗教改革派过去在法国的土地上烧杀劫掠，但现在它已经没有了还手之力，它被击垮了，变得弱小了，眼看就要被消灭了，无力挣扎，气息奄奄。曼堡神父在他的《加尔文宗史》一书中这样说道，我们只要再加把劲就可以了，“这场不幸的大火给法国带来 74
了无数劫难，如今它只残留下几道烟尘，很快就将完全熄灭。既然我们现在所有人统一在一个最富天主教精神的王国里，我们遵循着同一种法律，并依法效忠于上帝赐给我们的这独一无二的君王，那么我也期待，我们能通过同一种信仰统一在一起”。法国是全欧洲效仿的榜样，法国现在已经开了个头，那为什么不能假想一下，英国或许未来也会重回天主教怀抱呢？曼堡神父似乎已经隐约看到，英国的改宗即将成为现实！“一个多世纪以来，有些人在教会里搞可怕的分裂行为，接着又传播异端邪说，他们让黑暗笼罩了英国大地，我们有理由期待，终有一天，上帝会用他的光，用他的仁慈，驱除这深深的黑暗，让真理之光重新闪耀在英国人眼前，在这道光的指引下，所有的英国人会聚在一起，顺应格里高利一世[1]的意愿，将自己真正的宗教信仰公开表达出来。”于是，在这位享有无限荣光又对基督教极端虔诚的国王的英勇决断下，耶稣重新披上了未经裁剪的、美丽的旧长袍；正统力量确保了自己的胜利。

1685年10月，路易十四废止了《南特敕令》，他这依然在完全遵循自己的原则，按照自己的逻辑行事。他无非是违背了基督教的精神；此外在人的意识这个问题上有错误的理解。但是，人的意识是不会屈服于暴力的；这是人类的高贵所在，也是人类值得骄傲之处。极端的压迫只会引起反抗。因此，尽管反抗的实际举动很少，但每发生一次都具有决定性的意义，都会对

1 格里高利一世（Gregory I，540—604），中世纪教皇国的创立者（590—604年在位）。——译注

未来产生深远的影响。如果要选择一个人类思想发生重大变化的标志性年份，那么，我们确实可以说，1685年是代表反宗教改革势力取得全面胜利的一年；但在此之后，局面逐渐发生逆转。

的确，《南特敕令》的废止在法国之外引起了一片喧嚣，无数警惕的疾呼此起彼伏。1688年的英国革命不仅是一场政治革命，也是一场宗教革命；威廉三世的胜利不仅是议会的胜利，也是宗教改革派的胜利；人们歌颂威廉三世，不仅把他说成是人民权利的捍卫者，也把他当作宗教的救星、新教
75 的英雄。对所有北方国家来说，路易十四都显得像是最典型的敌人，是自由思想的敌人。人们一再强调，他的所作所为就是再明显不过的证据，这些行为印证了他的独断专行，印证了他的不公、他的野蛮、他的暴力，以及他对人权的蔑视；这个暴君，这个马基雅维利的信徒，这个末世怪兽，这个反基督的人，以武力威慑四海已经不能令他满足，征服一片片土地也不能令他满足，虚伪地与一个个国家友好合并同样不能令他满足，他还想一统天下人的灵魂，用自己的法律取代神的声音！这样的指责一浪高过一浪，甚至一直传到了新大陆。本雅明·富兰克林说，他小时候在费城城南的老教堂里曾听到有人咒骂道，“路易十四，这个该死的老家伙，他是迫害上帝子民的人”[1]。

那些被逐出自己家园的法国人，他们在欧洲的新教统治地区引发了一场又一场骚动！他们要告诉全世界，他们经历了怎样的磨难。年复一年，他们受人蒙骗、被人追捕；只因为拒绝变节，他们就被当成了罪人。更何况在日内瓦、柏林、布达佩斯，以及庇护他们的荷兰和英国，这些地方本身就有几十家教会，有成千上万的信徒，他们将这一处处地方当成了反击的坚实堡垒。这些坚毅的法国人，这些不屈不挠的法国人，他们历经千锤百炼，坚持抵抗、坚持斗争，现在他们又调动自己身上的各种力量，来推动宗教改革。他们因为自己的信仰而受难，所以具有一种感召力；他们遭受了不公的

1 《本雅明·富兰克林文集》(*Writings of B. Franklin*)，史密斯（Smith）出版，第六卷，第86和87页。——原注

待遇，所以必然会萌发出正义的力量；他们期待重新争辩，这是一种激情下的力量；他们天生就具备改宗者的热忱力量；而且他们还一直怀有一种愤怒下的情感力量，这种力量只有在肉体消失时才会消亡，但也将被传递给下一代人。

路易十四废止《南特敕令》后，克劳德牧师的论调转变得多么彻底啊！克劳德宣称，过去，大家还能你一言我一语地讲道理，还能以理据争，过去，只有靠真诚才能在交锋中获胜，但这样的日子已经一去不返了；他受到了蒙骗，他被人硬生生拉出了自己的教堂；他被强制在24小时内离开法国，于是他就这样走上了逃亡之路。真是一幕幕可怕的回忆！龙骑兵进了城，他们占据城门，堵住各条通道，处处戒备森严，然后他们挥剑高呼，要么当天主教徒，要么就是杀、杀、杀！“伴随着数不尽的狂吼声、咒骂声，他们不 76
分男女，见人就绑了吊起来，有的从头发吊，有的从双脚吊，吊在天花板上，吊在烟囱架上；他们点燃一捆捆蘸了点水的干草，放在被吊的人下方慢慢地熏烤……对被抓的人，他们揪掉胡子，扯去毛发，直到一根毛也不剩。他们还特意生起一个个巨大的火堆，将受俘者扔到火堆上，直到烤得半熟才拉回来。他们将绳子套在受俘者的腋下绑紧，再将人倒吊进井里，反复提起放下，直到被绑者答应改宗，他们才会松绑……”信仰是一件源头在上帝那里的事，人类政治是决定不了它的，这一点法国国王真的不知道吗？暴力强迫的办法，要么把人变成无神论者，变成虚伪的小人，要么激发出真正虔诚的信徒内心里坚定不屈的品质，让他们面对磨难无畏无惧，这一点法国国王真的不知道吗？采用这些招数，他就让自己僭越了欧洲各国通行的法则，这一点法国国王真的不懂吗？他以可耻的方式践踏了前人恪守的盟约，践踏了国家的公信力，从此，无论他许下什么诺言，签订什么条约，人们都不会相信了，这一点法国国王真的不懂吗？[1]

1 《被残暴逐出法兰西王国的新教徒的怨声》（*Les plaintes des protestants cruellement exilés du royaume de France*），科隆，1686年。——原注

还有很多其他的牧师，他们在巴比伦河边哭泣后[1]，开始厉声咒骂起来。这些人有雅克·巴斯纳日（Jacques Basnage）、演说家雅克·索兰（Jacques Saurin）、埃利·贝诺瓦（Élie Benoist）、伊萨克·雅克洛（Isaac Jacquelot）。不过，要想真正了解人们怒火难抑的程度，就要听听皮埃尔·朱利约（Pierre Jurieu）说过些什么。他本性是个争强好斗的人，但他生活在法国本土的时候一直压抑着自己的这种个性；流落他乡后，他终于释放出自己的怒火。同样的话，别人可以说得很庄重，但他说起来就显得疯疯癫癫；他的错在于过激的态度，在于失控的言语，但他心中激荡的那种情绪，是与很多人共通的。他以高屋建瓴的姿态，一边谈特利腾大公会议[2]，一边斥责天主教；他赞美宗教改革；鼓励自己的支持者继续抵抗；他向这些人发出请求，请他们不要屈从于暴力强权，他还像基督教早期主教们给受迫害信徒写信那样，为这些人寄上一封又一封牧函。他还发表了预言：反基督
77 王朝的统治就快终结了；撒旦的王国即将衰败灭亡；上帝的真正教会很快就会重新戴上象征荣耀的胜利花环。等到1710年，至多等到1715年，这一切就将成为现实，新教徒将凯旋式地重返法国。有相当一部分人是相信他并追随他的，这些人还讨论起了光荣回归后的下一步日程表：1720年或是1730年，流亡者还将收复耶路撒冷。——不过，他并不仅限于发出愤怒的呐喊，说些疯狂的预言。他开始为勃兰登堡选帝侯和英王效力，以此来对抗法国；他筹划着在法国多处发动新教徒起义；他还组建了一支队伍到自己的祖国从事间谍活动，这些人频繁往来，酬劳由他支付。随着仇恨不断加深，咒骂不休的朱利约最终堕落成这样一个角色，直到1713年他离世时也没有改变。

前文我们提到了在荷兰出版的那些法文报刊，如果我们要找出某种精神

1 典出《圣经·诗篇》第137篇：“我们曾在巴比伦的河边坐下，一追想锡安就哭了。”——译注

2 特利腾大公会议（Concile de Trente），于1545至1563年间召开，是一次对近代教会生活影响至深的大公会议，颁布了相当丰富的法令，涉及拉丁通行本圣经、圣事礼仪、拉丁弥撒及应对路德宗教改革的策略等。——译注

来为这些报刊做出真正定义的话，那应该是这样的：它们不会屈服于权威；它们要让世界听到异端的声音。

在《文学共和国新闻》中，没有任何关于悲剧、喜剧、小说、书简诗、颂歌的内容；《世界及历史图书馆》同样如此。《学者作品史报》开始为纯文学留下一席之地，但这一地位并不稳固，分量上看也只能算是小打小闹。的确，未来我们是会看到这方面的进步的；随着时间的流逝，英国的天才作家和一流作家渐渐变得层出不穷，这方面的新闻报道自然也会不断丰富起来；但在1715年之前，报刊主要的兴趣点并非文学，而是思想。这些办报刊的人都出自新教的神学院。他们一听到别人谈道德谈教义，就会激动得浑身战栗；这让他们重温起自己在神学院里学过的那套语言，当年苦修冥思的场景不禁重回眼前，他们也重新寻回了自己的生存价值。他们提起笔，围绕这些熟悉的主题，洋洋洒洒地写了起来。我们千万别以为他们是文艺爱好者，觉得他们会以艺术家或是欣赏者的眼光，热忱地寻找各种美文；他们对美根本没有任何兴趣。真正能让他们兴致大发的，是阿尔诺、尼柯尔（Pierre Nicole）这两位先生的伟大作品，是理查·西蒙（Richard Simon）先生对圣经的注解；英国方面，则是伊萨克·巴罗（Isaac Barrow）、托马斯·布朗、吉尔伯特·伯内特、亨利·多德韦尔等人的论著。这些作者与他们本人有一 78
些共通之处：他们相互理解，彼此能默契地进行善意的争辩，这是他们日常的精神食粮。冉森派、莫利纳派，自由意志、预定论，天命论、宿命论，这些才是他们津津乐道的话题。在他们看来，用哲学方法解释世界才是有意义的，相比之下三一律实在是无趣得多。他们与以往那些四海为家、周游世界的人也不一样；他们属于一个新的族群——一个心中有万丈火焰的族群，在这个族群里，有圣经的注释者，有教会的神父，有异端的鼻祖，有文艺复兴时期的哲学家，有发起宗教改革的先驱，有宗教裁判所的法官，有参加特利腾大公会议的圣师；他们在现世中反对的人，有曼堡神父，有弗朗索瓦·拉米（François Lamy），有博絮埃，即神学家族群里的那些人。

对于掀起宗教改革大潮的那股精神，要保存好它的力量，维持住它的生命力：这就是那些在荷兰办报的人的首要任务。他们继续着先辈胡格诺派的未竟事业，在不断壮大这一事业的同时，还让其产生了新的反响。法国和罗马都看得很清楚；贝尔尝试了多种办法蒙骗官方，甚至在刊物中假意逢迎王权，但他的刊物还是在巴黎遭禁，在罗马被判有罪。让我们细谈一下让·勒克莱尔，这位先后创办了三份“图书馆”杂志[1]的总编：他是个活力永不枯竭的人。他的刊物一次次停刊，但又一次次重生；编辑来了又去，去了又来，但他一直坚守岗位；一期期刊物渐渐堆成了小山，这让他无比欢欣；他也会因为辛劳偶尔抱怨几声，但他乐在其中。他除了办刊的成果外还写了无数的作品；他是那个时代博学家的典型代表，这些人应该都会夜以继日、无休无止地写作：如果不是这样的话，他们又怎么能留下这么丰富的作品呢？他写过各种专深的学术著作、批评类作品、圣经注释作品、哲学作品、历史作品。他出版过伊拉斯谟（Erasmus）、格劳秀斯（Grotius）的作品。他翻译过圣经。他还编过写过各种杂集。他干过各种各样的苦差事，甚至修订过莫雷里的辞典[2]……

他坚持走这条艰辛的道路，从没有改变自我。让·勒克莱尔并不是文人；他的散文没有任何追求浮华、装腔作势的地方；他似乎从不在意词语的韵律；他只喜欢沉闷、实在的长篇大论。让·勒克莱尔以文传道，以文化
79 人。他在日内瓦出生、求学；随后他进入新教教会，并来到索米尔[3]的新教学院进修；他先后在伦敦的瓦隆教会和萨伏依礼拜堂任过职；最后他在阿姆斯特丹定居，在这座城市的一家由亚美尼亚人开设的学校里教了27年书，做过哲学教师、古典文学教师和希伯来语教师。“他研究三样东西：文学、哲学、神学……”但文学对他来说，是运用拉丁语、希腊语和希伯来语的工

1 除前文提到的《世界及历史图书馆》（1686—1693）外，还有《精选图书馆》（*Bibliothèque choisie*，1703—1713）、《古今图书馆》（*Bibliothèque ancienne et moderne*，1714—1726）。——译注

2 莫雷里（Louis Moréri，1643—1680），法国博学家。他所编撰的于1674年出版的《历史大辞典》（*Le Gand Dictionnaire historique*）是世界上第一部专科辞典。——译注

3 索米尔（Saumur），现法国卢瓦尔河大区城镇。——译注

具，是为哲学和神学服务的手段。这条原则也贯穿在他的生活中、他的书中和他的刊物中：他利用一切机会来反复谈论宗教问题，并用自己的方式进行阐述。“他不懂取悦别人、教导别人的艺术，其实这门艺术比学问本身重要得多……”[1]个中原因，是他无意探索这样的艺术；正如他在《古今图书馆》的《告读者》中所言，他办刊的宗旨不是为了娱乐大众，而是要传授真理和美德。

荷兰不仅出报刊，也大量印刷各类书籍，无论出报还是出书，宗旨基本是一致的。“放眼世界，能大批量印书的城市无非只有10个左右。英国有伦敦和牛津；法国有巴黎和里昂；荷兰有阿姆斯特丹、莱顿、鹿特丹、海牙和乌得勒支，此外还有德国的莱比锡，大致就是这些了。”[2]荷兰能拥有五座书城，英国和法国却只是各有两座：这个比例真是很不简单。据说，当时在阿姆斯特丹有400位印刷商或书商。他们不单是荷兰本地人，还有德国人、法国人、英国人和犹太人。他们当中不乏杰出之士，这些人并不是纯粹为了牟利才做书的；不过，在这一行里也同样有不法之徒。“阿姆斯特丹有些书商品行不端，干着可怕的造假勾当。”《学士报》在1682年6月29日表达了抗议，因为荷兰不仅有人剽窃这份报纸里的文章，甚至还直接出了盗版的报纸。——“他们是这么干的，”贝尔在1693年抗议道，“如果书本身可以在巴黎印刷，那他们就只给作者可怜巴巴的一点钱。其余的书他们就在这里制造盗版，完全不必向作者支付任何报酬……”

正是凭借这样的手段，荷兰的书业兴旺起来：其他地方有的书这里有， 80
其他任何地方都没有的书这里也有。过于大胆的书稿在法国是没有人敢出的，除非当局政策出现松动；这种书想在意大利出版难度更大；去西班牙、葡萄牙，同样希望渺茫。相反，被审查者刁难、被当局查禁的作品在荷兰是

1 伏尔泰：《路易十四时代·法国作家名录》（Voltaire, *Siècle de Louis XIV. Catalogue des Ecrivains français*）。——原注

2 记录于1699年的评论，载H J. 瑞辛克：《荷兰三本最古老法文期刊中的英国和英国文学》（H. J. Reesink, *L'Angleterre et la littérature anglaise dans les trois plus anciens périodiques français de Hollande*），1931年，第93页。——原注

完全可以存活下来的，是完全可以找到印刷商和书商发行推广的。芬乃伦曾被派到普瓦图[1]向新皈依的教徒传授教理，他暗示说，应该在荷兰某座城市找个印刷商，印一些盗版的天主教护教论著分发给这些人：带上了荷兰印刷的标签，就可以让这些内心还充满新教思想的读者产生信任。可是，像阿尔诺这样的天主教徒能在荷兰出书，这对朱利约来说是大逆不道之事，是奇耻大辱；荷兰是圣人的土地，是上帝的城堡，在他看来，荷兰是应该禁止天主教进入的；法国是怎么维护天主教作品的，荷兰就该怎么对待新教作品。持宗教自由思想的法国人往往会在海牙的银行里开户：在这里，人们可以无拘无束地表达思想；在这里，作者既不需要屈服于某种政治偏见，也不需要遵循某类宗教教条。因此，自由思想者在这里安家立业真是再合适不过了。

尽管在边界有各种防范措施，但那些被查禁的书，那些被正式定罪的书，那些被大众一致谴责的书，它们还是会私下里渗入法国，渗入这个在路易大帝统治下完全被天主教把持的国家。这些书会藏在游客的行李中；它们要么经陆路来到北方某个城镇，要么经水路来到拉芒什海峡旁的某个港口，最终抵达巴黎。捍卫正统的各方人士纷纷表达了抗议，这一点自不待言。《特雷武回忆录》[2]的编撰者个个小心翼翼，他们很清楚，自己再怎么警惕，都难免有人浑水摸鱼。“取个气势十足的书名，用纸精美考究，再配上漂亮的字体、漂亮的插图，一本书的外包装就完美了；荷兰在这方面向来都做得非常出色。但好店不见得卖好酒；从这个国家盗版走私进来的书同样屡见
81 不鲜。”[3]博絮埃也说过这样一番话：“近期从荷兰传进来一本书，书名叫《新约主要注释者批评史》（*Histoire critique des principaux commentateurs du*

---

1 普瓦图（Poitou）是法国历史上的一个省。——译注

2 特雷武（Trévoux）现为法国奥弗涅—罗讷—阿尔卑斯大区城镇，当时是东伯公国（Principauté de Dombes）首都，因其特殊的地理和政治地位，在18世纪成为欧洲印刷业的中心之一。《特雷武回忆录》指的是《科学史及美术史回忆录》（*Mémoires pour l'histoire des Sciences et des Beaux-arts*），是特雷武印厂自1701至1775年间印刷出版的系列作品集，其编撰者主要是来自巴黎的耶稣会士。——译注

3 《特雷武回忆录》，1719年2月，第15篇文章。——原注

nouveau Testament），书的作者理查·西蒙先生是位神父。这种书在天主教会是不会得到认同的，因此也无法在我们这里获得印刷许可，想出版只能找个什么规矩也不讲的国家，只能投靠信仰的敌人。可是，尽管我们的执法者很慎重、很警惕，还是挡不住这类书慢慢渗透进来；它们开始四处传播，被人不断传阅；书越是稀缺，越是难得，越是新奇，就越会吸引人去读它。总之，越是禁书就越有人想读……”[1]

出版这些反路易十四、反罗马的书，并不限于荷兰一地。瑞士也有自己的一份；此外还有德国、英国。英国这类书可谓层出不穷，理查·西蒙曾解释说，这是因为在宗教领域英国人都是伟大的研究者。据此来看，现在从日内瓦到伦敦，异端已经对法国形成了围攻之势。而荷兰人，尤其还有那些流亡荷兰的法国胡格诺派人士，他们扮演了一种特殊的角色，他们要让这些反抗的情绪和反抗的思想渗透进法国，渗透进法国人民的内心深处。

裂痕越拉越大——“在过去的这个世纪里，上帝让我们听到了一种多么可怕的声音啊！那是一根根树枝断裂、脱离树干的声音。只有坚持信仰合一，才能保证人们的灵魂不致误入歧途，可是英国扯断了这条统一的神圣纽带，任凭各种谵妄的狂想肆虐。荷兰的一部分地区，还有德国、丹麦、瑞典全境，这些地方就像是被复仇之剑斩断的一根根树枝，它们再也无法与原先的树干相连……”[2]废止《南特敕令》只是让这些脱离的声音变得更清脆、更响亮；《南特敕令》废止后，一个以共同思想、共同道德为基础的新同盟形成了，即便是后来双方停止战场上的争斗，签订了和平条约，这个同盟的活动也没有中断。“现在，差不多是整个北方地区联合起来与南部欧洲进行对抗；是绝大部分的日耳曼人与拉丁人进行对抗。”[3]的确，表面上看宗教改 82

1 《捍卫传统、捍卫教皇》（*Défense de la tradition et des Saints Pères*），前言，拉夏（Lachat）出版，第8页。——原注

2 芬乃伦：《主显节布道文》（Fénelon, *Sermon pour la fête de l'Epiphanie*），1685年1月6日。——原注

3 莱布尼茨写给博絮埃的信，1692年4月18日。——原注

革派在法国是被击败了，但在法国之外，他们变得更强大，也更团结一致。“要是只看境外的支持，那你们这些所谓的宗教改革派，确实是前所未有地强大，也确实是前所未有地团结一致。整个新教界现在是同声共气。是的，在境外，宗教改革派形成了一个整体，他们从不曾有这样的傲气，也从不曾像现在这样有威胁。”[1]更准确地说，这里的宗教改革派，主要指的是加尔文宗。

的确，路德宗“在北欧进一步式微”[2]；它变得自我封闭起来，只满足于小打小闹，活动只放在自己的辖区里进行；它没办法在某个国家取得胜利，也就找不到什么国家能引导它走上伟大的征服之路；因为它缺乏雄心壮志，所以也就缺少了应变的能力。加尔文宗则相反，它拥有胜利者的姿态，它在英国全境取得了胜利。约翰·洛克在1690年发表了两篇文章，力求从理论的角度来认同威廉三世的登基，由于威廉三世或许能被称为欧洲加尔文宗最具代表性的人物，因此洛克想让这两本论著成为解读现代政治的样板书：文中洋溢着刚刚赢得胜利后的那种意气风发，人们也很容易发现，文章深深受到日内瓦精神[3]的影响和鼓舞。约翰·洛克在英国、法国、荷兰的师长和朋友都是加尔文宗成员；他的思想主张、他的理据都出自他所阅读的加尔文宗人士的书籍，当然，他还频繁援引圣经中的语句，让一切更加有据可依；他拒绝无条件服从蛮横的专权，这与16世纪加尔文宗成员反抗教会和王权的压迫如出一辙。他文中的加尔文主义代表的是思想自由，只是涉及领域转到了政治。尽管他现在开始为英国政府效力，但这并没有影响他对思想自由的追求；毕竟他在谈自己的原则时是以历史上的种种斗争为依据的，这些斗争在他脑中依然清晰如昨；毕竟路易十四刚刚以君权神授的名义犯下了滥用权力

1 博絮埃：《告新教徒之一》（Bossuet, *Premier avertissement aux Protestants*），1689年。——还可见普雷沃神父（abbé Prévost）后来在《正与反》（*Le Pour et le Contre*）杂志，第一期，第10篇文章中发表的历史角度的论述。——原注

2 曼堡神父：《路德宗历史》（Le P. Mainbourg, *Histoire du Luthéranisme*），1680年，第268页。——原注

3 正在是加尔文的领导下，日内瓦成为政教合一的神权共和国和宗教改革中心，有人称日内瓦是新教的罗马。——译注

的大错，这对他的冲击实在太过强烈。

可以说，加尔文宗在英国的发展，让当年资本主义与宗教势力在日内瓦达成协作的成果得到了进一步巩固，也让这种协作赢得了最终的胜利。继 83
荷兰之后，英国逐渐垄断了世界贸易市场，在商业地位提升的同时，它的宗教影响也在扩大，因为这种宗教不但不会妨碍商业活动，反而能促进贸易往来。有位当代的作者解释说，这是因为天主教与商业活动之间存在着一种天然无法调和的关系，而宗教改革派则相反，他们把懒惰看成不当的行为，所以他们越虔诚，就越会认同工商业的发展。[1]商人是依据不可违的上天谕令来从事自己的职业，或者更准确地说是在履行自己的职责；商人注定要做买卖之事，这与其他人注定要写作、布道并无不同；积极、尽责、谨慎、勤俭，商人遵守的这些品行规范不仅符合上帝的意愿，也能充分保证自己生意的兴旺；商人在欧洲社会中的位置越来越重要，可以高昂着头，毫无愧疚、毫无顾忌、毫不犹豫地从自己的柜台走向教堂。他自信满满，因为他履行的是两方面的职责，能在现世的大地、未来的天堂都享有重要的位置，他深感骄傲。

加尔文宗反击成功——这一句话或许便已反映出欧洲重心从南向北转移时的主要特征，至少，它体现了这个过程中的一部分特征。

不过，随着时间的流逝，异端有没有可能逐渐形成自身的纪律规范，并在其内部重建一种统一的信仰秩序呢？既然要和天主教做死对头，那就不能容许出现任何一种不同的信仰方式。简而言之，会不会出现一种属于新教的正统呢？

在这些纷争不断、混乱无序的岁月里，很多人表达过这样的意愿，这样的期待。不断分化直至分崩离析，这会造成多大的风险，人们心知肚明；人们很清楚，要是大教会分成一个个小教会，小教会再分成一个个更小的团

1 参见理查德·亨利·托尼：《宗教与资本主义的兴起》（R. H Tawney, *Religion and the Rise of capitalism*），伦敦，1926年，前言。——原注

体，以至于最终只存在一个个孤立的、彼此间相互敌视的个体，这种趋势会导致什么样的后果。人们梦想着能紧密团结在唯一的信经下，这又有何妨
84 呢？毕竟大家之前曾经联合过，曾经共同抵抗过天主教这个外敌。人们开始设想各种程序，对那些不履行这些程序的人，就将他们定性为得不到救赎的人。英国有人在为此目标努力；荷兰在这方面的努力更为积极，因为法国众多牧师流亡而来，给当地教会造成了不少新问题。做一次归附正宗的信仰告白，这就是1686年4月荷兰多德雷赫特教务会议上通过的方案，它需要每一位牧师签名表态；要么签字认同，要么就相当于脱离新教教会。在随后几年里又召开了多次教务会议，这些会议主要是保证原有教义不变，分裂分子要被传唤审判，一部分人要被逐出圣坛，部分主教也要被暂停职务。新教教会颁布了各种禁令，与他们痛恨的罗马教会相比，他们也并没有宽容多少。“对于我们当中那些肩负使命、致力于传播真正教义及和平福音的人，教会会全心维护他们的正统观念，会全力保证他们思想上的统一；同时，教会也在虔诚严肃地分析探讨各种适当而必要的防范措施，将那些危险的创新行为拒之门外；此外，教会经过多次对上帝的祷告，最终决定，根据我们旧有的规章，对于那些无法保证与我们总体信仰保持一致的牧师，对于那些无法遵循多德雷赫特教务会议规定、无法与其他人一样服从我们各项纪律的牧师，教会不再赋予他们任何使命……”[1]朱利约扮起了宗教裁判所大法官的角色：他不断揭发，不断起诉，气势汹汹；对于那些他认定的思想罪犯，他甚至不惜求助于世俗权力机关，要将这些与他思想有别的人革职，要将这些人投入大牢。朱利约曾经让阿姆斯特丹当局追查过贝尔，还害得他丢了工作，贝尔后来写道：“上帝守护着我们，上帝让我们免受新教宗教裁判所的迫害；五六年后，这个宗教裁判所想必会变得极端恐怖，人们甚至会像盼望救星一

---

1 《荷兰瓦隆教会鹿特丹教务会议文选》（*Extrait des articles dans le Synode des Eglises wallonnes des Pays-Bas*），1686年，第6篇文章，载弗兰克·皮约：《17世纪法国宗教宽容的先驱》（Frank Puaux, *Les précurseurs de la Tolérance en France au XVIIe siècle*），1881年。——还可参见该文选中《阿姆斯特丹教务会议决议》（*Délibérations du Synode d'Amsterdam*，1690）一文。——原注

样盼望罗马宗教裁判所的回归……”[1]

但真正的危险并不在此。对异端人士，威廉三世治下的英国并不能将他 85
们完全统一起来，而只能选择宽容：政府要求他们在政治层面做到顺从，这样的话就可以允许他们保留自己的信仰；英国不接受附属于罗马的天主教，但可以接受那些附属于自身的反正统教派。至于荷兰，这里从此变成了各种宗派汇聚之地。既有宗教改革伊始就出现的宗派，也有后来才发展出来的宗派，不论是资格最老的宗派，还是刚刚成立不久的宗派，在荷兰都能看得到，它们在这个校武场里各显神通，互相争斗。阿米尼乌斯派、葛马如派、柯齐派、佛依地派、圣三会、反圣三会派，每一个宗派都有自己在教义上的主张；对圣恩、圣经、个人意识权利、宽容这些问题，各宗派的见解都不一致，甚至在对民权的理解上也不尽相同，因此各宗派之间常常会为此发生激烈的争辩。这样的口诛笔伐永不消停，倒不仅仅是因为各宗派都坚定地固守自己的思想，要不惜一切代价捍卫自己信奉的真理；也不仅仅是因为争论能让人愉悦，给人启发，让真理之光显现，仿佛“两颗石子的撞击，让粗糙物质中深藏的某种东西转变为火花”；其中的主要原因，是因为在新教的本质中，在新教的灵魂中，存在着一些特别的原则。

在新教的各种外在表现形式中，其实包含着一种争取个人意识权利、反对权威干预信仰的斗争——掌权者有什么权力控制思想呢？谁能硬性规定正统止于何处，异端又始自何方呢？有人假托新教的名义，声称在自由意志问题或是预定论问题上，只有这种或那种见解可被视作正典；有人更理直气壮地说，行政当局可以借用自己的权威打击偶像崇拜，干扰非正统力量的进步；此外还有人说，一个人有权阻止另一个人传道授业，甚至还有权阻止他相信自己的内心所悟：所有这些言论，显然都毫无逻辑可言。

因此，教务会议已经无力将牧师或信徒整合成一个温顺的集体，也无
力阻挡宗派林立的局面，更无力找到一个说法，让那些喜欢分析反省的人停 86

1　1691年12月17日的信。——原注

止他们不知疲倦的工作。在当时的神学辩论中，人们常常会提到这样一个词：索齐尼派。索齐尼派是由佛斯托·索齐尼（Fausto Sozzini）创立的异端宗派，于16世纪末、17世纪初在波兰最早发展起来；后来，索齐尼的弟子、传人纷纷被逐出波兰，他们先后移居到普鲁士、法国，并最终把荷兰当作了他们的应许之地。于是他们在荷兰成立了名为"波兰兄弟会"的宗教团体；索齐尼的孙子维佐瓦蒂（Andrzej Wiszowaty）于1665年在荷兰出版了他的《理性宗教》（*Religio rationalis*），这本书后来成为索齐尼派的日课经之一。此时，索齐尼派这条大河又汇入了一条来自法国的支流。1669年，索米尔的伊萨克·德于索（Isaac d'Huisseau）牧师写了本名为《基督教融合》（*Réunion du christianisme*）的书，他在书中提议，宗教应该借鉴笛卡尔对哲学的改变，并以此完成自身的改革：今后，除了圣经中有明确解释的内容，人们不必再去相信任何别的说法；只有圣经里记载的那些纯朴的、普世的真理，只有那些与理性格言相协调的内容，才值得人们牢记。于是传统不再有什么意义；教会坦白来说也没有多少价值；上帝，圣经，个人意识，只需要这些就已足够，其他的都是多余。整个法国新教界都在讨论这一类原则性问题；无论是龙骑兵的迫害还是流亡他乡之苦，都无法阻止思想的分化，反而让其愈演愈烈。伊萨克·德于索的异端思想由他的女婿帕蓬（Papon）继承了下来，宗教界随之出现了支持帕蓬和反对帕蓬的两派；靠某次教务会议，已经完全无法阻挡索齐尼派思想的进步了。

的确，作为宗派，索齐尼派的势力在削弱，它的"有形存在正处于极度萎缩的状态"，但它的"无形存在"又在不断扩大：它的各种原则渐渐弥散至人们内心，并引导人们用一种理性思维取代原有的宗教思维。索齐尼派，它到底意味着什么呢？

按照博絮埃的说法，索齐尼派的重要原则就是，我们没有清晰了解认识的东西，别人就不能强迫我们相信。普瓦雷（Pierre Poiret）写道，所谓索齐尼派的教义，就是"*Fidem et scripturam subjicit rationi*"（真理与写作都属于理性的范畴）。"索齐尼派的人，"普芬道夫则这样论述过，"他们只是把基督教看成某种纯粹道德伦理层面的哲学。朱利约很偏执，他处处都能看到索齐尼派的身影；但或许他也不算全错，毕竟人们的思想正普遍转向理性主义，这种趋势非常明显。”他接着又加重语气写道：“索齐尼派，他们对一 87
个人有什么宗教信仰根本不看重；他们否认神迹，但认同神迹是基督教精神的本质所在……”不过，最尖锐的评论是来自理查·西蒙，他这样记载了德于索曾经受到的控诉：“有一小群人以极度严苛的态度对待德于索牧师，并想恐吓大批与德于索牧师思想相近的其他牧师。他们向多位外省的牧师表达了自己的想法，并得到了这些牧师的认同；他们认为，要是不采取这种严苛的态度，加尔文主义在法国就要彻底毁灭。但德于索的那派人里，有些人非常机敏，他们在公开场合自称阿米尼乌斯派，而不会承认是索齐尼派。他们只满足于在内心深处做索齐尼派，只会向自己的挚友倾诉心声。他们是因为担心失去工作才会采取这种举动。他们只是出于策略需要才会屈意表达自己的信仰，**但他们内心深信**，**加尔文和其他先驱所开创的宗教改革只到半途**，**尚未成功**……”[1]这是一段带有恶意中伤意味的文字，但从另一个角度看，它至少深刻地反映出，理查·西蒙是一个洞察秋毫的观察者：宗教改革派还在继续进行自身的改革。

荷兰的牧师与德国的牧师交锋正酣。流落伦敦的牧师也在与越过海峡来到英伦的索齐尼派思想做激烈斗争。加尔文宗与路德宗尽管有历史上的亲缘关系，但想重新将它们联合起来，想让这两派教会形成共同的信仰，再怎么努力都是徒劳的。

因此，天主教徒有充分的理由说，新教徒脱离罗马教廷后，就走进了一片迷宫。同样，博絮埃也有充分的理由在1688年出版他的《新教教会改易史》一书；他在书中阐述道，新教各派的教会过去一直处在变化之中，未来还将不断变化；新教的本质就是变，一块又一块，变得越来越小，最后只剩下尘埃。想将各部分融合在一起、团结在一起，是完全无法做到的事情，因

1 理查·西蒙：《书信选集》(Richard Simon, *Lettres choisies*)，第三卷，第3封信。——原注

为每一部分都在争取自身单独存在的权利；各派教会的原则都是一致的，它
88 们都要以独立的精神进行分析反省，并不断提出变化的要求。所以，每当有人记录新教的历史，他可以描述的，只能是各式各样的信仰告白；所以，想调和各家团体也是徒劳无益之事，毕竟它们的天性就是不断分化。

不过，博絮埃的观点是会被人反唇相讥的，有人会告诉他，天主教会同样经历过各种变化；以此为据的反驳者为数众多，其中包括了雅克·巴斯纳日。还有人会告诉他，新教教会的变化并没有涉及任何根本之处，这样的反驳者当中，包括了吉尔伯特·伯内特。

当然，人们可以把博絮埃的话当成美誉而不是指责，也可以把分析反省看成人的优点，分析反省的人不再从上天接受真理，而是靠自己来艰难地发现真理、构建真理。[1]此外，人们还可以换种角度来看待问题：权威过度是危险的，自由过度也是危险的，但如果一定要选择其中之一，那人们愿意面对的应该是第二种危险。对于这个取舍，让·勒克莱尔在他于1705年编撰的《精选图书馆》中，差不多表达过相同的意思。他身边有很多无神论者，他于是在自己的刊物里列举出很多书，反驳无神论：这也证明无神论的威胁正变得越来越大。过去，人们不分析不反省，不会怀疑师长传授的知识，评判正误时都以师长的言论为据。但今天人们改变了习惯，人们不再相信权威。那是不是应该反过来选择前者呢？对此，让·勒克莱尔的态度很明确。不信神肯定是一种罪恶，但毫无节制什么都信更为糟糕，因为这是思想愚钝、不在乎真理的结果。一个闪耀着无数智慧之光同时也存在少数无神论者的国家，总比一个蒙昧的、对现有思想毫不怀疑的国家要好。尽管有人会借智慧之光做不当之事，但智慧之光是能够创造美德的。无知蒙昧能带来的只有野蛮和恶行。

让·勒克莱尔是阿米尼乌斯派、索齐尼派信徒，他表达的思想正是在整

1 参见阿尔弗莱德·雷贝里约：《作为新教史学家的博絮埃》（A. Rébelliau, *Bossuet historien du Protestantisme*），第三版，1909年，第571页。——原注

个18世纪上半叶占主导地位的思想。过去，笛卡尔预感到自己的思想会牵引 89
其本人走入未知之境，便主动用谨慎之道约束自己的行为——“第一要务是服从我们国家的法律，遵循我们国家的习俗，时刻牢记我们的宗教，正是因为信仰了这种宗教，我才能得到上帝的圣恩，从幼年起便一直接受良好的教育，我在面对任何事情时，上帝都能引导我选择最适中的观点、最远离极端的观点、被那些最值得我打交道的人共同接受的观点”。但笛卡尔的时代已经过去了。异端的时代、形形色色的异端的时代业已来临；这是不服约束、热衷反叛的人的时代，他们的队伍在路易十四统治时期默默发展壮大，他们一心等待着解放的号角吹响；这也是学者的时代，是那些拒绝不经过反思就盲目接受传统的学者的时代；这还是冉森派的时代，他们要将自己的星星之火点旺，要让火焰渐成燎原之势；这同样是各类虔敬派信徒的时代，是注经者的时代，是哲学家的时代，也是皮埃尔·贝尔的时代。

第五章　皮埃尔·贝尔 90

皮埃尔·贝尔生于当年的富瓦公国[1]，和很多人一样，是被驱逐到北方国家的南方人，这些人把他们敏捷的思路、热衷思考的习惯、刚毅的性格和无穷的活力带到了北方。他出生在新教家庭，他本人是新教徒，父亲是新教牧师；他在学校里学习了拉丁语和希腊语，然后进入皮洛朗新教学院继续深造。他后来走上了一条通向遥远异乡的道路，他来到终点时已是孤身一人，所有同伴都被远远抛在了身后；接下来我们要重温他的这段漫漫长路，看看一个人的思想是如何以宗教教义为起点，经过一个个阶段，最终转变成近似纯粹怀疑主义的状态。不过，在他刚踏上这条路时，他也曾经驻步不前：在读了些神学辩论的书后，他改宗皈依了天主教，并到图卢兹耶稣会学校里研习哲学。但在这段经历后，“启蒙教育在他脑中留下的印迹重新占了上风”[2]，他又回到了宗教改革派的阵营，幸福得像是生活在极地的人重新看到阳光一样；1670年他来到了日内瓦。“那段时间我很有一套辩论的本事。我刚刚在一个学校学习了各种在经院哲学里吹毛求疵的学问，因此我能毫不夸张地说，辩论的事我很在行。”[3]

让我们再看看他接下来的这一步，他的精神导师从亚里士多德变成了

1　现富瓦市（Foix）是法国南部阿列日省省会。公元9世纪起，富瓦一带形成一个小型城邦，并发展成富瓦公国。13至14世纪，富瓦发展到顶峰，1582年富瓦正式成为法国领土。——译注

2　贝尔写给潘松·德·里奥尔（Pinson des Riolles）的信，鹿特丹，1693年6月25日。——原注

3　贝尔写给巴斯纳日的信，1675年5月5日。——原注

笛卡尔：他被任命为色当神学院的教师，并在这里开了一门哲学课，课程的内容能说明，他崇尚的是条理清晰的思想、符合理性的事实。信奉这样的理
91 念，必然内心激情四溢，必然会有劝导他人改变思想之意。教学能让他满足吗？他会甘心年复一年重复单调的课程吗？可能性不大。他在色当写了封信寄给《学士报》，信中围绕彗星和各种被视为前兆的事物谈论了一番，但这篇稿件并未得到编辑的采用；于是他对原稿进行了改动，增补了大量篇幅，1682年，这封信终于被登载了出来，这也标志着他开始进入了一种自由独立的状态。

他感到有个声音在他的体内召唤他，这也是他的一种本性需求：研究探索；分析反省；任何事情都从正反两面考虑；不经过自己的预判决不接受任何论断。色当神学院后来因为宗教方面的原因被关闭了，贝尔只得找了份谋生的差事，就在他"*incertum quo fata ferrent*"（对自己的命运感到迷茫）之际，鹿特丹有人为他提供了一个职位，他被邀请在一所当地名校任职。假如他还相信天意，相信上天的眷顾，那么可以说，这就是上天为他创造的一次奇妙的机遇，他又当上了老师，并因此不受衣食问题的困扰；但他真正的职业，或者说他真正的职责，是编文办刊；他深深眷恋于冷酷无情的真理，通过刊物，他可以让大众也感受到真理的魅力。

这里我们要想象一下当时的场景：他独身一人住在鹿特丹自己的小屋内，外表弱不禁风，内心却炽热似火；他让自己的生活远离感官享受；他对家人怀有浓厚的亲情，但他从来没有表达过对任何人的爱。他的屋子里摆了很多书，但他还不断购置新书，因为再添多少他也不嫌多。还有些新闻类报纸——他四处的朋友好心给他寄来的欧洲各国首都发行的新闻类报纸。"我很清楚，我对新闻有种贪得无厌的需求，这是一种顽症，什么药也治不好；这种病就像水肿一样，越治越严重。"[1]但相形之下，书还是显得更为精确；书代表的是某种定型的思想，人们可以准确掌握这种思想，而且一

1 贝尔写给米尼托利（Vincent Minutoli）的信，1673年2月27日。——原注

旦掌握就不会失去；书能活跃思维、激发思想：书就仿佛你面前的一个对手，他像排兵布阵一样井然有序地向你陈述理据、展开攻势，要是你能用自己的理性和理据，调动你的精锐部队反驳他、回击他，那该有多痛快啊！通过一本书，人们仿佛能与作者展开对话，不仅可以谈自己对作者的想法，也可以向作者展现他的不足。不过，不论作者究竟如何，毕竟都是从书中推断出来的结论，于是皮埃尔·贝尔对一本又一本书发起了声讨。从此，他在生 92
活中只关心与思想和知识有关的事情：他不断地阅读、写作、辩论；他“通过学习研究赢得的愉快和乐趣，并不亚于别人在游戏中、在酒吧里寻得的欢娱”。“*Libido sciendi*”（求知欲）牢牢地掌控了他：他想了解一切，然后批评一切。

皮埃尔·贝尔办刊之初，尚未表现出他在辩论中的那种激扬情怀——1686年4月11日，贝尼埃写信告诉他：“我们觉得您像是意大利的美酒，甜味中带着辣，但我们是不好应付的人，我们希望您辣味中带着甜，这样更好。”于是他只得进行稍许的调整。但《文学共和国新闻》的宗旨依然鲜明。他要通过这份刊物，引导读者思考那些最重大、最严肃的问题：人为何而信又为何怀疑，各种思想是否能自由地对立共存，想来应该没什么能比这些问题更重大、更严肃了吧。愿那些被刻意冷落的思想、异教徒的思想、反叛的思想在思想之林中能享有捍卫自身尊严的一席之地！愿那些在别处被抑制的异端之声能找到被人聆听的地方！愿每一种观点都能得到表达；愿最大胆的勇士现在能光荣地宣告：“对宽容异端书籍这件事，如果有谁嘀嘀咕咕地表示反对，那他们应该清楚，宗教裁判所这种东西并不见得适合所有人的口味。”贝尔还说，甚至正统势力也应该去除畏惧之心，正面面对异端：难道他们愿意承认，自己能获胜是因为他们将对手逼得无处论理吗？[1]

他的本性中带着一点狂热：没有这种热度，他又如何能应付如此繁重的工作呢？他编辑文章，修改校样；但他的烦恼并不在此，印刷厂的油墨气味

1 《文学共和国新闻》，1685年7月号，第9篇文章，《对宽容异端书籍的思考》（*Réflexions sur la tolérance des livres hérétiques*）。——原注

对他来说有如清香。他真正的烦恼在于，有些读者是强词夺理的人，这些人表达的意见彼此矛盾，但个个都以为自己掌握了天下所有的真理，他们将人类的愚蠢展现得淋漓尽致；而他真正辛劳之处，是要写无数的信，每天都避免不了。自己写书的话，倒可以随时放一放，然后再重新提笔，可以间歇着
93 读本其他的书，用其他的工作来调整解乏；但写信是另一回事，一动笔就必须快马加鞭，全力以赴。从1684年3月开始，他以这种节奏连续工作了3年，到1687年2月才算告一段落。

在此之前，他已经重新走上了原先的那条路，并来到了一个关键路口。此时，在护卫新教的队伍中，他已跻身最前列。他侃侃而谈，以滔滔不绝之势，广征博引各种理据，言辞激烈地痛斥了曼堡神父一番。就在对新教的各种迫害愈演愈烈之际，他偶然间得到了一本来自故乡法国的书，书的作者对路易十四大加吹捧，因为整个王国在其治下变成了纯粹的天主教国家[1]，这件事正是让他重新提笔撰文的动力。[2]他，皮埃尔·贝尔，他要把自己内心所想全通过文字表露出来："要是人们知道这个词现在意味着什么，贬义有多么强烈，就不会向往'路易大帝治下纯天主教色彩的'法国了，因为以天主教徒自诩的那些典型人物，他们长期以来的所作所为只是在制造恐怖，以至于一个正直的人要是被人称作天主教徒，会觉得这是在咒骂他；你们在这个极具天主教色彩的王国里干了这些事之后，别人再提起天主教，就相当于说不正派的人所信奉的宗教了。"

《路加福音》的第14章讲述了一个寓言故事，某人在家中设宴，但请的宾客都推辞不来。于是他对仆人说：快到城里的广场街道去，领那贫穷的、

1 《路易大帝治下纯天主教色彩的法国，或几位法国新教徒的对话》（*La France toute catholique sous le règne de Louis le Grand, ou Entretiens de quelques protestants français*），里昂，1684年。——原注

2 《写给某地圣母院议事司铎某神父的信：路易大帝治下纯天主教色彩的法国意味着什么》（*Lettre écrite de Londres à M. L'abbé de XXX, chanoine de N.-D. de XXX. Ce que c'est que la France toute catholique sous le règne de Louis le Grand*），让－皮埃尔·拉米（Jean-Pierre Lami）出版，圣奥梅尔城，1686年。——原注

残废的、瞎眼的、瘸腿的来。过了一会儿仆人告诉他：主人，你所吩咐的已经办了，但还有空座。主人回道：你出门去，看到路上和篱笆旁有人，就强迫他们来，坐满我的屋子……

"*Compelle intrare*"（强迫他们来）；圣奥古斯丁后来也用过这个说法，他是为了让多纳徒派重返非洲教会的怀抱；现在天主教的卫道士又用上了这个说法，他们是为了说明，使用武力对待新教徒是合情合理的。[1]此事让贝 94
尔怒火中烧，他前所未有地感到愤慨，因为这冒犯了他内心最深处也是他最珍视的信念。[2]在思想的领域使用暴力：这是多可怕的事！又是多不堪的事！贝尔骂声不止，感慨不已：罗马教廷想赢得至高无上的权威，想让人们认可它是毫无谬误的，于是它把强者法则用到了人的心灵层面；它用了些半鬼半兽之徒来强迫人改宗，这简直是泼妇、妓女的做法；从此我们与天主教徒再没什么可谈的了，因为说来说去，他们总是说那套老话，我们是正统的教会，你们是反叛者，因此我们能惩罚你们，你们无权还击，他们的这种自命不凡真是让人无法容忍！唉！就让欧洲沿着现在的方向，继续在分裂的道路上走下去吧！愿那些脱离了罗马暴政的民族从此再不会重受它的压迫！

对他那些流落异乡的同道中人来说，贝尔的这番话确实起到了鼓舞斗志的作用；对于贝尔所投身的事业，他们确实也该心存几分感激。但是贝尔再次走到了不同的路上；我们反对天主教徒享有强迫他人的权力，同样，我们也不能让新教徒有这种权力；在理性思维中，神迹永远只能被视作一种暂时解决不了的难题，不论这神迹是被天主教教士鼓吹的，还是被新教牧师接受的；自然之光必将代替圣龛前的长明灯，不论这是在天主教的教堂还是在

1 《论法国教会让新教徒回归的举动与非洲教会让多纳徒派回归的举动的一致性》（*Conformité de la conduite de l'Eglise de France pour ramener les Protestants avec celle de l'Eglise d'Afrique pour ramener les Donatistes*），1685年。——原注

2 《对耶稣基督"强迫他们来"一语的哲学评论》（文中以多重论据说明，强迫他人改宗是世上最可耻的行为，文中驳斥了强迫他人改宗者的诡辩术，也驳斥了对圣奥古斯丁迫害行为的赞美）（*Commentaire philosophique sur ces paroles de Jésus-Christ : « Contrains-les d'entrer »*）；M. J. F 译自让·福克斯·德布鲁日（Jean Fox de Bruges）英文原作（原作、翻译均为皮埃尔·贝尔化名。——译注），1686年。——原注

新教的圣殿。于是贝尔一边要同敌军战斗，一边还要用同样的武器与友军交锋。他说，决定思想的只能是思想自身；如果它真诚地接受了某种它视为真理的东西，那么任何外界的压力都是不正当的；如果思想在没有恶意的情况
95 下误入歧途，那它也并没有罪过，同样不能被他人强迫。假如一位无神论者自认为确实应该信奉无神论，那么无论从哪方面看，他都不比正统的新教徒卑贱。其实我们真正不该宽容的，恰恰就是“正统”这个词，因为这个词意味着可以指引他人的思想……听到贝尔的这番言论，朱利约掩面长叹起来。贝尔是索齐尼派的啊！他惊呼道。或许贝尔确实是索齐尼派，但假如以下这段关于索齐尼派的话确实由贝尔本人所写，那他实际上应该比索齐尼派还要更进一步：

> 上天做证，我不愿像索齐尼派那样，倡导用自然之光统管一切，倡导形而上学的原则。索齐尼派会说，对圣经的任何注解，只要不符合自然之光的精神，只要不符合形而上学的原则，就应该被排斥，根据这一准则，他们拒绝相信三位一体和道成肉身。不，不，我不赞同这样无边无际的准则。但我完全清楚，有些自然公理，即便拿圣经中最清楚明白的话来反驳，也是没有用的，比如说，整体要比其中的任何一个部分都更大；又比如说，如果两物等量，那么去除同样大小的一部分后，剩下来的那部分依然相等；两个相互矛盾的判断不可能同时正确；在事物形态消失后其本质仍能继续存在。即便有人能从圣经里找出成百上千条与这些公理相反的论述，即便有人能施展比摩西和各位使徒更多的神迹，但他只要反对这些属于常识的普世公理，那别人就不会相信他；别人应该不会觉得这些公理中展现的自然之光有什么错，反倒会认为，要么圣经里的说法是比喻式的，是有意的反话，要么施展神迹的人倚仗的是魔鬼。
>
> ……我再重复一次：我不愿倡导索齐尼派的准则。不过，虽

> 然说这些在思辨中形成的真理确实需要守一定的限度，可我觉得，涉及道德的各种总体性原则和实用性原则还是不该受限。我的意思是说，任何道德方面的法则，都应该无一例外地符合公平至上的自然理念，这一理念和形而上学之光一样，照亮了世上每一个人的心灵……
>
> 必须认清一点，任何一条教义，不论是圣经里的内容，还是
> 以其他方式得出的，假如它有悖于自然之光中某些清晰无误的概 96
> 念，特别是道德方面的概念，那这条教义就是错的。[1]

辞典，编本辞典，对于贝尔这种个性的人来说，会不会是奇怪的想法？他本人有过回答：“大约是在1690年12月，我产生了一个想法，我想编一本批评式的辞典，辞典中会收录各种过去犯过的错误，有的是以前编辞典的人的错误，有的是某些作家的错误，辞典会将与人相关的错误和与城市相关的错误区分开来，然后以人名、城市名为词条体现这些错误……”[2]他的这个想法并没有完全成为现实；在那些以字母顺序排列的人名、城市名词条下，他放的还是若干正面的信息；他真正大胆的行为被他隐藏在遍布各处的注释中，以至于他真正充分表达自己思想的那些语句，只会偶尔在读者所期待的地方出现；他喜欢玩这种类似捉迷藏的游戏，而且非常精于此道。他为了尽量避免把出版商、书商、读者当场吓倒，于是对自己原先的计划进行了低调处理，但尽管如此，这本《历史与批评辞典》（*Dictionnaire historique et critique*）依然是一本前所未有的尖锐的控诉书，让人读后深感羞惭、窘迫。首先，基本上每一个词条，都会牵连出历史上的一种假象，一个错误，一场骗局，甚至是一段罪行。那么多国王曾经给臣民制造过不幸；那么多教皇把天主教弄得像是满足自己野心、满足自己喜好的工具；那么多哲学家建立的

---

1 《对耶稣基督“强迫他们来”一语的哲学评论》，第一卷，第1章，第1节。——原注

2 贝尔写给他表兄弟诺代（Naudé）的信，1692年5月22日。——原注

只是荒唐的体系；那么多城市的名称、国家的名称让人联想到的只是战争、劫掠和屠杀……从第二个层面看，这本书还夹带着很多下流的、有伤风化的内容，贝尔在谈到这一点时明显带着几分得意，或许是如他所言，书商为了招徕读者向他提出过这样的要求；但或许也是他自己有意要消遣一下，因为他还说过，描述别人干过的龌龊勾当是一回事，但用几段自由的、只关风月
97 的语句让行文变得生动有趣，其实是另一回事。不过，用逾矩的行为、不正常的行为作为书中各种错误史实的补充，其中最主要的原因，会不会是因为这相当于拿道德领域的罪行与思想领域的错误对应比较呢？从第三个层面也是最后一个层面看，这本辞典中还包含不少寓言故事，讲述故事的人谈论的都是其他人的言行；之所以这些言行能成为寓言故事，都是因为当事人的轻浮、愚蠢、轻信、腐化！这一个个故事真可谓一幕幕精彩的大戏！

让所有这些故事不再重演，这才是贝尔借嬉笑怒骂的方式想完成的首要目标。向过去的那一个个“传奇人物”发起攻击吧！所有人都有可能受骗上当：古人会信口开河，他们说起谎来，会像我们平常说话一样频繁；今人会盲目崇古，折服在古人的光环下；即便是最有才能、最值得尊重的作者，他们也会受骗上当；拉摩特·勒瓦耶就上当了；伽桑狄（Pierre Gassendi）也上当了。有些人是专业的说谎者，比如说莫雷里，他编了本最不该编的辞典，一本毫无批评性的辞典，一本充满了谬误的辞典。这是个给读者下药投毒的人，让我们一点一点地来批驳他吧，让我们一条一条地列举出他的谎言吧，比如说他在此处说了12个谎，在那里又说了15个谎：我们要紧紧掐住他的喉咙，毫不留情。凭借这种无懈可击的、求真求实的工作，才能让真理重归正位。思想共和国里的法律就应该是美好而严苛的法律！“这个共和国处在一种极度自由的状态中。在这个国家，人们只认真理和理性当他们的统治者，在这两位统治者的庇护下，人们可以坦诚地与任何人交锋。朋友可以互为对手，父子也可以较量一番……”[1]

---

1 《历史与批评辞典》，词条“加里尤斯”（Calius），注释D。——原注

他的这种勇气，这种战斗热情，这种想让人们觉悟的意愿，都反映出他的一个信念，那就是尽管存在无数阻碍，但人们总可以找到一种顽强存在的真理：通过批评，能让事实浮现出来，能让真相为人所知，而真理就存在于此。不过，想了解真相，想掌握这样的真理，毕竟是非常不易的事啊！错误的力量实在是太强大了，错误也往往是根深蒂固的，随时都会重现！“不论多荒谬的谎言，都有可能被一本本书反复记载，都有可能一个个世纪不断流传。我们完全可以对欧洲那些最可怜的骗子说，大胆地去说谎吧，去把各种荒唐的事印成书吧，你们会找到很多人复述你们的故事的，即便某一 98
天有人反驳你们，局面也会渐渐改观的，此后还是会有人让你们赢得重生的……”[1]只有那些已经开始转变思想的人，我们才能将他们的思想转变过来，毕竟人心是抵触真理的，哪怕是再明显不过的真理。

我们所接受的事实是否代表实际发生过的事情呢？新派哲学不是已经成功地让人们认同，所谓实际发生过的事不过是我们内心意识变化的结果吗？新派哲学还刚刚从皮浪的怀疑主义中借鉴了一些明显对其有益的思想：

> 以前我们在学校里很难听到塞克斯都·恩披里柯[2]这个名字；他有过很多精妙的言论，不过，这些言论对我们来说原本和南方大陆一样陌生，直到伽桑狄将他的思想总结出来后，我们才大开眼界。此后，笛卡尔主义者又最终完成了推广其思想的工作；怀疑论者认为，一个物体，它引起我们感官反应的那些特征其实都只属于表象，对于这样的观点，现在已经不会有任何一位优秀哲学家表示反对了。我们每个人都会说，“我在火边感觉到热”，但我们不会说，“火向我展现的是它的热，所以火就是热”。这就是古代皮浪的怀疑主义的风格。当今的新派哲学则会直接从正面阐述问题：

1 《历史与批评辞典》，词条“卡佩”（Capet），配图说明Y。——原注

2 塞克斯都·恩披里柯（Sextus Empiricus，160—210），罗马帝国时期的希腊医生、哲学家，怀疑论者。——译注

> 热、气味、颜色等等，这些东西其实并不存在于我们感知的对象中；这都是我们内心意识变化的结果；我们知道，物体向我们展现的东西，并不是它本身。人们很想说，广阔无形的物体、运动的物体应该不在此列，但这样的想法是不能成立的，因为我们可以想一下那些向我们展现出各种色彩、各种气味和不同冷热感的物体，我们感觉到的东西其实并不是这些物体本身，由此可见，物体本身是与其表现形态无关的。既然这样，那它究竟是广阔无形还是局限有形，究竟是静态还是动态，又有什么区别呢？……这就是新派哲学家从皮浪的怀疑主义中借鉴的思路，但对此我表示反对……[1]

不过贝尔并没有办法一直表示反对；他的思想已陷入重重包围之中，这一点我们看得很清楚。或许是不由自主，又或许是某种天性使然，他在倡导真理、攻击错误的同时，渐渐滑向了皮浪的怀疑主义。人在探讨某种原则时，谁知道最终会走向何方呢？“同一种原则，有时候可以为打击谎言起到
99 很好的作用，有时候却会给真理帮倒忙……”[2] 找来找去，最后人们能找到的，往往都是矛盾的结果——“一言以蔽之，人类的命运始终险恶，即便能出现光明，将人类从某种罪恶中解救出来，也不免会把他们推向另一种罪恶。驱除了无知和野蛮，但同时就会带来迷信，人民愚蠢的盲信对他们的领导者来说是件大好事，领导者会滥用这样的盲信，在不务正业、荒淫无度的生活中不能自拔；即使新的光明降临，人们得以摆脱乱局，但他们会产生分析一切、反省一切的愿望，他们开始吹毛求疵、求全责备，他们那点可怜的理性，做这些事根本得不出任何结论……”[3]

应该存在着某种方法；人们稍微花点功夫就能发现这种方法，甚至还可以用一句类似公式的话将它精练地归纳出来。“任何一种体系，只要它还

1 《历史与批评辞典》，词条“皮浪”。——原注

2 同上书，词条“塔克金”（Takjddin）。——原注

3 同上。——原注

算不错，就一定会具备这两点要素：第一，其中包含的思想很清晰；第二，它能够与经验相互吻合。”[1]如果人们运用这一方法，就可以同时得到抽象真理，以及作为抽象真理证据的具体真理。但这种方法又该如何运用呢？用它来看具体真理，那所有事实都会混乱不清，都会变成错误；在《历史与批评辞典》中，批评毁掉了历史。用它来看抽象真理，那就永远不会把事情看清；人们所能看到的，只是原模原样的各类思想：每一种说服力都差不多，每一种都可能是对的，各种思想互相拼杀，难分伯仲。

贝尔依然没有就此中止他的行程。他有种很明显的执拗痴迷，他的思想重新回到了那些他觉得自己从没有弄清的问题上，如果我们想了解他的完整思想，想了解他的思想是如何重回那些老问题的，那就要看一看《对一位外省人问题的回复》（*Réponse aux questions d'un Provincial*），这套书于1704年开始出版前几卷，最终因为他去世而未能完稿。在这套书中，他没有放弃自己的风格，那种热情四溢、常如激流般迸发的风格；他没有放弃自己的写作习惯，即从已经出版的信札、史书、论文、专著出发，反馈出自己的意见，表达出自己的不同看法；同样，他也没有放弃自己那刻薄残忍的嘲讽。但在这套书中，只要有可能，他就会表现出更强烈的热情，迸发出更猛烈的激流；他的反馈更有力，分析也更严谨。书中的那位外省人会向他询问各方 100
面的问题，可能是某本书的内容，也可能是某一历史年份、历史事件，甚至还可能只是他感兴趣的某件日常小事。贝尔总是用他那令人钦佩的清晰思路，简明扼要地将问题所涉及的方方面面归纳出来：不回避，不遗漏，不为任何一点错误留下灰色地带式的包容场所，不找借口，不宽容，不原谅。他还会不断地被人问一些同样的问题：通过普世认同就可以证明上帝的存在吗？人究竟是被上帝赋予自由意志，还是只能接受命运的支配？如果上帝真的存在，那为什么他会让世间存在不公正的现象，又为什么会让世间出现

1 《历史与批评辞典》，词条“摩尼教徒”（Manichéens），注释D。——原注

万千种罪恶的行径？贝尔于是也不知疲倦地反复表明自己的观点：他的观点其实就是说，我们什么也无法肯定，什么也无法知晓。

这位伟大的苦力工又重新干起了他那繁重的工作，但现在他更具胆识，也对自己的职责有更清晰的认识。他想彻底说明这样一件事，那就是，宗教与哲学是毫无共性可言的：一旦有人将两者混为一谈，那再怎么讨论都不会有成效。贝尔强调说他并没有攻击宗教本身，他甚至摆出一副尊重宗教信仰的姿态；他说，他只是顺从并重复宗教卫士们的理据：他们不是说，任何一种宗教都是以某种神迹为起点的吗？问题就在这里，一种与理性无法兼容的神迹，这种思维模式是与理性思考者的思想活动甚至生存经验相冲突的，是无法让这些人接受的。他这次不同以往，他是进入城堡内部来撼动城堡；他要混进城堡守卫者的队伍，给他们制造麻烦。他对他们说，如果人们接受神启，那么宗教就是真实的；它的一条条教义就是有逻辑的。只是他又补充了一句，神启是无法实际演示的。因此，我们只能认为，信仰是一回事，而运用理性思考是完全不同的另一回事。

不搞折中，也不做区分，因为一旦反对某种教义，同时又认同另一种教义，这明显是矛盾的，是荒谬的。“从您写给我的几封信中，我觉得我能看出来您的想法，在三位一体问题上，在其他几个基督教教义问题上，您认为，理性必须服从上帝的权威；可是，在谈到亚当的原罪及其连带效应
101 时，您就认为，圣经中的文字必须由哲学家来审议判定。您要是真这么想的话，您要是思想真的不协调到这一步的话，那我会为您感到可悲……”[1]您认同神迹？那您就相信这种事吧，要么哲学能和它对应上，要么对应不上，要么哲学会通过无可辩驳的理据否定它。但从此以后，您就别再说您遵循理性了……贝尔想说的那些要么愚蠢，要么疯狂的人，不仅仅是天主教徒或加尔文宗信徒，还包括了犹太人和伊斯兰教的信徒；甚至还有自然神论者，这些人想通过自然之光来证明上帝的存在。所有这些人，都只是“宗教主

1 《对一位外省人问题的回复》，1706年，第三卷，第128章。——原注

义者”[1]——这是他对这些人的称呼——；与这些人相对应的，是“理性主义者”。

可要是这两大势力就此分道扬镳的话，那么对于理性主义者来说，只要他们还用逻辑思维看待自身，他们就必须对自身的原则进行分析反省，这样的话麻烦就开始了。唉！尽管采用了各种办法，但哲学还是无法修补由它自身制造的裂痕；尽管哲学很擅长摧毁既成信念，但它除了用疑问代替信念外，并无重新建设的能力。人是自由的，还是必须服从命运的安排？“一旦讨论自由的问题，就会陷入无法收场的境地；每一方在阐述时都有无穷无尽的资源可供挖掘……”

——“自由意识是一种非常含糊不清的问题，很容易出现模棱两可的情况，越是深入探讨，就越容易陷入矛盾，在一半的时间里，人们会发现自己与对手说的是同样的话，自己制造出来的武器竟然可以用来反驳自身的立场……”[2]——灵魂是不灭的吗？灵魂是不灭的；除非它是可灭的，除非它属于物质，不然灵魂就是不灭的。——存在一个拥有至高智慧、至善品德的上帝吗？或许存在；但这位智慧、善良的上帝乐于让其创造的生物承受肉体和灵魂之苦，又该如何解释呢？他又为什么乐于让这些受造物变得有罪呢？贝尔在看待问题时，稍稍一瞥就会形成这样的视角；经过这样的观察，事实所呈现出来的面貌不仅会让人产生情感上的憎恶，还会引发理性上的不满，对 102
贝尔来说尤其如此，与其他人相比，这一面貌在他眼中更显可怖。他颤抖地发出了这样的声音：“那些能轻而易举阻止罪恶却听之任之的人，他们应当受到谴责；那些能很轻而易举伸出援救之手却听凭他人死去的人，他们对这个人的死是负有罪责的。找个最普通的女农，去问问她：如果母亲奶水充足却不愿给孩子喂奶，宁肯让他们饿死，这种行为的罪过是不是等同于直接将孩子扔进水里？父亲看着自己的儿子把有毒的食物放到嘴边，他明明知道一

1 《对一位外省人问题的回复》，第三卷，第134章，“……那些宗教主义者（请允许我用这个词来总称犹太人、异教徒、基督徒、穆斯林等等）。”——原注

2 同上书，1706年，第三卷，第142章。——原注

句劝告甚至一个眼神就能让孩子避免中毒，却完全不闻不顾，这样的父亲是不是没有人性，这种行为是不是与他自己下毒没什么两样？"[1]

这样有罪过的母亲、没人性的父亲，上帝竟然与他们有类似之处，这该如何理解呢？善良的人们各尽所能给出解释，一位名叫威廉·金（William King）的英国圣公会神学家天真地以为，他一劳永逸地解决了恶为何存在于世这个问题；他出版了一本大部头的拉丁文论著，他认为这本书解决了不可能解决的难题。但实际上他什么问题也没有解决，他只是在尝试为一个化圆为方的无解问题寻求答案。

人是一种多么矛盾的机体啊！"无论在什么样的体系中，人都是最难处理、最难应对的那一部分。人就像暗礁，无论是对的东西还是错的东西，一遇上人都有可能出现危险；人既会让自然主义者困惑，也会让正统人士犯难……人会制造出一种难于厘清的混沌局面，就算是想象力最丰富的诗人，恐怕也难以想象出类似的场景。"人们努力与错误展开斗争，但人们担心，斗争结束后，自己会发现，与我们灵魂更契合的是谎言，而不是真理。[2]人们充分信任公正理性的力量，最后却发现，理性其实很脆弱，很无力。"理性根本无法与感性对抗；它会一次又一次被激情击倒，要么沦为战俘，要么转变成曲意逢迎的角色。理性会与激情对抗一阵子，然后就不发一言，接着暗自伤心，最终会向激情表示认同赞赏。"[3]于是人们发现，以理性得出的结
103 论，理性自身其实从来无法完全肯定，表面上看起来再明显不过的那些概念，其实终究还是一个个问题；于是，皮浪的怀疑主义再度形成了有威胁的攻势，原本清晰的思想阴云密布。

贝尔有没有走到绝对怀疑论这一步呢？——如果他放任自己的思想随

---

1 《对一位外省人问题的回复》，第二卷，第124章及以下，驳威廉·金：《论恶的起源》（W. King, *De origine mali*），伦敦，1702年。——原注

2 同上书，1706年，第三卷，第103章。——原注

3 同上书，1704年，第一卷，第13章。——原注

性而动的话，那他确实有可能走到这一步；从正反两方面同时探讨问题，这种游戏对他来说是人生最大的乐趣。如果他只信逻辑，只参考自己的人生经验，只听命于自己日复一日愈发强烈的思想变化，那他确实有可能一直走到幅员辽阔的虚无之乡，在那里，行动失去了理由，连存在也失去了理由。他确实有可能走到被勒克莱尔称作“形而上学的、历史层面的皮浪的怀疑主义”，即彻底的怀疑论。

但他做出了反抗。他有着勇往直前的精神，有着使命感，此外，尽管他有可能对真理存在疑虑，但他更憎恨错误，他内心的那种理性是一种不甘心接受自身失败的理性，最重要的一点是，他有一种惊人的意志力，所有这些结合在一起，让他无法走出最后那一步。他要完成某种道德层面的任务，要推动某种进步，这个想法他是从不愿放弃的。对此，《历史与批评辞典》有一个非常让人感怀的例子；它出现在“马孔”[1]这一词条的注释D中——“我为何要谈这些可怕的骚乱”。这些可怕的骚乱，这些宗教战争，它们会被人当作借口，实施更恐怖的野蛮行径，那么，这些“非人道行为”，难道不该从记忆中抹去，难道不该让人不再回想吗？旧事重提，这难道不是让人们心中萌发出一种无法化解的仇恨吗？“会不会有人对我说，我似乎有意在唤醒一些早已平息的情绪，在点燃仇恨之火，有意在自己的书中零零散散地说一些上个世纪发生的残暴事实？”——大可不必这样想。“任何事物都有两面性，我们期待所有这些可怕的骚乱都能被精心记录保存下来，这是有非常充分的正面理由的。”不论是政府官员，还是教会人士、神学家，都应该了解过去发生过的罪行，这样才能在未来引以为戒……因此，既然任何事物都具有两面性，贝尔宁愿选择可以让人看到一丝希望的那一面。尽管他也怀疑人是否能求得绝对的真理，但他宁愿相信，错误才是一种更可怕的传染病，他有义 104
务控制住病情的传播肆虐。既然他在为失明的人行医，那么他至少要尽自己的责任，能擦亮多少人的眼睛，就尽量去擦亮多少人的眼睛。

1　马孔（Mâcon），法国索恩—卢瓦尔省省会。——译注有些人嘲笑过他，这些人往往看似强大实则懦弱，对这些人，他不会照搬他们的做法回击他们——“他们身体强健、财运亨通的时候，就会自命不凡地、英勇地反对上帝；但等他们感到自己疾病缠身，或时运不济，或年老体衰的时候，他们往往又变得非常迷信；此外，一旦他们觉得自己不久于人世，他们会变得比谁都相信彼世的存在，并为此做好一切准备……”而他本人就算到了人生之旅的末程，依然保持着强烈的攻击性。谁能躲过他的利剑呢？夏洛克（William Sherlock）、蒂洛森、卡德沃思、威廉·金、勒克莱尔、朱利约、阿尔诺、尼柯尔、贝尔纳（Jacques Bernard），最后还有雅克洛，都曾是他攻击的对象；说到雅克洛，此人先抨击了《历史与批评辞典》，他认为自己的论证已经清楚地表明，理性与信仰是协调一致的，所以此人不同于贝尔的普通对手，他可被称为一位象征性人物，在他身上，集中体现出那些不求甚解的思想，那些不愿向理性让步的异见，同时也集中体现出人类的弱点。但贝尔此时已经体力衰竭，他咳嗽不断，胸部肿痛，忍受着高烧的折磨，他原本想平静地等待死亡，但现在只能利用这段时间尽量做出回应，如果说他在去世的那一刻还有什么遗憾的话，那应该是来不及对雅克洛的错误一一驳斥。[1]

贝尔的批评式思想仿佛是某种过于浓烈的香精，无法在原始纯粹的状态下使用，必须事先经过一定程度的稀释：事情的发展也正是如此。《历史与批评辞典》一书已经跃出了神学家争辩的范畴，成为所有人都可以阅读的对象，以至于“人们能清清楚楚地看到各种反对意见的依据”；贝尔的思想为

1 伊萨克·雅克洛：《信仰与理性的一致，或守护宗教、驳贝尔先生〈历史与批评辞典〉中的主要异见》（Isaac Jaquelot, *Conformité de la foi avec la raison; ou Défense de la religion contre les principales difficultés répandues dans le Dictionnaire historique et critique de M. Bayle*），阿姆斯特丹，1705年，四开本。当时还属于英雄主义盛行的时代，没人愿意被对手击败，固执的斗士会步步紧逼自己的对手，到死方休。参见勒克莱尔：《精选图书馆》，第12期，1707年；第5篇文章；第7篇文章；《评贝尔先生的几篇对话遗作》（*Remarques sur les Entretiens posthumes de M. Bayle*）；以及《告读者》：“贝尔先生会用什么样的话批驳我，我全都知道，我决定默默忍受他的所有怒火、所有咒骂，而不让他享受总结陈词、宣告胜利的乐趣，这种乐趣正是他满怀热情寻求的对象。”——原注

各国的异端势力提供了启示，贝尔也成为怀疑论者的导师——“众所周知，
贝尔的作品把怀疑的思想深植到大量读者内心，对那些普世认可的道德原 105
则、宗教原则，他也表示怀疑，他的这些思想得到了广泛传播……”[1]

在16世纪的思想大战后，有人提出过和平休战的建议：那些长时间折磨人的问题，就当它们已经解决了吧。只有这么做，人们才能安生，才能免于无休止的焦虑，免于无休止的纠缠；只有这么做，人们才能投入行动；只有这么做，人们才能转变热情，把思想投入到纯粹的创造活动中；只有这么做，人们才能享受社会中的各种乐趣；人成为社会性的人之后，即便不能完全实现幸福，至少也会感到满足。在接受和平停战时，人们甚至展现出几分英雄主义色彩，几分宏大的情怀；主动求和也变成了崇高的行为；这就像一个蜂巢，如何组织所有成员，如何形成等级，如何贯彻法规，都是有讲究的，为了生产，为了繁衍，就必须服从命令，就必须有上千上万的成员做出牺牲。

可是，如果和平的局面尚未形成，奠定和平的心理基础就已开始发生变化，那这种和平的局面如何能持久呢？那些异乡客，那些流浪者，那些对新事物感到好奇的人，那些内心焦虑苦恼的人，那些不喜欢循规蹈矩、不喜欢安定生活的不安分的人；那些在历史中只能看到懦弱和欺骗的现代主义者；那些刚刚成长起来，甚至还无法理解拉丁人思维方式的新民族；所有那些反对者，所有那些怀疑者，他们是根本不会把政治问题更不会把宗教问题当作已解决的问题的：这是来路不同、为数众多的一大批人群，他们怎么可能压抑自己的情感？这帮人将向传统信仰宣战，而这仅仅是一场大战的序幕。

1 《日耳曼图书馆》(*Bibiothèque germanique*)，第18期，1729年。——原注

第二卷

与传统信仰的斗争

第一章　理性主义者

这些年来，一个名叫“理性”的陌生事物一直试图强行进入高等学府；在一帮可笑之徒的协助下——这些人分别自称伽桑狄主义者、笛卡尔主义者、马勒伯朗士主义者，都是些大逆不道之徒——，这个陌生事物竟然想对亚里士多德进行分析反省，甚至要将其逐出门外……[1]

情况确实如此。理性登场亮相了，而且咄咄逼人；它想分析反省的不是亚里士多德一人，而是过去的每一位思考者，每一位写作者；它想彻底清除过去的错误，让生活以新的方式重来。它也算不上是陌生事物，因为古往今来，它一直为人所用，只是它现在呈现出一副崭新的面貌。

它想成为事物的起因特别是目的因[2]？这种事不再可能是理性的追求。——那么，它是要转变成一种能力，一种“让人与动物产生区别”的能力，一种“能让人明显看出人远远超越动物”的能力？或许有此可能；但条件是无止境地对这种优越能力进行拓展，让它形成极致的勇气和极致的能量。理性的优势在于，它能树立起一些清晰、真实的原则，并由此得出同样清晰、真实的结论。它的本质在于分析反省；它的首要工作，是对神迹、对不可解释的现象、对模糊不清的事物发起责难，从而让自身的光芒普照四

1　弗朗索瓦·贝尼埃、尼古拉·布瓦洛-德普雷奥:《寻找艺术大师》(François Bernier et N. Boileau-Despréaux. *Requête des maîtres ès arts...*)，1671年。——原注

2　根据亚里士多德的“四因说”（质料因、形式因、动力因、目的因），“若有一事物发生连续运动，并且有一个终结的话，那么这个终结就是目的”。——译注

海。世界充满了错误，这些错误产生自人类心灵里自欺欺人的幻象，接着又
110 被不受监督的权威力量倡导，此外还因为符合人类轻信、懒惰的弱点而受到广泛传播，最终在时间的作用下不断巩固、不断强化。因此，理性首先要投入到一场大规模的清除工作中。摧毁无数的错误，这是它的使命，是它迫切需要完成的使命。这项使命源自它自身的需要，也源自它自身存在的价值。

理性主义者纷纷呼应理性的号召，他们积极活动，热情四溢，勇敢无畏。

他们当中有法国人、英国人，也有荷兰人、德国人；作为一个被犹太团体排斥、憎恨的犹太人，斯宾诺莎也施展自己的天才，助理性主义者一臂之力。这真算得上是一支多元的队伍！他们原本所处的位置是相互矛盾对立的，但竟然会为同一个目标而奋斗！这种团结协力的场面真是令人感叹。

在这支队伍中，首先是一批持宗教自由思想的人。这类人有来自英国的，如威廉·坦普尔，他在告别喧嚣的政界后，力求过一种明智享乐的生活，一种恬静安逸的幸福生活；但这类人主要还是来自法国。持宗教自由思想的这一族群并不是刚刚出现的；之前它至少已经传播过两种哲学思想，并由此使这两种思想更广为人知。首先是帕多瓦学派的思想，即蓬波纳齐（Pietro Pomponazzi）的思想、卡尔达诺（Girolamo Cardano）的思想。接着是伽桑狄的思想，但仅限于与基督教无关的部分。伽桑狄的思想源自伊壁鸠鲁，后者的原子论、灵魂物质论深深影响了他，但他在提取伊壁鸠鲁思想的精华后，又对其进行了深入复杂的改造：他让伊壁鸠鲁的思想变成一种并不太能轻易理解的哲学，一种在原有的传统权威基础上增添出新意的哲学。持宗教自由思想的人在追随伽桑狄思想的同时，形成了自己的团体，这个团体不仅人数众多，而且也享有一定的地位和尊严。

但是伽桑狄向笛卡尔发起了挑战；两人之间展开了一场激烈的、你来我往的较量；这两位对手当着兴致盎然的观众的面奋力厮杀。哦，纯粹的精神啊！哦，尽情说谎吧！伽桑狄对笛卡尔说道。笛卡尔对伽桑狄则反驳道：

“那请您对我说说看吧，哦，肉体啊……”[1]

伽桑狄被击败了。他确实还保留下一些追随者；这些人分布在英国、德国、瑞士、意大利，但人数已经不多；笛卡尔征服了整个欧洲思想界，他的 111
光芒让伽桑狄及其追随者的学说暗淡无光；随后又出现了洛克这颗冉冉升起的新星。1674年，弗朗索瓦·贝尼埃在巴黎出版了一本《伽桑狄先生哲学汇编》（*Abrégé de la philosophie de M. Gassendi*），这本书很受欢迎，多次重印，他曾经听大师亲口宣讲过学说，现在他为这种学说延长了生命力和影响周期。但此时他已不再有以往那种强烈的信念和热情；尽管赞美之词依旧，但他加了“归根结底”这样的词来表明限度：“伽桑狄的哲学，在我看来，归根结底是一种最合理的哲学、最简单的哲学、最感性的哲学、最轻松的哲学……”伽桑狄真正改变他的地方是怀疑精神：“我研究哲学已经超过30年了，我原本对某些事非常确定，但现在我开始对它们产生了怀疑……”他变得像西摩尼得斯[2]那样：希罗王有一天问西摩尼得斯造物主究竟是什么样的，西摩尼得斯起初要了一天的时间思考，等到第二天，他说还需要两天，接着说再需要四天，如是反复；最后，希罗王终于发现西摩尼得斯在无休无止地增加天数，不禁对此惊讶不解，此时西摩尼得斯回复说，他越想这个问题，就越觉得疑点重重，晦涩难解。

因此可以说，持宗教自由思想的人并没有任何明确正式的学说。他们崇尚的哲学家思想都不算深邃——这一点我们可以认同——，都是些半吊子的哲学家；他们每天看书，但往往只是轻松惬意地翻阅贺拉斯的《颂诗集》（*Odes*）；他们在形而上学上的理论思想都是三言两语。那么，他们到底为什么会让正统思想的守护者如此不安呢？其实恰恰就是因为这一点：这些持宗教自由思想的人缺乏形而上学的观念。他们天生具有反叛性，桀骜不驯，

1 《皮埃尔·伽桑狄形而上学研究中对勒内·笛卡尔形而上学思想的反驳和质疑以及笛卡尔的回应》（*Petri Gassendi Disquisitio metaphysica, seu dubitationes et instantiae adversus Renati Cartesii metaphysicam, et responsa*），阿姆斯特丹，1644年，四开本。——原注

2 西摩尼得斯，又称“凯奥斯岛的西摩尼得斯”（Simonides of Ceos，约公元前556—前468），爱琴海凯奥斯岛的抒情诗人、警句作者。——译注

执拗不化，这些都是他们的本性；他们接受的贵族文化教育只会让他们的怀疑思想进一步巩固。他们就像是思想领域的溪流，这样的溪流有成千上万条，它们四处可见，恣意穿行，并将汇聚成一条大河，一条怀疑的、不信神明的大河。他们想用自己的头脑来思考，拒绝被任何人支配，但他们不是思想深刻的哲学家，正如我们前面提到的，他们只是些所谓的“哲学家”；对这些人来说，神迹无非是一种破解不了的谜团；尽管他们破解不了，但他们可以不再考虑这个问题，这对他们来说并不重要；他们生活在宗教的环境中，但并不会生活在宗教之中。既然存在阴沉沉的迷雾，既然我们不能驱散这片迷雾，那我们不如享受这俗世的生活；让我们优雅地品味生活带给我们的愉悦吧，后面的事就交给命运来安排。这或许是一种道德上的自暴自弃，
112 也可能是一种对生活无奈的、权宜性的理解方式，但这样的立场在当时吸引了很多人，这些人大多也并非普通百姓。

我们来看看法国的持宗教自由思想的人：这是一群过度追求雅士气质的人，这类人群的前景，要么是与性情更粗犷、意志更坚强的人群结为同盟，要么就只能渐渐消亡。这当中有一位译过卢克莱修[1]的诗人让·德埃诺（Jean Dehénault），他算得上是继承了居伊·帕坦[2]和拉摩特·勒瓦耶的衣钵，他和很多其他人一样（但又比其他人略胜一筹），用一种忧郁感伤的笔调表达出自己否定的思想：

在我们死去时，一切对我们而言都随之消逝；
死亡让万事皆空，可死亡本身无非是件小事；
我们有生之年固然短促，
但不妨只将它看作一段特别的时日。
不必再害怕惊慌，

1 卢克莱修（Titus Lucretius Carus，约公元前98—前55），罗马共和国末期的诗人、哲学家，著有《物性论》。——译注

2 居伊·帕坦（Guy Patin，1601—1672），法国书简作家、医生。——译注

也不必对死后的未来抱任何希望。
愿恐惧就此消亡，也愿你不再彷徨，
放弃在那黑暗的未来里重生的愿望。
我们死后的情形，
不会与出生前的状况有什么两样。
我们都渐渐被时间吞噬。
自然在不断地召唤我们，让我们重归混沌的原始。
为了自身的永恒变迁，
自然将我们抛弃，对我们无视。
既然它曾给予我们一切，
它当然也可以将这些全拿回去。
死之不幸与生之幸运并无差别，
人可以生得完整无缺，也必然会死得彻底无余……[1]

这当中还有德祖利埃夫人[2]；还有尼侬·德·兰克洛[3]，她一直坚信自己是没有灵魂的，即便在她进入耄耋之年、行将离开人世之际，她也不改初衷。

如果把法国持宗教自由思想的这群人比作花圃里的群花，那么其中最艳丽的一朵应该是圣埃弗尔蒙阁下，他原本效力于虔心信奉天主教的国王，在其军中任旅长一职。1661年，法国国王、大臣均对他失去信任，他开始流亡英国，直到1703年在那里去世；因此，圣埃弗尔蒙除了做持宗教自由思想的人，已经别无他途。于是他就逐渐变成了这类人群中的一位代表人物，一位

1　仿塞内加《特洛伊妇女》（Sénèque, *Troade*）第二幕中的合唱诗，《作品杂集》（*Œuvres diverses*），1670年，载弗雷德里克·拉谢弗尔：《让·德埃诺作品集》（Frédéric Lachèvre, *Œuvres de Jean Dehénault*），1922年，第27页。——原注

2　德祖利埃夫人（Mme Deshoulières，1634—1694），法国女文学家。——译注

3　尼侬·德·兰克洛（Ninon de Lenclos，1620—1705），法国女作家、思想家，当时的著名交际花。——译注

典型的持宗教自由思想者，他就以这样的形象，出现在为他惋惜的法国人面
113 前，出现在喜欢他的英国人面前，出现在荷兰人面前，他曾经在荷兰居住过相当长一段时间。或许可以说，不论是他的个性，还是他的某些思想立场，都有种老派的风格：他就像是个岁数已经不小但必须要改变自己生活习惯、生活方式的人，为了不受往日岁月的奴役，他必须要付出很大的努力。于是，他一直坚持做一个“有教养的绅士”，就算他身边有教养的人越来越稀少，就算他这位人中楷模已经年老力衰，已经渐渐被人遗忘，他也从没有放弃过。身为有教养的绅士，他不会嘲笑任何事物；他虽然常常写文章，但他对此解释道，他并不想把自己当成圣师那样写书化人、传授学说，他只是个俗世中人，成天懒散清闲，写文章可以用来消磨时光。他注意到自己身边有很多人非常热衷于数学、物理学的研究，但这些并不是他兴趣所在。对他来说，能打动绅士的科学，唯有伦理学、政治学和文学：他所处的是一个科学要为哲学工作提供支撑、提供补充的时代，是一个不关心科学就可能进不了主流生活的时代，所以他的这种态度是落后于时代的。圣埃弗尔蒙喜欢细致地研究古代作家，喜欢像批评家那样庄重、均衡地比较不同的历史学家、演说家；平行比较，肖像描写，所有能让他那天性细腻的心灵发挥心理分析优势的形式，他都喜欢；他还喜欢练习自己的谈话艺术，这自不待言。等到马扎然枢机（cardinal Mazarin）的外甥女、马扎然公爵夫人霍腾斯·曼奇尼（Hortense Mancini）后来定居伦敦并开办了沙龙，圣埃弗尔蒙的所有心愿也全部达成：沙龙是每天都可去的地方，在此之前，他的生活中就缺少这样一个固定的活动场所。

圣埃弗尔蒙是位伊壁鸠鲁主义者，他认为，在所有探讨至善问题的哲学家中，没有谁的见解能比伊壁鸠鲁的更具说服力。圣埃弗尔蒙想遵循本性生活，但说实话，他也并不很清楚这种本性究竟意味着什么，不过，把日子过得舒适精致，这是他非常擅长的。他一直受到当权者的保护，即便王权从詹姆斯二世转到威廉三世手中，对他来说也没有区别；他的日子安排得井井有条，每天的事情都轻松有趣；他喜欢美食，甚至可以说在这方面有点过于

讲究；他精心控制自己的各种爱好，力求适度，以便更好地享受乐趣，他是 114
个精致的利己主义者。节衣缩食，放弃享受，忍受肉体折磨，禁欲苦修，他一想到这些生活方式，就会深感恐惧。节制，适度，避免情感失控的淡然态度，精致的利己主义，这些才是他看重的基本美德，此外还需要注意保养身体，身体是人宝贵的财富，但身体好的时候人往往会对健康缺乏关注。因为此时他差不多已经70岁了，而且深受某种病症的困扰。“圣埃弗尔蒙先生有一双湛蓝色的眼睛，炯炯有神、闪闪发光，他前额宽大，眉毛浓密，双唇线条优美，脸上常带着种狡黠的微笑，他的相貌让人觉得很舒服，也让人能感受到他的智慧，他身材高大，比例协调，走起路来从容不迫、气度不凡。离他去世还有20年的时候，他两眼间生出个皮脂囊肿，而且后来越长越大。”皮埃尔·德·迈佐——他的第一位传记作者也是他的出版商——曾对他有过这样的描述。圣埃弗尔蒙倒很能顺其自然。两眼间长了个大囊肿，这没什么了不起，只要能继续活下去就行。“多一周的寿命，总比死后享受一周的荣耀更有意义。”

他很热爱生活，他用自己的生活技巧，让人生旅程变得漫长，而且，除了年轻时的一些坎坷外，生活始终对他不薄，他能一路走来尽享安逸。这也正是他所追求的生活目标；人们为他写过很多墓志铭，但如果由他本人来选的话，他最认同的可能是以下这条：

> 蒙诸多君王之恩宠，得诸多贵妇之欣赏，
> 少有倨傲之气，难见爱欲之火；
> 写作、美食是他的两大才能。
> 他对生活无比热爱，
> 尽管他对上帝知之甚少，但对自己的灵魂洞察入微……

的确，他无比热爱生活，同时也热爱能为人欣赏生活、珍视生活提供保障的那样东西——支配自我的自由；在各种各样的自由中，最珍贵的那一

种，就是能让思想只接受自身法则的自由。

我们是不是应该认为，他其实有更为复杂的内心世界呢？我们是不是应该认为，他其实是在精心为自己打造一个传奇故事，他表面上想把自己持宗教自由思想的形象传给后世，但真正的圣埃弗尔蒙，怀着一颗思乡之心的圣埃弗尔蒙，实际上只是个不彻底的怀疑主义者，是个一直抱有希望的人？这一点我们不能确定，尽管有人曾举出过很好的例子作为佐证。因为他在为人类的可悲处境感怀不安时曾祈求过，要么让人升华到天使的国度，要么让人
115 堕落至野兽的王国，但他的祈求对象并不是肉身死在十字架上的上帝，而是自然。在他的这唯一一次祈求中，他明显是冒犯了上帝：

精神与物质模糊不清地混为一团，
在这个混合体中我们寻找着生活的方向，
光芒要么太耀眼要么几乎被完全遮掩，
让我们无法真正分清自身的恶与善。

自然啊，你让我们永远怀疑迷惑，
请你快点改变我们这样的生活，
要么让我们升华到天使的光明国度，
要么让我们堕落至野兽的感官王国……[1]

无论如何，就算他外在的形象是精心打造出来的，就算他本真的那一面包含着更深的疑惑、更深的矛盾，但这一面毕竟是藏而不露的；他在实际行动中仍然是个持宗教自由思想的人："要是你手上有他的传记或是他自己写的作品，你想由此能看到一位哲学家的生活，看到一位庄重严肃的人士的思

1 引自阿尔贝尔－马里·施密特：《圣埃弗尔蒙或不纯粹的人文主义者》（A. M. Schmidt, *Saint-Évremond ou l'humaniste impur*），1932年，第141页。——原注

想，那你不用读多久就会发现这大错特错。要是你效仿他，那你绝对不会被人当成是很严肃的哲学家，别人会觉得你还留恋于感官乐趣……至于他的文字，要是你想从中学到某种深刻的哲学知识、古代史知识，要是你想从中领悟到斯多葛派或是隐士的朴素作风，那你真是找错了地方，你即便从头读到尾，也不会发现任何你想要的东西，那时你可能会愤愤不已。”一位肤浅的伊壁鸠鲁派人士：很多人对他做出了这样的评价，其中包括让·勒克莱尔，他在自己的《精选图书馆》中总结圣埃弗尔蒙在阿姆斯特丹出版的作品时，就有过这样的说法。[1]

这位双面人式的持宗教自由思想者，这位新世纪的先驱，他究竟为自己所属的这类人群带来了哪些新的理念呢？首先，他有一种四海为家的精神，这倒不仅仅是因为他后来生活在英国，对这个国家的文学感兴趣并翻译了《福尔蓬奈》，也不仅仅是因为他以“英国人的方式”创作出一部名为《波利提克爵士》的喜剧，主要的原因是，他在提出历史进化理念的同时，还提出了一种相对主义的理念。他认识到，每个民族都具有自身独有的习俗、生存方式和特性，每个民族也都代表着一种独有的价值观，其他任何一个民族都很难将其融入自身法则之中；他拒绝把外国人看成野蛮人；他倡导人们要宽容不同的思想，在国际关系问题上，他同样运用这种宽容原则。正如每种体系都有其真实的一面，每个民族也都有其自身的优点：“说实话，就我所 116
见，没有哪个国家的人能比法国人的理解分析能力更强，他们思考问题时很深入很细致。此外，我也没见过哪个国家的人能像英国人这样，他们可以脱离以往过于宏观抽象的沉思，重新使用简明具体的语言进行表达，让思想获得一定的自由，这一点确实值得他人尽量效仿。世界上最有教养的绅士，应该是思考时的法国人和说话时的英国人。”

正是因为他有这种理解他人的意愿，可以说，他的生活是处在展望未来的状态中的。此外，他还为自己营造出平静安逸的生活环境，过着一种特

1　1706年，第9期。——原注

殊的反宗教生活。他并没有觉得自己是个反叛者；除了在生活习惯上做了点牺牲，除了在某些表面现象上做了点让步，他在无信仰的世界里过得非常安详，与其他在信仰中求得内心平和的人并无区别；有些持宗教自由思想的人会因为自己的想法受到迫害，但相反他因此获得了名声和荣誉；圣埃弗尔蒙已经不再是个持宗教自由思想的斗士，而是位持宗教自由思想的胜利者。在他去世后，他不是带着一身荣耀葬在了威斯敏斯特大教堂的墓地，和很多诗人长眠在一起吗？——尤其重要的是，他知道如何去吸引那些渴望新鲜事物的心灵，他知道如何为这些人提供更有力、更强势、实质性教益更多的学说。1666至1672年，他曾在荷兰生活过，他在那里认识了一位犹太人，此人叫斯宾诺莎；迈佐在传记中是这样说的，他很高兴见到了“当时在海牙的几位著名学者和哲学家，其中特别值得一提的有海因修斯（Daniel Heinsius）、福修斯和斯宾诺莎”。我们无法确切了解他们之间究竟有过什么样的交谈，但我们知道，在他们会面后很久，圣埃弗尔蒙还是会时常回想起斯宾诺莎。“这位法国的持宗教自由思想的人，孤独地住在海牙的里内堡（Ryneburg）和斯蒂尔韦尔卡德（Stille Veerkade），他生活低调，习惯沉思，他只是形成了朦胧的自由思想，厌烦陈规，反抗传统教条，总之一句话，他是个精神层面的投石党人，他一直在寻找一位理论学家来支撑自己不信宗教的立场，并觉得自己终于找到了这么一个人，这位形而上学家用理性为不信宗教的行为奠定了思想基础，并将其转换成最为深邃的学说……”[1]

117 因此，尽管持宗教自由思想的人没有丰富的学说作为理论基础，但他

1 古斯塔夫·科恩:《圣埃弗尔蒙在荷兰的生活及斯宾诺莎进入法国思想领域》(Gustave Cohen, *Le Séjour de Saint-Evremond en Hollande et l'entrée de Spinoza dans le champ de la pensée française*)，1926年。——让·德埃诺也曾赴荷兰与斯宾诺莎会面。“他是个很有趣也很博学的人，他喜欢精致生活带来的愉悦，他用一种艺术而巧妙的方式过着不羁的生活。但他有种怪脾气，这种怪脾气对一般人来说可算是极致：他会因为自己的无神论思想而扬扬得意，他会带着一种可怕的狂热情绪和极为做作的模样，炫耀他的思想。为了说明灵魂是会灭亡的，他创立了三种不同的理论体系进行验证，并专门为此到荷兰去见斯宾诺莎，不过斯宾诺莎对他的博学并不看重。”（杜博［Dubos］写给贝尔的信，1696年4月27日，载《皮埃尔·贝尔未刊书信选》，埃米尔·吉加斯出版，哥本哈根，1890年。）——原注

们最期待的，还是自己的观点能被人援引；兴起于法国的古典主义流派曾提出停止哲学上的论战，但他们从不肯接受；他们认为没有哪种学说是彻底完善的，他们一直在怀疑，一直在否定。他们的桀骜不驯为后来的反叛行动埋下了伏笔。这群人里集中了各种不信宗教的团体。各派人物混杂，这确实不假，因为在当时的论战中，人们往往没时间细分不同的见解、不同的派别、不同的体系，没时间分析差异、划清界限，一旦某些人的思想被视作有害于信仰，人们往往急于给这些人贴上个笼统的标签：猛烈批判《福音书》内容的人、拒绝相信神启和神迹的人、对宗教冷淡的人、自然神论者、无神论者。人们把他们混作一谈，将他们都称为持宗教自由思想的人。

同样不假的是，持宗教自由思想的人渐渐不能在理论上自给自足了，17世纪末，他们开始认识到，必须要找到一种更严密、更强大的哲学思想作为自身的支撑。所谓持宗教自由思想，一方面代表的是对宗教和神的怀疑，另一方面代表的是对享乐式生活的喜爱，它让人想到的是两方面的自由，精神的自由和感官的自由，但随着时间的流逝，这两种特征正在渐渐转变。怀疑宗教和神的人在积极寻找一些新学说，来取代单薄、过时的伽桑狄思想；后来他们在伏尔泰身上发现了一些不同的东西，一些不限于宗教自由思想的东西。贪恋感官享受的人要求更粗犷直接、更不受约束的乐趣；他们会表现得更放荡不羁、更玩世不恭；在摄政时期[1]，持宗教自由思想的人开始有了些不同的表现，他们不再寻找某种平衡，而是刻意做一些过分逾矩的行为；在这一时期有些人被处以车轮刑的酷刑，但他们的罪因并非追求思想的独立，而是道德上有伤风化。拉法尔侯爵（marquis de La Fare）、肖利厄神父（abbé de Chaulieu）就是在这一转变、过渡中的代表人物；特别值得一提的是肖利厄神父，他觉得美女和佳酿是睿智的大自然赐予我们最好的东西，有一天，他在应和友人马雷泽（Nicolas de Malézieux）的诗歌时，表露了自己的内心信仰：

1　指1715至1723年法国奥尔良公爵摄政的时期。——译注

118 为了应和你的诗句
我要求助卢克莱修或伊壁鸠鲁，
我要从他们描述自然的文章中
借用一些理据；
但他们所理解的神的本质
鲁莽得让我憎恶，
他们学说中能让我喜欢的
只是关于享乐的论述。

这是我灵魂里的美好向往
它带有胜利者的魅力，让人无法抗拒，
它也是我内心深处的本性
以如火的热情刻下的语句；
在神圣的安逸气氛中
我倾听自己所有欲望的倾诉；
在我看来，所谓大智大慧
就是走上通往愉悦的正途……

在这样的情况下，某些用词也发生了改变；表达时必须要采用更明确清楚的方式，如果所指的持宗教自由思想的人并不重视感官享受，那就要说“精神上的自由派”（libertins d’esprit）[1]。同时，“那些信仰自然神论的人，那些信奉怀疑论的人……他们该被称为典型的‘自由思想者’（esprits forts）”[2]。

1 皮埃尔·贝尔：《历史与批评辞典》，词条“阿尔克西拉乌斯”（Arcesilaus）：“我们对事物的本性进行思辨，形成了很多判断，但真正应该指导我们生活习俗的那些原则很少与这些判断相符，所以正统的基督教徒生活得不好，精神上的自由派生活得不错，也就成了再平常不过的事。”——原注

2 皮埃尔·贝尔：《关于彗星的思考》，第139节。——原注

"*Nulla nunc celebrior clamorosiorque secta quam Cartesianorum*"（到了高声召唤加尔都西会[1]的时候了），当时有一位作者在他的作品中这样疾呼道，这部作品的书名就很有象征意义：《理性史》[2]。当时的情况是，在17世纪末，笛卡尔已成为无冕之王。但他的王国并不是一统天下的，毕竟在思想领域也从来没出现过这样的情况，无论是最朴实的还是最抽象的思想形式，都会有一些国家、一些民族坚守自身的独特之道，拒绝称臣。英国和意大利的知识界都有相当一部分人在维护、捍卫本国的独特存在，笛卡尔并不能征服这些疆土。不过，如果思考的问题涉及普遍层面，笛卡尔的统治力还是明显的。任何一位从事与思想有关工作的法国人，都不可避免地要在一定程度上 119
受他的影响，甚至他的对手也不例外；任何一位有威望的外国人都从他那里受过益，至少会通过他产生思考的动力、研究哲学的动力。洛克承认自己从笛卡尔那里学到了不少东西；斯宾诺莎起初阐述问题时用的就是笛卡尔的体系，对于笛卡尔这位大师的思想，或许没有人能比斯宾诺莎了解得更深入透彻了。此后，当维柯想让意大利拥有一种本国特有的哲学时，他发现自己要斗争的敌人并不是已经退位的亚里士多德，而是高居王座的笛卡尔。在荷兰的院校里，笛卡尔的学说得到正式传播；这些学说接着又被在莱顿、海牙、阿姆斯特丹、乌得勒支、弗拉讷克求学的匈牙利学子们传回本国。德国人能从经院哲学中解放出来，也是因为引入了他的学说；如果说，事物的影响力能通过其反响程度得到验证的话，那我们可以回想一下，伟大的莱布尼茨当年曾如何全力批判过笛卡尔。笛卡尔的弟子们一度被人告发、被列入危险人物的名单、被迫害、被定罪，但过了半个世纪后，他们终究还是占据了各所大学的讲台，他们开始传授课程，著作大量出版，各种荣誉也接踵而来：他们成了权威。

1　加尔都西会是罗马天主教隐修院修会，1084年创立于法国，严格持守简朴的生活，16世纪欧洲宗教改革时期以及后来，曾在各地遭到迫害。——译注

2　《理性史》（*Historia rationis*），作者D. P. D. J. U. D（菲利贝尔·柯莱［P. Collet］），1685年，第13篇文章，第107页。——原注

一种学说被传播到极致，连根本没机会运用它的人都会知晓它，连根本不会与其相关书籍有任何接触的人都会受其影响，到了这个时候，这一学说必然会在传播过程中损失很多精华，唯一还能产生作用的，只有能够被永久归入人类遗产的那一部分内容。松果体是灵魂所处的位置；“野兽机器”[1]没有愉悦和痛苦的感觉；“满”的理论，旋涡说[2]；此外，笛卡尔的物理学，甚至还有他的形而上学：这些内容全都在传播途中遗失了。那么最后究竟还残留下什么呢？他的精神；还有他的方法，这是可以确定的传世财富；以及他那些对人类思想活动具有启示性的指导规则，这些规则是如此简单，却又如此有力，尽管它们并没有启示出所有真理，但至少让我们可以排除、远离一部分蒙昧的想法。

理性被当成了一种获得确定知识的工具，得到了人们的信任，这形成了
120 “一种变动，一种从内向外、从主观到客观、从精神层面到本体层面、从强调意识到强调实体的变动”[3]，而这些也是被笛卡尔第二代、第三代传人视作颠扑不破的正确价值观。让我们听听丰特奈尔是怎么评价的吧：“在我看来，是他带来了这种理性思考的新方法，这一方法比他的哲学思想本身要有价值得多，因为要是拿他教我们的规则看他的这些思想，我们会发现，里面其实有不少谬误之处，也有不少难以确定的地方……”

理性犹如脱缰之马，再也停不下脚步；即便是有价值的传统和权威，它也不予认可；它敢于声明，“放弃现有的一切，对一切原有事物进行分析反省，并没有什么不妥”。有人提出要看具体情形，但它要将具体情形也彻底清理整顿一番。“具体情形”，这本是个带有魔力的词，它本可以让那些过度膨胀、日益危险的势力受到控制；这本是个富有智慧的词，大师本人很早就谨慎地提到过这个词，但他后世的这些“见习魔法师”已经不认得这个词

1 笛卡尔对动物的称谓。——译注

2 笛卡尔认为，真空中充满了空间物质，它们围绕太阳形成旋涡，这种旋涡导致了太阳系的形成，这一关于太阳的旋涡说，是17世纪中最有权威的宇宙论。——译注

3 梅嫩德斯·伊·佩雷约：《美学思想史》（18世纪，导言）（Menendez y Pelayo, *Historia de las ideas estéticas. Siglo XVIII, Introduction*）。——原注

了；又或许他们认得，只是他们不愿使用罢了。现在，天与地都归他们所有！可知的世界全归他们所有！文学和艺术也归他们所有！他们觉得，万事万物都逃不脱几何思想的掌控。于是，神学也归他们所有了！有一位叫约翰·雅各布·策伊希策（Johann Jakob Scheuchzer）的数学教师，他曾在神学领域宣扬过几何学思想[1]，他带着几分骄傲和几分感激，引用了丰特奈尔在《1699年改组后的法国科学院历史》（*Histoire de l'Académie royale des sciences depuis le règlement fait en 1699*）一书中所写的序言。“几何思想并不局限于几何学本身，它还能拓展到其他知识层面。一部政治学著作，或是一部道德伦理作品、一篇批评文章，甚至是一本谈演讲才能的书，都能把几何思想表达得更美，只要这些文字出自某位几何学家之手，对他来说，什么形式都是一样的。在过去一段时间里，一本书能被评价为好书，就要条理清楚、思路清晰、行文简洁、逻辑准确，其实只要有了几何思想，这几条都可以做得到，几何思想正以前所未有之势广泛传播，渐渐地，甚至连那些根本不懂几何学的人也会用某种方式谈论几何学。有时候，一位伟人可以为他所在的那个世纪定下基调；他创立出一种新的理性思考的艺术，他当之无愧地赢得了世人给予的荣耀，那么，这样的人必然是一位杰出的几何学 121
家。”大势已定，时代彻底发生了改变；几何学家笛卡尔为新的世纪定下了基调。——不过，要是这种几何思想遇上了宗教，并被人毫无保留地运用到信仰领域，那究竟会发生什么呢？可能会发生一种“海绵现象”吧：几何思想可能会像海绵吸水一样，把所有宗教都吸得一干二净。[2]

一种学说顺其逻辑发展演变，最终产生了与初衷相矛盾的结果，恐怕这就是最让人感到好奇的例子了吧？一旦演示这一过程，我们会发现这种看问题的角度非常尖锐，过程也无懈可击，因此我们只需要抱着欣赏的态度

---

1 《医学博士、数学教师约翰·雅各布·策伊希策将数学运用到神学的实例选读》（*Praelectio de Matheseos usu in theologia, habita a Jh. Jacobo Scheuchzero, Med. D., Math., P.*），苏黎世，1711年。——原注

2 《文学共和国新闻》，1684年11月号，第1篇文章。——原注

对其复述一遍即可。[1]起初，笛卡尔哲学可以说为宗教提供了极为珍贵的支援；但这种哲学本身包含着某种反宗教的原则，这一原则会随着时间的推移渐渐显露出来，并开始发挥作用，产生效力，而且还会有人用它来动摇信仰的根基。原本来说，笛卡尔的学说造就了一种确定感、一种安全感；它用响亮而肯定的语句回应了怀疑主义者的疑问；它能够说明上帝的存在，能够说明灵魂是非物质性的；它将思维与广延区分开来[2]，将高贵的思想与感性区分开来；它标志着意识对本能的胜利：总之一句话，笛卡尔的学说原本是防范宗教自由思想及行为的一面高墙。然而，现在它不仅为持宗教自由思想的人提供了支持，还进一步加固了他们的立场。因为它强调分析反省，强调批评；它近乎蛮横地追求不证自明之理，甚至过去已经被权威归入自明公理的观念，它也要重新追究一番；它过去曾搭起一座临时建筑，为宗教挡风遮雨，但现在它要拆除自己建的这座建筑了。愿意也好，不愿意也好，只要不想自我欺骗，就该看一看笛卡尔学说演变的转折点，此时，它开始批评起各种教条，以及教条主义的本质。甚至它还要将亚里士多德排除出局："那些可怜的逍遥学派的信徒，还有那些亚里士多德的后世弟子，他们看到自己的学说走向风烛残年，看到'不朽圣言'归笛卡尔所有，此时他们应当非常困惑吧……"[3]不过还是再等一段时间，看事态的进一步发展吧，接着你们就会看到，笛卡尔思想产生的效应最终会走向哪一步："要是笛卡尔现在复活
122 的话，你们会非常吃惊的。我想你们会把他看成基督教最可怕的敌人。"[4]

笛卡尔学说与基督教教义之间的分歧愈来愈明显，但还是有一个人用尽

1 古斯塔夫·朗松：《笛卡尔哲学对法国文学的影响》（G. Lanson, *L'influence de la philosophie cartésienne sur la littérature française*），载《文学史研究》（*Études d'histoire littéraire*），1930年。——原注

2 笛卡尔的思想中包含了一种"身心二元论"，认为意识能够思维而没有广延（étendue），身体有广延而不能思维。——译注

3 朱利约：《阿尔诺先生的精神》（Jurieu, *L'esprit de M. Arnauld*），1684年，第78页。——原注

4 路易·安托万·卡拉乔利：《路易十四时代与路易十五时代的对话》（L. A. Caraccioli, *Dialogue entre le siècle de Louis XIV et le siècle de Louis XV*），海牙，1751年，第39页。——原注

自己所学所能阻挡这一趋势：他就是马勒伯朗士神父，在他的一生中，他一直坚守这样一个信念——“宗教是真正的哲学”。

普通人如果不了解他，会把他当成一位哲学家，实际上，他也与纯粹的哲学家相去不远：只有进入无限之域，他才会完全轻松自在；精神食粮再多他也来之不拒，但他在物质上的需求可谓少之又少！如果形而上学在他那个时代还不存在的话，相信他是有能力自己创造出这门学科的。他是个很独特也很有魅力的人，表面上看起来简单朴实，但只要能近距离了解他，就会明白，真实的他要复杂得多。他体弱多病，是个易受情绪影响的人，丰特奈尔曾说过，在他看来，马勒伯朗士是个常给人带来惊奇的人，也是个爱搞恶作剧让人开心的人，但他的意志让他走上了追求智慧、清心寡欲的道路；可以说，通过他，性情与意志、肉体与精神终于有那么一次达成了妥协，形成了一致。他害怕俗世的纷杂，畏惧生活的烦琐，于是匿身于奥拉托利会[1]，在这里，他可以逃避责任的重负，远离荣誉的诱惑；他真心实意地怀着一颗谦卑之心，过起了最朴素的生活。他曾经富有过，但他把财产散尽，由此摆脱了金钱的困扰。在他身上，至少有好几种能成就圣人的美德。不过，尽管他极为单纯极为厚道，但他同样是个目光敏锐、执着而坚定的人；世上没有什么东西能让他放弃自己原先的想法；万一这些想法给他制造了麻烦，他会有一种完全自创的解决办法，他会再去找其他的麻烦，直到所有这些麻烦纠缠在一起，变成一团乱麻，他就能胜利地解脱出来了。

有一天，他接触了笛卡尔的思想，这对他来说仿佛是指点迷津的一道光明。在此之前，他一直不是太清楚，究竟要用自己的才智做些什么，他一直在寻找自己的路；但这一天过后他不再犹豫了：他成了集笛卡尔主义者和基督徒于一身的人。如果这两者之间有什么相异之处，他会尽力协调。于是，他一生的方向就在这一天确定下来。

他开始长时间地冥思，想得越来越深，当他觉得自己的思想足够成熟 123

1　1564年及1611年分别在罗马及巴黎成立的天主教修会。——译注后，他便开始写作，出版了几本大部头的形而上学论著，并引发了强烈反响；荣誉自然而然地来到了他的身上，这荣誉可以说让他光芒四射，今天我们已经很难设想当时的情形了，但总的说起来，他的声望已经超越了法国本土，也延续到他的身后。他拥有很多读者、很多弟子，甚至还有不少狂热的崇拜者：一位那不勒斯的神学院学生贝尔纳多·拉玛（Bernardo Lama）逃离自己的国家来到巴黎，就是为了见识一下著名的马勒伯朗士。尽管马勒伯朗士追求平静的生活，尽量远离各种好斗之士，但他的作品还是引发了无数争辩，其中包括言辞特别强烈的驳斥，他以极为坚定的信念对这些反馈一一做出了回应。于是，他的生活实际上还是处于反复不休的哲学论战状态中。为了更好地思考，他把自己关在简朴的斗室中，既与社会脱节，也对自然无视，就这样，他开始了"一场自由基督教哲学的最后尝试"，而这场尝试后来产生了非常轰动的效果。这一尝试之所以成功，是因为它形成于一颗钟爱最宏伟目标的心灵，并建立在高水准的思想成果上，它打动了无数人的心，也在思想史上写下了浓墨重彩的一页。

理性的自明之理，这就是马勒伯朗士向往的完美之光，他在追求这个目标时带着种神秘的热情，因为对他来说，神秘主义是可以与对理性的崇拜结合在一起的。他带着颗虔诚的心灵，全力表明，无论是个体的生活还是宇宙的生活，乃至整个世界的存在，都是在某种能解释并能包含信仰的秩序下形成的。

然而，当我们注视世界的时候，我们会看到，尽管总体上存在着某种不可否认的秩序，但同时也有各种令人困惑不安的混乱状态、无秩序状态。畸形怪异的人与物证明世界上存在着形体上的恶；原罪则表明世界上存在着道德上的恶。哲学的任务就是来解释这些混乱无序的现象。

为了能让不正常的现象永不出现，为了让每一个有罪的灵魂——无论是经受不起诱惑、即将犯罪的灵魂，还是已经犯下罪行的灵魂——可以得到必要的圣恩，幡然悔悟，就必须假设，存在着一位随时会出现、随时会介入的上帝，他随时都有可能行使一些神迹，来违抗由自己制定的不可违抗的人间法则：混乱无序的现象将被无数有违秩序的神迹所取代。

但马勒伯朗士认为万能之主不会不称职地滥用手段，于是他向我们强 124
调，上帝的行动会侧重于集体的、普遍的意愿，而不会以个体意愿为凭。上帝的行动必是智慧的体现，因为他本身就代表着至高的智慧。上帝深爱智慧，绝不动摇；他深爱智慧，这不仅是自然而然的爱，也是必然会产生的爱。他的行为必须要符合自身的特性，也就是说，这必须是一种理性的行为，是一种不会自相矛盾的行为。

田地在需要灌溉时，会有雨落下来让它变得肥沃，但同时雨也落到了道路上、沟渠里、大海中：这是一种让我们惊叹的现象。究竟上帝采取哪一种行为会更符合理性呢？是每次下雨的时候都管一管，让雨落在需要的区域？还是把下雨这件事交给运动的普遍法则去处理呢？如果说第二种行为看起来更恰当也更符合逻辑，那么上帝就没有道理不选择它。

确实，单就某个不信神明的人或是某个恶人而言，上帝也不希望他遭受惩罚。但是他不能无休无止地干预，让所有不信神明的人都得到信仰，让所有恶人都与人为善。因为他要是这么做的话，就不符合他拥有至高智慧、无限完美的身份了；他要是这么做的话，普世的救恩就无法实现。

上帝所能做的，就是建立起一些“偶因”：神父、牧师作为上帝的使者，会辅助他的工作，使者们的职责一旦确立就终生不变。耶稣基督由圣父定为所有圣恩的唯一偶因；耶稣基督会为某些人单独祈祷，并将圣恩传播到他们身上；于是，这些人不需要圣父的特别关照，就可以蒙受救恩。耶稣基督在祈祷时也是有一定的规则的，上帝想建起一座精神世界的宏伟大厦，耶稣基督便以此为根据，在世间的生命中寻找适合做基石的那些人。耶稣基督所服从的就是这种简化、省力的原则，这原则便是逻辑，便是真理，便是生活。

这就是马勒伯朗士的论证。无论哲学与宗教在哪个领域有分离之虞，无论是因为“化质说”[1]的问题，还是因为圣经里某些有争议的段落，马勒伯朗士都会及时赶到，他会出现在现场，给出自己的解释：多给予理性几分信任，多体会一下秩序的价值和能量，这样的话，一切都会豁然开朗，和谐也
125 将重现。他的思路极为敏捷灵活，他有着种种天才般的本领，他搭建起一座又一座思想的城堡，每一座城堡都神奇地保持着平衡，他认为这就是论证可靠的明证。只是他并没有意识到，他宣扬的秩序尽管取得了胜利，他倡导的理性固然赢得了成功，他强调的智慧也非常符合逻辑，但他在让上帝遵循秩序、理性和智慧的同时，也剥夺了上帝的特权，让上帝存在的理由不能成立：上帝要么只能算是种媒介，要么仍然能包罗宇宙万象，但这个宇宙是根据某些具有必然性的法则建立起来的。这样的话，就算他有再坚定的意志，有再出众的才华，就算他再不情愿，他也必须接受，别人很容易把他这位虔诚的天主教徒说成宣扬反基督学说的人。芬乃伦在他的《驳马勒伯朗士神父关于自然与圣恩的体系》（*Réfutation du système du père Malebranche sur la nature et la grâce*）中这样说道：您没有预见到，您这是在把宗教归作哲学的臣属，您这是在纵容索齐尼派的原则向我们基督教的奥义发起挑战。您有一位仰慕者，他叫皮埃尔·贝尔，在他眼中，马勒伯朗士神父和阿尔诺先生是世间最伟大的两位哲学家（他的这种仰慕真是让人不安），他觉得，《论自然与圣恩》（*Traité de la nature et de la grâce*）这本书是“一位高等天才的作品，是人类思想最伟大杰作之一”。不过，这种形而上学的学说最终究竟会导向何方，他倒是没有看错。“确切地说，马勒伯朗士做出了这样的假设，他认为，上帝的善与能量都是非常局限的，上帝并没有任何自由。首先，他必须遵循自己的智慧去创造；其次，他所创造的，必须是某类特定的东西；再次，他在创造此类特定东西时，必须采用某种特定的方式。可以说，上帝要像奴隶般接受三重限制，这三重限制仿佛为上帝安排好了他的命运，这可是斯多葛派都不敢想的想法啊……”贝尔于是据此举了两个三段论

1 “化质说”（transsubstantiation）指祭司用圣礼的词句宣告后，圣餐的饼和酒就变成基督真正的身体和血。——译注

推理的例子，他明确地说，第一个三段论中的小前提和第二个三段论中的大前提，完全是从马勒伯朗士的学说里借用而来的。

第一个三段论：

上帝必然深爱自己的智慧，任何与这种爱冲突的事情他都不愿发生；

然而，所有人蒙受救恩是与上帝对自己智慧的爱相冲突的；

因此，上帝不可能想让所有人蒙受救恩这件事发生。

第二个三段论：

在最能体现上帝智慧的工作中，其中有一项是要让所有人都有原罪，让大部分人永远接受惩罚；

然而，上帝必然想完成最能体现其智慧的工作； 126

因此，在上帝必然想完成的工作中，其中有一项是要让所有人都有原罪，让大部分人永远接受惩罚。[1]

这可真是莫大的讽刺！他不但是个笃信宗教的人，是个虔诚的人，而且是个完全彻底的天主教徒，他一生都在践行天主教精神，天主教深植于他的内心。但与此同时，他又赋予理性如此重要的地位，在他的眼中，理性似乎变得能吸纳一切，甚至连上帝也不例外！

在路易十四统治时期，就有一些人和我们的思想处在同一时代了，狄德罗在谈及他本人以及他的哲学家兄弟们时，曾有过这样的论断。确实如此；

1 《对一位外省人问题的答复》，第三卷，第151章。——原注在路易十四统治时期，就能看到一些思想上与他处在同一时代的人，这里指的不仅是太阳王时代的最后几年——我们知道，这个时候，政治和社会体系即将走上衰败瓦解之路——，在远比这早很多的时候，这样的人就已经出现了，如果用普通的视角看这个时期，我们只能看到正统的思想地位稳固，王权的威严光芒四射。其实，正是在宗教权威和君主权威让人深感不可撼动之际，危机就已经开始出现了。假如我们只看1670至1677年间的文学世界特别是法国文学世界的话，我们会感到君恩浩荡，天下太平，一片盛世景象。莫里哀分别于1672和1673年写出了《女学究》和《无病呻吟》。拉辛则先后创作了《巴雅泽》（1672年）、《米特里达梯》（1673年）、《伊菲革涅亚》（1674年）和《淮德拉》（1677年）。1670年，博絮埃为英国的昂里埃特[1]撰写了葬礼演说，并被任命为王储的老师，为了教育王储，他特意编写出《论认识上帝、认识自我》（*Traité de la connaissance de Dieu et de soi-même*）、《源于圣经的政治》（*Politique tirée de l'Ecriture sainte*），以及《世界史叙说》。布瓦洛的《诗艺》则写于1674年。这一系列作品合在一起，不仅仅是绚烂夺目的问题，它们还是个紧密的整体，外部坚不可摧，内部相互平衡。不过，还是让我们稍微偏转一下视野，关心一下文学之外的世界吧，文学的光芒固然耀眼迷人，但它会妨碍人们（真形成妨碍往往都是不对的）看到某些更深
127 刻的价值观，实际上，文学后来同样也会服从于这些价值观；让我们看看哲学思想中的重要流派吧，于是我们会发现，有一些元素正在全力发挥效能，在整个体系尚未衰退之际，它们就开始分解它的力量，这好比是一棵树虽然花果满枝，但根部已经开始腐烂。

我们不要忘了，《神学政治论》是在1670年出版的；这本书里有很多全新的观念，这些观念足以彻底颠覆容纳它们的社会。斯宾诺莎在书中用拉丁语平静地写道，必须清除传统信仰，在全新的蓝图上重新思考一切；事态如今已经发展到这样一个阶段，没有谁还能分清，面前的某个人究竟是基督

1 英国的昂里埃特（Henriette d'Angleterre，1644—1670），又称英国的亨莉雅妲·安娜·斯图亚特（Henrietta Anne Stuart of England），英王查理一世与亨莉雅妲·玛利亚之女。——译注

徒，还是犹太人、土耳其人甚或异教徒。信仰失去了它对道德的影响力，灵魂已被腐蚀；之所以会产生恶，是因为人们把宗教当成了外在的崇拜，当成了机械的行为，当成了被动服从神父命令的举动，而不再视宗教为一种内在的行动，一种反省、感悟的行动；某些野心家攫取圣职，他们用肮脏贪婪的行径取代了追求爱德的热情；于是世间就会出现争执、妒忌与仇恨。基督教现在只剩下形式主义的东西和各种成见，这些成见让人失去了自由判断的能力，熄灭了人类的理性之火，从而也把人变成了野兽。我们正是要以人类的理性为起点，重新开始我们的征程。我们要以理性之名，摧毁两座不合逻辑的、摇摇欲坠的壁垒：一座是上帝之城，另一座是君王之城。

圣经；为了让他人顺从，人们总会引用圣经里的语句；但各种僵化的教条、各种迷信的思想，也是从圣经而来。那么，圣经到底是什么呢？根本不曾有过什么为上帝代言、记录下上帝圣谕的先知；只有过一些用生动的想象、用丰富的比喻来掩盖自已贫乏思想的可怜人。根本不曾有过什么被指定永守上帝律法的选民，只有过一群和其他人一样曾经存世又最终消亡的普通人。根本不曾有过什么神迹；自然一直在遵循某种永恒不变的秩序，从未中断，自然的法则如果遭到破坏，那并不能证明上帝的强大，而只能证明上帝并不存在。因此，如果人们从圣经中去除所有成见（人们为了扭曲圣经的本 128
意，让它充满了各种成见），如果人们按照适用于世间各类文章的批评规则来诠释圣经，他们就能看明白，圣经究竟是什么样的一本书：它是一本完全属于人间的作品，书中充满了种种怀疑、种种矛盾和种种错误。《摩西五经》不可能出自摩西之手；《约书亚记》《士师记》《路得记》《撒母耳记》《列王记》，这些应该都是伪书；其他的也当依此类推。斯宾诺莎的每一步都走得扎实坚定，他偶尔会停下来，但这只是为了看清读者有没有跟上他，就这样，他得出了他的初步结论：基督教只是一种历史现象，诠释它要看它产生的那个时代背景，要看它传播时的种种处境；它的特点是与它的这些历史经历相符的，是暂时性的，而不是永恒性的；同样，它是相对的，而不是绝对的。

接着，斯宾诺莎又以君王作为抨击对象，重新开始论证：君王都会利用宗教成见为自己服务；君主体制是一种欺骗百姓的艺术，因为它散布人民应该顺强者所愿、甘受奴役的思想，并将其美化成宗教需要；臣民要把为君王谋利的事情称作效忠的义务；他们明明在打造奴役自己的枷锁，但他们还觉得是在为自身的救赎而战；他们付出血肉的代价，只为了加固一个人的权势、颂扬一个人的骄横，而这个人把他们当作工具，掠夺了他们的自由，窃取了他们生活的本来意义。如果他们想脱离这种状态，可行的办法只有一种：既然人们在破除迷信时会贯彻一种分析反省的精神，那就将这种原本用在自然领域中的精神同样运用到政治领域中吧；为了能做到这一点，首先需要自由思考。经过自由思考，他们就能明白，国家并不是独裁者专有的，只有经过臣民认可授权后的权力才是真正的权力，民主政权是与自然法最接近的政府形式；不论怎么说，政治体制的目的应该是保障个体享有信仰自由、言论自由和行动自由。

我们可以设想一下，这样的论述在1670年出现，必然会有炸弹般的轰动性效果，因此，当时斯宾诺莎被人们当作典型的“灭世者”、当作恶魔，自然一点也不奇怪。他是个犹太人，犹太人本身就会遭人厌恶，而他本人还被
129 自己的族群排斥，他在孤独中过着一种奇怪的生活，他不喜欢享乐，不贪名，也不图利，他磨透镜为生，其余的时间就用来思考；他是个会引发他人好奇、惊叹甚至仇恨的人。他给自己取了个拉丁文的名字叫“贝内迪特”，但别人认为他应该叫“马勒迪特”[1]；他是个浑身带刺的人，上帝诅咒的土地会布满荆棘，这正好配得上。意大利的文艺复兴让异教复萌，也让无神论兴起；传播无神论的主要人物有马基雅维利、皮耶罗·阿雷蒂诺（Pietro l’Arétin）、瓦尼尼（Lucilio Vanini）等。爱德华·赫尔伯特（Herbert de Cherbury）和霍布斯（Thomas Hobbes）也是无神论的主要支持者：现在这

1 “贝内迪特”拉丁文为*Benedictus*，意为“蒙福之人”；“马勒迪特”拉丁文为*Maledictus*，意为“受诅咒之人”。——译注

群人中又多了一位毒害最深的——他就是斯宾诺莎。[1]

今天，人们不再把他看作破坏者、毁灭者，而认为他是位建设者，一位功劳显赫的建设者。要是有人认为他只做了推翻的工作而并没有重建，那他本人听到后也肯定会表示强烈的反对；因为显然对方没有在《神学政治论》里读出这种积极的意愿，也就是说，他就根本没读懂这本书。如果这还不能让人信服的话，那就再看看《伦理学》吧，这本书出版于1677年，出版前他刚刚去世，此书以概念为材料，搭建起一座宏伟壮丽的宫殿，宫殿高不可测，穹顶直入云霄。全书既具有几何学的精密，又充满了生活的气息，书中谈论的是神与人，但两者已被归为一类；在它所搭建的宫殿的门楣上，清晰地刻着一行字——“上帝为万物，万物即上帝”。但最大胆的部分还是建筑支撑部分的结构设计，要是没有形而上学方面的素养，想看出其中奥妙绝对是件难事。在书中，斯宾诺莎向我们展示了他的总体设想、各种定理和演绎过程；他这样解释道：有些事物，它的本质即包含存在，或者说，它的本性只能理解成一种现存的性质，那么，对这些事物，我将其定义为“自因”。有些事物，靠自身就能存在并通过自身就能被人理解，换句话说，这些事物不需要其他事物的概念就能形成自己的概念，那么，对这些事物，我将其定义为“实体”。理性理解下构成实体本质的东西，我将其定义为“属性”。因此，存在着一种独一无二的实体，它由无限属性构成，每种属性都代表着一种永恒而无限的本质：这种实体就是上帝。世间存在的万物都包容于上帝当中，没有什么东西能不靠上帝而存在，没有什么东西能不靠上帝被理解。上帝是思想，上帝是广延，至于人，灵魂与肉体结合在一起的人，是一种存在的样式。就这样，人在自己的存在中尽力延续自我，他的努力如果涉及灵 130
魂，就被称为意志；如果涉及肉体，就被称为欲念；当这一努力被灵魂意识到之后，就被称为欲望；于是，欲望就成了道德生活中的基本要素。

---

1 《神学学者、博士、大学教师克里斯蒂安·科尔托特组织出版的〈论三大欺世盗名者〉一书》（*De tribus impostoribus magnis liber, cura editus Christiani Kortholti, S. Theo, D. et Professoris Primarii*），基尔，1680年。——原注

从此，所有确定的价值观都发生了动摇。

人们一般都是以人自身作为起点，看自己短暂的表象，看自己的习惯、自己的弱点、自己的缺陷、自己的罪行，此外，他们还会陶醉在自己的想象力当中，玩一种荒谬的游戏，他们会创造出与他们品性相仿的神性，贪婪，自私，爱听人奉承，喜欢报复，性情残忍。但是斯宾诺莎走了一条截然相反的道路，他以上帝作为自己的起点，然后，他再把人安放进这个充满理性的上帝当中。但人与上帝的关系不再是国中国的关系；从今往后，人要在普世秩序中自己建立自己的王国。与此同时，恶的问题也不复存在。“所有存在之物，都是神某种本质的必要体现，在这一点上，万物彼此平等；任何一种能发生效用的力量，一旦它发生效用，就是某种神力的体现；因此，上帝既然代表着绝对之善，那么，任何生物都完全同等地拥有权利和力量，而任何行为只要能与上帝的存在发生必要的关联，也就完全同等地拥有自身的正当性……”[1]

自由的问题则换了一种方式；人有没有不关心宗教的自由，这不再会成为问题，真正成问题的是，思想已渐渐同化为一种实体，这一实体清楚地知道，能决定它行动的，从此只有它自身。当一个人无力支配、控制他的情绪时，他就是奴隶；反之，只要我们能形成某种清晰明确的观念，面对情感时就不会再被动，因此，一个人如果能够根据知性的秩序驾驭、指引自己体内的各种情感，能够让这些情感从属于上帝之爱，那他就会变得自由。

同样，对幸福的寻求也产生了另一种意义，这条寻觅之路转变了方向，并最终抵达了终点。幸福并不像粗俗之徒所想的那样是对情欲的满足，毕竟
131 这些人无法达到认知的最高层面。幸福同样不是放弃世间的所有乐趣，并像各种宗教乐于设想的那样，去期待这种或那种形式的天堂。幸福，是对真理的理解认识，是对普世秩序下各种法则的认同，是在自己个体存在中实现这种幸福的意识。斯宾诺莎认为自己已经达到了这一境界，已经获得了这种给

1 莱昂·布伦茨维格：《斯宾诺莎和他的同时代人》（Léon Brunschvicg, *Spinoza et ses contemporains*），第三版，1923年，第105页。——原注

他带来安宁的幸福；他对那些迷途流浪的可怜人产生了同情；于是他向他们说明，自己的哲学可以从哪些方面对生活产生实际的指导效果：

“（1）根据这套理论，我们的一切行动，遵循的都只是上帝的意志，在我们的人性中，是有与神性相通之处的，相通之处越多，我们的行为就越完善，对上帝的理解就越深入；不过，这种学说除了能为心灵带来彻底的安宁，还能告诉我们，我们的极乐至福究竟该去哪里寻找，它存在于我们对上帝的认知中，对上帝有了认识了解后，我们的行为会完全符合爱德的教导，会完全符合虔诚之道……（2）我们的这套体系……还能让我们学会等待，学会用平静之心对各种命运同等看待、同样承受：实际上，世间万物都是上帝永恒法的结果，都是绝对必要的，正如任何三角形的三角之和等于两直角相加是三角形的本质一样。（3）我们这套体系里还有一点对社会生活有益，它能让我们学会消除心中的憎恨与轻蔑，不嘲笑任何人，不忌妒任何人，也不对任何人动怒。它还能让每个人学会满足于自己当下的生活，学会帮助他人，但这样的助人之心不该是无意义的妇人之仁，也不该是单纯的个人喜好，更不该是迷信下的举动，它应该是纯粹理性的产物……”[1]

以往人们认为，虔诚之人能通过赎清原罪、通过自己的功德赢得在天国的位置，但按照他的看法，能在天国确定自己一席之地的人，不再是虔诚之人，而是智者：

“按照我的这些原则，各位可以清楚地看到智者的杰出之处……智者的心灵几乎不会受外界困扰。智者对自我、对上帝、对万物都有自己的认识，
因为这是他永恒的需要，于是，他的存在是永不会中断的；他永远能让自己 132
的灵魂处在真正的平静中。”[2]

智者的智慧，并不是某种廉价的、庸俗的、简单的智慧，而是比斯多葛派更具斯多葛精神的智慧；这是一种和谐的智慧，也是一种难以赢得的智慧，而且这还是一种足以与基督教抗衡的智慧。于是人们自然会期待出现

1《伦理学》，第二部分，《论心灵的性质和起源》。——原注

2 同上书，第五部分，《论理智的力量或人的自由》。——原注

一场思想的大辩论，辩论双方分别是基督徒和智者。有人说得好:《思想录》和《伦理学》这两本书，“完美地描述了两种极端的理想状态，一种是宗教思想下的理想状态，另一种是哲学真理下的理想状态”[1]。果真如是，那这两种生活理念、这两种思想状态、这两个王国要是来一场堂堂正正的较量，观众必当大饱眼福！不过可惜的是，一方面我们注意到，帕斯卡是没有弟子的；另一方面，巴鲁赫·德·斯宾诺莎这位人类思想的建筑师在当时尚未被人理解。后来他才有了自己的反攻；后来他才为德国的形而上学提供了启示；后来人们才把《伦理学》的面世当作西方历史中的一个关键时刻。[2]但1677年谈这些为时过早；当时,《伦理学》还是营养过高、难以消化的精神食粮;《神学政治论》虽然易懂不少，但它的影响似乎只体现在负面效应上，人们看到的只是它的摧毁力。

斯宾诺莎的学说——太多人根本不愿花力气去了解它，这些人没读过、没听过学说的内容，就会开始厉声驳斥！即便有些人愿意下些功夫，但其中的大多数还是没有真正弄懂这一学说，因此他们谈不出正确的见解，很多人只能发出一些毫无意义的呐喊。斯宾诺莎的学说与笛卡尔主义有一些渊源，或许它至少能被笛卡尔主义者接受吧；但问题恰恰出在有渊源上，这样的关系让笛卡尔主义者深感难堪，他们拒绝接受这一学说：这个亲戚太容易连累他人的荣誉了，他们因此感到羞愧、窘迫。《魔障世界》(*le Monde enchanté*)的作者巴塔萨·贝克(Balthasar Bekker)否定这一学说；让·勒克莱尔将其称作“我们这个时代最出名的无神论学说”；马勒伯朗士比前面这两位做得更为彻底，他根本不愿谈这一学说，不论是反对者恶作剧式的一
133 再指责，还是认同者做出的必要辩护，他都远远绕开、不闻不问。他至少两次表明过自己的态度，一次是在1683年出版的《对基督教和形而上学的思考》(*Méditations chrétiennes et métaphysiques*)中，另一次是在1688年出版

1 莱昂·布伦茨维格,《斯宾诺莎和他的同时代人》，第14章，第150页。——原注

2 莱昂·布伦茨维格,《西方哲学中的思想进步》(*Le progrès de la conscience dans la philosophie occidentale*)，1927年，第188页。——原注

的《关于宗教和形而上学的对话录》（*Entretiens sur la métaphysique et sur la religion*）中，在这两本书中，他都谈到，他的信仰、他的哲学被很多人错误理解，而且居然有人把他的哲学与“可怜的斯宾诺莎”的哲学归为一类。

贝尔的思想受到了斯宾诺莎很大的冲击。贝尔常提到他的名字；好几次，在他回溯某个古代的异端学说时，他都会指出，该学说与斯宾诺莎的学说有相似之处。他情不自禁地向斯宾诺莎表达了仰慕之情，因为斯宾诺莎是一个不喜欢思想束缚的人，是一个敢于让自己的思想走上一条自由之路的人，是一个生前过着有尊严的生活，到死也不改初衷的人。他是第一位将无神论演绎成体系的人，他把无神论打造成一种学说，学说的内部结构和各部分的联系都非常精准，完全符合几何学的模式，对于皮埃尔·贝尔来说，这样的人实在无法让他批驳，也远不是他该批驳的对象。但是，在斯宾诺莎的形而上学中，有一点是贝尔不能赞同的。他曾称，斯宾诺莎的学说是人类可以设想出来的最可怕假说，也是最荒唐的假说，是与人类思想中最明确清晰的那些概念截然相反的假说，尽管看起来是一副驳斥的模样，但贝尔这样说并不是为了谴责这一学说；他在反对时是抱着一种真诚的态度；绝大部分情况下，他的反对其实只是一种斗智的技巧；只有在他真正发火的时候才说明他被激怒了。他之所以会动怒，是因为他对恶的问题非常关心，可以说，这是他最为关注、最为敏感的问题；在人们给出的所有解答中，斯宾诺莎的观点让他觉得最为糟糕。什么！竟然会是上帝通过其自身创造出人类的种种疯狂、种种幻想、种种罪行！上帝不仅仅是这些行径的动力因，而且还是它们的被动主体；这真是一种最不可思议的想法啊，上帝与这些行径竟然能结合在一起！这样的结合是一种贯穿渗透式的结合，或者说这达成了一种真正的同一性，因为“样式”与变化后的“实体”并没有什么实际的区分……“让人们彼此仇恨吧，让他们在树林的角落里互相残杀吧，让他们组成军队互相屠杀吧，让胜利者偶尔以战败者为食、吃吃他们的肉吧，这些事都可以被理解，因为有人假设说，人与人彼此都是不一样的，既然有你我之别，那么相反的情感自然会出现。但是，所有的人又只是同一种存在的变体，因此真正

134 行动的只有上帝；同一个上帝可以化成无数的变体，可以是土耳其人，也可以是匈牙利人，这样的话，战争、纷乱自然避免不了。即便是疯人院里最疯的人，恐怕也想不出这样可怕的、荒谬不经的奇谈怪论。”[1]

如果要找一位和斯宾诺莎算得上旗鼓相当的哲学家，此人能理解《伦理学》，并能通过自己的哲学充分反驳斯宾诺莎的哲学，那么，恐怕也只有莱布尼茨能担此重任了。但《神学政治论》完全是另一回事：并不见得一定要大学者才能勉强读懂这本书，才能在书中找出反圣经、反君权的理据。因此，尽管被查被禁，尽管只能用假书名印刷，这本书还是被广泛传播；因此，这本书也遭到了各种猛烈而尖锐的批评；因此，即便是在自由的荷兰，政府也会出面干涉，对这本书下了封杀令。

这样就可以解释，为什么我们会看到，当时的人在谈及他的影响时会有完全不同的说法。阿尔诺曾宣称，持宗教自由思想的人，他们的所作所为都是效仿斯宾诺莎的，但朱利约回应说，如果有100万位渎神者，其中听说过斯宾诺莎的恐怕不会超过10人。杜博（Jean-Baptiste Dubos）曾写过这样的话，想读斯宾诺莎，想理解斯宾诺莎，必须要有强大的抗阅读疲劳能力；因此持宗教思想的人想享受自己的生活，就不会去费神阅读斯宾诺莎的作品。芬乃伦对此深有同感，他认为，在他那个时代，持宗教自由思想的人追捧的作者肯定不是斯宾诺莎；而弗朗索瓦·拉米神父肯定地说，斯宾诺莎这一门派信徒的数量正与日俱增，很多年轻人被他的错误观点蒙蔽了，这是一位有能力了解世事动态的人向他陈述的事实。这些人的说法彼此矛盾，但每个人都有一定的道理。在荷兰和德国之外，斯宾诺莎根本就没有一位真正的弟子。“其实很少有人会涉嫌是他学说的支持者；即便在真正有嫌疑的人当中，也很少有人实实在在地研究过他的学说；在有研究的人当中，也很少有人真正弄懂了，他们会遇到各种障碍或是各种无法参透的抽象概念，并就此止步。但事情的另一面是这样的：无论是谁，只要他没有宗教信仰，并且不对

1 皮埃尔·贝尔：《历史与批评辞典》，词条“斯宾诺莎”。——原注

此刻意掩饰，那么这样的人大体上都可以被称为斯宾诺莎主义者……”[1]

斯宾诺莎走到了持宗教自由思想的人当中，他为这些人增添勇气，鼓 135
励他们积极抗争。斯宾诺莎走到了意大利不信教的人当中，因为在意大利这样的人为数不少：随便找一位反叛者的文字，我们都能依稀看到斯宾诺莎的痕迹，比如说阿尔贝托·迪·帕塞拉诺（Alberto di Passerano）伯爵，他的作品同时反对宗教和罗马的政权。斯宾诺莎还为德国不信神的人士提供了支援，这些人有马蒂亚斯·克努岑（Matthias Knutzen）和他的“意识创造者”（*Conscienciari*）团体，以及弗里德里希·威廉·斯托施（Friedrich Wilhelm Stosch），等等。他还为英国的自然神论者提供了理据，这些人有沙夫茨伯里、柯林斯、丁德尔（Matthew Tindal）；此外特别值得一提的，还有动静闹得最大、最惹人注意的约翰·托兰德。

约翰·托兰德，这是个多么奇怪的人啊！理性让他如痴如醉。“基督教并不神秘！”（Christianisme non mystérieux!）他曾经在自己的同名著作中这样高呼过，这本出版于1696年的书让他迅速成名。基督教并不神秘，道理很简单，也很充分，这世上并无神秘之事。神秘：这是个异教徒的词，我们从异教徒那里借用了很多词语，这就是其中之一；它所指代的内容，如果不是我们应该废除的迷信，就是必须澄清的暂时性难题。要么基督教就该等同于理性，它其实只是对普世秩序的一种简单顺应，它应该从任何与这种顺应本身无关的事物中脱离出来，比如说传统、教义、仪式、信仰、信条；要么基督教就不该存在，因为世间没有什么东西可以高于理性，可以与理性冲突。

约翰·托兰德并不是没有学识的人；他在格拉斯哥大学获得了文科硕士学位，此外还先后在爱丁堡、莱顿、牛津学习过。他通晓古代史，但他要以这方面的知识来表明，古代史只是个巨大的骗局；写古代史的那些历史学家，他们干的事从头到尾都是在骗人。他通晓圣经，但这是为了说明圣经是

1　皮埃尔·贝尔：《历史与批评辞典》，词条“斯宾诺莎”。——原注

部伪经，圣经里记载的神迹都可以通过自然原因得到解释；他要与圣经划清界限，要痛骂，要编造出一些故事，把一切搅成一团，将一切混为一谈。他通晓文学、诗歌、演讲学，但这是为了指出，各种宗教中那些道貌岸然的骗子，他们所说的话只是精心的伪饰，他们要用这样的办法，让民众盲从于他们。约翰·托兰德是个毫无严谨可言的人，贪慕虚荣，天生爱惹是非，他热衷于制造轰动性事件，喜欢投机取巧，即便遭到别人围攻，他也丝毫不会感
136 到不快，因为围攻时扔过来的石头只要落地，都会发出声响，让外界听到。

约翰·托兰德的身上有各种力量，除了刚才我们列举的那些之外，还有一种巨大的摧毁力，不过，我们并不能从他那里看到什么独创的想法。我们在阅读他的作品时，总是能听到丰特奈尔、贝尔、贝克、凡戴尔（Antonius van Dale）、霍布斯、斯宾诺莎等人的声音在回响；假如我们不能确定当中是否真有关联和影响，那只要看看他对这些作者的明确引文就能发现，这并非偶然的相似，而是必然的结果。他的脑子里塞满了各种以前读过的文章，在他自己行文时，前人的这些想法就会一段又一段自然地涌现出来。我们还是别在他那里找什么独家思想吧，因为我们所能找到的，只有一种激昂的情绪，一种狂热的状态，仿佛他的情感长期受爱尔兰天主教、英格兰清教以及社会的各种礼教压抑，最终才有了爆发的机会——所有这些束缚终于在某一天被统统打破，他的情感便肆无忌惮地迸发出来。

约翰·托兰德生于爱尔兰，是位天主教徒，后来转信新教；他曾自豪地说过，从摇篮生活开始，他就是在偶像崇拜和迷信的环境中成长的；但在某几个人的帮助下，他形成了自己的理性思维，幸而有了理性这个好工具，他才得以改宗。他在改宗的时候还不满16岁，他当时已经满腔热情地反对天主教，此后也一直如此；他反对的还有英国国教，任何一个教会，只要它容不下一点点愤怒的声音，只要它迫害摆脱压迫的自由追求，他都会表示反对。在《基督教并不神秘》赢得成功后，他回到了爱尔兰，他饶有兴致地想看看自己的恶名究竟传播到什么程度，他在咖啡馆里高谈阔论，卖弄炫耀；但他这步棋真是走错了。人们羞辱他、排斥他、驱赶他；人们像看低等生物那样

看待他，他变成了一个逃犯式的人物。约翰·托兰德曾给洛克留下过不错的第一印象，于是洛克向数学家莫利纽兹（William Molyneux）引荐过他，约翰·托兰德落到这般田地后，莫利纽兹便向洛克转告了实情：“托兰德先生最终被迫远离自己的故乡。这个可怜人的言行极不慎重，他引发了极为广泛的抗议，谁要是和他有过哪怕一次谈话，都有可能为自己招来祸事。这样一来，所有需要顾及名声的人都避免与他见面，弄到最后，据说他已经缺衣少食，也没有人肯请他上自己家吃饭。他带过来的那点钱已经全部用光，我听 137
说他已经沦落到见人就借钱的地步，连几个铜板也要问人借，他既没钱买假发，也没钱买衣服、租房子。雪上加霜的是，最后他的著作还被议会发现了，刽子手以火刑的形式当众销毁了这些书……所以他逃离了这里，现在没人知道他走到了哪里，又会去向何方……”

这种流亡的逃犯式生活在一定程度上解释了他的思想状态。法国持宗教自由思想的人士都有点贵族气质，此外，贝尔探讨的是纯粹知识领域的事情，斯宾诺莎则一直保持着自己的尊严，而这些都与他的个性特征相去甚远。他梦想着像穆罕默德那样成为某个宗教的创始者，但他既不具备这样的实力，也缺乏必要的威望。不过他是个争勇斗狠的人；他将自己伶俐的口舌功夫和敏捷的思路发挥到极致，以此来释放自己的仇恨。天主教的教士，他对这些人简直是无比痛恨！所有的教士，不论是现在的还是过去的，从肋未家族的祭司[1]开始算起，所有的教士全都是骗子。他咒骂教士；他称这些人是骗子，是罪犯。而他的主要思想就是反教权。

当时英国人正在热烈地进行一场政治辩论：安妮女王一旦驾崩，究竟该由谁来继承王位？——约翰·托兰德在他的《自由英国》（*Anglia libera*, 1701）一书中对汉诺威家族表达了坚定的支持：但愿英国不再受制于天主教的枷锁！但愿英国能捍卫自己的政治自由，这是它享有的最珍贵的财富！这样的一部作品当然不会让汉诺威家族不悦，这一点很容易理解。于是约

1　肋未（Levi）是雅各的第三子，自摩西以来，肋未家族便一直是以色列人的祭司家族。——译注

翰·托兰德摇身一变，成了个拿政府薪水的政治掮客。他经常出境，带着秘密的任务奔赴国外；柏林、汉诺威、杜塞尔多夫、维也纳、布拉格、海牙都会有他的身影出现。普鲁士王后索菲·夏洛特（Sophie Charlotte）曾向莱布尼茨征询过对世间万物的最权威解释，她也向这个奇怪的人请教过一些哲学方面的问题；她召他进宫，自然也引发了她身边一些学者、圣经注经者与他之间的争执。于是，约翰·托兰德在1704年为她写了本《致塞林娜的信》（*Letters to Serena*），这本书或许就包含着他思想的精髓。

他向她解释说，相信灵魂不死，这不完全是基督教的想法；这原本是一
138 种异教徒的信条，是埃及人最早宣扬这一观点的。相信一种人化的上帝，这是偶像崇拜的结果；人将神的荣耀赋予了他们同类的生物，并建起神殿，立起神坛，竖起神像，设立了教士和祭司。很早以前，人们就让臣民按照君王的形象设想上帝的模样，这就是为什么人们习惯认为，上帝是古怪任性、反复无常、忌妒心重、容易记仇、暴虐专制的。不过所有这些观点我们都已经听说过了，也都有所了解，这里我们就略过不谈。在思想方面，托兰德曾经专门写文批驳过斯宾诺莎，但他其实又受到了斯宾诺莎的影响；也正是他首先用“泛神论者”这个词来评价斯宾诺莎。其实他并没有看透问题，他也没有看出这种评价的矛盾之处。

与此同时，托兰德给我们留下的另一个印象也鲜明地体现了出来：他在表达立场时是如此激情似火！他在反对宗教权威时又是如此怒不可遏！只要一谈起“迷信”这个话题，他就会激动不已，他就会怒气冲冲；他到处寻找被他称作成见的东西，甚至找到我们的骨肉里，找到我们的血液中；他处处都能看到迂腐、迷信的成见，也只能看到成见，简直进入了着魔的状态。他认为，自从我们生到人间，成见就开始在我们身边窥伺我们：

> 助产士用迷信的仪式将我们迎到人间，接着，那些旁观了分娩过程的女人们开始施展她们的无穷魔法，她们认为，这些魔法将会给刚出世的婴儿带来幸福，或者让他的人生免受磨难。她们仔细

> 观察婴儿，按照她们的说法，她们能通过这类荒唐的行为预知孩子未来的命运。在某些地方，天主教教士的动作比这些长舌妇们还要快，他会急匆匆地抢走孩子，让孩子从此过上被奴役的生活，他要把自己那套神秘的东西用到孩子身上，他会像念咒语一样说出一套套的话来，然后在孩子身上抹盐，或是抹油、抹水；在有些国家，天主教教士甚至还会用铁或火给孩子的皮肤打上烙印，接着，他宣称孩子归他所属，他在孩子的身上做印记，是为了证明自己有权对其支配掌控。[1]

孩子渐渐长大，成见的力量也伴随他一起成长；奶妈们会对他说狼人的故事，女仆们则会向他讲述各种童话传说。进入学校后，老师们会告诉他各 139
种保护神、宁芙、萨蒂尔[2]的故事，各种变形传说，以及各种传奇故事或神迹故事；老师们还会教育他，让他去读诗人、寓言家和演说家的作品，这些人全都是专业说谎的家伙。到了大学，孩子们已经成为青年，但他们在这里既不会增长智慧，也不会变得更优秀。教授们被迫服从当地的法规，既不自由也不真诚。“大学真可谓培育成见种子的苗圃……”

在我们整个一生中，成见时刻在守候我们，蒙骗我们；在死亡来临之际，我们依然把希望寄托于成见，而此时的恐惧也同样来自成见。但是他，托兰德，他并无成见；他天生就要与他人的成见做斗争；他是拥有真理的。这一点，他从未怀疑过；他为自己写过墓志铭，那一行行字中道出了他的自负、他的无畏、他的顽强：“这里安葬着约翰·托兰德，他生于爱尔兰伦敦德里附近，青年时期先后在苏格兰、爱尔兰及牛津求学。他多次游历德国，

1 《致塞林娜的信》，第一封信，《论成见的起源和力量》（Première lettre à Serena, *De l'orgine et de la force des préjugés*）。——原注

2 宁芙（Nymphe）是古希腊神话中次要的女神，有时也被翻译成精灵和仙女，也会被视为妖精的一员，出没于山林、原野、泉水、大海等地，一般是美丽少女的形象，喜欢歌舞；萨蒂尔（Satyre）是古希腊神话中半人半兽的森林之神，他常常是色情狂或者性欲无度的男子标志。——译注

成年后在伦敦周边生活。他研究各类文学，掌握十余种语言。他是真理的捍卫者，是自由的守护人，他不做任何人的臣子，也不受任何人的庇护。纵有种种危险，纵有种种苦难，也不能阻止他在自己选择的道路上一往无前地走下去，他的所有兴趣，全都转化为对善的追求。他的灵魂在久别天父后又与天父重逢。显然他会在彼世的永恒中重生，但此世从此不会再有另一个托兰德。他生于11月30日，其余的故事，请在他的文字中去寻找吧……”

这些人就是“理性主义者”。

他们会带上一些与大部队不太合群的人一同上路，比如说马勒伯朗士，他一边跟着这些人前进一边反对他们；他们要奔赴的方向，是自明之理、逻辑和秩序主导的土地。因此他们要将沿途密布的各种障碍一一清除摧毁。他们批评道：我们生活在人人都要当审查官的时代；我们似乎又生活在一个找
140 错的年代……[1]他们持续不断地进行攻击。他们谴责奴颜婢膝的举动，谴责懒惰的习惯，谴责各种虚伪、荒谬的行为。他们重新开始履行自己的使命，这也是始终都有必要的使命，他们不仅要让我们远离错误，还要让我们摆脱怯懦。他们说，他们会为宗教的信徒们带来裨益，因为他们可以迫使信徒去验证自己的信仰，让信徒不再以被动的方式接受信仰，而是通过自身的深思熟虑做出主动选择；就这一点而言，他们也并非完全没有道理。他们是值得尊重的，因为他们真诚、勇敢、富有胆识；因为他们没有选择轻松的道路，没有选择捷径，他们选择的是另一条路，一条起步就异常艰难的路。他们没有人数上的优势，也没有现成的力量可以依靠，他们只是一个少数派团体，他们很清楚，他们能指望的，只有自身的努力。“靠自己的双眼寻求真理，这是异常艰辛的，要是像别人那样盲从他人、亦步亦趋，当然要简单方便得

1 格雷戈里奥·莱蒂：《英国戏剧》(*Il Teatro britannico*)，序，1684年；亚伦·希尔：《奥斯曼帝国》(Aaron Hill, *The Ottoman Empire*)，序，1709年。——原注

多。”[1]错误主导的时间越久，就越有必要勇敢地与其斗争：“我承认，假如一个民族自古以来就形成了某种错误的思想，那斗争的难度会很大，相反，要是这些错误思想尚未充分深植到整个民族内心，那惹的是非会小很多。不过，只要是有违真理之事，不论时间长短，都是一样的，不能拿真理从来就无人知晓为借口，听凭真理永远深藏在被人遗忘的角落。”[2]正是因为他们要费尽艰辛，正是因为他们会惹出种种麻烦，他们才会觉得自己使命的必要，才会感到自己使命的伟大。——“一个人逆急流而上，另一个人无知无觉地随波逐流，我想，我对前一个人品格的评价会远胜于后一个人；同样，一个人分析一切、反省一切，有时甚至还会挑战早已被广泛接受的观点，而另一个人沿袭前人的观点，但他抱残守缺，往往只是因为这些观点年代久远，或是因为这些观点出自权威，我想，我会认为前一个人的思想更能深入人心、更牢固可靠，我对他的评价会远远超出后一个人。”[3]

只是，他们已经表现得比他们所厌恶的“宗教主义者”中最专横的人还 141
要专横了。他们甚至不会去想一想，为什么经历了一个世纪又一个世纪，犹太人、穆斯林或者基督徒，这些人会一直在祈祷；他们不会去想一想，这些人的心灵之中是否有某种似烈火般无论如何也扑灭不了的宗教热情；他们是看问题过于简单的人，他们谈论谎言和欺骗，以为这就道尽了一切。他们反复强调“成见”和“迷信”这些词，以为这就道尽了一切；他们没有认真地想一想，他们单说这么几个词，是不是将真正的成见、确定的迷信与正当的、必要的信仰混为一谈了。他们急于求成，又自以为是，他们将整个历史看作了一张纸，一张被弄得皱巴巴的纸。必须把这些褶皱抹平，还原出一张平整的白纸，仅此而已：仿佛一切真的这么简单；仿佛一切真的就是这么回事；仿佛在千百年的路途中，我们只是在反复积累错误。他们只看到了不幸

1　克劳德·吉尔贝：《卡雷雅瓦的故事或理性人之岛》，1700年，第35页。——原注

2　皮埃尔·贝尔：《关于彗星的思考》，1683年，第91节。——原注

3　西蒙·蒂索·德·帕托：《雅克·马瑟远游奇遇记》，第28—29页。——原注

和罪行，但他们遗忘了人们的牺牲奉献，忘记了英雄事迹，忘记了圣人和殉道者。他们傲气十足，他们以为发现了完满的真理，这真理之光足以把所有黑暗之处照亮；他们甚至还会造出人的神化过程："遵循了理性，我们就可以只依靠我们自己，于是，从某种意义上说，我们变成了神。"[1]

1 克劳德·吉尔贝：《卡雷雅瓦的故事或理性人之岛》，第57页。——原注

第二章　对神迹的否定：彗星、神谕和巫师 142

神迹是需要声讨的敌人，因为它会粗暴地践踏自然法，它会对人们产生奇异的魔力。它能诱惑大众，而理性主义者想征服的人群恰恰就是大众，是普通信徒，是那些在教堂里祷告的百姓，是妇女：这是他们赢取成功的保证。

神迹——这是他们必须要多加防范的对象：切忌随心所欲地正面攻击。不过，他们至少还可以针对某些个别的迷信现象展开攻势，毕竟这类现象不乏其例。于是，他们开始谴责某些或多或少带有明显错误的成见；他们把这些成见的荒唐、有害之处公之于众；接着他们再开始深挖错误形成的根源——权威、认同、习惯；因为相信神迹的基础正是权威、认同、习惯，这样，他们就通过迂回的方式回到了正题。

这场战斗共分三个阶段。

《学士报》，1681年1月1日星期一：

"所有的人都在谈论彗星，这可能是新年伊始最引人注目的一条新闻了。天文学家观察它的运行，而民众认定它是预示未来种种不幸的征兆……"

情况是这样的，1680年12月，天空中出现了一颗彗星；在接下来的几年里又先后出现了另几颗；对于这个蕴含着某种信号的事物，人们像过去一样开始了存在已久的争执，但论调与以往截然不同。

彗星本身就具有危险，有些人这样说道。它们是从大地升到空中凝聚成 143

一团的蒸汽：这些蒸汽一旦遇火，那就表明它们的原生地区将出现极端的恶劣天气，随后社会还将发生重大的动荡……——古代哲学是这样解释的，另一些人回应道。但我们今天知道，彗星是天体，生活在大地上的人根本不必对它们心存畏惧……

轻信成见的人这样说道，彗星是征兆，是上天发出的征兆，向我们昭示人类要为自己的罪行承担某种重大的惩罚：出现了彗星，那就意味着，没有对自己原罪悔过的人会遭到不幸！你们回想一下，千百年来，彗星一旦出现，总会随之出现一些不好的事情，弑君，地震，灾荒，战争，或者是瘟疫。请哭泣吧，请祈祷吧，渎神的行为已经恶劣到了极点，上帝要将他的愤怒明确表达出来，他于是派出来自上天的信使，向我们抗议。

"原来我们如此重要，"另一些人回应道，"重要得我们居然会认为，上天会为我们专门派出一颗彗星？"我们找来找去，想看看有没有什么东西能为大众的信念提供理据，想看看博学之士有没有什么论证能让我们信服，想看看圣经里有没有什么话支持这一成见，但我们什么也没有找到。假如这些彗星不是最美丽的星辰，不是天空的精美点缀，那还能是什么呢？夜色，阴晦，黑暗，这些都会让人感到恐怖，但一颗明亮的星辰不会。甚至我们也可以假设这只是一团蒸汽，那凭什么要认为它是一种征兆呢？这完全是种物质体，没有理性也没有感性，它怎么可以指明未来的方向呢？彗星服从自然秩序，上帝所创造的自然秩序，原罪并不会扰乱自然秩序的和谐；彗星只会服从这些秩序，而根本不会对这些秩序产生影响。"*O vis superstitionis, quantos motus, quantas tempestates in illorum animis excitas, quos oppressisti!*"（哦，迷信啊，你的力量是多么强大，受你奴役的那些人，他们的内心因你生出多少困扰，你又在他们的内心掀起了多少风浪！）

就这样，贝尔参与到这场纷争中[1]，他依次对每个争议点进行了分析。

1 《写给索邦神学院学者L. A. D. C. 先生的信》（信中以多种哲学和神学理据证明，彗星并非任何不幸的征兆）（*Lettre à M. L. A. D. C. Docteur de Sorbonne. Où il est prouvé par plusieurs raisons tirées de la Philosophie et de la Théologie que les Comètes ne sont point le présage d'aucun malheur...*），1682年。

（转下页）

请问各位，彗星是大灾难的征兆甚至是其原因，这种观点究竟以何为凭？是参照以骗术为业的诗人的描述吗？是拿那些写传奇故事的历史学家的文字当权威吗？或者是相信世间最荒唐的星象学的研究结果？这种观点真是没有任何可靠的依据。就算彗星出现后确实总会发生一些不幸的事件，但说彗星是祸事的征兆或原因，也是毫无道理的："除非我们可以认为，圣奥诺雷街旁某幢楼里的某个女人，每次将头探出窗户都可以看到马车经过，她就是这些马车经过的原因；或者认为，对这一带居民而言，这个女人就是某种征兆，因为每当她将头探出窗户，很快就会有辆马车经过……"让我们看看事实吧——只有确凿无疑的事实才有价值——，彗星出现后的那些年份，发生的灾难并不比通常年份更多；世上只有与彗星毫无关联的不幸，以及与不幸毫无关联的彗星。把因果关系与伴随关系混为一谈，这是毫无道理的胡言乱语；无中生有地编造出某种伴随关系，那更是欺骗。还彗星一个清静吧！它们与人类毫无关联；只因为虚妄、愚蠢、懒惰以及各种错误之源，人们才会认为彗星是为我们而来。 144

这样的推论，只要是明理的基督徒，都会很快表示认同。但贝尔并不就此罢休；他从来都不会轻易罢休；人们本以为他已经结束了论证，可他又一章章地扩充、放大；一本书写完了，他又开始写另一本。现在我们只是刚谈了个开头。

即便有一个又一个民族全民做证，即便有几百万人同声确认，即便这能得到普世的认同，你也不要相信彗星的能量……普世的认同，人们每当遇到不信教的人，就会以此为据，向他们证明上帝的存在，而这恰恰是贝尔要反对的。同样，他也反对传统，而在信徒眼中，只有依靠传统，才能坚守宗教

（接上页）

——《1680年12月彗星出现后向一位索邦神学院学者致函谈关于彗星的思考》（*Pensées diverses écrites à un docteur de Sorbonne à l'occasion de la Comète qui parut au mois de décembre 1680...*），1683年；第三版，1699年。——《关于彗星的思考补遗》（*Addition aux Pensées diverses sur les Comètes...*），1694年。——《关于彗星的思考续》（*Continuation des Pensées diverses*），1705年。——原注

真理，并让其一代代永久流传下去。“我再说一遍：有人认为，某种思想世代相传、历史悠久，就不可能是大错特错的观念，这样的看法其实完全是一种幻觉。”

争论持续升级。贝尔此时拿出了他最看重的理据，也是他觉得最独特、
145 最新颖的理据：假如彗星真是某种凶兆的话，那么上帝应该再造出一些类似的神迹来，以确立世间对他的敬仰崇拜……贝尔的情绪开始高涨，他的激情犹如熊熊火焰；他滔滔不绝地说了起来，甚至有豪情满怀之势：啊！在我们被难解的现象困扰时，千万不要因为无知和弱小，就求助于神迹的说法！神迹是与理性相抵触的。最能彰显上帝伟大的做法，就是坚守由他自身创立的普世法则；最会给上帝抹黑的做法，就是相信他会介入进来，相信他会破坏法则的运转，但他凭什么要这么做呢？就为了这点不值一提的小事？一个国王的生死，与普世秩序相比，实在是太微不足道了！

> 我们对人研究得越深，就越清楚，骄傲是人的主导情绪，即便陷入最可怜的境地，人也要装出一副伟大的模样。到了体弱力衰的时候，他很容易认为，自己的死会惊动整个大自然，上天也必然要尽力让他的葬礼变得辉煌。这真是愚蠢而荒唐的虚荣。假如我们能对宇宙有正确的认识，我们就会很快明白，与包含万事万物的整个自然相比，一位君王的生死实在是微不足道之事，这种事实在没有可能会惊动上天。在古罗马所有哲学家中，塞内加的思想是最崇高的，我们觉得他说得很对，上天是会关照到我们的，我们可以享受到属于我们的那一部分，但这些关照的目的，与我们所看到的表象是完全不同的，此外，天体的运动尽管能给我们带来种种益处，但这并不意味着，这些巨大的星体只是为了地球而动。[1]

1 皮埃尔·贝尔：《关于彗星的思考》，1683年，第83节。——原注

普世认同，传统，神迹：贝尔继续谈了下去。那种把彗星当作全民性灾难征兆的说法，原本是一种古老的异教徒迷信，后来才进入并保留在基督教文化中。话说回来，很多异教中的谬误都已经保存了千百年，很容易在现有的习俗、仪式中发现它们，甚至基督教信仰中也不乏其例。让我们稍微说得远一点吧：上帝在把异教徒带出蒙昧的同时，并没有为他们提供更优秀的哲学家，也没有将自然的秘密传授给他们，于是他们就不具备强有力的手段 146
来抵抗大众的成见和错误，就免不了会陷入歧途。无数的幻象、成见、情绪和罪恶控制了人性，但人性的本质始终是一样的，无论它是否属于神启的结果；非基督徒曾陷入混乱无序的状态，基督徒同样可能陷入这种状态。让我们再说得远一点吧：很有可能宗教非但无法去除蒙昧，反而会加剧蒙昧，“并最终回到魔鬼在人类思想中发掘出来的迷信状态，我要说的是，这个上帝的敌人，这个妨碍我们获得救恩的敌人，他极度擅长利用机会，也极度发挥了他的推动力，他让世间最好的事情即宗教变成了集荒唐、古怪、无聊甚至滔天大罪于一体的怪事物；更糟糕的是，他让人类加速向这个方向堕落，让人类深陷于能想象出来的最荒谬、最可耻的偶像崇拜行为中，不能自拔”[1]。

偶像崇拜或许是世上所有宗教的共同特征，很明显它也是宗教当下的特征。然而，偶像崇拜实在是一件再糟糕不过的事了，甚至无神论也不能与之相比。我们可以笼统抽象地说，认为上帝不存在，其实也就和说上帝不完美是一回事，都同样有违上帝的本性；我们还可以综合教会发布的各种针对偶像崇拜的谴责，来说明偶像崇拜这种行为具有怎样令人厌恶的特征；不过，我们优先考虑的还应该是事实，因为我们终究还是要回到事实上来。在基督徒那里，有什么罪行是我们找不到案例的？在实际生活中，一边信仰上帝，一边明目张胆地干一些不道德的行为，这种人不是很多吗？相反，行动上恪守最高美德的无神论者不也是大有人在吗？重荣誉、行事全力符合最体

1　皮埃尔·贝尔：《关于彗星的思考》，1683年，第68节。——原注

面的标准，这样的无神论者也很多吧？他们虽然不相信灵魂不死，但他们不是也在尽力为自己追求一种永恒的荣耀吗？我们可以设想一下，假如存在一个全由无神论者组成的社会，那这个社会与基督徒社会相比，不但可以做到不相上下，甚至还能更胜一筹。最后，假如说一种思想的价值取决于它启迪了多少英雄、造就了多少殉道者，那么，无神论不是一样有它的英雄和殉道者吗？

于是，贝尔从毫不相关的彗星谈起，最终走到了颂扬无神论的道路上。
147 他影响的不再只是哲学圈里的少数人，也包括普通大众，他的后继者、有心以他为榜样的人确实出现过，但没有谁能具有和他同样的强劲力量，甚至偶尔照搬过他思想的托兰德也不例外。反对他的人、和他唱反调的人倒是大有人在，他们会细心地、一条一条地找他的毛病，对他进行否定，但很多年过去后，人们还是无法找到一种能在细节上对贝尔的观点形成强有力反击的思想。直到1712年，荷兰代尔夫特市瓦隆教会里的牧师埃利·贝诺瓦才写出几页像样的东西来反驳他，内容虽然不是很丰富，但至少谈到了一些本质的问题。埃利·贝诺瓦说，贝尔谈彗星话题时用的方法，靠的是绝对的不明之理，拒绝任何实际的验证，用这样的方法，他也可以证明，贝尔并不是他那本《历史与批评辞典》的作者。他光说自己是作者，这样是不行的：他能向我提供什么证据，证明他是诚实可靠的呢？——他发誓说自己说的是真话，这也没有用：我要的是具体精准的凭证，现在假的誓言可太多了。——他向我列举了一些他的朋友，说这些人可以证明他是个正直的人：可这还需要证明他的朋友是诚实可靠的。——他又拿书商、排字工人、校对员当证人：但我同样会怀疑这些证人是否诚实可靠，一个证人又一个证人，我要是这样问下去，那只有开一场人类的全体大会，我才能真正信任贝尔先生……

确实存在某些光靠道德论证就能解决问题的情况；而贝尔的方法也确实有缺陷，因为他想把自己的方法拓展到所有人身上，拓展到生活的所有方面。尽管道德论证有些不清不楚的地方，也有些解决不了的问题，但它可以让人做出选择，选择一些东西，排除另一些东西，从而产生行动、产生意愿。“精准的论证实在是太稀少了，也太难发现了，生活中有些事情是需要人尽快行动的，那么根本就不能指望精准的论证来发挥作用；假如有人硬要说，为了做出选择，就必须要有充分的理由，这理由要能经得起敏锐的哲学家的所有反驳，真要是这样的话，恐怕生活的方方面面都要陷于停顿了。艺术、科学、社会、法律、商业，它们的根基就是类似于道德论证的东西。”而宗教倚仗的正是道德基础……[1]

这一天，彗星的所有问题都被抛诸脑后，代尔夫特市瓦隆教会的信徒们 148
可以做出他们的选择了，他们将在纯粹的理性主义和实用主义之间选择出他们的行动依据，而此后所有人都可以像他们那样做出自己的选择。

米开朗琪罗在西斯廷教堂创作了两幅壁画，壁画中有一些女预言师，她们都是得到上帝启示的女人；尽管是异教徒，但她们预言了耶稣基督的降世，以及他的生活、他的神迹、他的死亡、他的复活。教会的神父们为了让不信教的人皈依，多次以她们传达的神谕为例感化百姓：这些不信教的人看到记载有这些女预言师言论的书，发现基督教里的各种神迹都被提前预告过，他们不得不承认，这种宗教是神圣的、真实的。十位著名的女预言师；八部希腊语和拉丁语的书；再加上多位伟大作者的文字为凭，如维吉尔、塔西佗、苏埃托尼乌斯[2]；此外还有一些被视作权威的神父的言论，如殉道者游斯丁[3]，又如圣奥古斯丁、圣哲罗姆[4]：所有这些合在一起，真是令人不得

1 《以历史、哲学、神学角度对托兰德先生两篇论文（一篇名为〈没有迷信的人〉，另一篇名为〈犹太人起源〉）的杂评》，代尔夫特市瓦隆教会牧师埃利·贝诺瓦著（*Mélange de remarques critiques, historique, philosophiques, théologiques sur deux dissertations de* M. Toland, *intitulées l'une, L'Homme sans superstition, et l'autre, Les Origines judaïques,* Elie Benoist, *pasteur de l'Eglise wallonne de Delft*），代尔夫特，1712年。——原注

2 苏埃托尼乌斯（Gaius Suetonius Tranquillus，公元前69/75—前130），罗马帝国历史学家。他最重要的现存作品是从恺撒到图密善的12位皇帝的传记。——译注

3 殉道者游斯丁（Justin le Martyr，约2世纪初—165），基督教护教士、哲学家，165年与其他六人一起殉道于罗马。——译注

4 圣哲罗姆（Saint Jérôme，347—420），罗马天主教教父，为中古时代教会四大学者之一。——译注

不肃然起敬的论据！它们仿佛筑起了一道高墙，让怀疑的力量无从逾越！大家还应该注意到，神谕出现的时间是到基督出生为止；在此之后真正的神谕就中断了，也不再有必要了：神谕突然消失，这本身就是一个新的证据，证明它们确实为神所传。

不过，还是会有些博学家挑三拣四。有关女预言师的这些书是真实的吗？它们会不会是被某些信弥赛亚的犹太人编造出来的？甚至会不会是由基督徒编造出来的？这些书看上去就像是七拼八凑编出来的集子，内容相当粗浅。至于教会里的神父，他们固然有学识，有真诚的态度，但这并不能保证他们不犯错。他们缺乏批评精神；他们的思想常常囿于成见，会把一些明显错误的论断当作真实可信的。他们受了别人的蒙骗；随后，他们以最大的善意和诚意传播这些事情，让自己的读者也跟着受骗上当。

不论是德尔斐的女预言师，还是库迈的、赫勒斯滂的、弗里吉亚的、蒂沃利的女预言师[1]，温莎的议事司铎、学者福修斯认为都是犹太人编造出来的；格罗宁根大学的神学博士约翰内斯·马克尤斯（Johannes Marckius）则认为这是早期基督徒的过错。此时，一位叫安托纽斯·凡戴尔的荷兰医生也发表了自己的看法，他并不太注重学问上的细节，但他击出了两记强有力的
149 重拳：首先，这些神谕都是些骗人的谎言；其次，耶稣降世后神谕并没有就此中断。

此后又出现了一位法国人，他既洒脱又敏锐；他是一位能在争辩中做出决定性陈述的人物，一位让后来的争辩者不论过多久都无法超越的人物。在丰特奈尔的身上，体现出一条多么奇妙的思想发展演变的轨迹啊！作为伟大的高乃依的外甥，他对歌颂英雄人物的兴趣却并没有维持多久；崇高在他看来近似于浮华无实。他曾经有个阶段爱写些风雅之作；他喜欢短诗，喜欢文雅的书简体文章，喜欢爱情诗，他觉得，在某位美女的乌黑秀发中发现一根

1 德尔斐是古希腊城邦的共同圣地，“德尔斐神谕”颁布地；库迈为一古希腊屯垦区，位于那不勒斯西北；赫勒斯滂为达达尼尔海峡的古称；弗里吉亚是安纳托利亚历史上一个地区，位于今土耳其中西部；蒂沃利是古希腊在意大利的殖民地，现为意大利中部城市。——译注

白发，这种事有百般可爱的文章可做。他后来成为《信使》杂志[1]的作者。他写起了喜剧、悲剧、歌剧；可他又开始觉得，文学实际上就是遵循某些固定套路，做些老套的形式工作：当然，尽管文学仅限于此，但文学尝试的经历对他而言还是弥足珍贵的。他的爱好一变再变，但每段经历对他而言都不仅限于回忆；拉布吕耶尔曾经借用西迪亚斯这个人物，对他进行了残酷的描述，回望他的一生，可以说，他也确实和这个人物有相近之处。[2]

不过，从本性上说他是个求知欲旺盛的人；或许比求知欲还要更进一步，应该说，他是带着种贪婪的态度渴求各种清晰准确的知识：如果可能的话，数学知识当然也要包括在内。对他来说，任何游戏、娱乐、享受都比不上他从分析、演绎中获取的乐趣，因为这是种一步步驱散混沌的思想工作。丰特奈尔有着令人钦佩的理解力，可以说在这方面他接近于一位理想的代表人物，他能理解一切，理解的速度非常之快，而且，他的理解力不会被任何内在或外在的因素扭曲、诱惑；既然无法看到这种理解力究竟是如何工作的，那么人们只能对其进行想象，能联想到的事物，应该是一把解剖刀，一把闪闪发光的锋利的解剖刀。除此之外，他还有种传播自己新信仰的热忱，在他那个时代，谁都免不了会有这样的热忱，也没人会对自己的这种热忱感到腻烦。不过，他也是个非常典型的利己主义者，是个心中不再有怒火也不再有激情的人；他喜欢女人，但和女人交往时总是为自己着想；他既怕冷又怕热，还怕穿堂风；他不仅躲着那些讨厌的人，也避开自己的朋友；总之，所有妨碍他的人与物、所有会消耗他体能的情况，他都尽量提防。恰恰是因为他体质虚弱，他才会注意保养身体，而那些比他强壮的同辈人却一个一个地先他而去，他的一生整整跨过了一个世纪的长度。他虽然掌握了各种真理，但他从不会独占不放。热衷传播自己新信仰、新信念的人，并不见得是

1 《信使》杂志，即《法国信使》（*Mercure de France*）杂志，创建于1672年，1965年停刊。最初曾用名《文雅信使》（*Mercure galant*），本书第三卷第六章中有提及。——译注

2 西迪亚斯，出自拉布吕耶尔《西迪亚斯的品格》（*le Caractère de Cydias*）一文。拉布吕耶尔与丰特奈尔始终交恶，争论不休，拉布吕耶尔在自己的名著《品格论》第八版出版时，加入上述文章，虽然没有直接点出对方姓名，但读者都明白影射的是丰特奈尔。——译注

喜欢高声喧哗的人，也不见得是没受过良好教育的人；在这类人当中，也不
150 乏敏锐、细腻之士，比如说丰特奈尔。但他对错误的愤恨实在过于强烈，这让他疏于防备，失去谨慎，偶尔会经不起怀疑论的诱惑。“到处都有这么多的错误。”他哀怨地说道。

正是这样一位丰特奈尔，他也开始对女预言师的问题产生了关注，而他是带着一种怀疑的目光看这些人的。1686年他出版了自己的《神谕史》（*Histoire des Oracles*）。他并没有费力找各种年代久远的参考文献，凡戴尔对他来说就已足够；甚至他还不辞劳苦自己翻译凡戴尔的作品，因为他觉得这些书论据有力、内容可靠。但是凡戴尔行文不够流畅，结构杂乱，引用过多，篇幅又长，书刚翻几页就让人不想再读下去。倒不如为它打扮一番，用法国的方式给它穿上漂亮的新衣，让它能被所有人接受；因为“毫不掩饰地说，这个国家的女性以及大部分男性，他们不仅看重以最精准方式进行研究、以最深刻方式进行讨论时展现的美感，也同样在意措辞、行文或思想的外在形式。尤为重要的一点是，大家都非常懒惰，都想看到条理清晰的书，这样就不必让自己劳神费力地阅读……”简而言之，丰特奈尔的译作弥补了原文的不足：博学的知识来自凡戴尔；丰特奈尔则提供了才智、优雅，他让行文变得更加轻松，也让笔调变得更为尖锐。

首先，神谕不可能出自魔鬼之口。但为什么会有人相信这样的说法呢？这是因为，文学不仅叙述了无数令人惊诧的事件，也明确记载了这样的事情；这是因为，基督徒一旦接受这些神谕的存在，就自然会有人想尽一切办法最大限度利用这些神谕；此外还因为，魔鬼的相关理论似乎与柏拉图哲学有相得益彰之处；最后还有最为紧要的一条理由：神奇的传说对人类的思想有着巨大的吸引力和影响力。

但是树立起神谕的这幢建筑从基石开始就存在问题：神谕这一神奇的传统出现在各种记录中，但这些记录要么不可靠，要么本身存在矛盾，要么明显是谎言，只要人们借助理性进行分析，它们立刻就会土崩瓦解。于是丰特奈尔开始走上了他的讨伐之路，他左右开弓，全面出击：大众对神谕的观点

其实并不像他们所以为的那样符合宗教精神；柏拉图的学说认为世界有善恶两种精神，但这种理论并不能充分说明魔鬼可以传授神谕；在异教徒中，重要流派的那些哲学家都认为，神谕中并没有任何超自然元素；通常情况下，
其他非哲学家的异教徒人士同样不重视神谕；早期的基督徒也不太相信神谕 151
会由恶魔传播。对于人们已有定论的各种见解，他处处都表达了怀疑，处处都表示否定：每次他都能给出自己的解释。

于是，他一步步证明，神谕都在人为的力量下变质了；人们是根据强权的意愿树立起各种神谕的；异教徒的那些教士借用各种手段强迫轻信的公众顺从这些神谕；其实这些神谕都语焉不详、含混不清，因此也不具备什么价值；它们都是人的欺诈行为，而不是神对世事的干预。接着他转到第二个问题，认为耶稣降世后神谕就中断了的看法也是错误的。很多神谕产生于这个时间点之后；虽然说后来神谕确实消失了，但那是因为它们本身有必然衰败的原因；这是种完全符合逻辑的原因，与神力毫无关系：它们的虚假之处过于明显。“教士们屡屡犯下罪行，又蛮横无理，一起起事件将他们的欺诈行径公之于世，他们在回应时犹豫不定、假话连篇，于是使这些神谕失去了可信性，最终，异教尽管没有终结，但神谕的现象彻底消亡了。”总之，在这整段历史中并没有任何超自然的力量；神谕的现象能出现，或许可以有两方面解释，一方面是因为一部分人的无知，另一方面是因为另一部分人的欺骗。超自然的力量：这就是人最常借用的手段，而这也是最虚假、最令人失望的手段。我们匆匆忙忙地寻找原因，于是就忽略了事情的真相；我们的错误就源自于此；想治好我们的这种病，就应该将这句话牢记于心：**在关心原因前首先要确认事实**。

谁没听说过丰特奈尔关于金牙的故事呢？这个故事内容有趣，写法生动，蕴含的意义也非常丰富。让我们再读一遍这个故事吧，因为它具有永恒的价值；在重读的时候，我们可以设想一下，它甫一面世时会引发怎样的轰动。丰特奈尔摆出一副写逸闻趣事的架势，但他探讨的是事关人类命运的最重大的三个问题：科学、历史和宗教。

1593年，坊间流传，西里西亚[1]一个7岁男孩换牙后，长出了一颗纯金的大门牙。黑尔姆施泰特大学的医学教授霍斯特（Jacob Horst）在1595年撰文谈了这件事，他说孩子长出这颗牙一部分属于自然现象，另一部分属于神迹，上帝给这个孩子送来这样一颗
152 牙，是为了安抚被土耳其人蹂躏的基督徒。可这算哪种安抚呢？这颗牙会和基督徒、土耳其人有什么关系呢？为了让这颗金牙的事得到更广泛传播，同年，鲁朗杜斯（Rullandus）又将故事重写了一遍。两年后，另一位学者英戈斯特特鲁斯（Ingolsteterus）写了篇文章驳斥鲁朗杜斯关于金牙的观点，鲁朗杜斯则凭其博学的知识，迅速给出了漂亮的还击。随后，一位叫利巴菲乌斯（Andreas Libavius）的大人物将所有与这颗金牙有关的说法全都收集起来，并提出了自己独特的见解。这颗金牙造就了许多精美的文字和作品，但如果说当中缺了什么东西的话，就是没人讨论这颗牙到底是不是真的是金牙。后来有位金匠检查了一下这颗牙齿，发现牙齿上只是非常精巧地敷了一层金箔，但人们总是先写各种各样的书，然后才会去找金匠。

这样的做法在各种情形下都出现过，实在是再自然不过的了。我觉得我们是无知愚昧的，这倒不是因为对于存在的事物我们常常找不出理由，最主要的是，对于不存在的事物我们却往往能找到理由证明它们的存在。换句话说，我们不仅没有掌握能通向真理的原则，甚至于我们所掌握的原则都与谬误形成了完美的呼应。

一些伟大的物理学家发现，地下场所会冬暖夏凉，并给出了自己的出色解释；但另一些更伟大的物理学家最近发现，这根本不是事实。

历史讨论更容易犯此类错误。人们围绕着历史学家的言论进

1 西里西亚是中欧的一个历史地域名称。目前该地域绝大部分属于波兰，小部分属于捷克和德国。——译注

> 行论证，但这些历史学家本身会不会在叙述历史时夹杂了自己的感情，会不会轻信某些传闻，会不会某方面学识不足，又会不会忽略了某些东西？我们要找的人，应该是一个以旁观者姿态看待任何事情的人，一个抱着超脱态度的、全心投入的人。
>
> 在描述与宗教有关的事情时尤为典型，人们要么会为伪宗教安上一些它不应有的光环，要么会为真宗教安上一些它不需要的假光环，这都是难以避免的现象。实际上人们应该相信这一点，原本就是真实的东西，再补充什么真相也都没必要了，原本是虚假的东西，为它造出些伪真相也没有意义……

开篇似乎还只是带点玩笑式的嘲讽，但随后的语气渐渐变得严肃起来。丰特奈尔的思想虽然表面上看起来无拘无束，但实际上相当深刻，与贝尔谈彗星时表达的思想有共通之处；两者的相似点很容易看出来。他们都不愿把讨论局限在哲学家和神学家的小范围内，他们都想指出，人性的弱点是产生
错误的首要原因；此外，盲目接受传统会包容错误，强化错误，让错误变得 153
难以纠正。一种愚蠢的观点出现后，古人相信它，并将它当作真事传播；我们因为相信古人，便盲目地相信事情是真的。套路从来都是这样：只要让六个人相信，白天黑夜并不是太阳造成的现象，这就足够了，最终整个国家的人都会被说服。丰特奈尔和贝尔一样讨厌权威；假如有人拿普世认同当作确定真理的依据，他也同样会觉得特别荒唐：一个神话传说不论是被100人接受还是被一亿人接受，不论是流传了一年还是流传了几个世纪，它终究也只是个神话传说。他和贝尔一样反感神迹的说法；最后，他和贝尔一样认为，异教徒和基督徒之间并不存在什么特别的不同：基督教的真理并没有通过异教徒预显给世人，相反，异教徒倒是把他们的错误传给了基督徒。

从精神层面看他与锡巴里斯人[1]很接近，基本上是个独善其身、非常喜

1　锡巴里斯是古希腊于公元前8世纪在意大利南部建立的城市，锡巴里斯人生活富有，过着奢侈安逸的日子。——译注

欢过平静幸福小日子的人，不会惹神明动怒，但反过来说，尽管他在斗争时不会闹出很大的动静，可他一直会坚持斗争。他听说，在博洛尼亚有个科学学会叫“不安现状者学会”（Académie des Inquiets）：不安现状者，这个名字真不错，它实在是太适合“那些现代的哲学家了，这些人不再受任何权威的约束，他们进行着自己的探索，也将一直探索下去”[1]。他就是这些不安现状者中的一员。他和自己的那些同路人一样，知道自己要完成的是一项艰难的使命。不经分析就排斥某种新观点，或是接受某种具有共识的老观点，这完全用不着动脑筋；但是，脱离某种共识，认同某种新事物，这可是件艰难的事，也正因为如此，这才是值得称道的行为——“逆流而行需要强大的力量，但随波逐流就轻松无比了”。他不会对信徒有任何美言，但对不信教的人他可以用尽溢美之词，这种态度在这句格言中体现得非常清楚：“相信某种现有的公认观点的人，他们的言辞是无力为这一观点提供依据的；而那些不相信该观点的人，他们的言论却可能具有强大的摧毁力，让这一观点瓦解。相信的人或许并不理解，人为什么可以不信某些事物；但不信的人肯定会理解，人为什么可以信某些事物……”

154 与信彗星是凶兆、信神谕相比，信巫师的传统更为古老，更深入人心，也更大众化。巫师都是些可怕的人物：他们骑着古怪的坐骑半夜里去参加“巫魔夜会”；他们居然能和魔鬼一起聚会欢庆。丰特奈尔的一位同时代人曾描述过，这些人会用他们的巫术阻止夫妻亲近；他们会在一些聪明乖巧、品行上佳的女孩的饮食中下药，让她们从此堕落。他们给牲畜下毒，使庄稼枯死，他们会把男人弄得萎靡不振、奄奄一息，会让孕妇无端受伤，他们的恶行数不胜数……还有些人比他们更坏：这些人就是魔法师。魔法师能和恶魔亲密地交流；假如有人对魔法感兴趣，他们会制造出符合这些人心意的幻象。他们有秘诀能让人逢赌必胜，把这些秘诀传授给谁，谁就可以发家致

---

1 *《马西里颂》*（*Eloge de M. Marsigli*）。——*原注*

富。他们能推测出未来将要发生的事情；他们能化身为各种各样的动物，也能伪造出各种恐怖的场景；他们会跑到某些人家里，尖叫哀号，发出各种可怕的声音，他们会让人看到比树还要高的熊熊火焰，他们脚下拖着铁链，手中攥着毒蛇；最后他们总会把人弄得惊恐万分，只得找教士到家中驱邪……

这样的人为数不少：美洲的野蛮人当中有，拉普人[1]当中也有。拉普人中的巫师是和魔鬼签过契约的人，他们可以让行进中的船只停下来，还可以随时改变天色。他们在作法时，会长时间敲一种带有魔力的鼓，随后他们会进入被鬼魂附体的状态，趴在地上，脸贴着地面一动不动，与此同时，他们的灵魂开始脱离身体，朝远方而去。在拉普人居住的地区，简直可以说您每行一步都遇得到巫师。

还是不要说得太远了，就说说以前在英国发生的事吧。泰德沃斯有户人家的主人把一位鼓手赶走了，但这个鼓手通过巫术又潜回屋内，他不仅制造出可怕的击鼓声，还发出其他种种邪魔般的声音。这件事是得到大家公认的。一位叫作约瑟夫·格兰威尔（Joseph Glanvill）的牧师来到这户人家，他彻头彻尾把房子检查了一遍：他听到了一些声音，但什么人都没看到。这就是证明魔鬼存在、证明魔鬼力量的实例，否认这一事实的人，都是不信神 155
的人、不信教的人，是撒都该人[2]。撒都该派正在英国不断发展，它开辟了一条通往无神论的路径，让人对上帝的存在产生了怀疑；但是有信仰的善良民众是不会否认泰德沃斯邪魔鼓手的存在的，他们同样也会尽道义，对撒都该派表示强烈的谴责。

于是有一个问题跳了出来，尽管这个问题已经成百次出现，早就不是个新问题，但它还是会扰乱人们的心灵。魔法到底是什么？是地狱精灵或无所不在的邪恶天使玩的游戏？它们想以此为乐，来折磨世人、来试探世人？又

1　拉普人为北欧民族，自称萨阿米人，主要分布在挪威、瑞典、芬兰和俄罗斯的北极地区。——译注

2　撒都该人是公元前2世纪形成的犹太教的一个派别。他们不信灵魂不灭，不信肉体复活，也不信天使和弥赛亚。——译注

或者是魔鬼用各式各样的方法来展现它们戏弄人间的强大能力？这魔鬼曾经把耶稣基督带到一座山上，把天下万国指给他看，并想以此来诱惑他。[1]再或者这只是人们经历的某种梦魇或幻觉？要么是想象过度——想象是谎言之源——的产物？

因此第三场战役已势在必行；或者更准确地说，要尽可能用一种决定性的方式介入到一场看上去无休无止的争辩中，让争辩就此了结。甚至可以说，尽可能动用各种力量介入争辩，已成为一件极其重要的事，因为现在这已不仅是真理或谬误的问题了，它还牵涉到原告、被告的范畴，牵涉到法庭、法官和受害人的范畴。欧洲部分国家采取的是宽容政策，假如某些人有与魔鬼交易的嫌疑但并未犯下任何实际罪行，那么政府是禁止人们起诉这些可怜人的；1672年，法国国王曾颁布一项法令，禁止法院受理单纯控告巫术的案件；但另一些国家则反其道行之，它们以最严厉的方式追查魔法师、巫师、着魔者，这些人会被关进大牢，会遭受酷刑的折磨，并最终以绞刑或火刑被处决。

一位叫巴塔萨·贝克的荷兰人和一位叫克里斯蒂安·托马修斯的德国人也加入了战斗，他们表现出其他人没有的魅力，是理性主义者努力求胜的代表人物。巴塔萨·贝克相貌清奇：从他白袍的领圈里，露出了一个四四方方的大下巴，再往上看，是宽宽的嘴唇，巨大的鼻子，浓黑的眉毛下一双眼睛闪闪发光。他的性格也同样独特。尽管他是位牧师，但他还是自觉或不自觉
156 地受到了笛卡尔的影响，从笛卡尔身上，他学会了清晰、公正的思考方式。他早年经历的一件事让他一生都对他人的评判反感：他当时在荷兰的弗里斯兰任职，他写了本教理书，结果200多名牧师专门开会对这本书大加谴责，但根据他本人的说法，在这200多人当中，没有一位能说清楚查禁此书的理由。后来，这本书先后两次被允许出版传播，但并没有促成教理方面的任何改变。通过他的这件事，我们似乎可以得出这样一个结论：真正的基督徒，

1 参见《马太福音》《路加福音》的相关记载。——译注

特别是教会里的学者，应该把他人的评判视作无意义、无效的行为，并只靠自己来探求自身信仰的规则。从此，除了关心自己教区的教徒外，他只履行一项使命：揭发错误，拆穿谎言。他不会效法任何人，连学者也不会轻信，因为学者太看重声名，成见过多。他想尽自己所能，让人们变得更有智慧，但说实话，真正有心完善自己思想的人实在是太少了：别人信什么自己就信什么，别人干什么自己就干什么，如果成天总听到某种观点，那就跟着一起说，这样岂不是最方便！随大溜是多简单的事啊！自己去分析反省是多复杂的事啊！巴塔萨·贝克和托兰德一样，是对理性如痴如醉的人。不过他还是个勇敢、真诚、积极的人；他的思想中有种反叛者的炙热情怀，这是所有志在推动思想变革的人必然具有的情怀。

他开始走上了寻找成见并与之斗争的道路，他根本不必费什么力气，就发现了各种各样、为数众多的成见。他起初的工作也是要为彗星还一个清白，但他尤为关注的还是魔鬼这件事。魔鬼的问题始终困扰着他的思想，他在讲道时也总会纠结于这个话题，直到1691年他出版了一本大部头的作品，才算真正摆脱了魔鬼：《魔障世界》。他要用这本书为世界驱魔……

书的笔调一开始颇为轻快。有人相信魔鬼的存在，并认为魔鬼有无边的力量，相信魔鬼有帮凶并认为这些帮凶可以协助魔鬼犯罪，但这些想法在自然之光面前都是站不住脚的。让我们回溯一下，看看人们是从什么时候起相信这些事的吧，让我们看看这一现象在不同时代、不同国家都是怎么发展的吧，然后我们就会发现，原来它的起源是在异教徒那里，基督教是后来才受到毒害的；尽管新教徒脱离了天主教，得到了部分的解放，但它依然蒙骗了很多新教徒。不要说这一现象有圣经作为依据，即使有，那也只是教会神父 157
诠释后的圣经，而不会是以理性方式诠释的圣经，不会是由他本人——巴塔萨·贝克——诠释的圣经。比方说，圣经中提到天使，但由于圣经并没有说明天使的属性和本质，我们可以认为，天使其实指的就是一些被上帝赋予特殊使命的人，因此，天使是具有某种特殊能力的人。圣经中也提到恶魔，但恶魔指的同样是人，是一些邪恶的人。圣经记述了亚当受到诱惑的事，但摩西的描述中并没有任何话能让我们推导出，魔鬼可以直接对人的灵魂或身体进行控制。圣经记载了耶稣受到试探的事，但这里的魔鬼完全可能只是个恶人而已。圣经讲述了耶稣治愈着魔者的事，但人们本来就习惯把危重病症归因于魔鬼，甚至会直接把这些病症称作魔鬼。耶稣基督没有换别的方式来代替他那个时候人们的通行说法，因此治愈受魔障之苦的人，并不真的是指驱魔，而是指让某些患有实实在在病痛的人痊愈。简而言之，“用探求本质、脱离成见的方式看圣经，那我们就会看到，圣经根本没有说魔鬼有什么超凡的力量，也根本没有说魔鬼做过什么样的行为，这与某些怀有成见的注经者、翻译者所说的完全不同……”时至今日，我们可以说，魔法师、巫师都不过是些恶到极点的恶人，他们宣扬的东西极为恶劣，道德也极为败坏，但他们根本不会与魔鬼有任何沟通和交往。

巴塔萨·贝克被他的教会排斥，但他直到去世也丝毫没有改变自己的主张。他特意请人将他的书译成法文，而且就当着他的面译，这样可以避免译文扭曲原意或词不达意，毕竟译文有偏差的名作不乏其例。他的这种谨慎起到了成效，作品的这个法文译本得到了广泛流传。接着人们又将其译成英文和德文，作品随之传播到整个欧洲。

不过，以最强硬、最执着的态度打击巫师的国家是德国。当时，一位著名的法学专家刚刚去世不久，他属于那种相信自己掌握了各种真理、代表了
158 所有公正的令人生畏的人，他可以无情地声讨自己的兄弟，并说这是为了他们着想。他叫贝内迪克特·卡普佐夫（Benedikt Carpzov），据说他曾称自己从头到尾细读过53遍圣经，每月至少会虔诚地参加一次领圣体的仪式，他把自己的一生都用在了制定严格规范、加大惩罚力度来打击巫师的工作中：他亲自审判或经他手转交别人审判的巫师有几千名。同样还是在德国，在他的后一代人中，又出了一位最有办法与巫术这种原始行为做斗争的人，此人名叫克里斯蒂安·托马修斯：他个人思想的发展生动地体现出他那个时代的变化。

克里斯蒂安·托马修斯1655年生于莱比锡，他的父亲是一位受人尊敬

的教师，因此他自然是在优良学说的熏陶下成长起来的。他学着以亚里士多德的方式去思考问题，学着像牧师这些正统教义的强硬守护者那样去信仰宗教。20岁时，他完成了自己的学业，到法兰克福任教，他很清楚，自己必须要捍卫权威，维护传统，既不能让人们的思想独立自由，也不能让人们的日常行为放纵无度。

但1675年他读到了普芬道夫的书，普芬道夫在把自然法与神法区分开来的同时，还让法学研究走上了世俗化的道路：这对托马修斯来说是一种开蒙式的启示。过去他曾经在不知其所以然的情况下抨击过自然法，但现在自然法成了他的信经；他寻根溯源地探索起指导自然法理论的各种基本原理，就这样，他从一个传统教义的卫道士变成了革命者。“对任何事情我都不会再去盲目相信了；从此，我在分析某种学说时，不会再考虑它的名气，也不会再去看这是哪一派的学说，而是只探讨它呈现了多大程度的自明之理；我会研究各方面的理据，不论是正面的还是反面的；我只会根据自己的智慧之光得出结论。我不会再在思想独裁者面前做俯首听命的臣仆，我要像古代的英雄那样，拿起武器反抗他们之前效力的暴君，去争取自由的胜利……”

他是个好斗的人，天性就爱与人进行激烈的争辩，常常把大学校园里的辩论弄成满城皆知的新闻。他特别喜欢弄些斗争的小伎俩，让迷信自己权势的敌人晕头转向，对那些按常规套路出牌的权威人士，他总会用些失礼的行为、用玩笑和嘲讽，让他们慌张无措；他的坏名声甚至会让路人见到他时 159
都指指点点地说，“这个人就是克里斯蒂安·托马修斯，他不害怕任何事，也不畏惧任何人”，不过，他本人对此不以为然。1680年，他以“*Privat docent*”（非常勤讲师）的身份回到了故乡莱比锡，这让他如鱼得水；他那充满新意又挑衅意味十足的教学内容很快闻名遐迩。他说，形而上学是空洞的学问；神学问题应该留给神学家去钻研；只有两种科学是有意义的——逻辑学和历史学，因为前者能教会人清晰公正的思考方式，后者则能为世人提供各种有益的榜样，要么是需要规避的坏榜样，要么是值得学习的好榜样；知识应该成为一种有实用性的、积极正面的、能立竿见影起效果的工具，而全社会都能享有的权利才是真正的权利。他与成见进行斗争，因为他把成见视作所有罪行之源；之所以社会上存在成见，因为人们会将各种可悲的错误观念灌输给幼儿和青少年，却从不会鼓励孩子去发展理性；此外，人们会有成见，还因为他们会轻率地接受各种别人让他们相信的东西。最后，他还反复强调自己最看重的一套理论：自然之光是一回事，神启又是另一回事；神学是属于圣经范畴的学问，哲学则是属于理性范畴的学问；神学关心的是人在天国得到救赎的问题，哲学关心的则是人在地上的幸福，这是更为紧要的事。

学校的管理层当然不会纵容这些大胆的行为：托马修斯是在腐蚀年轻人的心灵，是在把他们引向无神论。于是学校方面对他展开了攻击，他也做出了回应。他用教师的长袍罩住自己的身体，头缩在宽大的假发内，发环垂到肩头，他身材高大，魁梧健壮，不会轻易被人击倒。人们写论著驳斥他，写文章抨击他，威胁他，学校的管理层找他训话，暂停他的课程，但这一切反而激发了他的热情。他时常会做出些闪烁着天才火花的举动，比如说有一天（这一天在德国大学史上是著名的一天），他把自己的课程表张贴出来，但这份告示使用的不是拉丁语，而是用日常通用语言写成的。再看看他课程的主题，同样不同寻常！他想以自己的方式来影响学生，他想培养的，不是具体的律师或法官，而是一个个有思想的人，于是他建议大家学习巴尔塔沙·葛拉西安[1]为世间塑造的这类人——英雄。以此为基础，他又研究起另一类人：有教养的人，或者说绅士。与这类人相关联的是法国文明，因为法
160 国是社交艺术的典范：他的第一堂课，就是探讨德国人究竟该效仿法国人到何种程度的问题。“学习他们，这肯定是必要的；要读他们的重要作品，比如说《波尔-罗亚尔逻辑》[2]；要了解他们的语言，因为这种语言会让人思想

1 巴尔塔沙·葛拉西安（Baltasar Gracian，1601—1658），西班牙哲学家、思想家、耶稣会士，1637年处女作《英雄》（*El Héroe*）出版，随即引起轰动。——译注

2 《波尔-罗亚尔逻辑》（*Logique de Port-Royal*）是由法国巴黎郊外波尔-罗亚尔修道院修士安托万·阿尔诺和皮埃尔·尼柯尔合著的一本逻辑教科书。——译注

更为细腻。但这不代表要东施效颦般地一味模仿他们！法国人在科学、格调、礼仪上都优于我们：与其低卑地模仿他们，不如带着竞争的姿态冲击他们！让我们向前进发，这帮高傲的家伙将我们与莫斯科公国的野蛮人归作一类，我们应该为此感到羞耻；我们要让他们明白日耳曼人究竟有什么能耐；我们要靠自己的双手创造出我们的未来。”

但交战正酣之时，人们却听到了他的笑声；因为葛拉西安说过，愉快的情绪只要适度，就不是缺陷，而是种优点：幽默搞笑是种上佳的调味剂。他就是用大量幽默搞笑的元素给自己的理性主义学说当调味剂的，1688年，他推出了一份充满他个人风格的期刊，这让那些空谈理论的人再一次感到恐慌。这份期刊与《学者动态》杂志——这不仅是莱比锡的荣耀，也是整个德国的荣耀——不同，它并不是以拉丁文编撰的，而用的是德文：这是托马修斯坚守的原则。这份期刊既有浅显的内容，也有深刻的主题，既会关注俗事，也会讨论理性，既谈严肃的书籍，也谈消遣的读物。这份期刊的精神来自于一位同时精通理性和嘲讽艺术的大师：伊拉斯谟。

他所处的环境越来越恶劣，1693年，他最终被迫离开莱比锡：像他这样的反对派，一生总免不了遇到这样的挫折。他去了柏林。此时，勃兰登堡选帝侯腓特烈三世正在将哈勒的贵族学院改造成大学，哈勒大学后来也成为知识界的一个重要活动中心。克里斯蒂安·托马修斯就在这里谋得了一个职位；他可以说是这所大学的灵魂人物，是它真正意义上的创始人，也是带动它发展兴盛的人。正是在这里，他开始关心起魔鬼的问题。

对这个问题他可以说是全力投入的。他扩充了无数的理据，其中有从贝克那里借鉴过来的，也有他自己独创的。不论是事实还是经过正确诠释的圣经，不论是常识还是理性，都不能允许这样的迷信继续存在下去。撒旦会以人或兽的形态在人面前出现；撒旦会与人达成某项协议，完成某种交易；巫师会通过出卖自己的灵魂，来掌握某种邪恶的力量，从而控制人或各种事物：这些全是无稽之谈。有时托马修斯会耐心地论证：关于魔鬼的荒谬思想出自某些书籍，甚至是一些虔心敬神的书籍。所以天主教徒从小就会觉得，

161 魔鬼的模样就是可怕的妖魔；所以路德宗的信徒从小就会觉得，魔鬼会穿着斗篷，头上长角，双足如蹄。有时他又会直抒胸臆地表达愤怒：人们本以为，路德改革后，罗马教廷和各地天主教会的这么多神话故事都被拆穿，宗教改革派理应不再相信这种荒唐的事了；但它仍然被大众广泛认同，新教徒特别是路德宗甚至还发展了魔鬼的理论。这真是种可耻的现象啊！此时他已不仅是以哲学家的身份发表言论了；他更像是一位法学教授，一位律师，要在刑事案件中为巫师辩护。萨克森有些法律——甚至还是刚刚颁布的新法律——居然会无视基督教精神，公然声明，只要是与魔鬼签过协议的人，无论是谁，哪怕他没有给任何人带来损害，都要被处以火刑。啊！但愿随着笛卡尔哲学思想的发展，随着理性的发展，德国的法学家和神学家能悬崖勒马，不再犯这种走向罪恶深渊的错误吧！托马修斯最独特的一点，或许就是他在实践层面的干预：他在具体事务中捍卫了公正和人道。

1709年，莱比锡大学带着悔意向他提供了一个教职，他得意地表示拒绝。他从此定居在哈勒，并在哈勒度过了他漫长人生的最后时光，1728年，他在哈勒离世：他是德国启蒙运动的一位英勇先驱，是一位为争取智慧之光而展开伟大斗争的英雄。

人的迷信思想是随时会浮现出来的，根本不必深挖。布兰维利埃侯爵夫人（marquise de Brinvilliers）、拉瓦赞（la Voisin），她们虽然都因投毒被处决，但事情并不会这么简单，人们还把她们看成女巫。1680年，人们抓捕并关押了法国的一位重要人物——卢森堡元帅（duc de Piney-Luxembourg），因为有人说他与魔鬼做过交易。卢丹修女着魔的故事虽然是旧闻[1]，但人们依然津津乐道；类似的其他传闻也是五花八门。1692年，一位叫雅克·艾马尔（Jacques Aymar）的魔法师指点人们查出了杀人犯。他很快声名远播，每当遇到小偷或是用巫术害人的人，他那根用榛树枝做成的魔法棒就会震动

---

1 17世纪30年代，法国卢丹市（Loudun）一位神父被起诉与魔鬼有协议，据说，乌苏拉修女会（Ordre de Sainte-Ursule）的多位修女曾在着魔时喊出他的名字。——译注

起来；他会让自己灵魂出窍，然后短暂昏迷，进入鬼魂附体的状态：到处都 162
有人请他帮忙，这成了当时风传的一件奇闻。不过有这种神通的并不只是他一人；在图卢兹、多菲内、庇卡底、弗朗德尔，到处都能听到类似的传奇故事；主角可能是本堂神父，也可能是其他的教会人士，或是普通的妇孺，他们能指明哪里有水源，哪里藏着金子。这是法国的特有现象吗？不，德国也有这种事例，在德国，有人会用魔法棒来止血疗伤、复合断骨；波希米亚、瑞典、匈牙利、意大利、西班牙同样不乏其例——“西班牙把某些眼力超群的人称为‘扎尤里’（Zahuris），据说这些人可以透过地表，看到地下的水脉、矿藏，以及被人深埋的财宝和尸体。这些人的眼睛都是血红血红的……”[1]在埃及，榛树枝做成的魔法棒还可以让“那些患了浮肿病的动物将体内的脏水排出来”。在所有这些故事中，当然包含着各式各样的骗局。但在某些情况下，挥舞魔法棒的人不论品行还是信仰都是让人无法质疑的，于是人们就把这些神奇的事件归结于魔鬼的法术。——除了各类魔法师之外，当时还活跃着招魂的人、预言占卜的人、用纸牌算命的人……

不过各地也出现了各种理智的反馈。支持、反对雅克·艾马尔的书不是都出了很多吗？真可谓金牙的故事又重演了一遍！“关于这件事已经出过两本书，瓦尔蒙神父（abbé de Vallemont）在此基础上又写了第三本，这是本12开、600页的书，书中试图从机械力学的角度解释魔法棒的旋转原理。但这本书遭到了奥拉托利会那位神父[2]的驳斥，他言之有据地证明了，没有魔鬼的操纵，魔法棒是不可能转动的。出了这些精彩的著作后，雅克·艾马尔终于被认定是个骗子，孔代亲王[3]要将他逐出辖区……从哲学家的角度看，整件事当中最有趣的是，瓦尔蒙神父在他那本书的开篇提到，凡戴尔对金牙故事的描述一下子让他开了窍，但是，自己在为这件奇事找合理解释前，还

1　皮埃尔·贝尔：《历史与批评辞典》，词条“扎尤里”。——原注

2　指马勒伯朗士。——译注

3　孔代亲王（Prince de Condé），指亨利·儒勒·德·波旁（Henri Jules de Bourbon，1643—1709）。——译注

真以为金牙是实实在在存在的呢！”以上是1696年4月27日杜博在写给贝尔的
163 信中的一段嘲讽。但布罗塞特（Claude Brossette）见过——是亲眼见过——这位传奇人物，他在向自己的朋友布瓦洛透露这段经历时，还深深被当时的情形所触动，看起来他已经信以为真了。“里昂，1706年9月25日。——昨天我在我们这里见到了一个人，他有一种实在难以形容的才能，如果您能接受的话也可以换成‘天生本领’这个词。他就是人称魔法棒奇人的、著名的雅克·艾马尔，他本是个农民，生活在距里昂14里[1]外多菲内省的圣马斯兰城（Saint-Marcellin）。有人请他到里昂来过几次，想让他在这里找点东西出来。无论是水源，还是消失的路标、藏在某处的钱币、被盗的物品，或是案犯、杀人凶手，他都能神奇地感应到，他向我一一举例讲述了他的这种能力，让我听得瞠目结舌。他告诉我，只要他亲临犯罪现场或是出现在罪犯附近，他身上都会产生强烈的不适，甚至会抽搐。一开始，他的心会火烧火燎地猛烈跳动，随后，他会开始呕吐、口中喷血，接着，他还会昏倒在地、不省人事。就算他并没有主动想找什么东西，但依然会出现这种现象，因此，他的能量主要不在魔法棒上，而是在他本人的身体里。如果您有兴趣了解更多详情，我可以为您提供协助……”不，布瓦洛可没兴趣了解什么详情，友人向他描述的这些东西他根本没当回事；他在回信中粗暴地说道：“奥特伊，1706年9月30日。——亲爱的朋友，我必须向您明说，我实在想不到，一个像您这样高尚文雅之人居然会中了这样一个粗鄙至极的圈套，这个可怜的家伙，他的骗术在我们这里已经被彻底揭穿，在巴黎，就连小孩子，就连奶妈也不会信他的话，而您居然对他轻信。或许在达戈贝尔特和查理－马特[2]的时代，这种鬼话还有人听，但我们现在生活在路易大帝的统治下，怎么能信这种奇谈怪论呢？我们不久前还在拓土辟疆，赢得节节胜利，怎么我们的理智也会跟着飞到异乡呢？”——理智当然应该时刻处在警惕的状态。“有人曾

1 此处为法国古长度单位，一里约合四千米。——译注

2 达戈贝尔特（Dagobert，602/605—639），墨洛温王朝国王，死后王国重新分裂；查理－马特（Charles-Martel，688—741），墨洛温王朝末期的宫相。——译注

对我说，巴黎过去也有些人以占卜预言这些装神弄鬼的事为业，并因此赚了不少钱。不过我一点也不感到奇怪。这座大城市里生活了太多的傻子，而且是各式各样的傻子，其中有些人会追捧神棍，当然算不得什么新鲜事。”[1]

以上就是理性思考者发出的种种个人抗议，但除此之外，一种体系也在 164
逐步形成发展，这一体系在为世人破除迷信的同时，还对信仰发动了攻击；它从不会专门区分迷信与信仰这两个概念，它始终将两者相提并论。

彗星并不会昭示任何灾难。神谕都是骗局；上帝不会把他的谕令写在动物的器官上，也不会把谕令交付给疯子和狂徒。假如巫师指的是骗子或疯子，那世上就有巫师；否则的话，就不存在什么会巫术的人。没什么魔鬼，也没有魔王撒旦。世上不存在颠扑不破的绝对权威，也不存在毫无错误、毫无谎言的传统。世上没有神迹，人在信口胡言时，自然是不会充当帮凶的。[2]没什么超自然元素，也没什么神秘的东西不能通过理性参透：“作为老朋友我想对您说句话，希望您能接受：您怎么会不以理性为真正的谕令，就这样上了大众舆论的当呢？或许您真的相信，这一切当中确实存在某种神的痕迹……；或许您认为，既然这么多年这么多国家都普遍认同了，那么其中必然有种神的启示，‘*vox populi, vox dei*’（大众之声即神之声）；或许从您相信世上有神迹开始，您就习惯了您的神学家身份，不再用理性去思考问题了。”[3]

1 理查·西蒙：《书信选集》，第三卷，第51页。——原注
2 《神学政治论》，序。——原注
3 皮埃尔·贝尔：《关于彗星的思考》，第8节。——原注

第三章　理查·西蒙和圣经的评注

圣经怎么可能会被放过呢？人们分析它、批评它已成为势在必行、顺理成章的事了，因为它代表着至高无上的权威。

持宗教自由思想的人发现圣经有自相矛盾之处时，不禁欣喜若狂。比方说，《创世记》中记载，亚当和夏娃是世上最早的两个人；他们生下该隐和亚伯两个儿子；该隐杀了亚伯，然后该隐对上帝说："我罪孽深重，不可宽恕。所以无论是谁看到我，都可以杀我。"无论是谁看到我：这么说，在亚当之前，世上就已经有其他人生活了。伊萨克·德·拉佩莱尔[1]很早就发现了这个漏洞，于是，对独立思想者来说，那些持亚当之前人类就已存在的观点的人就成了他们的重要盟友。

1695年，一位牛津大学的文科硕士给伦敦某个贵族写了封信，这实际上是以书信体写成的论述文章，就让我们来读读这封信吧，这也算是别树一帜的攻击方式了。所有东方民族，包括希伯来人在内，无一例外，都有自己的神话传说。波斯人、米底人、亚述人的历史中充斥着各种传奇故事，圣经其实也与此类似。犹太教法典里包含有无数神话故事。但说起运用比喻和隐喻的手法，编虚构的故事，阿拉伯人后来在这方面超越了希伯来人；他们还盛产诗人，这些诗人创作了游侠骑士的故事、巨人的故事、龙的故事、被魔

1　伊萨克·德·拉佩莱尔（Isaac de la Peyrère，1596—1676），法国外交家、神学家、旅行家。——译注

法控制的城堡的故事，开创了骑士文学，深深影响了西班牙和普罗旺斯……总之，圣经是一本“集神秘故事、深刻寓言、不解之谜于一体”的书；圣经总体上说属于东方神话故事，而东方神话故事只不过是些“浪漫的假想文字”……[1]

166 一些新教徒开始细致地研究起圣经的文本，想去除掉历史积累下来的各种错误诠释，但他们发现这项工作并不简单。于是他们批评天主教徒，认为这些人对圣经的态度过于消极被动；天主教徒则反过来指责他们胆大妄为。因此，圣经的注解工作其实基本是由新教徒完成的，其中成果最丰硕的，有卡昂的牧师、教师萨缪尔·博夏尔（Samuel Bochart），索米尔的牧师、教师路易·卡佩尔（Louis Cappel）等。

犹太人当中做这项工作的人有斯宾诺莎，按他的原话来说，他是想用类似于研究自然的方法诠释圣经；让我们来看看这究竟是怎样一种方法吧。这种方法的第一步是要严格地从现象推导历史，以确定的信息为出发点，得出准确的定义，为此首先必须对希伯来语有所了解；这是一项极为艰巨的任务，因为“从古代的希伯来语语法专家那里，我们根本无法知晓关于这门语言的任何基本原理和具体理论”，而且，“我们既没有词典也没有语法书，对希伯来语的修辞规则也同样不掌握”。斯宾诺莎接着说道，第二步我们要以圣经的含义和精神为指导，要顺应圣经，而不是让圣经迎合我们的成见。——“第三步是要还原圣经的历史，要了解先知书从诞生到保存至今这个过程中的种种经历；对每本先知书的作者，都要研究其生平和学识，看他在历史中扮演的是什么角色，弄清他是在什么时候，在什么情形下，用什么语言，又为谁写出了自己的文字。但这样还不够，我们还需要知道每本先知

1 《自牛津写给伦敦某个贵族的内含两篇评论文章的信》（第一篇文章涉及创世、大洪水和人类形成等说法中的某些谬误，共分两部分；第二篇文章涉及神话故事和浪漫文学的兴起、发展、消亡），作者为文科硕士L. P.（*Two Essays sent in a letter from Oxford to a Nobleman in London. The frist concerning some errors about the Creation, General Flood, and the Peopling of the World, in two parts. The second concerning the Rise, Progress, and Destruction of Fables and Romances. By L. P. Master of Arts*），伦敦，1695年。——原注

书的单独遭遇，要知道它最初是怎样成书的，后来又被哪些人编辑过，人们从书中看到了哪些对现实有用的教益，又是谁把它列为圣书，最终所有这些先知书……又是如何被合并为一体的……”[1]

即便是在天主教徒当中，不是也有让·德·洛诺瓦（Jean de Launoy）这位把圣人赶下神坛的人吗？不是也有精于文本批评的学者马比永吗？甚至于《教会史》（*Histoire ecclésiastique*）一书的作者、极为正统的佛勒里神
父，他也仔细分析了圣母的生平和传说中各位使徒的生平，因为大众乐于不 167
断美化他们的故事。这些人的工作反映了当时的时代精神。

但是这一思潮真正达到顶峰，还需要等到某个人的出现，此人敢说出一些言简意赅却掷地有声的话，比如以下这句：

> 以批评为业的人，不能只限于解释作者的遣词造句，也不能对任何不想谈的事都避而不谈。[2]

1678年，理查·西蒙的《旧约批评史》出版了，通过这本书，批评界真正意识到了批评的力量。

“批评”是个专业用语，对此，理查·西蒙在他这本书的序言里是这样说的：“之前，还从未有任何一本法文书籍谈论过这一话题，因此我在书中会偶尔使用一些尚未完全赢得共识的表达方式，读者在看到时请不必惊奇。每门艺术都有自己的专业词汇，一定程度上说，这些词是具有神圣的、不可替代的地位的。所以，各位会在本书中时常看到‘批评’这个词，以及其他一些类似的词，这些词对我来说都是不得不用的词，因为只有这么用，我才能以术语来论述我要探讨的这门艺术。另外，学界其实已经接受了这些词的法文形式。比方说，我们在谈卡佩尔《圣经批评》（*Critica Sacra*）这本书

1 《神学政治论》，第7章。——原注

2 《旧约批评史》（*Histoire critique du Vieux Testament*），第三卷，第15章。——原注

时，会直接用上法文名《卡佩尔的批评》(*la Critique de Cappel*)；谈英国出版的那本《圣经批评集》(*Critici Sacri*)时，也会用法文说成《英国批评集》(*les Critiques d'Angleterre*)。"

这门独特的艺术从此要脱离博学的框架，要在所有人面前展现它的惊人能量，同时，它也形成了自身的行动目标：它在研究各类文本时，确立了衡量文本可靠性、真实性的等级；它将一切与自身无关的东西都排除在外，比方说，根本不考虑文字是否优美，也根本不在意蕴含着什么道德伦理观念；它在分析圣经的某一部分内容时，是要置神学因素于不顾的，因为神学与它的衡量标准毫不相关。它要做的，是既不攻击神学，也不维护神学；按照它的观点，神学是不能决定文本的；文本一旦出现不准确的情况，无论哪种
168 权威都庇护不了。假如出现一段与某种教义相悖的文字，而这段文字又是真实可靠的，那么，该相信的不是教义，而是文字。假如一段文字对某种教义来说是必不可缺的，而这段文字不真实、不可靠，那么，这段文字就该被删除。不论文本来自《伊利亚特》《埃涅阿斯纪》还是《摩西五经》，批评的原则都是一致的；批评不可以有任何先入为主的观念；不论文本是刻在石头上的，还是写在羊皮纸上的，或是印在书页上的，只要对其展开批评，那批评自身就是最高的权威，是指引自身行动的唯一主人。

批评主要仰仗的是语文学(Philologie)：这一学科于是一下子从丑小鸭变成了白天鹅。后世的勒南[1]曾撰文说明，语文学是一门无比崇高的学问，理查·西蒙所处的时代虽然很多理念还蒙昧不明，但他要是听到勒南的说法，一定会深有同感，因为这也正是他本人的观点。既做批评家，也做语文学家，这就是他的追求。其实，在他之前，年代学家也想扮演批评家的角色；他们也同样宣称，自己只管自己这门艺术的事，只知道怎么进行时间的推算，但他们被自己研究的成果吓到了。他们宣称要完成某种变革，但他们并没有意识到应该是怎样的一种变革，而这恰恰是他们最缺乏的东西；说到

1 恩斯特·勒南(Ernest Renan，1823—1892)，法国哲学家、语文学家、种族学家，以中东的古代语言与文化的研究见长。——译注

底，他们都不曾真正深入到圣经的文字当中来探讨圣经的文本。格劳秀斯算得上是位批评家，他为旧约和新约都做过注解；但他不够严谨，他在两方面背离了自己制定的法则：一方面，他借助异教徒的古代史来说明圣经的问题，但其实这与问题的本质没有关联；另一方面，他听凭自己的个人立场左右自己的分析研究，他本人属于阿米尼乌斯派和索齐尼派，尽管通常情况下他会选择文本的最佳解释，但偶尔也会刻意挑出对阿米尼乌斯派和索齐尼派有利的诠释版本。斯宾诺莎也算得上是位批评家，他称得上是直接影响了理查·西蒙的一位先行者，的确，理查·西蒙在自己作品的结语中，表达了对斯宾诺莎的质疑和反驳，但同时也带有几分尊敬，这是一种对大师才有的尊敬。“别因为这段话来自不信宗教的斯宾诺莎就对我展开驳斥，的确，斯宾诺莎是彻底否认圣经里提到的各种神迹的，但是，把这个当成驳斥的依据就属于一种成见了，一种今天被某些人过度放大的成见。真正需要谴责的，是斯宾诺莎从他假设的某些原理中推导出的渎神结论，但这些原理本身并非全错，也不该被排斥。”[1]斯宾诺莎是一位天才的发明者、创造者，不过他并不 169
是一位优秀的语文学家，他的圣经注解中尽管有一些建设性内容，但他既然有这样的局限性，这些内容就难免会存在问题；斯宾诺莎让他本人的形而上学思想主导了自己的科学研究。直到理查·西蒙的出现，批评才第一次达到了纯粹的境界，才第一次实现了自律条件下的严谨。无论是哲学还是教义，都不能干扰他的决断；只有书稿、笔墨、文字、字符、字母、逗号、句号、音符这些东西才是最重要的。宗教固然有其权威性，但非宗教的科学是拒绝认可这类权威的。

这是个说话带着童声的小个子男人，他不光长得不端正，看上去似乎也并不聪明：“面相与命运的关系或许在某些人那里说得通，但在他这里是肯定不行的。”上天既没有赐给他好的家庭出身，也没有赋予他任何财运：他

1 《书信选集》(*Lettres choisies*)，1730年，第四卷，第12封信。——原注

是迪耶普城（Dieppe）一个穷铁匠的儿子。不过上天给了他学习研究的激情，给了他强大而清晰的理性，给了他不屈不挠的意志；与此同时，还让他具有了既顽强又不失灵活的品质。他先是在迪耶普的奥拉托利会学习人文科学[1]和哲学，随后他决定顺应自己的本性需求加入教会，教会授予他奖学金，派他到巴黎初修院进修。但他遇上了一些“让他感到恶心并难以克服的”事情，差点因此退出奥拉托利会。眼看他要在事业刚起步的时候就栽跟头，此时拉罗克（La Roque）的一位富有的神父为他提供了庇护，带他重新上路，资助他回到巴黎研习神学。这件事从此确立了他心中的使命。他不再研究人文科学，也不再钻研经学。他真正感兴趣的是博学，这是一门最不平凡也最为艰难的学问：他开始学习希伯来语。

1662年，他重回奥拉托利会工作，并被允许继续从事自己的研究。他这样的生活总免不了会惹出一些小故事，但这些故事恰恰能反映出他这种生活的意义，这里就让我们举个例子吧。他在奥拉托利会的弟兄们在他房间里发现了一些异端思想的书籍，比如说伦敦出版的多种语言对照的圣经，又如各种对圣经的批评作品，他们深感愤怒，于是揭发了他的行为。但没想到西蒙先生居然还有一位同党。此人正是他所在修院的负责人贝尔达神父（Père
170 Bertad），两人每天都会一起诵读圣经的原文，而且这位60岁的长者居然还拿这个年轻人当老师，做起了他的学生。于是西蒙先生在这场斗争中大获全胜。

他一生中最幸福的时光，或许是在圣奥诺雷街奥拉托利会的图书馆里度过的吧，他被派回巴黎，为修会收藏的东方民族的书籍编撰目录。拓展、深化自己的语文学知识；直接看原始的一手材料；最好的老师，说实话也是唯一可靠的老师就在自己身边：这样的时光是多么美好、多么令他喜悦啊！此外，他也并非只拘泥于每天翻阅各种手稿、印本，他还与一些犹太学者建立了私交，其中特别值得一提的是约纳·萨尔瓦多（Jona Salvador），两人常

1 当时的人文科学指的是古希腊文、拉丁文和古典文学的研究。——译注

一同诵读圣经。1670年——这一年他被定为神父——，在约纳·萨尔瓦多的请求下，他写了一篇文章，为梅斯“血诬案”[1]中的犹太人辩护。

“如果您想在犹太文化的茫茫大海中泛舟，”他说道，“那您就要选一位习惯了这种漫长、艰难航程的向导为伴。”他的这场海上航程持续了多年；所有能让航线简捷直接、航行安全可靠的东西，他都没有忽略；他查阅了各种地图，一路还会观测天上的星辰。他意志坚定；为了完成目标，他充分发挥了自己的所有长处：他凡事必求清晰明确，他可以从最复杂棘手的语法问题中理出一条清晰的线索出来；他睿智明理，善于辨别真伪，他单纯坦率，洞察力强，他还是个以精确为原则的人。[2]他从自己多年积累的博学知识中汲取能量，“特别是犹太文化方面的知识”；最后，终于有一天，他觉得自己已充分做好准备，可以向大众推出他的《旧约批评史》。

“首先，圣经各卷的义字我们是不可能充分理解的，除非事先能了解各章节成文的具体情况，如形成时代、形成地点等，此外还需要准确地了解在最初成文后所发生的种种变动……”于是，他为自己的方法建立起了指导原则和基本规则，随后他立即以此为基础，尽自己最大可能，反复强调这些原则和规则。他说：“我确信，假如一个人事先不看关于圣经文本的批评文字，那他读圣经是无法获得裨益的。”说到语文学的重要性，这里有一个非常典型的例子：把一段话里的一个词删掉，只需要一个词，一个像“然而” 171
这样普普通通的连词，一个本身看来毫不重要的词，你就有可能帮了异端的忙。《路加福音》的第3章开篇第一句话是这样的：“然而，凯撒提庇留在位第十五年……”这样的一句话意味着它自身是存在前文的，因为“然而”这

1　1669年，一位从外地来梅斯的犹太商人被诬告杀害了一名儿童。随后，当地又有多人对犹太人团体进行控告，称他们在宗教仪式中犯下了多项罪行。2014年，这位犹太商人才最终得以平反。——译注

2　这些评价方式来自弗雷德里希·斯潘海姆（Friedrich Spanheim），参见其《给友人的一封信》（信中谈到一本巴黎1678年出版的名为《旧约批评史》的书）（*Lettre à un ami, où l'on rend compte d'un livre qui a pour titre, Histoire critique du Vieux Testament, publiée à Paris en 1678*），1679年。——原注

个虚词被语法学家称作对立连词，它意味着后文必然会与之前某处文字存在联系。相反，假如单说“凯撒提庇留在位第十五年……”，那你就是在为古代的异端马西昂派提供佐证，因为马西昂派曾声称，《路加福音》的前两章是后来硬加进去的。由此可以看出，想读通充满了种种争议——甚至外行也知道这些争议的存在——的《旧约全书》，必须要事先掌握他的那些规则，遵循他所倡导的那种精神。

让我们拿起一本圣经，然后不带任何先入为主的想法去看它，此时它会在我们眼中呈现出怎样一种形态呢？我们会把它看成一本以原始面貌流传到我们手中的、在神的直接启发下奉神谕撰写的上帝语录吗？

对这个问题，理查·西蒙本人是这样回答的，只要研究分析一下就能看出，圣经里的文字有伪造、改动的痕迹，书中存在一些年代上的争议，某些段落甚至某些地方的整个章节都出现了奇怪的位置颠倒的问题，这些都是毫无疑问的。那么，还是让我们将自己置身于这些文字形成的时代吧；让我们试着去认识、理解希伯来文明吧。当时的希伯来先知都是些什么人呢？——他们是抄录文字的人，是所谓的录事，他们的职责是忠实地记录国家行为，并将相关文字保存在专门的档案馆中。“如果录事的工作在摩西的时代就已存在的话（这看起来非常可能），那么，所有争议就很容易得到解决，《摩西五经》并非出于摩西本人之手也有了理由；在这个问题上，争议的焦点主要是《摩西五经》的写法，人们常会在论证中暗示，是摩西之外的其他人记录了这些事情，并将其形成文字。只要能确认录事的工作当时就已存在，那么圣经成书的这些事就可以归到他们头上，至于摩西，神谕、律法的事情还
172 是从他那里而来：圣经所称的摩西律法就是这么一回事。”但这些先知或录事的责任并不仅限于将自己所处时代的事情记录下来归入档案馆，他们有时还要对前朝同行记录的事情进行改写，因此，在圣经其他地方能看到的一些增补、改动就有情可原了。此外，圣经各卷文字涉及的年代极广，但这些文字只是提纲挈领的概述，所以，人们无法为圣经编一个准确可靠的年表，也就不足为奇了。比方说，圣经中提到过一些波斯国王，但以此为据不认可那

些没有涉及的波斯国王，还按圣经来计算波斯各朝君王的更迭年代，那是会闹出笑话来的，因为录事所记录的只是与犹太人相关的事情；故而我们才会在异教徒的文字中看到其他的波斯国王，看到更丰富、更细致的年表。最后，我们还要考虑到岁月的侵蚀，考虑到抄录者难免会出现的粗心大意；此外我们还要设身处地地想象一下录事记录时的物质条件。"希伯来语原文要么是用小卷轴写成的，要么是用单片纸写成的，写好了就一张张叠在一起，由于其中每一部分都可以独立成章，所以一旦卷轴顺序被偶然弄乱，那么文中事件的顺序也就随之颠倒了。"

总之，理查·西蒙在陈述自己想法时非常简单明了，也非常具有说服力，外行人原本害怕随他深入到这个神秘而神圣的世界中去，但不经意间就会对他的话越听越认真，越听越感兴趣：他能以具体的例子说明问题，同时让道理变得浅显易懂，让逻辑清晰明确，他是这门艺术的行家。此外，他拒绝用神学家的语言进行阐述，他要以正宗的法语来撰写他的《旧约批评史》。拉丁语用于专业注经者之间的争辩就可以了，圣经的总体演变史应当让所有人都能看得到，都能看得明白。

此前我们在本书中探讨研究过一些伟大人物，他们的个性都相对单纯一些：这些人是天生的反叛者；他们只有通过抗争才能畅快地呼吸。但理查·西蒙的心理特征更为复杂。作为一位天主教神父，他认为自己不但严守
教义，而且还忠于教会的精神；哪怕教会指责他、给他定罪，他也要尽自己 173
全力证明，教会弄错了，教会的做法有失妥当。

这是因为他是把自己视作正统的。确实，他非但没有否认过神启，反倒把神启拓展到所有改动过圣经的人身上。他声称，上帝在与摩西沟通之外，还与一代代修改《摩西五经》的录事、编年史作者进行过沟通。圣经里对这些改动者是有说法的，"他们在有权撰写圣经次经的同时，还有权对其中的文字进行改动和完善"。先知也好，录事也好，他们一代代人不断恪守着做上帝诠释者的职责。他们尽管用的是常人的方法，但他们一次次的改动却因

为神启而具有了神的色彩。圣经文字的编写者是上帝预先选中来履行他们神圣职责的，这一职责源起自摩西的时代，此后随着时代的发展仍继续存在。希伯来人是上帝的选民，这并非是因为某个人的关系，而是出于明文记载的原因："希伯来国有一点与世上其他所有国家都不同，它只认可上帝为其首领，上帝将一直统治这个国家，即便在王国时期也不例外。这就是为什么希伯来国能有神圣之国美誉的原因，而它的国民也因此具有了圣人的品质，圣人这光荣的称谓能让他们显得与其他民族截然不同。也正是出于这条理由，上帝通过摩西和摩西之后其他先知的协助，向他选定的、全心效忠于他的人民亲授了一些谕令。"[1]

其他人如果否定口传教义的价值就随他们去吧，他是要全力捍卫口传教义、为其树立真正意义的。圣经的文字并非处处清晰易懂，也不是随便读读就能看出上帝旨意的。口传教义是圣经文本不可或缺的补充材料；它可以为圣经提供释义，也可以对圣经做出诠释。《旧约批评史》对它的价值给予了高度肯定。"通过这部作品我们可以看出，假如我们一定要将法理与事理严格区分的话，也就是说，假如我们不把口传教义与圣经结合在一起的话，那么，我们就根本无法从宗教中找到什么确定可靠的东西。将上帝的口谕和教
174 会的口传教义综合为一体，这绝不是对上帝亲口所言的东西不重视：主指引我们去看圣经的文字，主也同样将我们指引到了教会，主正是把守护圣经的神圣职责交给了教会。"[2]理查·西蒙对这一话题继续往下阐述。他解释说，摩西未写出律法前，古代的长老想传承、恪守纯正的信仰，只能靠口传教义；在摩西之后，犹太人一旦遇到疑惑、争议，也总会向律法的诠释者咨询；这里我们也可以看一看新约的情况：在未形成任何书面文字前，《福音书》的教义是由多家教会分别传授的；这种非书面性的口传教义被使徒们创立的各大教会保存、传播了下来，因此爱任纽（Irenaeus）、德尔图良（Tertullianus）在与异端争论时，主要靠的不是圣经里上帝的言论，而是这

1 《旧约批评史》，第一卷，第2章。——原注

2 同上书，作者的序言。——原注

样的口传教义。在主教会议上，主教们也会拿出本教会的口传教义，来解释圣经里某些有争议的段落。“这就是为什么在特利腾大公会议上，主持会议的神父们会机智地定下规则，在诠释圣经时不可以**违背神父们一致认可的释义**。此外，同样是在这次会议上，真实可信的非书面口传教义被确立了与圣经明文记载的上帝言论同样重要的权威地位；因为会议认为，这些非书面口传教义来自天主，天主把它们传授给自己的使徒，于是这些教义才能一代代传到当今。我们可以把这些口传教义称作基督教教义的浓缩版，它是在基督教刚刚创立时、在早期教会中、独立于圣经文字之外形成的……”

在书中申明了这些观点后，理查·西蒙的态度更为坚定，他开始猛烈抨击新教徒，因为新教徒只看重圣经，而且看重的是原意被扭曲的圣经，是被断章取义的圣经；新教徒排斥口传教义，因此他们是拒绝圣灵的协助的，而圣灵是先于圣经存在的，是一路伴随圣经形成发展的，是可以为圣经中疑难晦涩的文字提供启示的。理查·西蒙与一些新教徒展开了漫长而激烈的论战，如温莎的议事司铎伊萨克·福修斯，又如先后在鲁昂和鹿特丹任牧师的雅克·巴斯纳日。他尤为反对的是索齐尼派，因为这些人不但把口传教义看作无意义之物，还直接背弃了圣经的一部分内容，他们只相信自己乐于相信 175
的东西，只采纳一些能与普遍理性相符的格言准则，其他的则一概不闻不顾。从这个角度看，理查·西蒙倒显得像个天主教的卫道士。

但也只是从这个角度看。他由此出现的论证缺陷谁看不出呢？他明显从一种价值观转向了另一种完全不同的价值观。首先，他认为，摩西律法的文本中包含着一层层历史冲刷的沉积物：这自然是个不容争辩的事实。其次，他认为，那些改动过律法文字的人，不论生活的年代距摩西有多远，都一直受到了上帝的神启：这就不再是个事实，而是一种信仰，是一种个人的诠释。前一半是一种可以通过科学证明的历史现象，而后一半是一种信条。假如站在信仰之外的立场上，那么人们应该能相信他的前一半观点，而不能接受后一半观点；假如遵循异教徒的思路，那么人们可以接受，圣经中充满了人自行创造的痕迹（他想证明的观点是有道理的），但人们无法接受，改动了原始版本的犹太人依然是在传达上帝的思想（这是他的个人信条，并没有客观依据）。理查·西蒙尽管事先严格确定了以语文学为核心的批评该遵循哪些规则，该局限在怎样的范围内，但实际上他还是脱离了批评和语文学的范畴。

他在书的序言里表明自己立场时，就已经脱离了这一范畴，但如果我们循着他的文字看下去，看他这本《旧约批评史》的细节，就会看清他的思想中究竟有何种自然倾向，这种倾向又引导他做出了何种论断。我们现在来看他谈《摩西五经》时的情况：他努力说明，摩西应该不是唯一的作者。从用词和风格上看，《摩西五经》里包含的某些引文、谚语和诗句应该是在摩西时代之后才有的。——《摩西五经》记述了摩西身后发生的事情："比方说，《申命记》最后一章中提到了摩西之死和埋葬摩西的事，这还能有人说摩西是这一章的作者吗?"[1]——《摩西五经》还会无休无止地反复说一件事；"以《创世记》第七章对大洪水的描述为例"，"第17节这样写道，'洪水泛滥在地上四十天，水往上长，把方舟从地上漂起'；接着第18节又说，'水势浩
176 大，在地上大大地往上长，方舟在水面上漂来漂去'；紧接着第19节又这样说，'水势在地上极其浩大，天下的高山都淹没了'；到了第20节还是在重复地说，'水势比山高过十五肘，山岭都淹没了'。很明显，假如这一章是由同一位作者写成的，他描述时用的文字理应少得多，也会把这些话尽量集中在一段故事里说完……"在后文中，理查·西蒙还是继续着这样的分析；因此，全书读罢，读者会留下怎样的印象呢？圣经对创世的描述是前后不一的；圣经的作者分属多个时代，他们在行文时也不够谨慎；至少可以说，圣经是经过极为频繁又极为粗糙的改动的，以至于它的原作者已经无法辨清。既然如此，那向口传教义求助又有什么意义呢？

对于口传教义，理查·西蒙也同样进行了分析，而且他遵循的是最纯粹的批评精神，完全没有涉及信仰。这里还是让我们顺着他的文字看下去吧，

1 《旧约批评史》，第一卷，第5章。——原注

让我们仔细看一看他是怎么谈圣奥古斯丁的。这位伟大的圣师因其强大的思想和可靠的论断，会被人在圣经批评著作中一再提及。“不论是在那些谈基督教教义的书中，还是在其他的作品里，他都清楚地说明过，要诠释好圣经，需要具备哪些必要的资质。”——只是，“因为他是个谦虚的人，他坦承道，这些资质他大部分是不具备的”；而且他对圣经的评论确实相当欠缺准确性。——由于他完全不懂希伯来语，所以在回应摩尼教徒的质问时，他承认自己关于《创世记》的作品其实是超出本身能力的勉强之作；“他甚至顾不得羞耻，对自己的作品展开了批判，因为这些作品成文匆忙，而且没有借助必要的工具来对圣经做出精准的解释”。——他不去探究本义，“几乎总是要引申出各种喻义，这样就偏离了事情本身，偏离了原文的文字”。——“由于他看问题非常细致敏锐，所以圣经中的各处争议点他很容易发现，他甚至会在本无争议之处造出来一些争议的话题；但他做这样的研究并不老到，无法给出恰当的解决办法，无法满足读者的需求。”——“此外，他的思想中充满了各种哲学或神学的成见，他也把这些成见写进了他的所有作品里。”[1]诸如此类。——我们只想补充一点，理查·西蒙似乎还想搞点恶作剧， 177
他故意将圣奥古斯丁和圣哲罗姆对立起来，外行读者一旦看完他的评述，不知道会对圣奥古斯丁的威信产生何种感想……

不过他很快还是回到了批评和语文学；这才是他真正的灵感来源。他深深认为，“良好的理性”是什么都无法胜过的，那些“狂热的、自认为得到神启的弟兄”，他们的直觉在与其相比后尤其显得不可靠。某种“内在的声音”，某位“内心的导师”，“能向我们揭示圣经中最隐秘的真理”，古代的人这么想倒也无伤大雅。但是，“今天，只有公谊会的人和一部分狂热的信徒才继续相信这种‘内心的导师’，他们缺乏理智、缺少能力，所以很自然地会求助于此”。

1 《旧约批评史》，第三卷，第9章。——原注理查·西蒙不顾种种艰难险阻，继续自己的道路。1678年5月21日，他被开除出奥拉托利会；同年，《旧约批评史》被法国内阁查禁；警方四处搜查该书并集中销毁。1683年，罗马教廷也将其归为禁书。一方面，西蒙已经看清，他绝无可能再与审查方和解，另一方面，他还了解到，有一位叫艾尔塞维尔（Daniel Elzevier）的先生根据手抄本的内容，出了一本盗版的《旧约批评史》在法国境外发行，于是，他决定要为自己的作品再出一本正版，这一版本于1685年在阿姆斯特丹面世。他继续着自己的工作；他心中压抑的力量必须要得到释放、得到表达，于是，旧约的问题解决后，他顺理成章地又把精力投入到新约当中。他开始一本接一本地创作作品、深化研究，先后有1689年的《新约文本批评史》(*Histoire critique du Texte du Nouveau Testament*)、1690年的《新约版本批评史》(*Histoire critique des Versions du Nouveau Testament*)、1693年的《新约评注批评史》(*Histoire critique des Commentaires du Nouveau Testament*)。每本书的书名里都出现了“批评”这个词，为了让所有人都重视这个词，理查·西蒙再次对其进行了解释，而且是反复不断地解释：圣经的文字里会时不时地掺杂进一些谬误，早在基督
178 教形成后的最初几个世纪，教会里就有一些学者全心投入到改正这些谬误的工作中。从事这一工作，需要对圣经有准确的了解，还需要搜罗研究各种手稿，这一工作之所以被称为“批评”，是因为人们要选出最好的、最适合保留下来的、类似于经典教材式的文字；“批评”这个字属于艺术词汇，这种艺术旨在对各种文本进行分析比较，以达到去伪存真的目的。在野蛮行径横行欧洲的那一个个世纪里，这门艺术被人忽略倒也罢了，但要是今天人们依然无视它，那就是可耻的事情了。今天，批评理应享有更高的地位，应该和神学当年被赋予的地位相似……听到这样的话，神学家会有怎样的愤怒，我们是可以想象得到的。“因此，按照这种批评的原理，我们想为新约做出准确可靠的解释，就只能遵循语法的规则，而不要管神学，不要管口传教义了！……在我看来，没什么东西能比这种观点更有利于索齐尼派的

了……”[1]

最终，1702年在特雷武，一部伟大的著作面世了:《我主耶稣基督的新约（译自拉丁文古本，并附评注）》（*Nouveau Testament de N.-S. Jésus-Christ, traduit sur l'Ancienne édition latine avec des ramarques*）。此译本只考虑文本，它回归到文字的范畴，要将文章的原义展现出来，并不顾及各种传统的诠释，按照作者的说法，传统的诠释都是些错误的诠释，是曲解后的诠释，但这些诠释竟然具有了法律的效力。正文旁边以对照比较的方式配上了一些评注，这是理查·西蒙凭借自己深厚的希腊语和希伯来语学养写下的体会，因此我们可以说，这本书实际上是一部批评式的译作。“此外我要说的是，我加上这些评注，只是想解释《福音书》和《使徒行传》的本义，并无其他用意，读者不必在这本书中寻找什么‘秘义’，只有不明智的人才会喜欢这样的东西。”释义，只求语句的本义：“否则的话，人们读圣经时就免不了常有如坠云山雾海的感觉，但有人还会美其名曰灵修。”——特雷武出版的这部作品随后也被查禁。

我们千万不要把理查·西蒙当作一个浪漫主义者，更不要美化他的个
性，因为他是个粗暴、苛刻的人。他的学术生活丰富充实，但他的情感生活
贫乏单调。他喜欢波澜壮阔的思想交锋，但有时也爱搞点小花招：“因为先 179
生您得知道，这位巴黎神学院的匿名神学家，这位天主教神父勒内·德·里
尔，这位哲罗姆·勒加缪，这位哲罗姆·德·圣特弗瓦，这位福音传道士皮
埃尔·安布兰，这个所谓的奥利金[2]，所谓的安波罗修[3]，这位哲罗姆·阿科
斯塔，还有这位莫尼城的先生，这位西蒙城的先生，除此之外还有其他几
位，所有这些作者其实都是一个人”，此人正是理查·西蒙。在他与天主教

1　阿尔诺写给博絮埃的信，1693年7月。——原注

2　奥利金（Origines Adamantius，185—251），史上确有其人，他是古代东方教会最为著名的教父，亚历山大学派的主要代表。——译注

3　安波罗修（Ambrosius，340—397），史上确有其人，米兰主教，4世纪基督教最著名的拉丁教父之一。——译注

徒的争辩中，他并非始终都老老实实地守规矩，索邦神学院要检查《旧约批评史》，他上交的手稿中删去了那些有可能惹出是非的章节；在他与新教徒漫长的论战中，我们也可以看出，他似乎已经忘记了基督教的爱德。他傲慢、苛刻，喜欢说些嘲讽的话，出语伤人；他仿佛在射出一支支锐利无比的箭，并以此为乐。在他的主要论著中，尽管他都强调自己抱着谦卑的态度，但人们还是能感觉到，他在抬高自身的同时，不由自主地表现出对他人的不屑。特别是在阅读他的《书信选集》(*Lettres choisies*)时——这些信更像是抨击性文章，更像是声讨的檄文，而不是真正的信——，我们会发现，他有时会带着些恶意，甚至还有几分恶毒。他不仅是个没有权势、受到迫害，于是想尽办法为自己声辩的人，也不仅是个易怒的、尖刻的人，他还是个热衷于异端的人，他喜欢介绍一些有邪教思想之嫌的学说，喜欢谈论一些脱离了教会的神学家，喜欢向人们推荐一些私下流传的书、被禁的书，这些书里藏着分裂的种子，藏着引发社会动荡的导火索。他一直自称恪守宗教精神，但他这样的思想立场又怎么能和宗教精神结合在一起呢？

> 他内心隐秘的思想，总有人能猜得出，
> 他们会觉得，这位作者并不太像神父……[1]

不过，如果他内心有过什么斗争的话，我们是不会从他的著作中看出任何迹象的。想确切了解他真正的信仰，只有读一读他那浩如烟海的笔记，但他过度谨慎，亲手焚毁了这些笔记。他当时隐居在诺曼底的博勒维尔
180 (Bolleville)，在那里做本堂神父。有一天，省总督召见他，向他问话，回到住所后他担心会有人上门搜查，于是把自己的笔记塞进几只大桶，等到夜深人静，悄悄把桶推出去，一直推到一片草地上，再将笔记付之一炬。所以，他内心深处到底在想什么，只有能洞察人心的天主才会知晓。尽管他被

1 德莱顿：《世俗宗教》(Dryden, *Religio laïci*)，1682年。——原注

奥拉托利会开除，但他始终觉得自己仍然属于修会的一员；“*tu es sacerdos in aeternum*”（你是永恒的神父），他一直坚守着这句铭言，从不曾有抹去这段经历的想法。直到生命的尽头，他都一直在履行学者的职责，遵循只求学问不顾其他的学者准则，同时，尽管教会查禁他的作品，但他依然固执地把自己视作教会的子弟。“1712年8月，他以模范的基督徒方式接受了临终圣礼，令人感动、给人启迪，随后他沉睡在我主的怀抱，享年74岁……”[1]

理查·西蒙反对“我们始终认为”“我们一直受到这样的教导”“自古以来就有这样的传统”这些老套的说法，他让人们思想中各种成形的价值观得到了反思。——其次，他的影响力还在于他充分展现了批评的力量和职责。“*Critici studii utilitas et necessitas.*”（批评是一门有益而必要的学问。）尽管让·勒克莱尔和他互为对手，但他们在某些思想上的差别，要比他们自己所认为的小得多，1697年，让·勒克莱尔出版了《批评的艺术》（*Art critique*）一书，这是一本成功地讲述批评规则的指南性书籍。——此外，他还带动了一场圣经注释领域的新运动，即便在天主教徒那里不能这么说（他让天主教徒感到惶恐不安），但在新教徒那里确实如此：针对他的《旧约批评史》，出现了40多部反驳的作品，这足以说明他引发了怎样的思想波动。——真正效法他、直接以他为师的人并不多，但还是有值得一提的例子：他的学生、人称“拜占庭的路易”的拉斐尔·列维（Raphaël Lévi）就根据从他这里学到的方法翻译了古兰经。1707年，那不勒斯人比亚吉奥·加罗法洛（Biagio Garofalo）指出，圣经里包含着一些节奏感明显甚至韵脚明确的诗句：假如没有《旧约批评史》的作者筚路蓝缕、激发人们的胆识，他还敢把神谕中这些人的痕迹公之于众吗？

最后，他的思想和行动为怀疑论人士提供了多大的支持啊！这些人自 181
身没有能力分析圣经的文字，但一切可以降低圣经权威的东西他们都深信不

1　布鲁岑·德·拉马蒂尼埃尔：《理查·西蒙颂》（Bruzen de Lamartinière, *Eloge de Richard Simon*）。——原注

疑；在理查·西蒙的影响下他们用这样的话概括道："圣经是在如此久远的年代写成的，它译自各种语言，译者要么是根本参透不了真正含义的无知者，要么是刻意改动文字、删减或增加语句、让谬种流传至今的骗子，这样的话，我又怎么能相信圣经的真实性呢？……"[1]

1 拉翁唐男爵：《奇言录》(Baron de Lahontan, *Dialogues curieux*)，吉尔贝·西纳尔(G. Chinard)出版，1703年，第163页。——原注

第四章　博絮埃和他的斗争 182

一提起博絮埃，我们能联想到的，总是他气宇轩昂、庄严肃穆的仪态，就像里戈[1]画中呈现的那样。谈这幅华美的肖像画，似乎显得有些无关主旨，但从某方面看，这样的联想也是必然的，是可以得到理解的：不论是画作的整体风格，还是华丽的手法、鲜明的色彩，都始终浮现在我们眼前挥之不去。或许我们还可以想象博絮埃的另一种形象，一个正在某场葬礼上致辞的演说家形象：他甫一开腔，就仿佛将我们带进了一个崇高的境界；他的节奏逐渐加快，哀婉之情、啜泣之声尽显，我们的内心深处不禁也产生了回应，情绪渐渐变得悲痛难抑；他那圣曲式的话语最终奏出了天国之音的旋律，在画上休止符的那一刹那，我们仿佛听到了某位生活在俗世外的先知在传达上帝的声音。

博絮埃的这种形象并不是伪造出来的，但它需要特定的环境、特殊的舞台；那些与高贵、庄严、辉煌无关的东西，随着岁月的流逝如大浪淘沙般被人们遗忘了。实际上另一个博絮埃同样存在过：一个也会受人羞辱的博絮埃，一个也会痛苦烦恼的博絮埃。

我们这样说，并不是想改变人们对他的印象，也并不是想否定他的信念，那是一种坚定而深刻的信念，一种纯粹而令人敬佩的信念。他求的是

1　里戈（Hyacinthe Rigaud，1659—1743），法国画家，尤以肖像画闻名，曾为博絮埃画过肖像。——译注

永恒，求的是普世，从不曾动摇过："*quod ubique, quod semper...*"（放诸四海而皆准，亘古不变……）"上帝传给我们的真理首先是一种完美的真理"：他那坚定不移的信念就体现在这句话中。有一种真理是上帝向人们昭示的，是写在《福音书》里的，是通过神迹验证的，因为具有神性，这种真理就是完美的，是永恒不变的：如果它产生变动，那它就不该算作真理。教会的角色就是要成为这种真理的守护者："耶稣基督的教会受托精心保存守护教义，
183 绝不对教义做任何更动；一句不删，也一句不加；必要的东西当然不可删，多余的东西当然也不必加。教会的全部工作，就是让年代久远的东西能历久弥新，让充分解释过的东西能得到确认，让被确认、明确的东西能得到守护……"[1]对于这种独一无二的、不可更动的真理，个体是必须顺从的，因为假如每个人都想自己拥有一套真理的话，那么世界就会陷入混乱无序的状态，道理很明显，同一个问题，不可能存在几百万条适用的真理，哪怕只有一千条、一百条、十条甚至两条也不可能，只能有唯一的一条。"由此我们就清晰地看出**天主教**和**异端**的真正含义。异端人士，就是自己有一套观点的人。自己有一套观点，这意味着什么？这意味着，他遵循的是自己的想法、自己的独特观念。但天主教是正统的思想，也就是说它是普世皆准的；它没有什么独特的观念，只会毫不犹豫地追随教会的观念……"[2]

哦圣经，宝贵的圣经啊，它以如此完美、多彩、动人的形式，向世人呈现了他们祖先的历史，又向世人规范了他们行为的准则！圣经里包含着天主教教义确立的原则，有了口传教义的诠释，它的权威性得到进一步巩固，人们没理由对它的内容反复质疑。博絮埃一直与他的圣经相依相伴；幼年时他就深深地爱上了圣经，这份爱一直延续到他生命的尽头。他一日都不能没有圣经；圣经是他的食粮，是他的面包。一些地位卑微的乡间神父尽管早已熟

1 博絮埃：《告新教徒之一》，1689年，拉夏出版，第15卷，第184页，语引自莱兰群岛的樊尚（Vincent de Lérins，？—445/450，又译作"圣味增爵·雷冷"，中世纪高卢的僧侣、作家，后被封为圣人。——译注）。——原注

2 《谈耶稣基督对教会许诺的第一封牧函》（*Première instruction pastorale sur les promesses de l'Eglise*），1700年，拉夏出版，第13卷，第112页。——原注

记自己的祈祷书，但还是会一读再读；在这一点上博絮埃和他们没有两样，他对圣经也早已烂熟于心，但仍然会反复诵读。博絮埃经常会向教会里的一些前辈神父请教，因为他们对初始的真理进行过解释、明确和弘扬，久而久之，人们对这样的请教场景也见怪不怪了。他对印刷物有着深厚的兴趣；每当争辩开始时，他总会先收集好各种材料；他的信仰尽管早已牢不可破，但他依然会根据自己的爱好、遵循自己的职责去翻阅各种文献。在各类书中，他看得最勤的是神父——神的仆人、教会的仆人——的书；而在各位神父当
中，他看得最勤的作者是圣奥古斯丁。他的秘书勒迪欧（François Le Dieu） 184
神父一直注意观察他的言行举止，并将他的种种事迹记录了下来：“他受圣奥古斯丁的学说影响太深了，他笃信圣奥古斯丁的理念原则，以至于他自己从未独创过任何一条教义，也从未立下过任何训言，对任何争议，他都会援引圣奥古斯丁的话作为回应；他能从圣奥古斯丁那里找到所有他需要的东西……当他要向自己教区里的信徒布道时，他会手捧圣经问我圣奥古斯丁是怎么说的；当他要与某个错误做斗争、要树立某种信念时，他也会找圣奥古斯丁的著作阅读参考。”

博絮埃对自己的信仰坚定不移，并通过各种书籍获得启迪，他的生活遵循着一种能充分体现其自身存在价值的秩序，而他个人的追求，就是要坚守这种秩序、这种世界观，不仅要巩固它，还要让其他人也能了解到、感悟到。这种世界观是存在一些局限的，但这并无大碍，他可以接受这些局限；按照他内心的想法，以这种世界观作为自己的生活之道，实在是再轻松不过的事了：生活的追求，不该老是去批评某种人们经过深思熟虑才接受的规则，而是该利用这种规则给人们带来的安定感，全身心投入到善行之中，全力投入到行动之中。他常会引用一句《列王纪》中的经典名言：“服从胜过牺牲。”我们是要有所服从的；要服从上帝；要服从国王，因为国王是上帝在大地上的代表：这样我们才能以欢欣之情，顺着天主为我们制定的、让我们坚守的秩序——真理与生活——去行动。这样人们就可以免除无谓的思辨，免除内心的不安：这就好比某位古典主义作家，他一旦认为三一律是正

确的规则，是建立在理性上的规则，并从此一心服从于这种规则，那么，他只要不逾越这种规则，以这种规则为庇护，就能创造出一部杰作。

从性情上说，他不是个禁欲苦修的人。他喜欢朗塞，也敬重朗塞：每次他去拉特拉普修道院拜访朗塞，那里的修道士都会看到他们的院长和这位莫城主教长时间并行散步，两人在见面时，大部分时间是花在亲切交谈上，只有少数时候会一起祷告。此外博絮埃也不喜欢老待在修道院里。他还有一点类似于古典主义者，任何事情他都避免过度；甚至过度虔诚在他看来也是危险之事。他与“顽固派”很难相处，但他同情弱者，对穷人非常和善。他用餐时既不拒绝沃尔奈酒，也不排斥圣洛朗奶酪，餐桌上花样繁多，但从不奢侈。他热爱大自然，喜欢热尔米尼[1]的园林，他觉得那里景色宜人，是世界
185 上最美的园林；他常去一条两旁树木苍翠的小径，在那里悠闲地读日课经、冥思遐想；他甚至还喜欢把激扬的情绪与各种风景联系在一起，借景抒情。他偶尔也会非常刻板；不过他还是更擅长表现自己温和体贴的一面：重情重义是他的美德。在他身上，既能看到圣奥古斯丁的影响，也能看出他的导师圣樊尚·德·保罗（Saint Vincent de Paul）的印迹。他不仅是个意志坚定的人，也同样是个注重平衡的人。

他以这样的修为，让自己的内心不再存有疑惑，如果没有经过自己的验证判定，任何观点他都是不会接受的；他对自己的思想、对自己的意愿有着清晰无比的认识，因为博絮埃和最严谨的怀疑论者一样，能准确把握自己思想的每一步发展，并能看出它最终会走向何方。有一次，他在与同为神父的侄儿聊天时，讲述了一位临终者向他提出的问题，以及他对这个问题的回答：

> 有位不信教的人在病榻上奄奄一息，他请人将我带去看他。“先生，”他对我说，“我一直认为您是个学识广博的绅士，现在我

1 热尔米尼（Germiny），现法国默尔特—摩泽尔省市镇。——译注

> 眼看要断气了，请您向我直说，我信任您，您到底是怎么看待宗教的？”
>
> ——我认为宗教是确定可靠的，我对宗教从未有过任何怀疑……[1]

他对自己的信仰，就是这样全然不可动摇的态度，对此我们无须赘述。不过，现在我们并不想单独描述他，也并不想只描述他光辉的形象，我们想把博絮埃与他的同时代人放在一起呈现；我们想尽量来看一看他在争论中、烦恼中、困境中的模样；我们略去他年轻时的经历，也不去谈他事业辉煌的上升期，重点放在他年老力衰时的情况：让我们试着展现他此时的境遇吧，此时他已不再是那幅华美画像中的人物，而已经被打回凡尘，他所代表的，是一种各方面都遭受攻击的传统，因此也可以说，他变成了一个被自己时代抛弃的人。

安托万·阿尔诺给他寄了本斯宾诺莎的《神学政治论》，他自己之前也已经收了一本，这不仅仅是一本亵渎宗教的书，还是一本让人难堪、让人恼火的书。什么！这个斯宾诺莎，这个可怜的荷兰犹太人，只因为懂希伯来语，竟然就摆出了一副高人一等的腔调！他声称，懂拉丁语是不够的，甚至再懂希腊语也不够：要么就得懂希伯来语，要么谈的就不是圣经。 186

博絮埃只能看拉丁文的圣经，他完全不懂希伯来语：这可是个严重的问题，他自己也清楚地认识到了这一点。假如他想底气十足地回应斯宾诺莎，假如他不愿被别人当作过时、落伍甚至有点荒唐的人，假如他还想遵循严谨的原则——这是存在于他内心、在他尽责时为他指明方向的原则——，那么，他就必须重回学校上课了。这可不是那么容易的事……但他还是开始

1　勒迪欧：《日记集》（*Journal*），1700年5月15日。——原注

了自己的工作。想象一下小主教会议[1]的场景吧，这应该是幅美好而虔诚的画面：几位世俗界的智者，几位教士，他们定期聚会；他们每位都手拿一本圣经：这位读的是希伯来语版本，那位则接着再读希腊语版本，有时他们还会读圣哲罗姆和其他圣师的作品；大家先后发言、讨论，最后由博絮埃做总结，佛勒里神父负责将各种意见记录成文。这是一群满怀诚意的人的聚会，他们通过这样的会议形成了一个小团体，他们由此增长了学识，内心也变得更为强大，因为他们隐隐感觉到，即将到来的时代会是一个考验重重的时代。不过话说回来，希伯来语博絮埃到底学会了没有？

1678年的圣周四[2]，会议成员之一欧塞伯·勒诺多神父给博絮埃看了一份东西，这是一本即将出版的新书的目录，书的作者叫理查·西蒙，书名为《旧约批评史》。这本书已经得到出版许可，它不但通过了各方的审查，还获得奥拉托利会最高层的批准；甚至国王都差点要为这本书写题词，因为拉雪兹（François d'Aix de la Chaise）神父曾许诺要推动此事。博絮埃不禁惊跳起来：这本所谓的批评史是一堆亵渎宗教的言论，为持宗教自由思想的人竖起了一道保护墙，必须要拦住它。尽管这一天是个非常庄重的日子，他本该参加教会的纪念活动、参与告解圣事的，但他还是跑到了大法官米歇尔·勒·泰利埃（Michel Le Tellier）那里；在他一再游说、一再催促下，这本书终于被暂停出版。

但这是多么令人心痛的一件事啊！一位神父，一位奥拉托利会的神父，他居然敢这样对待圣经！从此，只要理查·西蒙活着，博絮埃就免不了时常心神不宁，又悲又怒。理查·西蒙仿佛一直在他身边打转，还试图向他说明，自己并非反叛之徒，可只要有双警惕的眼睛，就自然能发觉暗藏在此人心中的、推动其行动的那种不可抑制的力量。此人竟想用语法来代替神学；

1 小主教会议（le Petit Concile），指17世纪70年代博絮埃召集的文学、宗教界人士的研讨会，其宗旨主要是推动社会世俗化，巩固新时代环境下的国家政权。——译注

2 从复活节前那个周日开始，直到复活节的七天时间被称为圣周。圣周四是圣周里的忏悔日。——译注

这真是个邪恶的家伙。

如果我们读一读博絮埃《世界史叙说》的第二卷，再想一想斯宾诺莎 187
和理查·西蒙给他的思想带来了多大的困扰，那我们就会更好地理解，为什么这位天主教正统思想的捍卫者会使用这样激烈的措辞，此外，这第二卷也能让我们更准确地把握全书的真正特点。书本身陈述的内容少，驳斥他人的篇幅多；作者想通过这本书，对各种属性上、实质上有异于自己思想的观点一一做出回应：这是项艰巨的任务，因为他真想和自己的对手们较量的话，就必须正面应对他们的要求，给出必不可少的历史角度的证据，来验证自己的信仰，验证自己先入为主的原则。他的结论是非常明确的：圣经既然来源于神，那么我们就无权将它和纯粹由人写成的作品等量齐观。尽管这么说，但为了能反驳新一代的圣经解读者，他还是要依照这些人的套路，从人的角度去分析具体问题。这就是博絮埃的尴尬之处；他必须要解释摩西是如何记录过往几个世纪历史的，必须要反驳厄斯德拉[1]是《摩西五经》作者的假说，必须要逐字逐句地谈圣经的文本，必须要说清文本当中意义不明之处、引发争议之处、经过改动之处都分别是怎么回事。他急不可耐地想摆脱这些“无益的争执”，于是他干脆转守为攻：让我们先放下细节不谈，重点关注本质问题吧。在圣经的各个版本中，我们都能发现同样的律法，同样的神迹，同样的预言，同一类故事，同一套教义，总之实质性内容都是一样的：那我们还有什么可追究的呢？既然主旨不变，细节上有一些出入有什么关系呢？他始终贯彻自己清晰、坦诚的风格，并不回避反面意见，他会把反面意见交代清楚，然后再通过猛烈的回击，尽力在堂堂正正的交锋中战而胜之：“说到底，反面意见最有力的依据无非是这两个问题:《摩西五经》里是不是加了些其他人写的东西？如果书是由摩西所写，书末提到他本人的死是怎么回事？有人续写了故事，把摩西善终的结局补充进去，使他的生平事迹完整合

1　厄斯德拉（Esdras）是位大祭司（新教称以斯拉），在波斯帝国摧毁巴比伦帝国后，重建耶路撒冷的工作陆续完成，厄斯德拉带领一批犹太人返回应许之地，圣经中的《厄斯德拉》就是记述这名犹太人在这段时期的经历。——译注

一，这有什么可惊奇的呢？至于其他地方是不是还有什么后来添加的内容，那就让我们来看一看吧。是有什么新律法吗？或者有什么新的礼仪，新的教义，新的神迹，新的预言？自然没人会这么想；这既没有任何疑点，也没有任何迹象；这可是给上帝的作品添加内容啊！律法严禁此类举动，若是有人胆敢造这样的丑闻，后果会不堪设想。那还有什么呢？不完整的谱系，对此
188 人们将来或许可以补充完整；有疑问的城市名称，这个问题人们将来也或许能通过历史变迁的原因解释清楚；说到希伯来人赖以为生40年的吗哪[1]，人们将来会确定这种天赐食物的消失时间，这件事虽然先记载于另一本书，后来才在《摩西五经》中被提及，但这是一件众所周知、确凿无误的事，整个希伯来民族都是这件事的见证者；提到此事的人还有四五位，如约书亚、撒母耳，以及近似时代的某位其他的先知，因为他们提的事都是可靠无误的事，都是从无争议的事，所以书里面自然会收录这些事；口传教义在向我们传授其他事情的同时，也会将这些事告知我们：既然所有疑惑都能厘清，那反面意见不就随即全军覆灭了吗？……”

看到他这样的言论，理查·西蒙莞尔之余，还嘲讽了几句。能坦白就是可贵的：莫城主教先生已经承认，《摩西五经》被人添加过内容，被人改动过。从此，在神学家眼中，莫城主教先生就和阿夫朗什主教于埃先生一样，成了一个斯宾诺莎主义者，成了一个会彻底毁掉圣经的人……

博絮埃并不喜欢嘲讽：“插科打诨非正人君子之道。”他也不把这当一回事，毕竟他觉得两人的较量还远没有分出胜负，而理查·西蒙正在一本书接一本书地写下去，胆子也越来越大，“这对教会来说已变成了一起极为严重的事件”。但他的生活过于繁忙，并没有什么闲暇：教导王储，管理自己的教区，领导法国教会（此时他已成为法国教会的精神领袖），应对遍地萌生的异端，四处讲道，进宫面圣。唉！实在是辛苦万分！这些工作不仅占用了他的白天，还让他夜里也不得休息：每晚，在整个主教府依然沉浸在梦乡

1 吗哪（manne），希伯来人出埃及时，在40年的旷野生活中上帝赐给他们的神奇食物。——译注

时，他已早早醒来，秉烛夜读，奋笔疾书。来吧，把其他各种工作再压缩压缩，来批判理查·西蒙，来捍卫口传教义、捍卫圣师的权威吧：当下没什么比这更迫切的任务了。新约的译本面世后，他不禁怒火重生：赶紧行动，要像之前查禁《旧约批评史》那样查禁这本书。但时过境迁，查禁《旧约批评史》已经是24年前的事了，现在已经到了1702年；当年讨好他、按他吩咐行事的米歇尔·勒·泰利埃已经成为故人，博絮埃亲自在他的葬礼上发表了演说；现在的大法官路易·菲利波（Louis Phélypeaux）不但不听他的劝告，甚至还对他怀有敌意，更过分的是，为了对付西蒙先生，他写了本《驳特雷 189
武新约译本的牧函》（*Instructions pastorales de Bossuet contre la Version de Trévoux*），大法官大人竟然要求他先把这本书交付审查！要是没有一直信任他的国王，他肯定要输掉这场较量。他，堂堂的博絮埃，竟然也要被人审查！他，堂堂的博絮埃，竟然会被法官刁难！他，堂堂的博絮埃，竟然成了个让人讨厌的人，还差点成了失败者！他不再有往日的权威，时代改变了，持宗教自由思想的人占了上风：没什么能比这更让他伤心的了。

他常会叫人取来他的巨著《对口传教义和圣师的辩护》（*Défense de la tradition et des Saints Pères*）；他会反复重读这本书，还会对内容一再修改：到最后他也没有完成称心如意的终稿。这是因为他要一章一章地增补内容，他的斗争对象，并不是某一个人，而是一种遍布四方、一有机会便可能表现出来的思想。理查·西蒙的事还没有结束，埃利·杜班[1]又冒了出来。杜班同样是一位神父，他确实不像西蒙那么顽固，但他口气平和，毫无蓄意反叛的意图，这反倒让他体现出一种很不寻常的特征。他将多位教会作者笔下的世界史收录成集，出了本大部头的著作。他写道，在研究圣经这方面，异端人士有时会比正统的天主教徒看得更清，更敢说真话；此外还有件让人感到不可思议的事，直到公元3世纪，某些与圣事甚至与教义有关的重要

1　埃利·杜班（Louis Ellies du Pin/Dupin，1657—1719），法国神学家、历史学家，著有《教会作者笔下的世界史》（*Bibliothèque universelle des auteurs ecclésiastiques*，1686—1715）一书，这本书遭到了博絮埃的猛烈抨击。——译注

概念都还未在教会的神父心中最终形成定论。他认为，圣西彼廉（Thascius Caecilius Cyprianus）是第一个把原罪说得清晰透彻的人，也是第一个全面谈论忏悔补赎的人，还是第一个谈及教士对忏悔者具有上绑、松绑权力的人；诸如此类。博絮埃对杜班保持着警惕。不过，博絮埃也不想对他过于强硬，因为他是诗人拉辛的亲戚，而且他也有意承认自己的错误；但有些事还是让博絮埃感到难于忍受：异端人士及其思想居然会得到宣扬，口传教义居然会被贬低，先是在原罪的问题上出现了这种异常现象，此后又有很多别的问题情况也类似；圣师被人用如此莽撞的言论评价，这可是天主教徒过去绝不允许出现的行为。在“我们这个如此严峻的”时代，最糟糕的自由风气变成了时尚潮流……

1692年3月23日，芬乃伦给博絮埃写了封信，信中有这样一句话：“看到您这位老学者、老主教还有如此旺盛的活力，我感到非常欣慰。我仿佛看见
190 您戴着您的主教帽，像一只巨鹰攫住一只小雀鹰那样，把杜班捏在手心。”芬乃伦可能过于轻松乐观了：假如莫城的这只巨鹰不再警惕巡视的话，天主的这片良田很快就将遭到侵蚀。而博絮埃有时也会深感疲惫。[1]

他既没有写完《对口传教义和圣师的辩护》，也没有完成《圣经经文中的政治》（*Politique tirée des propres paroles de l'Ecriture Sainte*）：他有太多作品来不及写——全都是必要的作品，全都是迫在眉睫的作品！他渴望到英国人那里去，去和当地的神学家开会，去启发他们的思路，但他最终也没能去成。英国正深深陷入教会分裂的危机，英国人将自己的国王驱逐出境，又把法国和天主教的死敌选为君主。“我只能为英国发出深深的悲叹。”[2] 曾经他还想召集一支十字军讨伐土耳其人：那时，他在仁慈圣母会歌颂圣皮埃

1 勒迪欧：《日记集》，1703年12月1日：“他对我说，有这么多的事情要处理，我觉得自己已无法再胜任这份工作了。上帝，愿您的旨意行在地上！我已经决定面对死亡。天主自然会为他的教会找一些守护者。如果他能让我重获力量，那我会把这些力量完全投入到这份工作中去。”——原注

2 写给佩鲁多（Perroudot）神父的信，1688年12月22日。——原注

尔·诺拉斯科[1]的功德，并对伊斯兰教迅速而可怕的发展表示愤怒；那时，他为陷落在土耳其人手中的一切叹惋痛心，他认为，如日中天的土耳其帝国是最大的敌人，也是最可怕的国家。“哦，耶稣，万主之主啊，世上所有国家都归您裁决，您是万王之王，现在有人公开宣称与您为敌，他坐在君士坦丁堡的王座上，用他数量惊人的军队为他那个穆罕默德的渎神言论撑腰，他把您的十字架推倒在他的新月下，日复一日用精良的武器装备削弱基督教的影响，对此您究竟要容忍到什么时候?”年轻的路易十四听了他的宏伟计划后，只是付诸一笑。讨伐遥远的东方，当下已没有可能了。这种梦不必再做了。一旦有人再谈十字军东征，不仅持宗教自由思想的人会发笑，就连虔诚的教会人士也会认为，还是不去招惹土耳其人更好。人们已经不再对十字军东征这样的事抱什么幻想了，佛勒里神父这样说道；这种事，只有某些过度虔诚而不够开明的人才会期待，只有某些浪漫而不切实际的诗人才会鼓吹。

他一如既往地坚定不移；不过可能会有人说，万事万物正在他身边悄悄 191
地发生变化，呈现出新的色彩，而他再也无法辨清事物的真正面貌了。过去人们对他始终赞誉有加，即使争辩得热火朝天，对方依然会对他的虔诚、和善、真诚表示尊重。多位主教、多位外国的君主都曾向他表达过敬意，对他极尽礼数。但自从新教徒在荷兰安顿下来后，敬重和礼貌都不复存在；有人开始对他谩骂起来。这个朱利约对所有人都会尽情攻击，对他尤其如此。朱利约指责他掩盖事实，欺骗世人；朱利约还怀疑他的品行，说他与人姘居。此人言语非常粗鲁，比如说，博絮埃让别人叫他“大人”，哈哈！这些主教先生们都加官晋爵了啊，但基督教的那些创始人除了“耶稣基督的仆人”之外，就再没有什么别的头衔了。博絮埃是个既不体面也不真诚的搞浮夸演说的人，他既没有见识也没有羞耻心；博絮埃是个粗鲁的无知之徒，是个非比寻常的莽夫；博絮埃否认的那些东西，你要是跟着去否认，那你要么就是厚

1　皮埃尔·诺拉斯科（Pierre Nolasque，1180/1182—1245），生于法国南部奥克语地区，仁慈圣母会创立者。年幼时迁居巴塞罗那，在目睹了伊斯兰教和基督教的冲突后，决心尽自己所能赎回穆斯林地区的基督徒战俘，并将其作为一生使命，1628年被封为圣人。——译注

颜无耻到了相当的程度，要么就是无知到极点，无知到令人惊叹……

有些人听到骂声会无动于衷，甚至还有人会故意挑起别人的谩骂并引以为乐，但博絮埃不是这样的人。他是有脾气、会动怒的人，只是他把怒火转换成超强的忍耐力：如果骂声来自他喜欢的人如芬乃伦，他就默默承受；如果骂声只是有损他的威严，只是降低他诠释上帝话语的资格，他也会忍气吞声。但在这条痛苦的道路上出现了朱利约这么一个人，此人向他泼污水，说他是个不体面、不真诚的人，还污蔑他说谎、虚伪。他终于按捺不住地高呼起来，并向天主发出了令人感怀的请求，因为天主知道如何改变万事的流向，知道如何将人们的灵魂转向善的状态，天主也必然会这么去做：

> 哦，主啊，请您听我说；哦，主啊，有人把我当作诽谤者，让我接受您严厉的审判，他们说我把不信神明、亵渎宗教以及各种不可宽恕的错误都归咎于新教；他们说我不仅把所有这些罪行安到新教上面，还控告过一位牧师，强迫他对此认罪。哦，主啊，他们是当着您的面对我发起指控的……如果我说的是真相，如果我能证实，那些说我是诽谤者，说我不体面、不真诚、没思想并让我接受
> 192 您的审判的人，他们确实有渎神行为，他们才是真正的诽谤者，那么，请您当着他们的面为我辩护吧。请您让他们羞愧，让他们窘迫；不过，上帝啊，我恳求您，请让这种羞愧、这种窘迫有益于他们，能让他们从此走上悔过的道路，让他们得到救赎……[1]

所有不信神明的动向都会让他气得浑身颤抖；而所有持宗教自由思想者印制的书籍，他也都了如指掌。他不光会读格劳秀斯这位索齐尼派人士的书，他甚至还会到“波兰兄弟会丛书”（*Bibilotheca Fratrum Polonorum*）中

1 博絮埃：《告新教徒之二》（*Deuxième avert. aux Protestants*），1689年，拉夏出版，第15卷，第275页。——原注

找约翰·克雷尔（Jan Crell）的作品，找教理创始人索齐尼本人的作品，因为流毒的根源正是在这里……我们别以为他不知道关于南方大陆的讨论，别以为他不清楚由此而产生的对天主教教义的异议，异见者说，天主教教义并非放诸四海而皆准，因为世上有一个大陆，在那里生活的人从来就没有听说过基督：他对这些全都心中有数。他高呼道："去吧，去拿这个南方大陆的例子，跟圣徒保罗说理去吧，跟耶稣基督本人说理去吧，去和他们争一争，看到底是你们对，还是全世界宣扬的教理对！"

同样，他对那些让人难堪的中国人也很有了解，他甚至参与了外方传教会对耶稣会教士的密谋，他们想逼迫耶稣会教士承认，中国的礼仪都是偶像崇拜的行为。正是在他的府上，人们做出决定，印制那本《巴黎外方传教会会士就中国人的偶像崇拜和迷信问题呈教皇的书简》（*Lettre au Pape sur les idolâtries et les superstitions chinoises*），然后将书呈给法国国王，由法国国王出面干预，对教会高层人士施加影响；某些传教士还会到主教府向他讲述北京那里的风土人情："罗莎莉教区领衔主教梁弘仁先生[1]今天来访，整个早上和午后，他都和莫城主教先生谈论这个国家的事情，谈论该国人民的风俗和特性……"竟然敢想出中国教会这种事，这是多么渎神的行为啊！他愤怒了："不守教条，没有上帝的许诺，孤立无援，又不行圣事，找不到任何神留下的见证，这样的教会算什么怪教会？那里的人不知道该崇敬什么，该向谁献祭，他们崇敬、献祭的对象，只有天与地，只有他们的守护神，比如说山神、河神什么的，说到底，他们的信仰只是一堆乱七八糟的大杂烩，混合着无神论理念、政治信仰和非宗教信仰，他们还把偶像崇拜、法术、占卜、巫术全掺和了进去！……"

对年代学家和他们的工作，他也有深入的了解。熟悉他的人要是在他书 193
房里看到约翰·马沙姆的《古埃及大事年表》（*Chronicus Canon Ægyptiacus*），

1　领衔主教（évêque titulaire）指罗马教廷任命的、针对非天主教区域的、无实际教区的主教。梁弘仁（Artus de Lionne，1655—1713），天主教土耳其罗莎莉教区领衔主教，先后在暹罗和中国任传教士。——译注

是不会感到任何惊奇的。让·勒克莱尔曾指责莫城主教先生，说他从马沙姆那里借用了很多东西，却从不曾公开说明过。实际情况是，在1681年出版的《世界史叙说》这本书里，他记录下了圣经所载历史与异教人士所述历史的各种不符之处，以及这种差异给其同时代人带来的震动；由于他支持传统的观念，他觉得有必要专门就此向王储做一番解释。其实这本大事年表用起来并不方便，真的不方便！圣经向我们讲述了尼布甲尼撒如何劫掠耶路撒冷和东方各地，让巴比伦城变得富庶繁华；在他身后巴比伦帝国如何不容米底王国崛起并向其开战；米底人如何请波斯王冈比西斯之子居鲁士为统帅；居鲁士如何击溃强大的巴比伦，又如何将当时还默默无闻的波斯王国与获胜后国力骤升的米底王国并为一体；于是，居鲁士成了统治整个东方的、喜好和平的大帝，他建立起了当时世界上最大的帝国。但异教的历史学家比如说查士丁（Marcus Junianus Justinus）、西西里的狄奥多罗斯（Diodore de Sicile），以及大部分作品流传到今天的希腊语、拉丁语作者，他们都没有说过这些。他们根本不了解巴比伦王国时代的君王；他们在谈各个王朝更迭的历史时，竟然会把这些君王给忽略掉；某些著名的君王，在他们的作品中我们几乎找不到只言片语，比如说提格拉特帕拉沙尔、沙尔马那塞尔、辛那赫瑞布[1]、尼布甲尼撒，以及诸多在圣经和东方史记中赫赫有名的国王。

王储大人啊，这些异教的历史学家，您可不要去信他们的话。不少希腊的史书已经失传，或许这些书恰恰能印证圣经向我们讲述的历史。虽然罗马人照搬照套希腊人写的东西，但希腊人很晚才使用文字；他们更喜欢在叙事中展现滔滔不绝的口才，却很少真正对研究感兴趣，为了让希腊的历史显得丰富生动，他们会参考某些含混不清的传说故事，自己造出古代的历史事件来。您不要去信他们的话；您要信的是圣经，圣经与东方的历史联系更紧

1 提格拉特帕拉沙尔三世（Teglathphalasar III，？—前727年），亚述国王（公元前745—前727年在位），巴比伦国王（公元前729—前727年在位）；沙尔马那塞尔三世（Salmanasar III），亚述国王（公元前858—前824年在位）；辛那赫瑞布（Sennacherib），亚述国王（公元前704—前681年在位）。——译注

密，因此可靠性更高——即便我们不知道圣经是在神启下写成的作品……[1] 194

不过，直到1700年，他的《世界史叙说》出第三版的时候，人们才更清晰地看出，他思虑的重点究竟在什么地方。佩兹隆神父于1687年著成《修正的古代史》（*L'antiquité des temps rétablie*），马蒂奈（Martinay）神父于1689年、勒基安（Lequien）神父于1690年先后就此书写文回应：他们陈述的种种史料、阐述的种种思想，都被博絮埃收进了自己的新版作品中。博絮埃和那些年代学家一样，深受埃及人、亚述人以及中国人的困扰，这几个民族声称自己的历史极为悠久，完全突破了圣经里的年代范围。他的立场和佩兹隆神父一致，为了摆脱困境，他提出，要求助于七十子希腊文本的圣经，这样就可以多出五个世纪，给这些让人烦恼的民族留下余地；但他同样遇到了佩兹隆神父面临过的问题，两个版本的圣经对某些具体年代的交代并不一致，他被迫要在两个版本中做出取舍。或许他有生以来还从未碰到过比这更残酷的两难局面。

他更真实的形象渐渐显露了出来；他并不是一位四平八稳的教堂设计师，只专心设计某座完全符合路易十四风格的华丽大教堂；他更像是一个时刻奔波、事务繁忙、急事不断的工人，每天教堂的外墙都会出现裂痕，而且情况一天比一天严重，于是他要日复一日地进行修补。他观察敏锐，看问题能直入本质：他知道，那些不信神明的人，他们影响范围很广，势力强大，诡计多端，他们的努力足以毁掉隶属于上帝的教会的根基。

这个否认神迹的斯宾诺莎，他想让上帝受自然法的约束。啊！他说的这个实体上帝，这个只剩下虚无缥缈的影子的上帝，千万不要蛊惑了人们的思想！在摩西笔下，上帝的威严大不相同："他可以按他的心愿去建规矩、破规矩；他为自然制定了法则，但只要他愿意，就可以推翻这些法则……当大部分世人将他遗忘、他要让世人重新认识他的时候，他就会显现出一些令

1 《世界史叙说》，1681年，第41页及以下。——原注

人惊叹的神迹，并迫使自然脱离其最稳定不变的法则，由此他继续向世人昭示，他是自然的绝对主宰，他的意愿是维系世间秩序的唯一纽带……”比如
195 说创世：“上帝以自己的话语创造世界，这证明没有什么事能难得倒他；他先后说了几句话之后便创造了世间万物，他让人们看到，他的物质、他的行为、他做的所有事，都是以他自身为主宰，他的一举一动只依靠自己的意愿为准则，而他的意愿始终是公正无误的……”再比如说大洪水：“为了不让世人以为，这世界是自生自灭的，过去怎么样将来还自然会怎么样，造就了一切的上帝、维系万物存在的上帝，他要用洪水将所有的动物和所有的人都淹没，也就是说，他要将他亲手创造的作品中最好的一部分给摧毁掉。”[1]博絮埃能设想到，《伦理学》里的那个上帝会在基督徒心中掀起多大波澜；那个上帝是会让他们恐惧万分的。

马勒伯朗士也同样让他深感不安，因为他能看出，此人的哲学从本质上说也同样反映着这种思想。1683年9月1日，在玛丽-特蕾兹王后[2]的葬礼演说中，他高声疾呼道：“这些哲学家，他们用自己的想法去揣度上帝的意图，认为上帝只定下了某种泛泛的秩序，剩下的就靠万物自身尽其所能自行发展了，我真是鄙视他们啊！他们竟以为，上帝和我们一样，看问题只是泛泛的、模糊不清的，他们竟以为，上帝那至高无上的智慧会忽略各种特定的、具体的事物，毕竟这些才是真正存在的事物啊！”马勒伯朗士神父是个谦逊的人，他的出发点也是单纯的，对此博絮埃完全认同，但他同样清楚，马勒伯朗士的弟子会在宣扬这些学说时，一路走向异端。马勒伯朗士的作品充斥着各种让人厌烦的、晦涩难懂的话，读者如果能参透这些话，就会发现，他的哲学里包含着一种排斥超自然现象的世界观；这种世界观，这种对世界的解释，本身是建立在一套存在“可怕弊端”的方法上的。以下这段话选自博絮埃的作品，博絮埃想通过这段话说明，他对马勒伯朗士的思想看得最透

1 《世界史叙说》，第二卷。——原注

2 玛丽-特蕾兹王后（Marie-Thérèse d'Autriche，1638—1683），又称奥地利的玛丽-特蕾兹，生于马德里，西班牙、葡萄牙公主，奥地利大公主，路易十四的王后。——译注

彻，对马勒伯朗士的理解也最接近其本人的真实面貌：

> 这些被曲解的原则具有一种可怕的弊端，一种会不知不觉影响人们思想的弊端。因为假如有人想拿“只有弄清楚了的东西才可以去接受”这句话当借口——当然，局限在某些范围内，这句话是千真万确的——，那他就会认为，每个人都可以随意表达自己的态度，“我弄清楚了这个，我没有弄清楚那个”；假如单凭这样的逻辑为依据，那人们就会想认同什么就认同什么，想排斥什么就排斥什么，而根本不会考虑，除了自己觉得清晰、明确的思想外，世上还有一些自己无法弄清的思想，还有一些被其他人普遍接受的思想，这些思想未必就不包含极为重要的真理，可人们轻而易举地否 196
> 定了它们，并同时颠覆了它们。有了这样的借口，便出现了一种自由评判的权利，人们会完全不顾传统的说法，就鲁莽地把自己的意见表达出来……[1]

不过，马勒伯朗士是继承了谁的衣钵呢？笛卡尔。博絮埃身处在一个浸淫于笛卡尔学说的世纪，从某种程度上说他本人也是个笛卡尔主义者，所以，他要对笛卡尔的思想进行思考分析，鉴别区分，从而坚守自己的立场。在笛卡尔的思想中，至少同时涵盖三个层面的内容。首先，有一些可以用来反对无神论者和持宗教自由思想者的有用理据；其次是一些物理学的理论，这些内容人们可以学习也可以置之不理，毕竟它们与宗教问题毫无关联，因此本身也就不那么重要；但最后还有一条威胁到人们信仰的原则：

> 我看到……一场以笛卡尔哲学为名义的反教会斗争正在酝酿中。我看到，笛卡尔哲学及其原则在被曲解后，滋生出多种异端；

1 写给马勒伯朗士某位学生的信，1687年5月21日。——原注

> 我还仿佛看到，这些异端在反对我们先辈传下来的学说、教义后，会让人们逐渐憎恶教会，教会希望在哲学家的思想中树立起神的概念、灵魂不朽的概念，但这些异端会让教会的努力前功尽弃。[1]

让我们再往远里看吧：会不会有某种观念，起先只是在笛卡尔的哲学中被阐述，但随后就不断壮大了呢？会不会出现某种更广泛、更深入生活、无所不包的理念？这样的观念，这样的理念，会不会造成人们普遍拒绝服从权威，难以遏制地期待批判，会不会成为“我们这个时代的顽疾和邪诱”[2]？人们经历了在上帝面前卑躬屈膝的时代，对国王俯首听命的时代，现在来到了一个“思想放纵无度”的时代。以下这段话选自博絮埃的一篇演说，博絮埃用自己的口才烘托出他所发现的真相；在这段庄重的讲话中，作为演说家的博絮埃描述了一种逐步占据人心的理念，这一理念力图主导人们的思想，也让他本人深感恐惧：

> 他们把理性当作指导，但他们心中的理性只不过是一些臆想
> 197 和困惑；真理让他们觉得高不可攀，但他们因为否定宗教陷入了更不可靠的荒谬境地，他们因为不肯信自己无法理解的、弄不清缘由的神迹，于是一而再，再而三地犯下各种让人不可理解的错误。说到底，先生们，他们这种不信神明的可悲行为究竟算什么呢？如果这不是一种无休无止的谬误，如果这不是一种事事都敢冒险的莽撞举动，如果这不是一种自讨苦吃的心智迷乱现象，总之一句话，如果这不是一种有药不用——换句话说就是受不了合法权威的制约——的傲慢病，还能是什么呢？别以为只有放纵无度的感官享受能诱惑人，思想上的放纵无度同样是迷人的；思想的放纵和感官的

1 写给马勒伯朗士某位学生的信，1687年5月21日，以及写给于埃的信，1689年5月18日。——原注

2 博絮埃写给朗塞的信，1692年3月17日。“错误的批判成了我们这个时代的顽疾和邪诱……”——原注

> 放纵一样，都有些不可告人的乐趣，越是受到压制，越是被禁止，爆发出来的能量就越大。人要是受了这种傲慢的控制，他就会以为自己能俯视一切，也能俯视自己，当他俯视世间时，他会觉得，他曾经长久敬畏的宗教也低入尘埃；他觉得自己已经大彻大悟；他在心中暗自咒骂那些思想浅薄的人，这些人只会效仿他人，自己什么也发现不了；渐渐地，他所顺从的对象只剩下了他自己，于是他就把自己变成了自己的上帝。[1]

事情从此全乱了套；平衡被打破，标准也不再有用，因为人们再也不服从权威了；即便是最虔诚、最博学的人，也会热衷于干一些稀奇古怪的荒唐事，再没有什么事能让人觉得可靠，人们的所有知识都不再有效。人们不是还肆无忌惮地出版、鼓吹某个西班牙修女写的书吗？这个叫玛丽娅（Marie de Jésus）的阿格雷达修道院院长被人们说得无比神秘，但她实际上只是个疯子。甚至连博絮埃喜欢的芬乃伦，也会犯下可怕的谬误……有人试图为剧场辩护；他们绞尽脑汁地说明，教会对舞台上的宗教自由思想是宽容大度的；他们扭曲圣师作品的本意，硬说圣师的见解与他们的想法相符；他们竟然还敢援引圣经的文字为依据，说圣经也用过一些表达情欲的语句，他们还说，假如任何可能引发不当后果的事物都要被禁，那么也该禁止人们阅读拉丁文版本的圣经，因为尽管书本身没有过错，但它毕竟是所有异端的源头。请问各位，这么愚蠢的话、这么渎神的话会出自谁人之口？它出自一个修士之口，一个叫卡法罗（François Caffaro）的神父！——人们从一个极端又跳到另一个极端；有人会以效忠国王为借口，表达出一些与教皇旨意相左的意见，但只要这样的事一发生，整个法国天主教会就会上上下下惊动起来，大有与罗马教廷分立之势，毕竟博絮埃不可能每次都及时出面，理顺头绪， 198

1 《安娜·德·贡扎格的葬礼演说》（*Oraison funèbre d'Anne de Gonzague*），拉夏出版，第12卷，第552页。——原注

“将恺撒的归恺撒，将上帝的归上帝”。警报持续不断，博絮埃总是刚防卫好一处险地，又要赶往另一处险地；甚至他还需要同时镇守各处关隘！他要是能消失，他的敌人会有多高兴啊！时不时就会有流言传出，说莫城主教先生中风了。甚至有人信誓旦旦地说，西蒙先生已经下了断言：就任他这样死去吧，他已经活不了多久了。但莫城主教先生一直在坚守他的岗位。

或许正是因为这样的处境——他生活在一种高度警惕的状态中，生活在一种不惜余力投入工作的状态中——，他才会用一种粗暴的口气，来诅咒这蒙骗世人、迷惑世人的世界里的各种东西：一方面是肉体的欲念，这会将我们引向堕落；另一方面还有眼的欲念、心的欲念。在他的严苛面前，任何事物都再也无法得到宽宥，不论是求知的欲望、实验的欲望，还是对历史或科学——只要这科学促生出傲慢的原罪——的兴趣，甚至连追求荣耀、英雄主义情怀也不例外。他厌恶世人犯下的无数谬误，这也让他渐渐失去了人性。因此，他带着一颗需要被安慰的心，开始走上追求神性的道路。他又拿起了《福音书》，但这次不是为了讨论书中的内容，而是要翻开其中最美的书页，以最虔诚的态度冥思，从而感受信仰的美好，感受爱的美好：“我的灵魂啊，再读一遍吧，再读一遍这美好的爱的训言……”他翻过了一座又一座高山，最终进入了天国之境。他升华到一个无上的境界，在这里，祷告的经文与美妙的诗句融为一体，在这里，他的言语只表达出一种思想，这种思想就是他对永恒的真理、永恒的美的无限追求。

第五章　莱布尼茨和教会联盟的失败

“他是个高高瘦瘦的人，面色苍白；摊开布满纹路的手掌，手指显得格外细长；他的眼睛从不会放出炯炯有神的光芒，这让他的形象难以具有让人望而生畏的力量；他走路时头总是低垂的，他很不喜欢剧烈的运动；他爱闻芬芳的香味，这对他来说有实实在在的提神醒脑的效果。他不太热衷于和人交谈，而更愿意独自冥思、安静地读书；但假如有人和他搭话，他也会饶有趣味地接着话题聊下去。他爱在夜深人静的时候工作。凡是过去的事情，他都很少挂念；对他来说，更值得关注的是现时现刻的小新闻，而不是年代久远的大事件。因此，他会不断地写些新鲜的东西，但写到一半就会停笔；第二天他就会忘了自己写的这些东西，即便记起来了也懒得去续写旧篇……”[1]

这就是莱布尼茨。在他这位通才的心中，蕴藏着多么强烈的求知欲啊！求知是他的最大爱好。他期待掌握世间的一切知识，认识世间的一切事物，并要为此一直走到现实世界的尽头，再越过现实世界进入想象中的虚拟世界。他说过这样的话：假如有两个人都没听别人讲述过任何真理，那么，在这两个人当中，谁见过的动植物图更多，谁看过的机器构造图更多，谁研究过更多的住房和城堡的图纸、说明，谁读过更多构思精巧的小说，谁听过更

1　让·巴鲁齐：《莱布尼茨（基督教思想）》（Jean Baruzi, *Loibniz*［*La pensée chrétienne*］），第10—12页。——原注

多新奇的故事，那么，这个人就比另一个人知识更丰富……他什么学问都研究过：他先是学习了拉丁语、希腊语、修辞学和诗歌；他的各位老师都叹服于他那难以满足的求知欲，但也担心他会不会终生局限在这几门基础学问
200 中；可恰恰就是在这个时候，他跳了出来，进入了新的领域。他从经院哲学、神学一路钻研到数学，并在后来完成了一些天才的数学研究成果；接着他又从数学转到了法学。他还对炼金术产生过兴趣，他着迷于罕见的事物、神秘的事物，这些事物或许会通过凡人难以参透的方式，揭示出世间各种现象的本质。偶然看到的每本书，偶然遇见的每个人，都会激起他了解学习的兴致。“像被钉子钉住一样”安守着某个特定的场所，安守着某个特定的学科、某类单一的科学，这是他完全无法忍受的事。选个专一的职业，比如说当律师或者从事教学工作，按部就班地每天到同一个时间就干同一件事——这可不行！他开始了自己的远游，先是游览德国的各座城市，接着又去了法国、英国、荷兰、意大利，他参观博物馆，接触学术团体，通过无数见闻和交流来丰富自己的思想，让自己的生活能持续不断地补充新的养分。他曾做过图书馆管理员，他可以借此倾听人类历史上种种思想的声音；他当过史官，这可以让他充分领略过去和现在的种种面貌；他还承担过撰写国际信函的任务，当过多位王侯的顾问；他就像一本百科全书那样，时时刻刻都会有人向他询问、向他求教。不过，他生命的真正意义，是代表了世上一种永不枯竭的活力，因为他从未停止过对新知识的追求，任何新的事件、新的见解、新的思想、人类的新发展，他都会及时掌握。

他的思想始终处在工作不停的状态，时时刻刻都有新的知识融进来，与之前的混为一体，随着时间的推移，他的思想终于转化出各种实用的发明，各种哲学体系，甚或是崇高的梦想。最终，他掌握了所有科学和所有艺术，除此之外，还有他为了构建自己理想殿堂而储备的无数基础材料；就像人们所说的那样，他同时是“数学家、物理学家、心理学家、逻辑学家、形而上学家、历史学家、法学家、语文学家、外交家、神学家、道德学家”；他的非凡成就恐怕换作任何一个其他的凡人都难以企及，但最让他感兴趣的，是

事物的多元——“*utique enim delectat nos varietas*”（的确，多元是让我们兴致盎然的一种现象）。

“*Utique delectat nos varietas, sed reducta in unitatem.*”（我们当然喜欢多元，但这应该是能归为一体的多元。）归为一体：的确，这就是莱布尼茨的第二个乐趣，他并不太喜欢对立，而更偏爱和谐，他对那些细微的渐变过程非常重视，如光如何转化为影，零如何发展到无限大。他想促成学者间的 201
联合：假如不是因为研究科学的人总是各干各的，那为什么科学的发展会如此之慢呢？但愿每个国家都能建起学士院，国与国之间的学士院又能建立起畅通的交流渠道，这样的话，用不了多久，这些思想的运河就会聚满各种新知识的水流，将大地灌溉成美丽的良田。除此之外，莱布尼茨还想创一种世界通用的语言！确实，这个世界充满了误解和纷争，总会让人心痛不已。藩篱无所不在，迫切的需求得不到回应，对真理的热情探索最终注定要跌落尘埃、重归虚无：这种乱象已经持续了好多个世纪了。这种种障碍唯一的目的就是要压制理性，难道我们就不能多少移除掉其中的一部分吗？作为初步的尝试，人们能不能在词语的释义上达成一致呢？人们或许可以创造出一种所有人通用的语言，这样的语言不仅有利于国际关系，而且由于其本身自然会具有清晰、准确、灵活、丰富的特征，于是它必然能成为一种富含理性、人类共通的表达工具。就像数学家以代数为工具那样，人们也可以将这种语言用在各种思想活动中；只不过与代数相比它是一种更为具体的工具，每个词一出现，这个词与其相关联词语的各种关系就会立即呈现在人们面前。这样的话，人们就拥有了一种具备普世特征的工具，它也会是在人类思想领域出现过的最为精巧的工具。

德国的分裂、欧洲的分裂让莱布尼茨深感痛心，他想让德国和欧洲重归和平，哪怕把纷飞的战火引向东方也在所不惜。如果我们探究他内心更深处的思想，我们也会发现与此类似的追求。微积分是他在数学领域的伟大发现，这是把不连续性的问题转变为连续性的问题；他的伟大的心理学法则是一种以连续律为主旨的规则：一种清晰的观念来自于很多不清晰的知觉，经过一系列我们意识不到的演变阶段，这些知觉会逐渐把我们引向“生命力”[1]的初次振动。和谐是形而上学的至高真理。那些看起来无法再进一步归约的多元事物最终会和谐地融合在一起，它们组成了一个整体，这个整体中的每一部分都会按照神的安排找到自己的位置。世界其实是一支成员无限
202 的合唱班；个体误以为自己能独唱专属他个人的歌曲，但实际上他唱的只是巨幅乐谱中属于他的那一小部分，这乐谱里每个音符的设计，都是要让所有声音相应相和，让各种声音组合成一个整体，形成一首无比完美的协奏曲，甚至比柏拉图所设想的“宇宙和谐”还要完美。[2]

这里让我们来重读一遍埃米尔·布特鲁（Émile Boutroux）写下的精彩文字，他道明了莱布尼茨这样的思想在甫一面世时会遇到怎样的争议。——“那个时代想完成这样的任务，处境和古人已经完全不同。他要面对的，即便不能说是古人从未见识过的真正意义上的矛盾现象，也是在基督教教义和现代思想中发展起来的各种冲突，是各种立场迥异的对立现象。一般与特殊，可能与现实，逻辑与形而上学，数学与物理，机械论与宿命论，物质与精神，经验与本能，普遍联系与个体的自发行为，因果链与人的自由意志，天主的安排与世间的罪恶，哲学与宗教，所有这些对立的组合，对立双方的共同要素都经过了人们的分析，它们的对立点已经被人看得越来越透彻，现在，它们已经分化到近乎无法再调和的地步了，如果谁想获得明确的观点、想得出结论，那就只能两者选一，也就是说，在选择其中一方的同时完全排除另一方。在这样的处境下，还想延续亚里士多德的未竟事业，去重新寻找事物的统一与和谐——常人对这样的事已经放弃了探究，甚至放弃接受其可

1 生命力（effort vital，又称活力）的思想源于亚里士多德，这是一种生物学上的理论。莱布尼茨的观点是，动物与植物是复杂的机器，有机体雏形已经在种子内完全完成，种子内有一种能预先决定胚胎的发育模式以及生长速度的生命力，这种神秘的生命力就是胚胎发育的内因。此后，德国自然哲学家沃尔夫将生命力论与他的自然目的论融合在一起，生命力论逐渐成为18世纪生物学领域中的一种主流假说。——译注

2 我们将在本书第四卷第五章中重谈这种哲学思想。——原注

能性，但莱布尼茨就想要实现这样的目标。”[1]

在当时那个时代，各派思想怒气冲冲，以前所未有之势展开激烈的冲突对立，但莱布尼茨表现出大胆、平静而令人钦佩的智慧，他以更高远的角度看待问题，并认为，如果在选择某种观点的同时一定要排斥其反面观点，那这并不意味着被选择的观点有多么强大，反倒证明它存在弱点，不够包容。莱布尼茨的思想能获得成功吗？他从思辨转向实践，回到现实中来，因为宗教思想的分裂，与他同时代的人心灵上都遭遇了创伤，他想以和解为药
方，来抚平这一道道伤口。此时，只会有两个结果等着他，要么他能够得偿 203
所愿，要么他只会进一步加深人们的观念——本已存在的分裂局面是无法修复的。用传统的信仰为基督教思想找一条拯救之路，这样的任务即便交给天才，是不是就能够顺利完成呢？

只要看一看欧洲的现状，就会被它醒目的裂痕所震动：宗教改革以来，欧洲在精神上的一体性逐渐开始瓦解。欧洲人民分化成对立的两派。战争、迫害、激烈的争论、无情的咒骂，变成了既是弟兄也是仇敌的欧洲各国人民日常生活的内容。谁要是想实现和谐之梦，第一要务就是把这愈演愈烈的暴力病给治好。实际上，自1660年起，天主教徒与新教徒之间的冲突就开始激化了：这样的冲突究竟会演化到哪一步呢？如果听凭其发展下去，那宗教就要毁了，不论是哪种宗教全都要毁了；因为持宗教自由思想者、自然神论者甚至还有无神论者，他们日复一日针对信仰发起了越来越大胆的挑战，而他们的对手势力分化，难于应战。假如情况发生变化，新教徒与天主教徒能变得互相包容，那么，和解后的基督徒同盟将会迸发出一种不可战胜的力量，这种力量足以应对渎神者的挑战，足以拯救上帝的教会。

为了实现和解大业，莱布尼茨投入了他全部的能量。他知道两派都有哪些主张；双方用来争斗的书，他长期保持关注；他很清楚，总的来说，这些

1 《单子论前言》（*Préface à la Monadologie*），1881年。——原注

书都没有任何可取之处。他认识各界的很多人士。他可不是初来乍到的新面孔，他的各种研究成果为他提供了有力的证明，他在欧洲思想界已经享有一定的声誉：欧洲各国的一流学者都对他非常认可。他是路德宗信徒，但他曾说过一句令人钦佩的话，这句话透露的志向完全不亚于他对和解与同盟的向往，他说，他不想“去在意任何营造区分的东西……”至于通过什么方法实现和解，对他来说也不是难事，只要顺本性思考，他就能找到答案：他要表明，分歧并非最主要的问题，只要侧重看相似点，就会发现，两派的相近之处实在太多，甚至可以说两派并没有什么不同；以此为基础，他要整合出一种普遍适用的信仰形式，这样的信仰形式会是最简单的，但也是最深刻的。

在他游历巴黎的时候，他把自己改编的祷文《我们在天上的父》（*Pater*
204 *noster*）介绍给冉森派教士阿尔诺，他认为，这篇祷文是所有人都可以接受的：“哦上帝啊，你是独一无二的、永恒的、全能的，你是唯一的真神，是全权之神；我是你微不足道的受造物，我信仰你，相信你，我对你的爱胜过一切，我向你祈祷，我赞美你，我感激你，我把自己交付给你。请你赦免我的原罪，请你按照你此刻的意愿，给予我也给予所有人对我们当下有益的东西，以及对我们永远有益的东西；请让我们远离凶恶。阿门。”但阿尔诺否定了这篇祷文，因为祷文中没有出现耶稣基督的名字。其实他的那套方案总免不了遭到别人的反对，想完成他设定的任务，可并不是那么轻而易举的事；但至少他还是愿意一再尝试。如果他成功了，他就凭自己的努力实现了和谐，构建了普世的法则。如果他失败了——那责任也不在他，原因出在那些顽固的人、盲目的人身上；就让这些人继续搞分裂吧，就让他们把局面弄得不可收拾吧，最终他们会将欧洲的宗教信仰彻底毁灭。

他最初的尝试进展缓慢，历时多年。1667年，莱布尼茨到某个炼金术团体内任职，接着他在纽伦堡遇到了一位精通此道的人，此人叫博因堡男爵（Baron de Boinebourg），他是位改宗的新教徒，按照当时人们的说法，他把自己最好的时光都用在了“促成教会和解的谈判”上。博因堡男爵把他带到法兰克福，随后又将他引荐到美因茨选帝侯的宫内，在美因茨，宗教上的论战当时正如火如荼。1676年，莱布尼茨离开之前所在的巴黎返乡，然后他接受了在汉诺威为布伦瑞克－卡伦堡公爵约翰·弗雷德里希（Jean-Frédéric, duc de Brunswick-Calenberg）做图书馆管理员的邀请；约翰·弗雷德里希是位天主教徒，但他在自己的新教子民当中深孚众望，莱布尼茨看出，罗马教廷想通过此人来改变北德的宗教信仰。于是，莱布尼茨尝试过的行动就此开始加速，在汉诺威这个舞台上，各方面人士都在忙碌：这当中有公爵的继任者恩斯特－奥古斯特（Ernest-Auguste de Hanovre）；还有斯皮诺拉主教（Cristoval Royas de Spinola），作为神圣罗马帝国皇帝的宠信，他在维也纳、全德各个公国和罗马之间来回奔走，牵线搭桥，力图促成宗教联盟的实现。1683年，斯皮诺拉草拟出联盟的基本原则——《基督教各教会重组规范》（*Regulae circa christianorum omnium ecclesiasticam reunionem*）。两派的一些神学家聚在一起，开会讨论，在会上，汉诺威洛克姆修道院（Lockum）院长莫拉吕斯（Molanus）——此人心胸宽广、视野开阔——提出了一种方法，这种方法看起来可以最终促成众人长久期待的宗教和解：《罗马教廷与新教徒联盟的简要方法》（*Methodus reducendae unionis ecclesiasticae inter Romanenses et Protestantes*）。

不过，莱布尼茨比所有人都走得更远。法国正在酝酿废止《南特敕 205
令》，随后又将其付诸实践，但莱尼布茨对暂时的暴力并不关注，他坚信和谐精神才是真理，才是生活；他深入思考，以极为庄重的口吻、极为优美的文字，写出了一篇被称作《神学思想体系》（*Systema theologicum*）的信仰告白书：先诚挚地向神长时间祷告，祈求神的帮助，然后，尽可能地将所有宗派观念搁置在一边；我把自己当作是从另一个世界来的人，是一个新的信徒，一个不属于任何教派的信徒，一个没有任何约束的信徒，我以这样的态度去反思宗教上的纷争；在经过深思熟虑后，我得出了以下的结论：我认为这些结论是应该得到广泛接受的，因为我觉得，只要一个人不抱成见，那么，无论是圣经，还是古代的权威宗教传统，或是正当有益的理性，又或是事实的可靠见证，都会给他带来启示，都会促使他形成一种信念，相信这些结论……

他说的究竟是什么信念呢？他不仅分析过教义，反思过上帝存在的问题、创世造人的问题、原罪的问题、宗教奥秘[1]的问题，而且还研究了在实践中争议最多的问题，如三愿[2]问题、宗教作品问题、宗教仪式问题、圣像问题、对圣人的崇拜问题；他确信，无论是什么问题，都不能阻止天主教徒和新教徒接近、联盟，双方只要各自在一些明显有争议的问题做出让步，就能够重建信仰的统一体。在以下这段文字中，他谈到了罗马教廷的戒规，但他的同门、他的路德宗弟兄对这些是深感不屑的，甚至是一听就会动怒的：

> 我承认，所有的修会、兄弟会、宗教团体协会，以及其他各种此类机构，对它们我都是敬仰有加的。只要能不腐化、不滥用权力，只要能遵循初创的精神、恪守创立者定下的规章，只要能受教皇之命为普世教会服务，它们就如同是战斗在大地的天国部队。

下面这段话则更说明问题：

> 悠扬的乐曲，柔美的人声，充满诗意的赞歌，滔滔不绝的祝圣演说，耀目的灯火，芬芳的香气，华贵的衣装，镶满宝石的花瓶，价值不菲的祭礼，让人心生崇敬的雕塑和圣像，构思精妙的建
> 206 筑，组合奇巧的风景画，仪式上庄严的队列，街道两旁的艳丽帷帘，浑厚的钟声，总之，虔诚之人喜欢大事铺张地弄出这种种礼仪程序，我认为，这套东西上帝是不会看不上的，如今有些人对上帝简简单单应付一下了事，那才是不应该的；此外，这种种礼仪程序

1 指三位一体、道成肉身、救赎这三大奥秘。——译注
2 指进修道院时所发的贫修、贞洁、从顺三愿。——译注

也是有理性和事实两方面依据的……

1689年，为了自己史官的工作，也为了满足自己对万事万物的好奇心，莱布尼茨去了罗马，在这次旅行中，他还收到了委派他担任梵蒂冈图书馆馆长的邀请。在读了以上的文字后，对这样的事情，我们还有什么可惊讶的呢？人们是不是有理由相信，他其实是个内心充满天主教情怀的人，是个随时会改宗的新教徒？

博絮埃；必须要得到博絮埃的支持，才能让这样的尝试赢得成功："您就像是一位当世的圣徒保罗，您的成就不限于一省，也不限于一国：现在您的作品已被译成各国语言，其中包括欧洲的大部分语言，您还有一些新的信徒，他们会用您听都没听说过的语言，来出版您的成功杰作……"[1]

长久以来，博絮埃一直认为可以通过辩争讲理的方式迫使新教徒就范。1671年，他写出了《天主教教理阐述》(*Exposition de la doctrine catholique*)，通过这本书，他仿佛伸出了和解之手，张开了友谊的怀抱。就像莱布尼茨那样，他不想去在意任何营造区分的东西，而只看重有利于团结、有利于联盟的东西。他去除了天主教教理中多余累赘的部分，因为其中某些含混不清之处、某些极端之处也令他难于处理；他要说明，基本的信仰其实是能共通的；他以最通融的方式，解释了崇拜圣人的问题，解释了圣像、圣物、赦罪、圣事的问题，解释了因信称义的问题；他阐明了教会在口传教义上的立场，再次树立了教会的权威；他表示，真正的争议只有圣餐变体论[2]，而且这一争议也并非不可解决的难题：他的表态如此大度、如此热情，令整个新教世界深受感动。尽管一开始有人指责他的《天主教教理阐述》思想过于自由宽容，显得不像正统学说，但它还是得到了多位主教和教皇本人的认同，

1 珀斯公爵（Milord Perth）写给博絮埃的信，1685年11月12日。——原注

2 持有此观点的信徒相信，圣餐中的饼和酒会变成主耶稣真实的身体和血。——译注

207 最终这本书赢得了成功，它传遍整个欧洲，影响广泛："我们的教理经过这样的阐述后，产生了两种良好效果：首先，好几个有争议的问题就此消失不见，因为大家都承认，这些争议其实源自我们对自身信仰的错误解释；其次，尽管其他的不同意见还存在，但现在问题看起来没有以前那么严重了，所谓的宗教改革派起先根据自己的原则无限放大了这些差异，但现在即便从他们的原则去看，这些差异也丝毫无损信仰的根基……"

但博絮埃又确实对废止《南特敕令》一事进行了讴歌，因为这是符合他内心逻辑的；裂痕于是就此产生；1685年10月21日，他向聚集的朝臣宣讲了"*Compelle intrare*"（强迫他们来）一语的要义，从这一天起，新教徒只能将他归入对立阵营，甚至还要把他当作敌人。此外我们也知道，1688年《新教教会改易史》一书出版时，掀起了多大的波澜。各种反驳，各种评论，各种对评论的再评论，一直持续了好几个月、好几年；不论是哪种反馈，口气都不和善："我们不需要喝遍海里的水才知道海水的苦涩，也不需要把别人对我们的诽谤通通指出来，才感受得到他们对我们的反感有多深。"[1]

因此，莱布尼茨的使命尽管具有崇高的一面，但也不免同时显现出一种悲怆的色彩。《南特敕令》已然废止，竟然还想促成教会的联盟！原先，四面八方都有人怀此期盼；无论是瑞典还是英国，甚至连俄国也不例外，都有人试图将善良的人们召集到同一面旗帜下。可现在人们正各守自己的阵营、全力搏斗，又怎么会再去想和解的问题，甚至始终抱着和解的问题不放呢？可这就是莱布尼茨的梦想，他向博絮埃求援，请他来助自己一臂之力。

他们于是开始交换意见，尽管这不是你一言我一语的现场交流，但至少也是思想的沟通，意愿的沟通；尽管这不是面对面的讨论，但同样细致认真，仿佛他们正一起端坐在某个庄严肃穆的会场内，端坐于一座耶稣受难的十字架下。两人的磋商是艰难而漫长的，因此整个过程也相应地变得神秘
208 化，凭借几位知情人的暗中协助，这两个伟大的灵魂开始了一场令人叹惋神

1 《谈耶稣基督对教会许诺的第二封牧函》（*Seconde instruction pastorale sur les promesses de Jésus-Christ à son Eglise*），1701年，拉夏出版，第17卷，第239页。——原注

伤的辩论。

如果不考虑最早的那些尽礼数、建立联系的信件交流，那么，他们深入的、实质性的辩论要从1691年开始算起。在法国，一小部分宗教界的人士对汉诺威是抱有深深的期待和希望的：这其中有富凯[1]的老朋友佩利松（Paul Pellisson），他在富凯失势后一度被关进巴士底狱，由于他是从胡格诺派改宗的天主教徒，于是在被释放后他担任了"改宗事务管理局"的负责人，他带着一颗极度热切的心，想让自己从前的教会与罗马教廷成为盟友；此外还有汉诺威选帝侯夫人索菲娅（Sophie de Hanovre）的姐姐路易丝·奥兰迪娜（Louise Hollandine），她在放弃新教后隐居于蓬图瓦兹（Pontoise）附近的莫比松修道院；以及她的秘书德·布里农夫人（Mme de Brinon），这是个积极、热忱彰显上帝荣耀的人。谁知道呢？或许将来汉诺威选帝侯夫人也会改宗？或许选帝侯本人也会步其后尘？又或许在汉诺威这片土地上，看起来正在发芽的种子就要结出辉煌的硕果？各方互相释放出各种信号：莱布尼茨和佩利松开始通信，他们在信中交换观点，并在交流中学习如何保持远距离互敬互爱的关系；博絮埃也得到了消息，于是他便"加入了他们的计划"。

两人的较量就此开始。莱布尼茨寻找着和解的突破口，这要么是守卫人数不多的地方，要么是防御系统薄弱的地方，通过这样的突破口，就可以深入到要塞内部，比如说这条途径：人可以在信仰问题上犯错，但只要他不顽固，就未必是异端分子或分裂分子。假如新教徒能够接受，任何一次大公会议在救赎问题上的决策都是正确的，都指明了真理的方向；或者他们认为，特利腾大公会议让教会分离的局面最终得到认可，这次会议没有大公会议应有的普世特征[2]，这样的话，即便他们犯错了，也至少错得没有恶意。在

1　富凯（Nicolas Fouquet，1615—1680），路易十四时期的法国财政总管，1661年路易十四亲政后因贪污被免职。——译注

2　大公会议是传统基督教中有普遍代表意义的世界性主教会议，咨审表决重要教务和教理争端。该词的希腊语词原意为"普世全体"。——译注

上述两种情况下，新教徒既不是异端分子，也不是分裂分子，他们愿意服从未来某次具有普世特征的大公会议的决定，他们的思想一直是认同教会合一的……他的这番论证让人看到了多大的希望啊！如果博絮埃能认同支持，那么，在重建安宁的灵魂世界这条道路上，人们必将会迈出重要的一步！

推翻某次大公会议明确的立场，并彻底将这次会议视作无效——这可不是能让莫城主教轻易接受的事。“为了不被这些教会联盟的计划弄昏头脑，
209 就必须牢牢记住，罗马教廷尽管会根据时代的需要、形势的发展，对某些不重要的条文、对某些戒规做出让步，但它绝不会放弃任何明确的教理，更何况是特利腾大公会议上确定下来的教理……”在一定程度上满足路德宗的信徒，比如说领两种圣餐的问题[1]，这也就罢了，但在涉及权威的原则性问题上屈服，这就相当于撬动了教会的基石，这是绝对不可能的。于是，博絮埃以他惯用的激烈方式，也是毫无外交策略的方式，展开了反击：如果莱布尼茨先生真信天主教教义，如果他真能当众声明接受天主教教义里的本质主张，那事情不就再简单不过了吗？他改宗为天主教就可以了啊！

博絮埃弄错了，他还不太了解他的对手。在莱布尼茨本人与罗马教廷之间，有一片模糊的地带，有一条并不太清晰的界线，莱布尼茨是不会越过这片地带、这条界线的。他绝不会越界，因为这是一件属于个人意识范畴的事，任何外界的压力都无法施加影响；更重要的是，真正的问题并不在此。他的努力，并不是要让新教徒放弃自身的信仰，而是要实现联盟、实现合一；他本人是调停者，而不是变节者。但愿博絮埃能更好地理解他吧，但愿博絮埃能放弃这种匆忙行事、态度蛮横的方式吧，但愿博絮埃能明白和解与改宗之间的差别吧。“为了实现仁爱，为了实现对和平的爱，我们已经大踏步地向前迈进。现在我们离比达索亚河已经很近了，我们已经准备好，要

1 领两种圣餐指在圣体圣事上给信徒分发面饼和酒，但传统的天主教圣体圣事只分发面饼。——译注

在未来某一天登上会议岛[1]。我们特意避开了所有会让人误以为是争辩的讨论方式，也放下了所有人在谈自己派系时都常会有的倨傲姿态……冒犯他人的自豪感、自信满满的说话方式，每个人都免不了会有，但在同样有资本炫耀的人面前摆出这副模样，不但没有用，还会让对方心生不快……”他要再次强调的是，他向博絮埃提出的问题，其实是想说，有人认为特利腾大公会议并不具有普世的特征，但这其实是不带恶意的，假如这一点能得到认同，那么，是否可以回过头来再探讨这次会议的决议。莫城主教的回复过于匆忙；希望他能把问题再看一遍，就事论事地讨论问题，莱布尼茨会静待他的回音。

博絮埃开始认真对待这件事：尽管他终日事务繁忙，但他还是承诺，要
仔细地将发表过的文章、明确提出过的和解方案都研究一遍：“等我得闲，
我会以最坦率的态度，向您道明我的想法……”——“祝你们新年快乐，您 210
本人，以及所有认真探讨基督教联盟之路的人！”[2]经过认真投入的研究后，
他又说道：“我看了你们的设想；尽管我不能同意其中的所有方案，但我能
很清楚地看出，如果莫拉吕斯院长所言能得到信任，如果他这类公正之士的
言论都能得到信任，那么，大部分的争议就会化解。我会很快写明我的想法
寄交给您……”

莱布尼茨也不只是被动消极地等待；他不断寻找着各种依据，来证明自己的方案是具有可行性的。他已经指出，法国人本身并没有把特利腾大公会议当成普世会议，现在他又喜出望外地发现了一个事实依据，一个他认为无可辩驳的先例。至少有一次——说实在话，并不止一次，还有其他几个类似的事例可循，但至少有一次的说法是没错的，而且这是个典型的事

1　比达索亚河（Bidassoa）是法国和西班牙的界河，会议岛（Ile de la Conférence）是河中的一个小岛，又称雉岛，它是1659年法西两国签订《比利牛斯和约》、确定边界的地方，也是欧洲王室用来相亲的地方。莱布尼茨以此做比喻，主要是强调“会议岛”名称中的“会议”一词。——译注

2　1692年1月17日的信。——原注

例——，罗马教廷推翻了大公会议上的决定。波希米亚的圣杯派[1]因领两种圣餐一事，不认同君士坦丁堡大公会议的权威性，教皇恩仁四世（Eugenius IV）并没有强迫他们屈服，在巴塞尔大公会议上，这一事件被重新审议，教会最终得出了新的决议。这个先例是很有说服力的，不知道博絮埃对此有何看法？从某种意义上说，今天的局面和当时的场景不是一模一样的吗？“先生，请您决断一下，看看是否德语世界里的大部分人不配获得波希米亚人当年曾受到过的善待……”

经过漫长的等待，正式的答复终于来了；答复是以论文的形式写成的，这是一篇逐字逐句分析莫拉吕斯《罗马教廷与新教徒联盟的简要方法》并最终得出自己结论的论文。博絮埃认为，莫拉吕斯提供的方法是不可接受的，这是一种搁置问题的方法，不谈原则就要让人答应和解；只有开宗明义的、在付诸行动前讲明原则的方法，才是唯一能被接受的方法。一开始就要达成事实上的和解，然后召集一次代表大会，以友好协商的方式解决教理问题，
211 最后再举行大公会议，对双方未能达成一致的地方做决议，这样的方法实在是错得离谱！当然应该先开大公会议，通过这次会议来接纳悔过的新教徒；在此之后才可以真正达成和解。如果顺序颠倒过来，那就相当于先在关键问题上让步了：新教徒想直接回归罗马教廷的怀抱，又不愿事先正式归附，这代表他们并没有承认自己的错，他们实际上是拒绝认同罗马教廷的权威；问题的核心就在于此。

至于莱布尼茨和他争辩的内容，其要点其实已经涵盖在对莫拉吕斯方法的分析中了。教会是不会犯错的；特利腾大公会议上的决定是永远有效的。说法国不承认其普世性，这是一种误解；因为法国所拒绝的内容只涉及会上的席次排列、法国在会上应享有的特权，以及对法国自主做法、习惯做法的

1 圣杯派，捷克胡斯派中的温和派。其名源于拉丁文“*calyx*”，意为“圣杯”。又称饼酒同领派、僧俗平等派。1416年在布拉格形成。因要求“给俗人圣杯”，用“圣杯”领圣血（酒）而得名。一面宣传忠于天主教会，一面主张以圣经为唯一信仰基础，认为信徒必须在圣餐礼上同领饼和酒才能得救。——译注

尊重，完全无关任何信仰方面的问题。举波希米亚圣杯派的例子，这又是误解：巴塞尔大公会议上重新审议圣餐的问题，这并不是要质疑君士坦丁堡大公会议的决议，而是要澄清其中的说法，以此来明确当时的决议。既然莱布尼茨着重询问，如果有人准备服从教会的决议，但他们认为，理应把某次大公会议视作非普世性会议，这样的话，他们是否该被看成异端分子；博絮埃也就对此着重回答："是的，这些人是异端分子；是的，这些人是冥顽不化之徒。"对于这样的回答，莱布尼茨说，这种论断简直是奇谈怪论，这等于是说，"昨天你既然信这个，那么今天你肯定还是信这个"，但他的争辩已经没有意义了；他再找其他的先例同样也没有意义了；他怎么做都不可能有说服力了。博絮埃在他身前竖起了一面高墙，一面其本人觉得没有丝毫缝隙的高墙；而且博絮埃认为，辩论到这里也就该结束了。

但辩论后来又重新开始了。与这场辩论有关的一些次要人物逐渐消失了，他们告别了人世；但莱布尼茨和博絮埃一直健在，希望尚存。1698年8月27日，莱布尼茨在洛克姆修道院写出了他的新计划——《促成新教与罗马天主教联盟的计划》（*Projet pour faciliter la réunion des protestants avec les catholiques romains*），并以一段感人至深的向上帝的祷文作为收篇；此后，他又开始了与博絮埃的通信。不过，大部分理据和原来并无区别——只有一个例外。他坚持要说明，人们认为教会从未改变过自己的意见，但这样的说法其实是不正确的，为此，他谈到了圣经内容真伪的问题。他发现，今天的
教会居然会把早年教会视作伪经的一些文字当成真实可信的；这样的话，口 212
传教义就肯定发生过变化……这乏味的、纠缠于细节的辩论一直延续到博絮埃临终前；交流的信件渐渐演化成冗长的论文，其中的一篇是由122节组成的。不过，莱布尼茨既然怀疑起圣经文字的真伪，那我们是不是应该说，他已经从和解之路走向别处了呢？

这是两位伟大的劳作者，即便会疲惫，即便有险阻，他们依然坚持不辍，他们各自遵循着自己的法则，一直工作到生命的尽头。莱布尼茨充分发

挥自己敏锐的洞察力、灵活的头脑和外交思维；他起先是抱着慎之又慎的态度的，正如他自己所言，辩论并不是争吵，并不是要著书立说，而是为了让双方的想法能被彼此了解，看双方能各自做出哪些努力。但渐渐他的头脑开始发热；他的身上开始出现一些反作用力，在这种力量下，他的善良和智慧显得无可奈何，他“钻起了牛角尖”，他指责博絮埃避重就轻、不谈正题，认为博絮埃是个愚弄他人的、可悲的家伙；他开始发起了牢骚。“这位主教天性就是个不妥协的强硬派；倒不如给他找一些世俗界的助手，和这些人讨论更有意义；宗教界的先生们看问题都有自己独特的观点，有各种先入为主的成见。”莱布尼茨一直主张妥协、和解；他有着过目不忘的天才记忆力，这让他总能想起一些可以为现实提供指导的先例；对于不协调、不相容的事物，他总会想出和解的突破口，总能把某个有争议的大问题化解成若干微乎其微的小问题，从而建立起和谐的途径。他的政治思维远胜过他的宗教意识；他认为，和谐事业本身是无比重要的，值得让人突破某些游戏规则。但在一个问题上，他的立场是坚定不移的，因为这个问题牵涉到其他所有问题：拒绝教条式权威，享有自由分析的权利。他本人的尝试失败了，这让他感到悲伤，甚至感到痛苦，但他依然克服重重阻碍，坚守自己的计划不肯放弃，在他看来，这个计划一旦实现，会为整个欧洲甚至整个人类带来无数裨益。但与此同时，我们还能从他身上感受到一种酸楚，以及一种抱怨他人的情绪，因为他在固执重复同一种思想时方式发生了变化：他起初认为，他采
213 取的行动，“可以免除分裂给基督教会带来的各种罪恶”；——后来他又说，“我们可以欣慰地认为，我们完全没有疏漏自己的职责，别人如果指责我们搞分裂，那就是不公正到了极点”；——最后他表示，是罗马教会“制造了分裂，教会合一的精神是建立在爱德上的，罗马教会违背了爱德”。

博絮埃表达感情则更为含蓄。他把莱布尼茨称作异端分子，说他是冥顽不化之徒，这样的评价伤害了莱布尼茨，莱布尼茨对此大有怨言，但博絮埃也深感苦恼，他说，莱布尼茨要求别人用明确的态度说话，如果不这么做，他自然会认为这个人说话拐弯抹角，避重就轻。他以一种单纯坦率的谦逊态

度，对莱布尼茨的指责做出了回应：“请您向我指出，您觉得我在哪个问题上的回答没有称您的心、如您的愿，我向您保证，我会对这些问题重新答复，让您完全满意，我在答复中一定不偏不倚，做到绝对公正。可悲的分裂势力让教会伤痕累累，我能和能力如此杰出、品格如此正派的人携手工作，尽可能去抚平教会的创伤，这是我前所未有的莫大乐事，所以请您相信我的善意。”莱布尼茨有了一个主意：由斯皮诺拉主教写一篇代表新教观点的文章，再由博絮埃写一篇代表天主教观点的文章。不过，这个主意对博絮埃来说是无法接受的。真理不可能是两面共存的。真理是唯一的、不可变的。真理也是永恒的。他坚守着一个信条，这个信条是他思想的源泉，是他心灵的法则，为他的行动和他的生活指明了方向：只忠于亘古长存的事物。

于是，博絮埃眼看着莱布尼茨的尝试如一片幻影般远去，当然他也从未
彻底迷恋过这片幻影；他有几分痛苦，但与莱布尼茨相比，他的痛苦要轻得
多，而且他没有丝毫的怨恨，也没有丝毫的酸楚。他的宗教意识远高过政治
意识。放弃和解，无非是拒绝让欧洲回到安宁的思想状态，但这种状态对欧
洲来说，已经不再那么重要了。相反，假如为了实现教会的联盟，就必须接
受天主教会是会犯错的观点，就要相信天主教会曾经错误地定过他人的罪、
曾经错误地排斥过他人，就要相信天主教会可以背弃前言，改变做法——这
样的话，天主教本身的原则就要被毁掉了。庇护权威的城堡只要出现一个缺
口，那么，所有的异端都会由这个缺口一拥而上；真理的圣殿也将因此被摧
毁。想到这两种局面后，他做出了选择：让那些搞教会分裂的人继续他们的 214
错误吧，这并不影响教会的长存，它就像一棵古老的参天大树，分裂只是让
它失去了一根枯死的枝条。

从此万事皆休；博絮埃已经进入晚年，变得老态龙钟。而那些本该支持他的人，也都弃他而去。但他有颗铁打的心，依然会挣扎着发出呻吟和哀号。每当病痛缓和时，他都会坐上轿子，一路辛苦地去求见国王，曾经，他一次次在国王那里重新获得了力量和勇气，但国王现在也已经变得年老力衰

了，他已经无法再实现神迹，让行将就木的人重焕青春。

在病痛的折磨下，博絮埃顽强地进行着斗争，尽管“他的腿脚几乎已经无法动弹”，但他不在乎形象上的狼狈，他以一种令人感伤的毅力，尽力去迎合自己的主人。在凡尔赛宫，人们总能看到他的身影。对这位风烛残年的大人物，大臣们免不了会嘲笑他，觉得他有点荒唐，也有点招人厌烦。“他这是想死在宫里吗?”说话不留情面的德·曼特农夫人（Mme de Maintenon）这样嘀咕道。1703年圣母升天节这一天，他坚持要参加宫里的节庆活动，他随仪式队伍一路前行，场面实在有点悲壮凄惨，这让他的朋友伤心苦恼，让没有立场的人心生怜悯，也让宫里的某些老臣讥笑不断。“加油，莫城主教先生，”一路在他身边说个不停的德·曼特农夫人这样说道，“我们就要到了。”有人感叹道:“啊！可怜的莫城主教先生!”还有人评价道:“他一路走过来都挺好的嘛。”但说得最多的还是:“为什么他不回自己家老老实实等死呢?”[1]

莱布尼茨的境遇也不见得好多少。他继续着自己的梦想；必须要让中国皈依，但不能对中国人说他们是错的，而应该找出他们的宗教与我们的宗教之间的相似点，要追求人类思想在基本问题上实现合一……但现实令他深感失望；这可不是能让人随心所欲改变的局面，也不是靠思想就能不冒风险、轻易扭转的局面；阻力重重，毫无胜机。那里没有普世的征象，也做不到教会的联盟；无论什么计划都是徒劳无功的，都不过是镜花水月。丰特奈尔曾在法国科学院当众介绍过莱布尼茨，并把他刻画成一个无往不胜的英
215 雄:“从某种意义上说，他就像是古代马车上的那些能同时娴熟驾驭八匹马的高手，因为他在所有学科上都有造诣。”但丰特奈尔也看到了他凡人的一面:“在他家里，一切都由他本人来拿主意，他还总是独自用餐。他从不会花几个小时细细品尝菜肴。他家里不开伙，他总是派人上熟食店，看到什么就买点什么回来……夜里他常坐在一把椅子里睡觉，早上最晚七八点钟就会

1 维克多·吉罗:《博絮埃传》(V. Giraud, *Bossuet*)，1930年，第139页。——原注

起身。随后他就会重新开始研究、工作，往往会几个月足不出户……”随着莱布尼茨渐渐老去，这番描述更成了他日常生活的最真实写照。他是个孤独的人。他曾指望过世上某些权重望崇之士，希望能通过这些人促成行动，但这些人都已弃他而去。1714年6月，汉诺威选帝侯加冕英国国王，年迈多病的莱布尼茨也不再被人需要。他很少去教堂，很少参与圣事，于是他被人当作了异教徒，牧师们个个与他作对。他于1716年11月14日去世；他的葬礼很简单，没有送葬的队伍，出席的人很少，也没人表达悼念和哀痛：“这更像是一位街头无赖的葬礼，人们无法想象，棺中是一位曾让自己祖国引以为荣的人。”

让我们幻想一下吧。因为曾经有一刻，教会联盟之路呈现出柳暗花明之象，这是“近似于百年一遇的”时刻。“上帝之手并没有缩回去，”1691年9月29日，莱布尼茨在给德·布里农夫人的信中这样写道，“皇帝陛下已有意接受方案；教皇英诺森十一世（Innocent XI）、几位枢机主教、部分修会会长、教廷的诏书长，以及一些重要的神学家，他们在深入理解方案后，都以非常认同的方式表达了看法。我看到过已离世的耶稣会会长努瓦耶尔（Charles de Noyelle）神父的亲笔信，这封信的内容实在是再明确不过了；可以说，法国国王以及在这件事上为他提供意见的高级教士、神学家，如果他们能加入计划的话，事情基本就大功告成了，因为已经到了万事俱备的程度了。这样的话，教会联盟的大业就可以开始行动，天主教教义率先改革，日耳曼人和拉丁人在思想上重新合为一体，联省共和国和英国也重回改革后的罗马教廷，信徒们，所有的信徒们，他们可以团结一致，对抗威胁他们信仰的分裂势力。”

还是让我们回到现实中来吧。天主教徒和新教徒无法互谅互让；好的时机转瞬即逝，这位最有能力、最有慈爱之心的人，他没能完成自己的任务， 216
基督教的敌人们对此欢欣鼓舞，犹如打了一场胜仗。这个结果造成了多大的破坏，又让多少东西就此毁掉啊！

以色列的上帝，以撒的上帝和雅各的上帝，要被一个抽象的上帝取而代之，这个抽象的上帝，是宇宙的秩序，还可能就是宇宙本身。这个上帝无法创造神迹；因为假如有神迹，那就只能证明上帝是任性的，或者是前后矛盾的，神迹非但不能证明上帝的存在，还反而会起到否定的效果。权威不再有价值，口传教义也充满了谎言，普世认同也不能证明什么——谁能保证，普世认同的东西就不存在某些谬误呢？摩西律法不再是上帝在西奈山上口授，紧接着又被完整记录下来的谕令；它只是人造之法，另有一些民族将它传给了希伯来人特别是还有埃及人，这些民族的痕迹我们在书中还依稀可见。圣经和其他的书并无区别，书中充斥了各种被人扭曲原意的文字，或许还有些地方经过修改；假如整理卷轴的是学识不足的人、粗心大意的人，他们就很容易弄混时间顺序，把开篇当作结语，使圣经的章节出现错乱。圣经不再具有神的色彩。王权的神圣感更是不比从前；人们开始主张用造反的方式剥夺王权。无论是哪个领域，都有人用负面事物取代正面事物；当路易十四离世时，整个取代过程似乎也宣告完成。

或许，信仰作为旧社会赖以存在的基础，从来不曾遇到过如此猛烈的攻击，特别是基督教更是没面对过这种局面。1717年，斯威夫特以他惯用的嘲讽式笔法，写下了这样一段话。[1]他说："在一个各派一致决定要消灭基督教的时代，在一个各派都通过演讲、文章、行动来证明这是个正当决定的时代，想摆理据为基督教辩护，那可是危险的行为、冒失的行为。如果有人为基督教发声，说明废除基督教的运动必将带来某些弊端，这一运动或许未必能得偿所愿地产生良好效果，那我们只能说，此人恐怕是个爱唱反调的家伙……"虽然斯威夫特说的是玩笑话，但它真实地反映出当时基督徒内心的
217 不安，因为人们已经看到了这一毁灭运动持续多年后的恶果，这一运动已不再是偷偷摸摸的小打小闹，它变成了公开的、光天化日下的攻击。

1 乔纳森·斯威夫特：《论在当前形势下在英格兰废除基督教将带来一些不便，可能不会产生拟议中的诸多好处》（J. Swift, *An argument to prove that the abolishing of Christianity in England may, as things now stand, be attended with some inconveniencies, and perhaps not produce those many good effects proposed thereby*），1708年。——原注

不过，欧洲并不喜欢荒芜衰败的景象；它偶尔会容忍这种情况出现，那也只是因为，它把这当作了自家花园里暂时的奇观；而且，这奇观的作用，也只是为了反衬花团锦簇、枝繁叶茂时的勃勃生机。在我们之前介绍过的人物当中，即便是那些受怀疑论影响最深的人，当他们有可能一路走向虚无时，也会自然地停下脚步。皮浪认为，智慧与幸福来自于“意志与思维的完美休息”[1]，但他们对此无法消受：尽管从思维上说，他们偶尔能接受反面意见，但他们不会因此放弃自己的意志。他们声明，他们推倒旧屋子，只是为了建一间新屋子，他们已经为这新屋设计好图纸、铺好基石、竖起外墙，新屋就盖在被毁旧屋的废墟上。毁坏固然为实，但同时也有重建。对这场大危机中的风云人物，我们已经逐一认识理解，这方面的工作我们就此告一段落，接下来，让我们看看他们正面积极的建设性尝试。

1　莫雷里：《历史大辞典》（Moreri, *Dictionnaire*），词条“皮浪”。——原注

第三卷

重建的尝试

第一章　洛克的经验主义

于是，需要重新出发，重新开始伟大的旅程；人类乘坐的客车要被引上新的道路，驶向新的目标。

首先，必须避开连贝尔本人都深感畏惧的皮浪的怀疑论。“什么事都争辩一番，但又永远搁置自己的判断，从不下任何定论”，这样的态度就是走向不作为，走向死亡。皮浪的怀疑论可以作为一种有用的辅助手段，让思想重新享有自由选择的权利，但它最终会毁掉意志，毁掉选择本身的可能性。这样的态度已经不是权衡利弊，不是仔细斟酌正反两方面意见，而是迅速远离幸福。

丰特奈尔有一位学生是侯爵夫人，他们曾一起仰望星辰，此时丰特奈尔向她解释说，研究哲学有两个前提条件：首先要有颗求知好奇之心，其次要有双视力不佳的眼睛。因为哲学家终其一生，从不相信自己眼中所见之物，总是在努力猜测自己看不到的东西；这样的生活状态是常人难于忍受的。相反，假如不关心自己看不到的东西，看见什么就相信什么，人就会活得愉快惬意。这样的生活态度假如能放诸四海，形成一种体系，将会为所有人带来福祉，也能把人们从怀疑中解救出来。

洛克所做的事，就是要建立这样的一种体系。

他非常及时地出现了，他就像是一位拯救苍生的行善者，因为他确立了事实的价值，确立了事实的至高权威。这里所说的事实并不是历史事实，因

为这种事实已经被检举，被定罪，被废除了原有的地位。在这一点上，不必
222 再旧话重提，结论已定。事实迷失在无法复生的过往中，当人们想将其唤醒时，却发现事实已经残缺不全，它被人误解，被人扭曲，还沾上了谎言留下的污渍；理智的人都不会信赖这样的事实。必须要发现另一种明确可靠的东西取而代之，而这个发现者就是约翰·洛克。

洛克向思想界指出了心理学层面的现实，这种现实存在于人的心灵中，是一直鲜活的，是不会被改变的。在这个领域，理性为他提供了无数帮助，但又不会让他深陷其中不能自拔；不论理性意味着多大程度的怀疑，它必然都会记录下一些基本的信息数据，这种效果单靠批评是达不到的，不仅如此，过去人们在使用理性处理问题时并不清楚理性自身的工作模式，但现在这一切能令人欣喜地呈现出来。于是，理性主义者开始接受一种新的归类组合，因为这可以让他们从怀疑论中解脱出来；溯源于17世纪、定型于18世纪的思想，从本质上说是理性主义思想，但同时也可以被视作经验主义思想。

洛克看起来像是个天生的、理想的哲学家。首先他是个英国人，因此，他会深入透彻地思考问题。其次他不满足于研究形而上学，而更喜欢实验性科学、医学；在关注人的灵魂问题之前，他先学着认识人的身体：这是一种值得称道的、往往会被思考者忽略的谨慎举动。他参与公共事务；他做过第一代沙夫茨伯里伯爵（1er comte de Shaftesbury）的秘书，彼此交情深厚，政局动荡下两人一起失势，洛克流亡到荷兰，后来又以胜利者的姿态随威廉三世回到英国，英国从此走上全新之路、无敌之路，他是出谋划策、运筹帷幄的谋士之一。不过他非常明智，他只满足于做一个次要角色；与前台保持一段距离，这样他就更容易看清其他人的各种手腕、各种伎俩。他身体状况不佳，可以说一直都很虚弱，身体强健的人总会热情满满地为各项事务忙碌奔波，而他就不会有这样的积极性：他非常持重沉稳，或许这样可以更有利于他的思考。旅行对他来说是怡情悦性的好机会；他曾长期在法国南方生活，这让他可以近距离地观察研究这个他并不厌恶但仍觉得古怪的民族：他们有哪些习俗，他们有哪些食物；他们的脑力工作者是怎么思考的，他们的

体力工作者是怎么劳作的；他们怎么会造出那些英国产不了的好东西，比如说油和酒；他们的农民生活有多么悲惨，又为什么会这么悲惨。在巴黎，他结交了很多医生、天文学家、各行各业的学者，以及一些热衷研究、求知欲强烈的人士。不过相对来说，荷兰对他的意义更为重要，毕竟他曾在那里流 223
亡过，没什么课程能比流亡更能磨炼人、更有价值。他被逐出自己的祖国，在避难国的各座城市里流浪不定，他常与牧师、异见者、异端人士交往，他就像个学生一样，开始了全新的思想学习和研究。最后他又做起了家庭教师，这对他来说也是一种学习的方式；不过，他的学生可是个不同寻常的人！此人是他旧主第一代沙夫茨伯里伯爵的后人，一位此后在英国新哲学界享有一席之地的大师级人物[1]。约翰·洛克是位绅士，他没有卖弄学问的学究气，也从不傲慢自大，他纯朴明理（生气发怒的情况极为少见），不论是在生活中还是在作品中，都流露出一种和蔼可亲的态度，他周身上下体现着一种极为自然的高雅气质；他是个与教会学者完全不同的人；他也没有足够的中气在讲坛上嘶喊着布道；他只向俗世中人说话，语调柔和，娓娓而谈。从此，真正的哲学家都属于世俗人士；除了个别的特例外，哲学家的队伍中不会再有牧师或天主教官员存在，也不会出现索邦神学院或罗马大学[2]教师的身影：哲学家都是过着世俗生活的人，也是指引生活方向的人。

他是从逍遥学派哲学起步的，这是他在牛津学习的课程，但并不能令他感到满足。他长时间寻找着自己的路，他先后把培根、伽桑狄和笛卡尔作为自身成长的导师，但他真正信赖的只有他本人。在告别1670年、迎来1671年的这个冬天，他在与几位友人谈论哲学后发现，需要建立起一套可靠的准则；神启下的道德与宗教的原则，假如不能“让我们分析自身的能力，让我们看清哪些事物是我们能掌握的，哪些事物是超出我们理解力的”，那这些原则就难以有坚实的基础。因此，在进入其他步骤前，首先要准确判定我们

1　即本书前文提到的沙夫茨伯里，亦称第三代沙夫茨伯里伯爵。——译注

2　罗马大学1303年成立，早年教授神学为主，又称“智德大学”（Sapienza）。——译注

理解力的范围；不要靠他人的施舍生活，不要不动脑筋地指望他人的观点，不要去关心有没有柏拉图、亚里士多德这样的权威思想做支撑，也不要盲目迷信大师的言论；相反，要把真理当作唯一的目标，以独立分析的精神赢得真理。在洛克的初期思想中，我们能清晰地看到这种独立的意志、这种重新起步的追求、这种只以自身思考为准绳的愿望，在当时的情境下，这些就是保证各种思想萌芽的苗圃。

224 但这样的方法也并非出自一人之功。在他的字里行间，人们依稀听到了他一些友人的声音，他们在向洛克询问各种问题，因为这些人需要从他那里得到慰藉；他们的问题反映的都是那个时代的迫切要求，他们要把任务交给这个最合适的人，让他寻找出一种能化解他们疑惑的哲学。洛克可以说是被他所处的时代推动成长的；在他的整个学习过程中，他一直保持与同时代人的直接接触，听取他们提出的问题，特别是一个一直存在但此时重新变得尖锐的问题，因为传统的回复已经不再能满足人们的要求：“*Quid est Veritas?*”（何谓真理？）对真理的新解释，这个任务现在就交给他来完成了。1671年起，他就开始将自己的思想付诸文字，这些文字很快就形成了一个体系，他已经可以将其示于世人；但此后他又花了近20年的时间拓展这些思想，在实践中尝试这些思想，他会拿自己修改后的手稿给一位又一位密友看：这并不是独自闷头思考出来的方法，而是有着真正社会基础的方法。

他曾在法国一路游历，在沿途的小客栈里停歇，他曾在伦敦的政治旋涡中忙碌，在牛津这个避风港湾中享受安宁，也曾在鹿特丹、阿姆斯特丹、克莱沃[1]生活，但无论在哪里，他都一直在思考，一直在工作，让自己的学说慢慢完善。等到他最终把自己的思想表达出来时，人们都由衷地承认，他具有一种杰出的能力，能让自己谈论的所有主题都焕发出新鲜的活力。因为他并不仅限于谈论纯哲学，他也很乐于就宗教、政治和教育发表自己的意见；每当他有一部新书出版，都会引发连绵不绝的反响。他所写的东西无一不涉及本质问题，在这一点上，唯一能和他相比的，我觉得只有让-雅克·卢

1 克莱沃（Kleve），德国西北部靠近德国与荷兰边界的城市。——译注

梭；卢梭只要一谈宗教、政治或教育，总是制造出各种火情。洛克是徐徐燃烧的柔和之火，他不像卢梭那样，火焰炽热得能让所有靠近的人身上全都蹿起火苗。但洛克比卢梭更早理解人们的思想中在呼唤什么，于是他做出了自己的回应：这就是为什么他的作品总是效用显著。他的所有文字都像是与读者的对话，能让人感受到无形的压力，让他们在掩卷时只能心悦诚服；这些文字会用成百上千种方式，以极大的耐心渐渐说服读者，直到最终将他们征服；从此，文中的语句会萦绕在读者的心中挥之不去。真要说他用了什么方法，或许只能说，他有着优雅自如的文笔，行文有一种让人难以道明的流畅明快。晦涩难懂的文字，对某个问题不依不饶的过度深究，让人晕眩的深奥理论，这些都与他无关；他只接受易读易懂的东西；假如他必须与某位热衷于形而上学的人进行争辩，比如说马勒伯朗士，他会深感苦恼。“我不得不承认，这当中有好多语句无法让我产生清晰明确的理解，它们只是回响在我 225
耳边的声音，并不能给我的思想带来任何一点光亮……”——“这里我再次觉得自己处在云山雾罩之中……”——“有些作者喜欢折磨自己，用晦涩的文笔行文，但我觉得，他们当中没人能达到马勒伯朗士神父在这里表现出来的水平……”钻研佶屈聱牙的学问，这实在是过于远离他的本性了！——“出版这部作品，我就尽可能地让它具有实用性，我认为，我有必要把我该说的话说得清晰易懂，让各种类型的读者都可以接受。在读我的作品时，那些喜欢思辨、思想深刻的读者或许有时会觉得无趣，但我认为，这样的问题并不大，要是不习惯抽象思辨的读者、某些观念与我有别的读者无法理解我要表达的意思，或是完全看不明白我的想法，那情况就糟得多了……”

以上便是他的思维方式和行事风格。他坦承自己的想法，他认为，要影响的对象不能仅限于哲学界的专业人士，即便会让“喜欢思辨、思想深刻”的读者感到失望，也要为所有追求可靠的生活准则的大众提供服务。他的这种理念是否正体现出他那个时代的特征呢？

1690年，他的著作最终面世了，他用的是一个并不引人注日的书名——

《人类理解论》；某些哲学爱好者只喜欢宏大的主题，但不论这些人会对这本书有什么样的评论，它的出版都意味着一次具有决定性意义的转变，都标志着一个新方向的形成。从此，人在研究探索时多了一份取之不竭的宝贵财富，因为人的思想成为人研究的对象。洛克说，让我们放弃那些形而上学的假说吧，难道我们没有看出来，这些假说从不能引出任何实际的结论吗？我们那些毫无意义的问题难道还不让我们疲惫吗？以往有谁曾明确过灵魂的属性和本质吗？又有谁说清过，我们的元精[1]中究竟发生了哪些运动，或者说，我们的肉体中究竟发生了哪些变化，才会让我们借助不同的器官形成感觉和思想？肉体服从于灵魂，但肉体也对灵魂产生影响：这原本是个再清晰
226 不过的经验事实，但自从有人用形而上学的方法对其进行探讨后，这却变成了一种神秘现象，最知名的那些大学者越解释，就越让人觉得晦涩不明。这个问题就到此为止吧，不要再去想它了。如果有独立于我们之外的实体存在（这毫无疑问是有的），那么，我们是没有任何办法把握它们存在的本质的，既然如此，又何苦要不惜一切代价去理解它们呢？还是让我们从此放弃这种令人绝望的探索吧。

我们所需要的确实可靠的理念，它存在于我们的灵魂中。让我们来看看这个灵魂吧；让我们把视线从无限的空间中转回来——那些空间是会制造出幻象的——，将视野重新聚焦。我们应该明确认识到，我们的理解力是有限的，我们要接受它的局限性；但既然它是有限的，那我们就可以对它进行研究，就可以了解它是如何工作的。让我们看一看，我们的各种思想是如何形成的，是如何组合在一起的，我们的记忆力又是如何保存这些思想的；这一切都是精妙无比的工作，但我们直到今天都对其一无所知。这里包含着真正的知识，唯一可靠的知识，这里有一片极为广阔的世界，我们或许穷尽一生之力也无法尽览。

---

1 元精（esprits animaux），源于古希腊医学用语，笛卡尔用“元精”和“松果体”的概念来解释精神与肉体结合并相互作用的现象。——译注

> 在这方面，我们就像是在海上远行的水手。水手如果能知道自己的测深绳有多长，对他绝对是很有好处的。尽管用探测的办法，他并不能知道大海所有地方的深度，但他只要知道，这根测深绳足够长，能在某些重要的地方探到底，从而为他的航行提供指引，让他避开会使船搁浅的暗礁，这就足够了。我们在世间的任务，不是去了解所有事情，而只要了解那些能指引我们生活的事情。人是一种理性生物，现世状态下的人可以通过一些准则也应该通过一些准则，来指引自己的思想，指引自己思想支配下的行动，因此，如果我们能发现这样的准则，那么，有些事情在我们认识范围之外，也不会让我们感到担心了。[1]

或者换另一种方式来说吧（确实，洛克不在乎用多种方式复述同一个问题）：在这个世界上，有哪些事情是我们该做的呢？按照我们对受造物的认识程度去认识造物主；了解我们的职责，满足我们在物质生活上的各种需要。除这些之外别无其他。我们的能力虽然弱小，我们的知识虽然浅薄，但 227
用来做这些必须要做的事情还是足够的。因此，我们不要想着对身边的万物做完美透彻的认识，这超出了有限生命的能力，让我们满足于自身的限度，做力所能及的事情，了解可以了解的知识吧……

的确，当我们的思想试图超越自身的有限范围，试图探求万事万物的起因时，我们就会发现，这样的努力只会让我们感受到自己的才智有多大的局限：我们总是会迎头撞上一面黑茫茫、穿不透的高墙。相反，当我们把自己视作卑微的探索者，只满足于在归自己所有的疆土内开拓，我们就会发现一个神奇的、充满智慧和幸福的世界。究竟该如何取舍，还需要犹豫吗？不可能做到的事，就让我们放弃它吧；尽管我们的双手并不是很有力，但它们终究能把握住一些确定的事实，我们就紧抓这些事实不放吧，这样我们就不必再有坠入深渊之忧。

1 《人类理解论》，前言，皮埃尔·科斯特译。——原注洛克哲学的独特价值，倒并不是弃用当时已被各种思想接受的形而上学；它真正散发出来的异彩，是守护了苍茫大海中的一座孤岛，让岛上的人把视线从无垠的海面转向范围明确的岛内。

但他还需要完成一项职责，他想让这个世界摆脱怀疑，那就还要为这个世界重新制定秩序。要完全彻底地摒弃先人之论：这是多么大的变化啊！整个哲学都要在另一幅蓝图上重新起步；整个哲学，从亚里士多德直到一些新兴代表人物，都不例外，新兴代表人物中，有卡德沃思等剑桥柏拉图学派的领军者，他们声称要让旧理论、旧观念赢得新生。并不存在什么天生的、固有的理论和观念。永恒的观念不是固有的，无限的理念也不是固有的。同一性的观念、整体与部分的观念、崇拜的观念、上帝的观念，同样都是如此。当受造物刚来到世间时，在其身上是根本看不到这些所谓的事实的，这些事实不知道从何方而来，或者说，它们是一种思辨思维的创造物，这种思辨思维具有多种形式，如希腊的形式、中世纪经院思想的形式，甚至还有现代的形式，但无论是哪种形式，都只停留在空谈的层面。让我们远离这些幻影
228 吧。思想是一块白板，它在等待各种字符写上来；它就像一间黑暗的房间，静候着阳光的照射。

要把一切重建起来，我们可以借用一种现有的正面因素，而且单靠这一因素就已足够：感觉。它从外界而来，随即扣动人们的心灵，将其唤醒，并很快占据了整个心灵。通过各种排列与组合的方式，感觉造就出越来越复杂、越来越抽象的各种观念，或者说，这些观念来自于心灵对各种感觉材料的加工。借助感觉，建立起某种知识理论——不论是直觉性知识还是论证性知识——就变成轻而易举之事了，这样的理论也会具有难以撼动的确定性。主体与客体之间的关系不再是主要问题，而应该看主体与主体之间的关系，这会让问题变得简单得多；从此，与错误做斗争、杜绝错误就变成了人内在的问题，只需要采取各种防范措施并一直贯彻这些措施，问题就可以解决。“因为心灵只能针对自己的观念进行思考和推理，也就是说，心灵沉思的对

象，或者说它可以沉思的对象，只有自己的观念，那么，很显然，我们所有的认识都是在我们自身的观念上形成发展的……因此，在我看来，知识并非其他，它只是心灵在面对两种契合的观念或两种矛盾的观念时产生的一种知觉……”这样一来，我们的科学，我们的人文科学，不仅显得完全可能，也变得无比可靠。

与此类似，在有关感觉的原则被人们认可后，洛克又很快对道德进行了重建。我们能感受到愉悦，感受到痛苦，由此我们产生了有益和有害的观念，随之又产生了什么该被许可、什么该被禁止的观念，进而又形成了一种仅以心理现实为基础的道德观，正是因为它仅以心理现实为基础，所以，与依赖某种外界法则存在的道德观相比，它具有一种后者所没有的确定性。因为所谓确定性，只是在面对两种契合的观念或两种矛盾的观念时产生的一种知觉，而论证性知识，只是在借用了某些中间观念、过渡观念后产生的对两种契合观念的知觉：我们的道德观念可以说就像数学真理一样，是从我们心灵发展出来的抽象观念，可以说，从类型上看，道德观念与数学真理之间并无什么区别，它们同样是确定可靠的。

就这样，昔日的教条主义思维渐渐被一种经验主义理念所取代，它能发
现我们心理层面的生活内容，并能将这一切记录下来。语言来源于什么？上 229
帝是根据自己的意愿而采取了某种行动，在我们身上安设了这种神奇的表情达意的功能吗？我们完全不得而知。但我们很清楚的是，人具有一些可以用来发出清晰声音的器官，凭借这些声音，人可以传达出他感情上发生的变化，在此之后，词语就变成了特殊的符号，接着又演化成表达观点的普遍性符号。雄辩术、写作的艺术全都由此而来；人们在谈文体风格或是诗艺的时候，如果不以上述这些简单的结论作为根本出发点的话，那还是不要多费口舌为好。一位作家如果能了解词语的来源和作用，他自然就会尽力不去使用那些没有任何明确概念的词；他在用词时会遵循一种固定的方式，因为词只是概念的符号，他不这样做就会混淆各种概念；他在用词时会避免弄得过于烦琐、过于夸张，因为这都是对词语本性的扭曲。语言的目的就是把我们的

观念传递到他人的心灵中，而且要尽量迅速地传递，谁能牢记这一目的，以此来组织自己的文笔风格，谁就可以写得好、说得好。语法本身并不是学究吹毛求疵的工作，不是要随心所欲地把自己一时兴起的想法强加给可怜的学生；语法有着自身的内在逻辑，只要从感觉这个角度去分析，就可以还原它的形成过程。

看一看人类思想的形成发展过程，再看一看让人过上幸福安宁生活的信仰的建立过程，人们会意识到，科学、道德、艺术，所有的一切其实都源自于人自身的行动：除了这样的收获，还有什么能让看的人产生更浓的兴致、更多的喜悦和更大的骄傲呢？这里所说的骄傲，并不是挑衅神明之人的骄傲，因为算得上是教徒的人，都是具有牺牲精神的、起先已持有谦卑态度的人，是承认自己本质上无知的人，是愿意舍弃无数欲念的人。这里所说的骄傲，类似于海难中死里逃生者的巨大满足感，他重新回到岸上，用灵巧而勇敢的双手建起了自己的草屋。洛克所选的书名看起来非常低调；这只是一本尝试性的论作[1]，不过，这是一本尝试探讨人类理解力的论作。人类理解力，这可是种奇妙无比的研究对象。洛克在阐述中只用了两条原则：一是外界事
230 物在我们感官上留下的印象，二是产生这些印象后心灵的活动。尽管只有两条原则，但如果分析研究它们的运行过程，我们会发现，这两条原则足以让我们所有好奇之处得到满足，因为它们的运行方式堪称奇迹，实实在在存在着的奇迹。很多学者还没真正搞清楚什么是意志、什么是记忆、什么是意象，就争先恐后地开始运用起书中的原则。这是一座取之不尽的矿藏，毫无疑问，它蕴藏的是一种极为纯净的矿石。矿石品质优良，人们不会上当也不会失望。“当人们想从事一些他们力不能及的研究时，当他们一定要漂流在这片他们看不见底也找不到岸的汪洋中时，他们会弄出很多问题，增加很多争议，这自然是不出意料之事，这些问题和争议绝不可能通过某种清晰明确的方式得出定论，而只会让他们的怀疑不断延续、不断增加，也只会让他们

1 《人类理解论》(*An Essay concerning Human Understanding*) 中的“essay”有“论”与“尝试”等多重意思。——译注

最终陷入某种彻底的皮浪的怀疑主义中。”相反，

> 对我们心灵的力量和局限有了认识后，我们就完全可以摆脱怀疑主义的毛病，当我们不能确定自己是否能找到真理时，也不至于自暴自弃、放弃责任。

《人类理解论》法文版第二版面世时（1729年），译者皮埃尔·科斯特在他写的序中极力宣扬这部大师级作品有如何成功：“上个世纪，英国涌现出了一批天才人物，本书就是其中一位佼佼者的杰作。作者在世时，本书就已发行过四种英文版本，前后只用了10至12年的时间；我翻译的首版法文译本于1700年发行，由此，本书开始传播到荷兰、法国、意大利和德国，在这些国家，无论是当时还是现在，这本书都像在英国那样，一直受到高度评价，全书从头至尾，都体现出广阔的视野、深邃的思想、公正的态度和清晰的思路，人们一直赞不绝口。这本书受到的最高礼遇，是它同时被牛津和剑桥收为教材，这两所学校的老师带学生们阅读原文，向学生们解释书中的内容，这本书被视为最适于帮助年轻学子塑造思想、规范并拓展自身知识的作品；在这些著名的高校里，洛克目前已经取代了亚里士多德以及亚里士多德思想主要诠释者的地位。”

传播一部哲学作品，从来都像是在思想界进行一场大冒险行动，但《人
类理解论》这本书的传播出奇地迅速、出奇地顺利。欧洲当时正在进行的种 231
种演变——洛克本人也参与了这一演变过程——为这本书的传播提供了一些推动力，让洛克得到了从中受益的机会。在宣传这本书、为其造就声望的人当中，首先要提到的是在荷兰办报刊的各国人士；让·勒克莱尔在他的《世界及历史图书馆》中曾这样说道：**本期内容中有一本英国书籍的节选，此书尚未正式出版，书名为《人类理解论》，该书向我们展示出，我们确定的知识究竟有多广的范围，我们又该用什么样的方法来获取这些知识**……此外还要提到的是两位流亡人士，一位叫大卫·马泽尔（David Mazel），另一位就

是前文所说的皮埃尔·科斯特——人们一提到此人，就必然会不厌其烦地把他和洛克的名字联系到一起——，这两人一个翻译了洛克的政治思想，另一个则翻译了他的哲学思想。洛克于1704年辞世；1710年，一部法文版的《洛克作品集》面世，他的主要作品均被收录在列。在德国，克里斯蒂安·托马修斯于1700年前后阅读了洛克的《人类理解论》；正是这本书将他造就成一位启蒙运动的先驱：因此可以说，洛克所处的位置是欧洲迈向新世纪之路的转折点。

不过，洛克本人的形象也经历过某些转变。尽管他是个经验主义者和感觉论者，但他的思想给贝克莱的唯心主义提供了很多启示。不过，无论如何，这并不能算是他所经历的最不合情理的奇事，因为假如我们深入到他的哲学体系内部，不考虑他哲学思想的出发点，那我们会发现，这并不是一个纯粹属于现实的世界，而是一种强调各种关系的世界。无论如何，他也不愿被人当成唯物主义者，相反，他肯定地认为，存在着某种永恒生命体，它是思想之源，具有无尽的智慧；洛克以明确的态度和长篇大论式的文字对此进行过论证，他的论证不仅坚定，而且带着种庄重肃穆的感觉；他用最具说服力的方式证明，精神可以永恒，但物质不可能与精神同样永恒。[1]在论证过程中，他在上帝全能这个问题上的观念似乎一直影响着他，他表示，说到底，全能的上帝有可能给予了“某类他认为合适的，本身也具备条件的物质群感知和思考的能力”[2]。这样的言论或许有失谨慎，很快就有神学家对此展开批驳，后来，伏尔泰也发现了这段话，并将它传播开来，让它变得广为人知，最后，这段话把洛克整个作品的主旨都给扭曲了：洛克在自己并不情愿
232 的情况下变成了一个唯物主义者。他本想好好做个基督徒，将理性与信仰明确区分开来，这是他致力的事业之一：“心灵通过自身的某些天然能力——感觉或思考——形成了一些观念，并在这些观念的基础上以演绎法得出了

1 《人类理解论》，第四卷，第10章。——原注
2 同上书，第四卷，第3章。——原注

一些命题或真理”，理性的作用就是“明确这些命题或真理的确定性或盖然性”。——但是，“有些命题不是建立在理性演绎的基础上的，命题的提出人坚信这一命题来自上帝，自己是通过某种奇特的沟通方式了解到这一命题的”，而信仰就是“对后一类命题的认同。这种向人揭示真理的方式，就是我们所称的神启”。这样看来，洛克是相信神启、相信耶稣的布道、相信《福音书》的权威、相信神迹的；他认为，即便是最小心谨慎的人，即便是受皮浪的怀疑主义影响最深的人，都不可能对《福音书》里的神启表达任何怀疑：这些全都是他本人的措辞。但另一方面，他又把信仰的范围缩减至最小程度——信仰基督，悔改；他认为，人想过上好的生活就别无他途，必须要接受耶稣的布道才能得救；但他拒绝接受，只因为世上第一个人的原罪，亚当的后人就注定要受永恒无尽的苦难，毕竟有千百万人根本都没听说过何谓原罪：由此他被人归入自然神论者的行列，人们认为他与托兰德的思想很接近，并拿他的《圣经中体现出来的基督教的合理性》(*The Reasonableness of Christianity, as Delivered in the Scriptures*)与《基督教并不神秘》一书相提并论。他对此深感痛苦，机械的宗教活动、烦琐的教义、五花八门的教派让某些人对宗教望而却步，他恰恰是想把这些人引回宗教；他想说明，自然宗教本身是存在各种不足之处的；最重要的一点，他最想驳斥的人就是某些自然神论者，因为这些人会以理性的名义反对神启的理念。

假如某种思想不能保证自身处处严密，总会自然而然地给它的反对者提供把柄，那么，暴露了这些弊端，产生了这些后果，也都是难免的事。不过，尽管有各种错误的诠释，有各种曲解和各种刻意的阻力，但他的作品还是在持续产生影响，影响的方向也是非常清晰的。洛克一直鼓励智者潜心耕耘自己的花园。一座等待人们耕耘的花园：还有什么意象能比这更会让人联想到人间天堂吗？至少这是一个能给人带来慰藉、能给人增添生活意义的意象。——不过，尤其值得一提的是，洛克让人们对一项最有必要也最有趣味的学问产生了兴趣：心理学。研究人内心的动力；不去评判什么、指责什么，而是把重点放在观察和理解上：洛克的心理学研究既是一项工作也是一 233

件乐事，此后，孔狄亚克、观念学[1]的学者和泰纳（Hippolyte Taine）相继对其发展、细化，并一直传到今天，成为我们继续研究的工作，也继续给我们带来乐趣。

1 观念学（idéologie）即意识形态，该词最早是由法国哲学家德·特拉西（Destutt de Tracy，1754—1836）于19世纪初提出来的，用来指“观念的科学”。——译注

第二章　自然神论和自然宗教 234

我们所研究的时代与文艺复兴时期之间有千丝万缕的联系，这里我们要谈的就是其中的一条纽带。自然神论源自意大利；它于16世纪传入法国，可以说，它是在法国真正扎根定型的，因为是在法国它才拥有了自己的正式名称，此外，作为一个原本模糊不清的概念，它也是在法国经过人们多次定义后明确了范围，划定了界限。17世纪上半叶，它经常出现在人们的视野中；但此后它渐渐变得少有人关注。

不过，有一脉英国分支已经从主干中分离了出来；1624年，舍伯里男爵爱德华·赫尔伯特在巴黎撰文，公开阐明了自己的自然神论信仰，但他的文中并没有否定或亵渎神明之意，相反却带着一种尊敬、一种虔诚，甚至可以说带着神秘主义的色彩。“亲爱的读者，我想在开篇就向你们说明，我想谈的，并不是信仰方面的真理，而是人的理解力……”他说的或许是实情，但总会有一些信仰方面的真理被人的理解力所接受，而赫尔伯特男爵学说的核心理念也就体现于此；存在着一个全权之神，必须热爱它、崇敬它；践行美德就是人们崇敬上帝的一种体现；如果有过亵渎神明的行为和其他罪行，都可以通过悔罪来补偿；此世之后，我们会接受奖与罚的审判……

英国：自然神论自从传播到这个新天地后，便开始走上繁荣兴盛之途；它找到了适合自身的天空与土壤，仿佛这是真正属于自己的家园。支持者与反对者就像在广场上发表演说那样，开始了公开的争辩。托兰德以极度狂热的激情宣扬自然神论；本特利、贝克莱、克拉克、巴特勒（Joseph Butler）、

235 沃伯顿（William Warburton）则竭力反驳，力求维护天启宗教的地位。简而言之，“除了英国，没有哪个国家会让自然宗教得到如此详尽明确的阐释……”[1]

此后，随着各种思想观念的不断交流，法国又重新迎回了自然神论，但此刻这一学说在法国人眼中已有了种异国的色彩。伏尔泰在自然神论的影响下形成了自身的宗教哲学；卢梭则塑造了一位名叫爱德华·博姆斯顿的英国绅士形象[2]，此人被刻画成一个理想的自然神论信徒，他既是一位唯物主义者，也是一位品德上乘的人。不过，自然神论还没有达到被讴歌、赞美的地步；此时它还需要为了明确自身的地位而不懈斗争。

自然神论有很多否定式特征，这些特征比较容易说清。“不必自我束缚；在我们这个世纪，什么都可以容纳。”[3]但宗教——天主教、新教或犹太教——是对人形成束缚的，我们要解除其中的束缚。自称拥有某种权威地位的教士、牧师或者拉比，我们都不再需要。不再需要圣事；不再需要各种宗教仪式，不再需要斋戒、苦修：不论是天主堂、新教还是犹太教的教堂，都不再是必须要去的地方。圣经不再是具有超自然元素的神书；不再需要摩西的律法；不再需要戒律。时代需要更多的便捷，自然神论符合了这样的时代要求。人们重新打造上帝；人们不想再看到他的怒火，不想再看到他复仇的模样，甚至不想再让他干预人类的事务。他应该离人远远的，让人看不到他，这样他就不会对人形成妨碍。几个世纪以来，人们一直要感悟原罪、祈祷圣恩，要期待不确定的救赎，这让无数心灵困惑不安，现在，要让凡夫俗子摆脱这种困扰了。

可是，自然神论的肯定式特征又有哪些呢？

---

1 《英国图书馆》（*Bibliothèque anglaise*），1717年，第1期，第318页。——原注

2 参见卢梭:《爱德华·博姆斯顿绅士的爱情》（*Les amours de milord Edouard Bomston*）。——译注

3 布费耶神父:《所有人都可以理解的形而上学基本知识》（*Eléments de métaphysique à la portée de tout le monde*），1725年，第92页。——原注

自然神论是否定以色列的上帝的，是否定亚伯拉罕和雅各的上帝的，但至少它还是相信有某个上帝的存在。自然神论是否定天启宗教的，但至少它并不认为天国是虚无之境；它也并不会把人当作世界唯一的尺度。因此，不论是天主教信徒还是胡格诺派或是英国国教的信徒，他们在驳斥自然神论者时，会在不经意间流露出一种同情的语气，使用的也是一些不太强硬的表达方式：尽管他们反对这些人，但他们和这些人信仰的前提和归宿都是一致 236
的——都是对上帝的信仰。理查·西蒙的言行让奥拉托利会教士米歇尔·勒瓦索尔（Michel Le Vassor）深感痛心，他想挽回修会的荣誉，于是，他在1688年发表了一部长篇大作《论真正的宗教》（*De la véritable religion*）："与柏拉图主义者和伊壁鸠鲁主义者相比，某些当下的自然神论者其实更有理性，也更明智，他们诚心信奉某种自然宗教和自然道德，认为这些原则是人必须遵循的。但他们又补充说，这些原则就已足够，有了这些原则，我们就不需要神启，也不需要规定我们对上帝和他人应尽义务的明文律法。人们可以通过理性来指导自己的行为；上帝在我们心中刻下了宗教和道德的情怀，只要我们坚守这些情怀，上帝就不会不满意……"[1]因此，对这位天主教卫道士来说，某些自然神论者（只限于某些，因为自然神论的信奉者有多种类型，彼此间差异很大）并非绝对否定神明和宗教，他们更应该被说成是令人厌恶的教内异端分子。

我们再看看新教人士的想法吧。各种不信基督教的力量蓬勃发展，这让博学多才的罗伯特·波义耳（Robert Boyle）深感忧伤，他拿出自己在伦敦一处房产的收益，每年召集各方人士座谈，大家也就用他本人的名字来指称这一年一度的讨论会。讨论会以宗教为主题，但不纠缠于宗派之间的争斗，而是以坚定信仰的普遍原则为宗旨："突出强调基督教真理的各项证据，捍卫这些证据，并以此来反抗那些不信基督教人士——众所周知，这些人当中包括了无神论者、自然神论者、异教徒、犹太人、伊斯兰教徒等——

1 《论真正的宗教》，第一卷，第2章。——原注的攻击，但不涉及基督教不同团体间的分歧。”这些被称为“波义耳讲座”（*Boyle Lectures*）的讨论会完全遵循了资助者设定的理念，每次都非常成功；英国学识最渊博的神学家、口才最杰出的宣道者都曾受邀发言；在他们当中有塞缪尔·克拉克，他当时还只是诺维奇教区（Norwich）主教的助手，1704和1705年，他先后两次受邀在会上发表演讲。那么，他在自然神论这个问题上表达了什么样的见解呢？——自然神论者有四种类型。第一类人
237 假装相信有永恒、无限、独立、智慧的本体存在，但他们不相信天命。——第二类人接受上帝，也接受天命，但他们认为，上帝并不会从道德角度上去看哪些事是好的，哪些事是坏的；善行与恶行之分，是人在制定法则时按自己意愿定下的。——第三种人接受上帝、天命，并认为道德具有义务式的特征，但他们拒绝接受灵魂不死的说法，也拒绝接受彼岸生活的概念。

> 最后还有另一种自然神论者，他们……从各方面看，对上帝的观念、对上帝神性的观念都是正当无误的。他们在表达自己的信仰时会说，他们相信存在着一种本体，他是独一无二的，是永恒的、无限的、智慧的、万能的，他是全智全能的造物主，是我们的保护者，是宇宙至高的君主……

塞缪尔·克拉克的评价与米歇尔·勒瓦索尔所说的类似：在自然神论者当中，那些最好打交道的人，他们对宗教保留着积极、正面的态度；不幸的是，他们是否认神启的。

现在让我们再看看一位非宗教人士或者说世俗人士的立场吧。在读性格温和细腻的德莱顿的诗句时，我们会发现一种谴责的语气，但这种谴责较为缓和，仿佛夹杂着些许同情，因为他意识到，在很多自然神论者心中，一直还保存着某种模糊的宗教情怀。不知道我们的这种看法是否准确？

德莱顿曾研究过不同哲学家在至善这个问题上的观点，这也让他有机会认识分析自然神论者；德莱顿对这些人有过这样的描述：

自然神论者总以为，自己脚下的土地更坚实、更牢靠。
“尤里卡[1]！我找到了！”他兴奋地高呼道。
上帝是善的源头，代表着至高完美之善。
我们天生是上帝的仆人；为他效力，是我们的荣耀。
既然如此，崇拜他时规则总免除不了，
在这方面上天对所有人都平等公道。
否则的话，上帝就难以保持公允，
他对众生一视同仁，他的赐福不能让某些人享受不到。
这万众一致的崇拜，就是要赞颂上帝，要向他祈祷，
要向他求恩，并对他回报。
一旦我们脆弱的本性挡不住原罪的诱惑，
赎罪祭就是我们的补赎之道。
但我们也看到，天命的成效，
在人这里会时好时糟，
因为人间美德衰败，罪行当道， 238
（对无比公正的上帝来说，这样的耻辱让他实在接受不了）
在理性的指引下我们迈向未来，
顺应这至高的呼唤，摆脱那命运的困扰，
我们将会踏上天主昭示的康庄大道。
恶人将受到惩罚，善人将得到赏褒。
因此，人并不需要向上帝尽其他的义务，
靠自己的力量也可以冲上云霄……[2]

因此，德莱顿描述的自然神论者实际上是理性主义者，只不过这是一些

1 尤里卡（Eureka），希腊语“我找到了”的意思，据传阿基米德在发现浮力原理后曾这样高呼过。——译注

2 《世俗宗教》，1682年，第42—63行。——原注

对宗教依然有留恋之情的理性主义者。

从当时的各种文字中我们可以看到，自然神论削弱了上帝的地位，但它并不力图毁灭上帝。它把上帝变成一种含义模糊的信仰中的崇拜对象，不过，它对这种信仰依然抱着积极正面的态度，因为它需要这样的信仰。在不信宗教的不良弟兄面前，靠着这样的信仰，自然神论的信徒足以维持他们的优越感；靠着这样的信仰，他们可以向上帝祈祷，也可以敬爱上帝；靠着这样的信仰，他们不至于感到孤独，不至于有被抛弃、无依无靠的感觉；靠着这样的信仰，未来的那些萨瓦神父[1]在看到阳光洒满他们所在的山峦时，才会尽情宣泄自己内心的情感，一边哭泣，一边回归到信仰之路。做个无神论者，态度激烈地去否定神的存在，这并不是一件易事；做个自然神论者，这相对来说就变得无比轻松了。彻底的反叛，绝对的否定，这不是寻常人能随便做到的。“要是严格分析的话，”贝尔曾这样说过，“在无神论者与自然神论者之间，差别几乎为零。”不过，“几乎”这个词把多少小差别全涵盖在内了啊！“所谓自然神论者，”后来博纳尔（Louis de Bonald）这样说道，“就是一个还没来得及转变成无神论者的人。”但看起来，自然神论者更应该被说成是一个不愿转变成无神论者的人。

英国这个国家，某种思想一旦发展到国民所期待的程度，人们通常就会将这种思想定型；此外，在英国，一旦某种学说走得太远，脱离了常规的轨道，对国民的道德安全产生威胁，那么人们就会打断这种学说的发展势头。所以，自然神论在英国就此停步不前，但这并不代表自然神论的这段发展经历就毫无意义可言。让我们来看看当时一位人士的说法吧：“在其他国家人
239 的印象中，我们英国人总会被当作一个恪守美德、恪守宗教精神的民族；尽管不信神明的现象、各种罪恶的现象在我国出现得越来越频繁，让人深感惊讶，但我还是自豪地认为，这些现象只是转瞬即过的暂时病症，因为这与我

1 指卢梭《爱弥儿》一书第四卷中的一节《萨瓦神父的信仰告白》(*La profession de foi du vicaire savoyard*)。——译注

国国民的天性完全是背道而驰的。”[1]按照英国国民的天性，弄一些人为的限制，甚至做出些自相矛盾的行为，都算不得什么值得惊讶、值得激动的事。所以他们才会接受一种没有神秘色彩的宗教。他们抛弃了神秘的色彩，但留下了宗教。同样，对于英国人来说，思想也不仅是逻辑范畴的事，还是要符合意愿的事。

另一方面，自然神论者还坚守着一种观念：要信奉自然法则。

天主教徒会主动认可自然法则的存在：人身上存在着某种自然法则，它是人类参与永恒法则的方式，有了自然法则，人就可以分辨善与恶……[2]新教徒则更会主动地认可它，因为新教徒的思想与理性主义更为贴近，他们很愿意在自己的路上与哲学家们结伴共行一程，所以他们一方面确实相信自然法则的存在，另一方面也需要借助自然法则，让自己的护教言论更符合时代的潮流。从这个角度看，自然神论者为新教徒提供了不可忽视的支援：这真是以敌为友，化坏事为好事，无神论者对此深感惊讶和困惑。

只是，在人们细究“自然”的概念时，无法掩盖的分歧就会随之出现。这些分歧至少体现在以下三处。

天主教徒和新教徒都无法接受的第一点是，这个大胆妄为的自然不满足于上帝用七天创世的概念。上帝将自然从虚无中创造出来，赋予了它无尽之美，但它竟然不对上帝感恩，竟然要一步一步取代造物主的地位；自然成为造物主的代理，甚至还要代他行事；自然变成了一种秩序，一种至高的秩序，一种上帝都必须顺从的秩序；自然还成为至高无上的实体：这里我们可以看到，斯宾诺莎的思想当时是多么让人抵触。

信徒们不能接受的第二点是，自然还可以被说成是一种道德本能，这种 240

1　理查德·布莱克默：《杂论若干》（Richard Blackmore, *Essays on several subjects*），1716年，第一部分，序。——原注

2　圣托马斯·阿奎那.《神学大全》（Saint Thomas d’Aquin, *Summa theological*），第二集，问题91，第2节。——同上书，问题94，第4和6节。——原注

道德本能足以涵盖所有的宗教精神，而宗教只是将人与自然法则联系在一起的纽带，别无其他。

第三点，拉翁唐曾说过，自然是“一位好母亲”，沙夫茨伯里也说过，“自然是没有恶念的”，人们如果信他们所言，也就意味着，只要遵循自然法则，就可以保证万事皆善。那么，原罪成了怎么一回事？因原罪而产生的堕落又是怎么一回事？赎罪的必要性又体现在何处呢？地上的生活原本应是短暂的考验，是要与我们心中的邪恶做斗争，并由此进入天国，现在看来也并非如此了？

自然究竟是什么？这个问题的讨论变得极为热烈，当时，不论在哪个阵营，都存在着一些勇敢的人，他们容不得别人敷衍了事、蒙混过关，所以他们会深究各种各样的问题，其中也包括自然的问题。他们都非常渴望真理，为了享有真理之光，他们会全力斗争。他们会觉得，问题越复杂，就越值得探讨。自然是什么？——他们很快发现，这个词被赋予了种种含义，“不论是毫无学识之徒，还是学养深厚之士，都会谈到自然，这造成了可怕的乱象”。自然是极富智慧的。自然不会做任何没有意义的事。自然在达到目标后总会及时收手。自然总是选最好的方式行事。自然也总是以最快捷的途径行事。自然绝不会做重复多余的事，也绝不会让必要的事被遗漏。自然是它自身的守护者。自然可以疗疾除恶。自然始终在承担守护宇宙的职责。自然害怕出现虚空的世界……只言片语、不成体系的评语实在是数不胜数！针对自然这么一个对象，出现了无数的诠释，这些诠释很多缺乏条理，很多自相矛盾：有谈自然的创造者的，有谈某一种事物的本质的，有谈万事万物的秩序的，有谈半神式实体的存在方式的，诸如此类，不胜枚举！[1]

人们无法达成一致的意见；当然，无论是在此之前还是在此之后，局面都一直如此。只是此时的人们不堪忍受这个问题的困扰。针对我们刚刚提到的“自然”一词引发的乱象，罗伯特·波义耳进行了批驳，他善意地表

1 罗伯特·波义耳:《论自然，或对自然概念的重新探讨》(Robert Boyle, *De ipsa natura, sive libera in receptam naturae notionem disquisition*)，伦敦，1686年。——原注

示，人们对“自然”一词的诠释太杂太乱，需要归纳整理一下，但他的目的
并不是要找出一个最终的定义，而是想让自然神论者听到基督教人士发自内 241
心的抗议声，因为他担心，自然的概念被推而广之后，会使得上帝的地位被自然所取代。自然神论者认为，从自然天性上来说，人都是善良的，但皮埃尔·贝尔反对这样的观念，他认为这实在是荒谬不经的见解。自然？首先，自然到底在人们心中引发了哪些活动，从来不曾有人观察到。“实在没哪个词能像‘自然’这样被人不清不楚地乱用。在各式各样的讲话中我们都能看到这个词，它一会儿是这个意思，一会儿又是另一个意思，几乎从没有确定的内涵。不管它到底是什么意思吧，重要的是，只要是能准确运用哲学进行思维的人，他们都必然会承认，假如这样的事或那样的事是自然给我们的启迪，那么就肯定存在某些无须接受任何教育就能懂这些事的年轻人。我认为，恐怕现在还没有人做过这样的实验，去研究一个什么也没学过的人的思想活动。假如选一定数量的孩子，让他们只被人养，却不接受任何教育，那我们就会看到自然独立作用的功效，不过，恐怕这些孩子从小到大都是不招人喜欢的人，别人想怎么骗他们就能怎么骗他们。”——其次，只要擦亮眼睛，好好地看看自己周围的世界，人们就必然会发现，“自然”与“善良”并不是同义词。“我们可以看到，人类是会做出很多极恶的事情的，尽管这些恶未必纯粹由自然造就……我就看到过一些这样的父亲，他们极为虔诚，也极度热衷于向子女传授《福音书》中的真理，但他们并不能压制住自己复仇的欲望，也无法平抑自己随意夸耀的欲望、赌博的欲望、不洁之爱的欲望……”[1]又或者：“我想提醒您的是，夏洛克先生曾有过这样的假说，他认为，人类普遍认同的事就代表了自然之声，因此这样的事具有真理的确定性特征。但这类事实在太多了，比如说非复仇不可的念头，又比如说像充饥解渴那样满足自己不洁之爱的欲望，这些事也应该被视作自然之声……”[2]因

1　皮埃尔·贝尔：《对一位外省人问题的回复》，第二卷，第105章，“真正源自自然的事物是什么样的。自然教会我们的事，是否就可以认定为善事”。——原注

2　同上书，第二卷，第111章。——原注

242 此，以自然为理据来证明善、证明美德，必然是不充分的，是不足以让人信服的……

最后，自然神论者认为，有一种晦暗不明的力量在保证着宇宙的运行，维持着宇宙的秩序，而他们的行为是顺应这种力量的自由行为。他们崇拜的是一个没有了神秘色彩的上帝，因此他们觉得自己信奉的既是自然法也是实在法。他们有时甚至会认为，是天启宗教伤害了真实的上帝，上帝真正的概念被天启宗教偷梁换柱，取而代之的是一些完全脱离自然的意象，是一些人造的意象，而这些意象的创造者是各种谋求私利的人，是各种骗子，但这些意象还是以迷信的方式世代流传了下来。

在自然神论者当中形成了一个宗派，这是一个“自由思想者的新宗派”，或者说，是一个“以自由方式思考问题的人士的新宗派”。[1]

我们来看看他们论证说理的方式。对于自由思想，他们是这样定义的，“用自己的头脑，去努力发现每一个命题的意义，去看它的正面论据和反面论据究竟哪一个更有力，并由此来判断何种观点更为可信”。不过，这个思想的法庭并非总是用来给他人定罪的。如果它觉得某段证词有理有据，它是会接受的；当某件事明显合情合理，它也是会认同的。自由思想者会排斥他觉得错的东西，但也坚守他认为对的、真实的东西；自由思想者远不能算是怀疑主义者，他相信的是理性的力量，因为是理性造就了真理和公正。

鼓舞自由思想者的内心动力来自于此，他一旦觉得自己掌握了某种明显真实可靠、不需要其他更多证明的原则，他就会无比踏实，充满信心：他参

1 安东尼·柯林斯，《自由思想简论》(*A Discourse of free-thinking*)，伦敦，1713年。——《自由思想简论，写于自由思想者新宗派或以自由方式思考问题的人士的新宗派兴起之际》(*Discours sur la liberté de penser, écrit à l'occasion d'une nouvelle secte d'esprits forts, ou de gens qui pensent librement*)，法译版，伦敦，1714年。——《简论对最重要问题的自由思考和自由论证，写于自由思想者新宗派或以自由方式思考问题的人士的新宗派兴起之际》(*Discours sur la liberté de penser et de raisonner sur les matières les plus importantes. Ecrit à l'occasion de l'accroissement d'une nouvelle secte d'esprits forts, ou de gens qui pensent librement*)，法译版第二版（校改版），伦敦，1717年。——原注

透了无能者永远不会了解的大秘密。他怡然自得地一再重复着那句充满魔力的话，因为这句话能让他坚信，自己能掌控所有人和所有事物：我是以自由方式思考问题的。世人没有不曾上过当的人，但他本人今后是不可能再上当 243
的了；所有呈现在他眼前、进入他心灵的东西都会被他严密分析一遍，他因为敢于摆脱迷信，所以有了严密分析的能力，这让他得以发现真，发现善。过去，信徒们是在自己的信仰中寻求安宁和真福，但现在他们通过理性的确证，同样可以获取这些："*neque decipitur ration, neque decipit unquam*"（理性是不会上当的，理性也从不会让别人上当）。以自由方式思考问题，你应得的就自然会随之而来。以自由方式思考问题，你就会品尝到知识这棵大树结出的甘饴之果。然而，那些胆怯的人，那些甘心做奴隶的人，他们还是要固守在外面的黑暗世界，还是要远离人间的天国。"人们在遇到各种观点时，都该自由地对其原理进行分析，但有人认为这样的自由是危险的，他们的想法实在是再荒唐不过了；有人还会怀疑使用这种自由的人的善意，他们的揣测也实在是再荒唐不过了。在人们找到比理性更好的向导前，他们有责任追随这道智慧之光，走向它指引的任何地方。"

以自由方式思考问题，这本身就是一件幸福的事，此外，它还是一种调整生活方式、将生活引向幸福的方法。只有凭借思考的力量，人们才能深入了解人生，也才能确信，苦难与不幸是恶行造就的恶果，而愉悦和幸福的生活总是善行带来的善果。西塞罗对此也深有感悟，他曾赞许过人的各种幸福状态，比如说以尽职尽责为乐，比如说细心规范自己的一举一动，又比如说不因为心生畏惧而遵守法律，而只在自己认为法律本身制定完美时才用法来约束自己。自由思想者会形成一种信念，他只要顺应自己开悟后的意志，只要顺应自己理性中逻辑力的分析结果，其他的可一概不顾：他既是自己的主人，也是宇宙的主人。

第一位明文阐述自由思想这些定义的人是安东尼·柯林斯；最早他是在与他人辩论的文章中谈过相关内容；此后，他又以更详尽的方式进行了深入探讨，这便是他著名的关于自由思想的论著：出版于1713年的《自由思想简论》。从此，“自由思想者”的英文形式（freethinker）和法文形式（libre penseur）都被人们广泛接受。柯林斯本人就被人当作一个自由思想者绅士，他中学在伊顿公学求学，后来又在剑桥深造，按照洛克的说法，他在乡间有
244 套房子，在城里有座图书馆，处处都有朋友；他的生活无可指摘；他的一举一动、一言一行都展现着一种“体面”，而这是其同胞所认为的社会交往中最重要的德行；这位绅士将持宗教自由思想人士与自然神论者的各种理念兼收并蓄，随后提炼分析出其中蕴含的种种宗旨、种种原则。大约就在这个时期，自由思想者开始成为时尚和高格调的代表；尽管各宗各派的信徒依然拥有数量上的优势，也依然掌握实际的权力，但自由思想者开始对这些人心生怜悯之情，开始觉得他们荒唐可笑。安东尼·柯林斯在与塞缪尔·克拉克对话时，就曾用过极度轻蔑的口吻：塞缪尔·克拉克是位正统人士，这就足以让我们给他下个定论了。“克拉克先生有件事做得让我极为惊讶，我本以为他不至于做出这样的事，在他的一篇辩护书中，他怀疑我是个极度缺乏宗教信仰的人。其实每个人都可以随意发表这类评价，也都可以写篇文章提出各种质疑，但这些质疑并不能抬高他本人，而且只要是公正正直的读者，一般来说也不会轻信。既然是毫无证据的怀疑，我想我也没有必要竭力洗白自己；作为回应，我只想证明克拉克先生是位正统人士。因此我想请他允许我用以下一句话作为结语，我要向大众担保，他的宗教信仰既不过火也没有任何欠缺，他是个完美的、不偏不倚的正统人士，而且永远都会如此。”这里我们可以看到，随着局面的演变，正统人士不仅被视作无法自行思考的人，而且还被认为是思想落后的人，是妨碍社会进步的人；而自由思想者不仅是能以正确方式理性思考的人，还是对社会发展做出积极贡献的人。对自由思想者，人们不能再指责他们是肤浅自私、耽于享乐之徒，也不能再把他们看作算不得数的下层人士，或是冒险家、落魄者。柯林斯为自由思想者做出了好的榜样，他的纯正品行和高尚情怀让他的无数对手也深为折服。

他从不在乎细枝末节，他既然不关心这些问题，这些问题就不会给他带来困扰，他也从不顺着对手的论据去谈，柯林斯是个固执的、按自己的路向

前冲的人，在他关于自由思想的论著中，既有很多否定式的论述，也有不少积极肯定的观点。他把人们通常的做法给颠倒了过来：别人肯定的地方他表 245 示否定，别人否定的地方他表示肯定。他说，必然是自由王国里的一部分，唯物主义为精神的胜利提供了保证。1714年，路易十四在世时，他关于自由思想的论著就有了法文译本；这个译本很成功，因为1717年第二版法文译本就面世了。译者说，这是一本放诸四海皆准的书。但之前有人认为，这本书只适合英国人阅读，必须加很多注解，外国人才可能看得懂，因此，把它译成另一种语言，很难有好的销路。这显然大错特错了！“真理、思想和理性是放到所有国家都一样的事。”——“这部论著的主旨与各国人民都有关联。”值得我们注意的是——这确实让人感到奇妙有趣——，柯林斯在他自由思想的殿堂中，供奉了古往今来的多位圣人。信奉理性的人认为，古往今来有很多伟人为建立新的信仰做出了贡献，是需要他们尊崇的，按时间排序，这些人分别是：苏格拉底、柏拉图、亚里士多德、伊壁鸠鲁、普鲁塔克、瓦罗[1]、老加图[2]、西塞罗、小加图[3]、塞内加、先知苏莱曼[4]、犹太史学家约瑟夫（Joseph ben Matityahu）、奥利金、米努西乌斯[5]、培根绅士、霍布斯，甚至还有非洲主教辛奈西斯（Synésios）以及蒂洛森大主教。说实话，蒂洛森大主教更像是一位基督教的卫道士，但通过他的布道词可以看出，他想建立一种兼顾宗教与美德的“思想的自由”，一旦这种自由得到实践，将极大地有利于社会的安宁和幸福。柯林斯除了谈这些自由思想家的功业之外，还谈到了其他很多英雄人物，不过，为了不让自己的作品篇幅过长，他对这些人只

1　瓦罗（Marcus Terentius Varro，公元前116—前27），是第一位有著作留下来的拉丁语研究者。他学识渊博，但流传下来的只有一部语言学著作和一部农业著作。——译注

2　老加图（Marcus Porcius Cato，公元前234—前149），又称监察官加图，罗马共和国时期的政治家、国务活动家、演说家，他也是罗马历史上第一位重要的拉丁语散文作家。——译注

3　小加图（Marcus Porcius Cato Uticensis，公元前95—前46），罗马共和国末期的政治家和演说家，是老加图的曾孙。——译注

4　别名所罗门，是耶路撒冷伊斯兰教的宗教人物。——译注

5　米努西乌斯（Marcus Minucius Félix），生活在2世纪或3世纪，原籍北非，后在罗马生活，当时重要的基督教作家。——译注

是点到为止，这些英雄人物有伊拉斯谟、蒙田、斯卡利格[1]、笛卡尔、伽桑狄、格劳秀斯、爱德华·赫尔伯特、弥尔顿、马沙姆、斯潘塞、卡德沃思、坦普尔骑士、洛克。他总结道，总之，尽管不能说绝对不可能，但如果某个人的才智见识和美德都极为杰出，也留下了极好的声名，却无法让我们看出他有“思想的自由”的痕迹，这恐怕是件难事。同样，假如一个人是“思想的自由”的敌人，不论他处于何种社会地位，也不论他有多么杰出，那他肯定心理上有一定程度的扭曲，或者是个狂热分子，再或者就是个野心勃
246 勃、毫无人性、恶贯满盈的人；总之一句话，他随时会拿上帝的荣耀或教会的前途当作冠冕堂皇的借口为所欲为，他留给后人的记忆，只会是他深深的无知，或是他残暴的行径，这种人最终也只会变成教士的奴隶，受女人的摆布，被命运捉弄……

自由思想者不仅仅是要推崇世俗的圣人。重新组建一个思想共同体；以新的理念重新接收、组织信徒；重定规矩礼仪：这就是自然神论演变到后来的追求，在前文中，我们已经看到了这一演变过程。

斯威夫特曾说过，托兰德的思想只有一个主题，就是表达他对基督教的仇恨，如果把这一点去掉，谁还会把托兰德看作哲学家呢？出于对基督教的仇恨，托兰德最后想建立起一个与教会分庭抗礼的社会。他写过一首赞美诗，赞美的不是神，而是哲学；但形式上看竟是首赞美诗。

> 哦，哲学，你是我们生活的向导，你把我们引向美德，你消灭了所有罪恶！要是没有你的帮助，我们该怎么生活？所有人的一生都该怎么过？是你建起了城市，是你将四处的人聚到一起，告诉他们社会的意义……是你创造了法律，是你教我们正品行、守规

---

1 斯卡利格（Joseph Juste Scaliger，1540—1609），法国16世纪最杰出的博学家之一，他的父亲是意大利斯卡拉家族的先祖。——译注

矩。你是我们的救星，我们向你求援。听你的训导过一天，胜于糊涂地过千年……你给了我们生活的安宁，让我们不再有对死亡的恐惧，除了你，我们还能向谁求助？……

他曾宣称，他厌恶人们宣扬的各种信仰和崇拜，不过，他自己也提出
了一种新型社会的理念，人们一旦信奉这种理念，就可以更加优秀、更具智
慧，这样的新型社会可以让人永远快乐、无比满足。出于对人类的爱，托兰
德建立了一个苏格拉底学院式的社团，并为这个社团定下了行为规范、活动
原则，明确了社团的思想源头和哲学理念。这一社团的成员会举办一些秘密
聚会，聚会时人们会吟诗放歌，畅饮佳酿，享用美食。他们还借用了宗教礼 247
仪里的某些做法。聚会的主持者吟诵诗句，其他信徒随之应和。就让我们跟
随约翰·托兰德，混入这群平等的兄弟当中，来到聚会大厅，听听他们都在
说些什么吧：

主持者：愿我们的聚会让大家幸福快乐。

众人应和：我们建起了一个和苏格拉底学院一样的社团。

主持者：愿哲学之花盛放。

众人应和：还有各种自由的艺术。

主持者：请大家安静！愿这场聚会，愿各位在此的所思、所言、所为，都有助于实现智者的三大心愿：真理、自由、健康。

众人应和：愿此情此景永世长存。

主持者：请让我们彼此互称平等的兄弟。

众人应和：也是同道和朋友……

就这样，最想摧毁教会的那个人在我们眼皮底下建起了自己的教堂。我们需要回顾一下，伦敦的共济会总堂成立于1717年，法国的第一个共济会会所出现在1725年。

第三章　自然法 248

先有神法。

结合宗教，神法让一切都变得简单而崇高。圣经的原文成为政治体系的依据：还有什么能比这更可靠的呢？“以色列，你要听着；上主，我们的天主是唯一的天主。你们当全心全力爱上主你们的天主。”[1]既然要爱上帝，人们就必须彼此相爱，于是社会就形成了。最早的国家是父权国家；此后出现的君主制国家是最通行、最古老、最自然的国体形式，因为所有人生来就当为臣子；父权国家让人们习惯了服从，同时也习惯了只有一位首领。君主制国家当中，最好的是世袭制国家，尤其是传男不传女、传长不传幼的世袭制国家。[2]

就这样，身为莫城主教、王储老师的博絮埃，他亲手为国王的御驾打造了一顶华盖，为国王挡风遮雨。御体是神圣的，世间的凡人没有谁可以损害王权。这倒不是说君王就不受任何约束；相反，上帝的律法为他定下了各种严格的要求、繁重的职责，他要付出的辛劳，远胜过最不幸的凡夫俗子。王权是天赋神权，但它也有父权的特征；它是绝对的，但它也需要服从理性；王权的行使要符合普遍意志，而不能只凭个人的一时喜好；假如大权独揽的人滥用权力，他注定要胆战心惊，因为在审判日到来的那一天，他会为此付 249

1 《申命记》6:4—5。——译注

2 博絮埃：《源于圣经的政治》（*Politique tirée des propres paroles de l'Ecriture Sainte*），1709年。——原注

出可怕的代价。不过，国王尽管要对上帝尽责，他却不必对自己的臣民尽责；他不一定要听取臣民的建议，也不一定要按他们的想法行事。实际上，君王是上帝指定的统领国家的人，以服从为己任的人如果能左右君王的思想，不但不合逻辑，也有失虔诚。这条准则是非常严苛的，因为一旦君王宣称某些臣民不守宗教信仰，甚至对他们进行迫害，这些人也必须照样服从；君王即便用了暴力的手段，他们也只能毕恭毕敬地用进谏的方式回应，不能存反叛之心，也不能发埋怨之声，只能默默祈祷君王回心转意。上帝在天国的最高处驾驭着所有王国的命运；各国国王则遵循上帝不可言传的意愿，统领各自的臣民；臣民毫无怨言地服从君令；有时会发生一些表面上扰乱这种和谐局面的事件，但这只是些暂时性事件，如果有一天，我们能不用凡胎肉眼去看问题，能把前因后果有机地联系在一起，我们就会看到，这些事件其实将进一步促进和谐。

如今，假如我们想找一个君临天下、气吞山河的形象，找一个盖世超人般的君王代表，那我们脑中会立时浮现出路易十四的模样。他那威仪四海的气概在我们眼前挥之不去；它跨越了时间的长河，一直来到我们的时代，它鲜活地出现在此时此刻，生命力依旧。这位伟大君王曾说过的著名言论，都刻在了我们的记忆中，我们仿佛都能听到他的声音，传来的是他加冕后不久说的那句话：**朕即国家**。我们知道，他想切实落实他的“一位国王、一个信仰、一种法律”的理念；他粉碎了所有反对势力；教皇是率领教会这艘大船前行的舵手，但他敢于在教皇面前争取船长的权益，因为船长是负责保证船安全的人：船长，即他本人。他是君主制国家的杰出英雄。我们来到凡尔赛，穿过一座座庭院、一间间厅堂来找寻他的踪迹；在镜厅，我们仿佛看到朝臣们将他簇拥在当中，细心留意他的一举一动；夕阳西下，我们就要离开这按他意愿设计的园林了，在小径上，我们转身远眺城堡，期待着透过某扇窗户看到他的身影，那个在拉布吕耶尔笔下出现过的身影：“从某种意义上说，他本人既是国君也是首相；他为我们辛劳不辍，对他来说，没有可以放
250 松的时刻，也没有属于自己的时间。夜色已深，宫前各条通道上的岗哨都已

换了守卫，天上繁星闪耀，每颗星都在自己的轨道上运行；整个大自然都在安静地休息，黑茫茫的帷幕下，不见一丝光亮；我们也已各自就寝，只有国王，他回到内宫，继续为我们操劳，继续为整个国家操劳……”

此外，君王享有绝对权力的理念还在各种无神论学说中得到宣扬发展，这些学说认为，只有把臣民当作工具，才能有效地统治他们。马基雅维利的理论尽管已很久远，但它一直没有脱离人们的记忆。近一点的则有霍布斯的理论。这是种观点尖锐、愤世嫉俗的理论，它的雏形出现于1642年，随着1651年《利维坦》一书的面世，它最终成形。这本书成了欧洲思想界所有人士都必须重视的一本书，这本书被人一再提起，哪怕只是为了表达对它的反驳。随便拿起一本理论著作，一翻页就总会看到霍布斯的名字出现！他的观点掀起了巨大的波澜，这本书引发的反响至今仍震荡在人们耳边！

你们天性是恶的，霍布斯对世人这样说道。世上并不存在任何精神原则；欢愉是唯一的善，痛苦是唯一的恶；行动的唯一目的就是逐利；自由的唯一实质就是能在纵情时毫无阻碍。谋生、维生的原则就是利己，每个人都在捍卫自己生存的权利，人的自然状态就是在人群中——或者说狼群般的人群中——互相争斗的状态。“在这种天性自由[1]中，人的状态就是战争的状态；因为所谓战争并非其他，它是通过语言或行动来充分表达自己攻击或抵抗的意愿、努力的一段时期。非战争的时期就是人们所称的和平。”人类可能因为战争而毁灭吗？如果人们不通过某种方式对人自然状态之恶进行补救的话，就当然可能；如果人们不用某种不平等的制度来取代人与人之间平等状态的话，就当然可能，因为只有这种不平等的制度才可以维持人类的存在。因此需要建立一个以君权为基础的国家，而且君王绝对必须是大权独揽的僭主式君王。

维系人与人之间的和平，靠条约或誓言都是无用的，因为它们总会被人践踏；只有强大的力量，以及这种力量给人带来的畏惧，才能压制人的野蛮

1　霍布斯提到的“天性自由”即指“保全生命的自由”。——译注

251 本性：因此，国王必须要一手紧握战争之剑，一手高擎公正的天秤。他要一人独享所有的权力，绝对的权力；假如想创造某种民主的手段来限制他的权威，比如说公民大会，这就会导致无政府状态，会很快重新陷入混乱的自然状态中。国王不需要对任何人尽责，他也不需要受任何机制束缚；他就代表了一切。或许，人们要为他牺牲自己或多或少依恋的自由。但这又算得上什么呢？因为人们无法兼顾自由与生存，那倒不如只选择生存。人有不可思议的创造能力；人成功地造出了某种人工动物，这是种能行走、能坐下、能晃动脑袋、能张嘴、能眨眼的自动装置。同样，人还成功地造出了一个人工社会：这是个巨型机器，一个用在政治上的自动装置，它很完美地取代了自然状态下的社会；这个装置的名称叫利维坦。“我用利维坦命名的这个普世社会其实是一种人造的人，尽管他比自然人更强壮更伟岸，但他的使命是要确保自然人的安全，是要为自然人提供防卫……”

以上这些理论尽管来源迥异，但它们有一个共同的目标，就是宣扬专权原则，对此，人们用各种对立的理论进行回应；一场新的战争就此打响。首先，这虽然只是无形的战斗，但它并不缺少真实战场上的悲怆之美。人们看到，出现了种种新生的观念，它们传播的声音不够响亮，力量也颇为单薄，甫一出现就遭到反对；但它们一步一步地壮大发展。在这些观念当中，没有哪一种会局限在自己的原产国；它们会不胫而走，会飞越国界，这是它们的天然属性，也是它们的必然命运；仿佛到了新的国家后，它们就会获得新的力量。它们不断地遭受攻击，但它们也在不断地防卫，不断地修正自我，不断地让自己变得更精确，它们开始开疆拓土，攻击性也变得越来越强；终于有一天，它们觉得自己已足够强大，可以取代过往的种种指导原则，可以引领人们，走向他们所期待的更美好的未来。自然法源自一种哲学：否定超自然力量、否定神、用自然内在秩序取代上帝个人行动和意志的哲学。此外，
252 它还源自表现在社会秩序层面的一种理性思潮：在每个人身上，都具有某些生而为人必然会具有的能力，人有了这些能力，也就承担了发挥这些能力本

质作用的义务。最后，自然法还源自一种意识：从内部看，专权只能专横地处理臣民与君主的关系，从外部看，专权只能引发战争，因此，专权理应被抛弃，并由一种新法来取代它，世间的幸福景象或许就会从此形成；这种新法是调节各国人民之间关系的政治法，它的理念在于让各国人民把握自身的命运。也就是说，这是万民之法……

法是一种生活哲学，一种社会价值观，也是一种实践价值观；法好比是一棵根深叶茂的大树，在其成长的过程中不免会留下种种痛苦的伤痕。在追求新法的道路上，要赢得一场场战役的胜利，有无数重要的工作要做。重新按照时间顺序看这一项项工作，是在重温一段非凡的探索过程，其中的每一个阶段，都让所追求的目标进一步接近现实。

1625年：胡果·格劳秀斯，《战争与和平法》（*De jure belli et pacis*）。

是一位流亡到巴黎的荷兰人吹响了第一声号角。他是个感情丰富、才学渊博、智力超群的人，他深深卷入了政治和宗教纷争的旋涡，一想到持续不断的斗争把欧洲破坏得满目疮痍，他就苦恼不已。“我看到，基督教的世界里充斥着形形色色的战争，这甚至让其他野蛮的民族都会引以为耻；就为了点不值一提的小事，甚至根本不需要什么原因，人们就会兵戎相见，人一拿起武器，什么尊重都不会再有，也不会再有神性、人性，这仿佛应了一条普遍的法则：只要走上某条罪恶之路，暴戾之气就会失控难平……”格劳秀斯在荷兰曾因为自己的观点遭到迫害，但在被捕入狱后，他以极具浪漫主义色彩的方式越狱出逃，接着来到了法国。1625年，他把他这本《战争与和平法》题献给了我们的路易十三，这是一本巨著，但也是一本不为大众所知的作品，实际上，对大众命运曾产生最深刻影响的作者，常常都会被大众忽视。调节各国人民之间关系的法则，或是调节各国元首之间关系的法则，有谁研究过呢？没人研究过，格劳秀斯这样说道。人们甚至众口一词地表示，战争是用不到任何一种法则的；按照马基雅维利想象出来的某种“国家理
性”，任何背信弃义的行为、任何暴力行为，都应该得到理解和原谅。这是 253

不对的，在战争时期依然存在着一种法则，它是凌驾于战争之上的，它的名字叫自然法。确实，自然将这种法则铭刻在人的内心之中，因为从自然天性来看，人应该具有在社会中共处的特征；这虽然是一条非成文的法则，但它高于一切，它是最根本的法则。“为了让战争变成正义之战、公平之战，我们在司法领域为实现公正而秉持的宗教精神，也应该等量地用到战争中来。”——“在战争时期，民法不再起作用，但自然制定的非成文法并没有失效。”

那么神的法则在哪里？格劳秀斯试图同时维护神法。他申明道，即便我们认同上帝不存在（当然真认同的话是难免有罪的），即便我们认同上帝根本不关心人类的事务，我们刚刚所说的也同样成立。当然，上帝和天命毫无疑问是存在的，除了那些源于自然的法则以外，其他法则都源于上帝的自由意志。“自然法本身也可以归结于上帝，因为上帝想让这些原则存在于我们内心之中。”

上帝之法，自然之法……这两个概念并不是格劳秀斯本人发明出来的，很早以前它们就已出现；中世纪的人们就已经认可这两个概念了。那么这两个概念现在具备什么新的特点呢？为什么它们会被宗教界的学者抨击、定罪呢？它们又为什么会引起这么大的轰动效果呢？

其新意在于，首先，两个词是分列的——这一点很清楚；其次，两个词是对立的——这已近似于一种明确的事实；最后，既然想用调和的方式尝试补救，这本身就意味着两者之间已产生了裂痕。但其新意更主要是体现在我们前文提到的意识中，这种意识虽然尚不明朗，但已十分强大：上帝之法不但不会抑制战争、暴力和混乱无序的局面，反而会对它们抱以宽容的态度，甚至还会在难于参透的意图下，为折磨我们的这些恶行辩解开脱，或许，未来只能靠某种人的法则来减轻罪恶、中止罪恶。就这样，人们一边解释自己胆大妄为的原因，一边从天命的理念转向了人为的理念。

在接下来的整整一个世纪里，这本书被译成多国文字，被人一再评注，并在法学院的课堂上被详细讲解。

1670年：斯宾诺莎，《神学政治论》。 254

1677年：《伦理学》。

前一本书的观念是，君王都是欺世之徒，是利用宗教来确保自己不公正权力的人；后一本书则在另一个层面上表达出同样深刻的观念，书中认为，每个存在的实体都必然会努力维持自身的存在。

关于后一种观念，我们只需要看看《伦理学》的原文，第三部分的命题六是这样说的：不论是什么样的事物，只要它是个自在的存在，就会努力维持自身的存在。

证明：实际上，种种个体事物，是用某种明确、确定的方式来体现上帝属性的不同样式……，也就是说，是体现上帝神力的种种事物，上帝通过其神力，以某种明确、确定的方式存在、行动。一个事物，它自身不会包含任何能让其毁灭的东西，或者说能让其不复存在的东西……相反，外界如果有什么能让其不复存在的东西，它都会全力反抗，因此，只要它是个自在的存在，就会努力维持自身的存在。此证。

1672年：赛缪尔·普芬道夫，8卷本《论自然法和万民法》（*De jure naturae et gentium libri octo*）。

1673年：前一本书的概要《根据自然法论人类和公民的义务》（*De officio hominis et civis juxta legem naturalem libri duo*）。

一位在瑞典任教的德国人接过了任务，在这些一步步形成发展的理论中，他留下了属于自己的印迹，也是磨灭不去的印迹。普芬道夫在海德堡大学教学期间，成为第一位开设自然法和万民法课程的老师；1670年，他接受了瑞典国王卡尔十一世的邀请，开始在隆德大学任教。——人类和公民的义务：这样的书名真让人啧啧称奇，尤其它出现在这样一个年代就更显得不同寻常！这个书名似乎超前了一个多世纪；假如有人问我们这本书写自哪个时代，我们在不了解背景的情况下，很可能会以为这是法国大革命时期的用词。事实上，经过一位位思想者的传递，这部作品中的一些理念最终确实对下一个世纪的思想起到了指引作用：——第一个理念是取代了历史概念的哲学的抽象概念，因为人们可以认为，“第一个人在从云端降落尘间时，他
255 的种种倾向与当今出世的人并没有什么不同”；——第二个理念是社会道德，义务是“一种与法律规定下我们应尽职责完全相符的人的行为”；——第三个理念是政治公约。通过联姻、家庭，以及某种必然要依靠一定协议才能形成的政治实体，公民社会取代了人的自然生存状态：多个个体相互约定，要共同加入到一个唯一的实体中，此外，还要在一致认同的情况下，处理与他们共同安全和共同利益相关的各种事务；那些享有至高权威的人需要承诺，他们必将悉心维护公共安全和公共利益；与此同时，其他的人则要向这些人承诺，自己将忠心不渝，坚决服从。

自然法开始变得有模有样，也具备了一定的力量；它争取的不再只是战争时期的地位——这种地位它已经拥有了，它还迫切地追求自己在国家政治体制中的地位；在社会生活中它也能起到统领的作用：“人有社交的天性和说理的天性，自然法是能永远顺应这些天性的一种法，人要是不遵守自然法里的准则，那么人类就不可能形成公正、和平的社会……”普芬道夫不否认神力，但他认为神力涉及的是另一个范畴的事情；有纯理性的范畴，也有神启的范畴；自然法所在的范畴是道德神学的范畴；至于我们应尽的义务，也有两个范畴，既有在正确的自然理性引导下、从总体层面维护人类社会时应尽的义务，也有在遵守圣经中上帝谕令时应尽的义务。尽管普芬道夫想通过各种理据说明，这种种范畴并不冲突，甚至有重合的可能，但这些理据反而清晰地展现出各类范畴彼此极不协调的实情。神学谈论的是天上的事情，自然理性涉及的是地上的事情；普芬道夫只喜欢注视大地，天空对他来说过于遥远。

瑞典的牧师们都很明白，把各种范畴划分清楚——或者说，人们假如坦承自己更关注哪种范畴的话——，会带来怎样的风险；于是，这位宣扬自然法的神学家引起了公愤，他被迫寻求世俗权力机关的庇护，才得以保全职位。

最终，他不但没有被打倒，反而赢得了胜利。

1672年：理查德·坎伯兰（Richard Cumberland），《关于自然法的哲学探讨》（*De legibus naturae disquisitio philosophica*）。

这一次的贡献来自英国：理查德·坎伯兰牧师是一位神学学者，后来还 256
担任了主教的职务，他对霍布斯那些可怕的原理是明确表示反对的。他是如何来反驳的呢？他倚仗的是自然法，而自然法与《利维坦》作者所鼓吹的暴力是截然相反的两个概念："所有自然法都可以简化为这样的原则：人们必须对所有合理存在的事物抱以善意……"

不过，自然法还在其他方面发挥了极为有效的辅助作用。在英国这片古老的土地上，讨论政治方面的问题历来是国家精神生活、道德生活和宗教生活中不可或缺的组成部分；在17世纪的英国，王权成为一个一再受人摆布的概念，王权被推翻、被重建，然后再次被推翻、再次被重建，但王权的本质已经发生了变化；王权的问题总会引起各种激烈的讨论，参与讨论的不仅有资产阶级、绅士，还有诗人、哲学家，甚至连国王本人也不例外。但自然法的发展并没有想象中那么快；不过，也不需要等太久了。

1685年：《南特敕令》被废止。

在法国本土以外的法兰西世界，在异国他乡的法国人避难所，传出了反叛的呼声。尽管新教徒遭到迫害并因此走上逃亡之路，但确实不是所有人都认为要背弃效忠国王的誓言；面对这个信念上的问题，他们的处理方式并非完全相同，有人继续认为，神法规定，要对君王保持服从，君王即使有过失，也无损于君权神授的理念。但同样也有人发出了高呼，他们声称要以暴制暴，而这些人的声音明显更为响亮。1686至1689年，朱利约通过他的《写给为巴比伦之囚悲叹的信徒们的牧函》（*Lettres pastorales aux fidèles qui gémissent sous la captivité de Babylone*），来争取反抗的正当权利——"君王可以用刀剑发动战争，但不能把刀剑用到思想领域中来"：路易十四用刀剑强迫人们在思想领域就范，这就违背了神法的精神，反叛从此变得合法。

听到这样的论调，博絮埃深感震惊，他立刻撰写了《就朱利约牧师驳〈新教教会改易史〉的牧函告新教徒之五》（*Cinquième avertissement aux protestants sur les lettres du ministre Jurieu contre l'Histoire des Variations*，1690），对其进行反驳，此书又名《朱利约牧师意图推翻的帝国根基》（*Le fondement des empires renversé par le ministre Jurieu*）。朱利约牧师传播的是"一些煽动暴乱的言论，这些言论旨在颠覆所有的帝国，并想让上帝建立
257 的所有国家都走上衰败的道路"。竟然有这样的事！早年的基督教会受到迫害从不曾反叛过；不论在法国还是英国，过去的新教徒也为他们反抗王权的事实做过长时间的辩解；而今天，朱利约竟然宣称，人们有权向自己的国王开战，有权向自己的祖国开战！这种反叛的思想实在令人深恶痛绝。"我想向您证明，您的新教与基督教毫无关系，因为它对自己的君王不忠，对自己的国家不忠。"

不过，这并非单纯是新教徒与天主教徒之间的问题：在他们的争辩中，自然法也参与了进来。朱利约有格劳秀斯的学说为他提供支持。而博絮埃对格劳秀斯是非常了解的；他的确是位有才学的人，而且是个充满善意的人，但他是索齐尼派的人，他的思想是很危险的，他要把神与人混为一谈。他想用他那套自然法来说明什么问题呢？认为人民天生享有主权，这几乎相当于是说，原始状态下的人就已经形成了主权的概念，这主权归他们自身所有，而他们有权把这主权托付给自己觉得满意的人。这真是个弥天大错！格劳秀斯，还有在他之后的朱利约，他们在原则上迷失了方向，对事情本身也没弄明白。各位千万不要弄错：人类最初的生存状态是一种野蛮粗暴的无政府状态，此外，通过理性就可以假设出，人类在形成最初群体时并不能算作人民，而只能算是乌合之众，那么，主权这种已涉及治国形式的概念怎么会在那时就出现呢？"这种状态下的人民远不可能有什么主权，甚至可以说，在这种状态下也不会有人民。当时很可能存在一些家庭，但这些家庭缺乏好的管理，难于保持稳定；当时很可能存在一些群居体，一群人聚在一起生活，

杂乱无章；但当时不可能存在人民，因为所谓人民，就意味着这个群体存在某种行为规范，存在某种成形的法规；这种情况，它只会发生在开始脱离这种不幸的生存状态——无政府状态——的人群身上。”博絮埃所能设想的主权和主权国家，只能是发生在无政府状态后的事。

然而，路易十四作为专制君王被人定了罪状；他所代表的是旧制度——
当时这个概念就已有人提起。甚至在他的法兰西王国内部，反对专权仅以神 258
授为基础的声音也是一浪高过一浪！反对者会在涉及君主制起源的古代文献中查找资料，以此来证明君主制是欺世盗名的制度；最高法院里一些固执己见的成员认为，自己所在的是一个不同寻常的机构，于是斤斤计较地捍卫起这一机构的正常权利及特权；贵族们也同样在争取与自己爵位相关的种种优待；所有人，不论是平民还是贵族，不论是只敢发牢骚的人还是敢于愤起反抗的人，不论是理智的人还是疯狂的人，他们都会撰文写书，要么拿到荷兰去印刷，要么用手抄本的方式私下传播，以此来表达自己的不满和怒火，以此来表达在重重枷锁下忍无可忍的情绪。

在国外，路易十四更是饱受他人的羞辱，这一点我们之前已经提到。不过，要是单纯从法理角度看问题的话，博絮埃的反对意见还是成立的。假如说，在最初自然状态下的人确实只能算一群乌合之众，那么我们是该想一想，从这种原始的混乱状态中如何能产生一种法则。

1688年：英国革命。

蒙受上帝圣恩的詹姆斯二世被驱逐了，威廉三世取而代之；历史学家告诉我们，新国王是在威斯敏斯特大教堂加冕的，当天是1689年4月11日，“从法的角度看，由他来任国君，其实与土地所有者选出自己所在郡的总代表并没有什么不同”；历史学家还告诉我们，他接受了议会的监督，并通过《权利法案》这一规范君主与其臣民关系的理想协议，保障了议会制政体的胜利。

自格劳秀斯起先后为两代人提供启示的那些观念、那些被教授们在讲台上传播、被学生们认真记录、被学术刊物一再强调的观念，那些引起种种讨论、被人们驳斥，又被人们重新认同的观念，它们是否销声匿迹了呢？而那些通过教会学者陈述出来、由官方法学家宣传、被教会人士传授的观念，那些以悠久传统作为自身优势的观念，它们是否也默不作声了呢？英国发生了震动整个欧洲的事件，各种观念有了极为难得的在实践中验证的机会，人们真的决定要放弃这样的机会吗？为了捍卫斯图亚特王朝风雨飘摇的权力，自
259 然会有人求助于理论。在种种为专制君权合法性提供确证的文字中，我们重点来看一看17世纪中叶一位火力十足的论战者的著作吧，他一直以英勇的姿态捍卫着王权大业。罗伯特·菲尔默（Robert Filmer）宣扬的是服从、听命的理念，他说，一个混合式政体的国家最终只会导致混乱无序的局面，臣子们根本就不该有任何反叛的权利；他还说，霍布斯尽管在原则上有误，但他的结论极有道理；总之，所有国王都必须具有专制的绝对权力。英国革命前后，菲尔默成了风靡一时的人物；他的遗作《父权制》（*Patriarcha*）于1680年出版，随后几年又几度再版，《父权制》是这位“学富五车之人”的一部巨著，此书极为清晰地证明了王权实际上是父权的延伸：只要对上帝和他人有敬畏之心，任何子女都不敢反叛自己的父亲。

但事实颠覆了詹姆斯二世及斯图亚特王朝追随者的意愿。同时，也有人用一种普世原则的价值观为现实提供了理论依据。

1689年：约翰·洛克，两篇《政府论》。前一篇指明了罗伯特·菲尔默爵士及其追随者在原则和理论基础上的错误，并对其一一驳斥。第二篇则阐述了公民政府的真正渊源、范围和目的。

威廉三世从荷兰出发，踏上了一艘驶向英国、驶向革命的大船，而约翰·洛克这位新时代的哲学家也在这艘船上。他将用他的这两篇论著，来迎接那些君主体制拥护者的挑战。

实际上，他是在重提我们在前文中已几次说过的观念，但他把这些观念推到了前所未有的高度；同时，他通过一系列逻辑推理，让这些观念有力

地证明了反叛权的合法性。他从人的自然状态谈起，这和普芬道夫的做法一样，也和当时所有人的做法一样；这成了一种时尚潮流，甚至几近于一种狂热的现象。自然状态并不像霍布斯所说的那样是暴力和野蛮的状态；当然它也不是种完美的状态。为了补救自然状态会带来的恶，人们建立了一种社会状态，但这种社会状态并不像菲尔默所说的那样遵循的是父权制模式；人们 260
是根据某种契约将其建立起来的，正如普芬道夫所证明的那样。为了让读者对此有清晰的认识，他这样说道："在这种情况下，只存在一种政治社会，该社会里的每一位成员都放弃了自己的自然权力，并把这种权力交到社会的手上，让社会来主导各种局面，同时社会也制定了种种法律，社会成员始终有向法律求助的权利。"专制权是否认这种求助的权利的，它与公民社会绝对是格格不入的；此外，天主教学者推崇的神法，从任何角度看，也都没有为一人独揽大权、控制其他所有人的现象提供依据。权力应该受到监督，并实现分立，就像大英所做的那样：有立法权，也有行政权。如果行政权在行使时不符合其原定目标，如果它侵犯到了人民的自由，那么，人们就应该从掌权人手上夺回这种权力。更重要的是：如果臣民发现暴君即将采取手段奴役他们，那他们可以抢先行动！他们可以通过公开的反叛，阻止他实现自己的邪恶意图！

洛克是一个理论结合实际的天才，他也充分发挥自己的这种天才来处理问题；在自然观念的基础上，他又补充了文明的观念。前文所说的博絮埃的观点出现在他出书之后，但他未卜先知式地提前做出了回应。的确，自然状态是存在某些弊端的。的确，我们所知道的社会发端时的历史，不可能像人们所期待的那样丰富翔实、精确无误，它所提供的，谈不上是可靠的事例，而只能说是接近于真实的推测；我们可以做的，只能是用最合情合理的方式，还原出当时人们把自己的权力委托给代理人的方式。情况应该是这样的：人生来是自由的，但在坚守自由时，人们发现自己处在既是法官又是当事人的境地中，为了捍卫自由，人们该求助于谁？人是生来平等的，但在坚守平等、反对各种欺世盗名行为的过程中，人们该求助于谁？假如他们不把自己的权力委托给一个能捍卫原始自由、原始平等的政府，那他们就很可能永远陷入战争的状态中。他们并不是乌合之众，但他们要是不加防范，确实有可能变成乌合之众。自然法引出了政治法，而政治法可以防止自然天性在实际生活中受到威胁。

261 每一个存在争议的问题，智慧的洛克都会尝试用智慧的方法去解决。比如说，人们很难放弃父权的观念，因为父权可以作为上帝与人之间的桥梁，是王权的雏形。洛克对此解释道，孩子们尽管是为完全平等的状态而生，但他们并非生来就处在这样的状态中；父辈（父亲，同样也包括母亲）对孩子的权力相当于是一种监管权：实际上，只要孩子未到通晓事理的年纪，父辈都有义务为孩子走上自由之路创造条件。因此父权是存在的，但它并不是绝对的；它更像是一种义务而不是权力；它并不能颁布法则；即便人类早期确实存在父权社会，那它必然也会以孩子的默许作为前提。

让我们再来看一看财产权的问题，这也是个非常重大的问题。它与生而平等这个概念并不很协调。不论是从理性的角度看还是从神启的角度看，上帝是把大地交给整个人类共同享有的：这样的话，个体可以把这份共同财产中的一部分合法地归为一己所有，又该如何解释呢？——对这个问题洛克也给出了自己的回应，他说：个体的财产权可以通过劳动得到解释。“尽管大地和大地上的次级受造物是属于人类共有的，但每个人对自己的人身是拥有独立所有权的，对此其他任何人都不可有任何非分之想。我们可以说，他的身体和他亲手创造出来的工作产品，都是属于他个人的财产。只要他以自己的辛劳和技艺，让某种东西脱离了原有的自然状态，那这种东西就属于他个人单独所有……”泉里的流水属于所有的过路人，但如果我舀出一部分水，将其装满我的水壶，谁敢说我水壶里的水不是我自己的财产呢？

洛克精练地进行阐述，发表评论，他俨然成为专业法学家与大众的中间人；他同样也成为旧时代与新时代的中间人：适当保留旧的信仰，但不要对眼下的思想产生全面干扰，此外还要让旧信仰尽可能地富含新意。不再有神权，也不再有征服权：“为了建新房就拆毁旧房，这远不是件合情合理的事情，同样，征服也远不是国家产生的根源和建立的基础。”正是因为有了洛克，英国的新政体才能以自然法为背景熠熠生辉；同时，自然法也在实践中 262
奠定了英国新政体的基础，既有议会，也有顺应全国人民意愿的国王。他把自然法融进了他那个时代、那个国家、那个民族的政治中；不仅如此，他还让自然法与新教建立起了联系。自从神法想为专制主义提供依据后，它就不再是超自然之法，而是反自然之法，用没人能说得清的某种神的意志来为专制主义辩解，这样的辩解只不过是天主教神学家新近的发明：“在上个世纪的神学家揭开这个大秘密之前，人们可从来没听说过任何类似的事情……”

1699年：《忒勒马科斯历险记》（*Les Aventures de Télémaque*）。

说实话，芬乃伦并不反对神法的原则。他的这本著作在长时间内享有盛名，印量无数，不论在成人还是在儿童那里都深受欢迎，这本书激发了种种情感，也树立了种种观念，其中至少有一种情感和一种观念是我们不得不谈的。

一种情感：对路易十四的恐惧和厌恶。这并不是理论上的反对意见，而更应该说是一种难以抑制的、强烈迸发出来的情绪，是一位代表大众之声的控诉者的激愤之情。“您求才时有没有找过那些最刚正不阿的人，有没有找过那些最适于向您直言进谏、和您唱反调的人？那些最不愿讨好您的人，那些行为最无私的人，那些最有能力指出您不公正之处的人，您有没有为他们创造表达意见的机会？当您发现身边有逢迎拍马的弄臣时，您有没有疏远他们？您对这些人有没有防备？没有，没有，那些热爱真理，也有资格了解真理的人所做的事，您从来都没有做过……您在境外有那么多敌人在威胁着您根基依然不牢的王国，可您惦记的，只是在境内您的某座新城里弄些华美的工程……您耗尽了您的财富；改善人民的生活您不关心，耕耘沃土您同样不关心……您只在乎您那没有意义的雄心壮志，可它把您推到了深渊的边缘。您只顾着让自己具有伟大之形，可这让您真正的伟大之实都灰飞烟灭……”

一种观念：人民的价值。“神让他成为国王并不是因为他本人的关系； 263

他能成为国王，只是因为他是献身给人民的人：他必须要把自己的所有时间、所有精力、所有感情都用在人民身上；他只有在舍身忘我、为大众利益全力奉献的时候才配得上王权……”——“您要知道，您只有在管理人民的时候才是国王……”不仅如此，人民一旦受到压迫，他们心里想的只是找国王复仇，于是革命的钟声就会敲响：“他独掌大权，实行专制统治，这让他的臣民全变成了奴隶。人们奉承他，佯装敬爱他，看他一眼都会浑身颤抖；但到革命的火星燃起时再来看吧：这种令人生畏的强权走到了极度过火的地步，它是不会持久的；它在人民的心中得不到任何支持；它让这个国家的所有人都深感厌倦和愤怒；稍有风吹草动，它就会将所有人都压制得透不过气来。因此，只要有人猛击一拳，圣像就会被打翻在地，就会化为碎片，就会被人践踏在脚下。”[1]

在法兰西王国，存在着苦难深重的一面。拉布吕耶尔描述过农民的悲惨境况，他的这些文字谁没有听说过呢？洛克也写过他目睹的情形，尽管文章的影响略逊一筹，但或许会给人带来更深的感触：他看到，农民生活在简陋污秽的住所，他们几无蔽体之衣，也难寻果腹之食；尽管他们已经这么可怜，但官员还是有办法用税收的名目来压榨他们。于是土地无法继续得到耕种，良田从此荒芜，劳作只会带来更多的压迫，人们只能放弃劳作。另一方面，工业也呈现出凋零之势，生产者要么抛弃产业，要么想办法到境外安生，因为境外能让他们找到在法国失去的自由。关税无处不在，每一个入境口岸都要征收，它活生生毁掉了商业。让－巴蒂斯特·科尔贝尔的政策彻底失败，这迹象在他生前就开始出现，在他死后更是成为有目共睹的事实。1694年法国发生大饥荒，国家岌岌可危：真是满目疮痍的惨景！

不过，当时还是有一位精英人物记录下这种种悲怨，并试图匡治时弊。法国的苦难将被写进一本本书中，在人民的求生愿望下，写这些书似乎也成

1 《忒勒马科斯历险记》，第十卷。——原注

为势在必行的举动。布阿吉尔贝尔[1]的书有些沉闷乏味，缺少艺术色彩，但书中表现出一种坚韧不拔的斗志和严密精确的思路，让人深为感动，他在 264
书中说明，法国过去是世界上最富有的国家，但现在的年收入已经减少了五六百万埃居，而且赤字仍然与日递增。人头税的征税体系极不公正，穷人负担极重，富人少有影响；在这样的体系下，穷人全陷入了赤贫的状况：整个国家已濒临破产。[2]必须紧急调整税收政策，沃邦[3]也发表了自己的观点，他认为，需要用什一税来取代随意征税的方式，这样能在个人负担减轻的同时提高政府收益。布阿吉尔贝尔和沃邦自然远不是反叛者，他们只是想健全财政制度，为绝望的国王提供开拓财源的途径，不过，他们的行为还是被视作越权妄为之举，他们闯进了一个原本守卫森严、不容擅入的禁地：《钦定什一税计划……》[4]一书被查禁焚毁。

不过，芬乃伦可要比他们大胆、尖锐得多了！他在自己的作品中让忒勒马科斯向克里特王伊多梅纽斯提出了诸多问题，他还以同样痛心的口吻，把这些问题向自己的学生布尔戈涅公爵[5]重提了一遍，让他假设自己已经登基，需要掌管天下大事：王国的体制您了解吗？国王在道德上应尽的义务您分析过吗？您有没有探索过减轻人民负担的方法？专制、恶政、战争会造就无穷的罪孽，您会用什么办法让它们远离您的臣民？1711年，这位公爵被立为法国王储，芬乃伦更是向他呈交了一份改革表，供他加冕后使用。

关于芬乃伦，我们最后还要谈一谈他在捍卫人类法方面的贡献。他说过这样的一番话："家庭是一个特定国家的组成单位，同样，民族也是人类这个总体社会的组成单位。就每个人而言，他自然要对自己出生的那个特定国

1　布阿吉尔贝尔（Pierre Le Pesant de Boisguilbert，1646—1714），法国作家、经济学家，现代经济学的一位重要先驱。——译注

2　布阿吉尔贝尔：《法国的细貌》（*Le détail de la France*），1695年。——原注

3　沃邦（Sébastien Le Prestre de Vauban，1633—1707），法国元帅、著名军事工程师。——译注

4　《钦定什一税计划……》（*Projet d'une dixme royale...*），1707年。——原注

5　布尔戈涅公爵，即路易十四之子路易·德·法兰西（Louis de France，1682—1712），1711至1712年间为王储，但先于路易十四去世，其幼子即后来的路易十五。——译注

家尽义务，但他更应该为人类这个大国家尽义务；因此，损害同一个国家里不同家庭间的公平固然有害，但损害不同民族间的公平要比这有害千万倍。抛弃人类应有的情感，这不仅仅是缺少礼教、堕落到野蛮状态的问题，也是
265 最扭曲天性的盲目行为，只有强盗和野蛮人才干得出来这样的事：这样的人已经不再是人，而是食人族。”[1]

1705年：托马修斯，《自然法原理及常识中的国家》（*Fundamenta juris naturae et gentium ex sensu communi deducta*）。

1708年：格拉维纳[2]，《民法的起源和演进》（*Orignies juris civilis, quibus ortus et progressus Juris civilis, jus naturale gentium et XII Tabulae explicantur*）。

吉安·文森佐·格拉维纳把自然法的概念引入到历史中。此外，自然是个捉摸不定的观念，难免会引发一些矛盾的问题，对于这些问题，他也力图用自己的解释来澄清。自然法就是理性，它要求人们践行美德。美德是不能容忍恶的，然而我们看到，恶也同样存在于自然之中……对此格拉维纳回答道：“除了与人的灵肉同时相关（因为人的灵与肉是结合在一起的）的普适法之外，人还有一种专有的法，这种法往往是会与普适法相对立的。我把第一种法称为‘普通法’，把第二种法称为‘唯灵法’。普通法涵盖了所有生物，因此也包括人本身。但唯灵法是理性之法，是思想之法，它是只适用于人的法。”在这后一种法的作用下，人类要服从于自己的理性；因此人也要服从于美德的要求，仿佛有一些专门维护这种法的法官，他们会对我们的行为做出仲裁，会对我们的情感实施监督……

直到今天，后世的思想者依然在传播、发展这些观念。但17世纪末代表的是一个决定性阶段，因为自然法、民法的理论在此时与现实结合到了一起。尽管与格劳秀斯和普芬道夫相比，洛克在这方面的思想远不如他们有

1 《亡者对话录》（*Dialogue des Morts*），苏格拉底和阿尔西比亚德的对话（1718年）。——原注

2 格拉维纳（Giovanni Vincenzo Gravina，1664—1718），意大利文学家、法学家。——译注

力，也远不如他们深刻，常常还会欠缺逻辑性，但洛克让法的概念得到了普及。可以说，“自由”“平等”已成为他论著中座右铭式的两个词。“在自然状态下，有自然法来管理调节，每个人都必须服从它遵守它。这种法也就是理性，只要人们愿意听从它的教诲，它就会告诉人们，众生是平等独立的，没人可以伤害他人的生命、健康、自由或财产……”[1]

---

1 《论公民政府的真正渊源、范围和目的》（*Du Gouvernement civil...*），大卫·马泽尔译，阿姆斯特丹，1691年，第一章。——原注

第四章　社会道德 266

过往已有很多人论述过道德与宗教相互间的独立关系，但如果说有一个人以最清晰、最有力的方式，对这个问题做出了超越所有前人的阐述，那这个人就是皮埃尔·贝尔。在他的《历史与批评辞典》《对一位外省人问题的回复》《关于彗星的思考》中，贝尔反复提这个话题，他毫不吝惜自己的时间，将自己的所有才能充分展现出来，他以饱含激情又清晰透彻的文字，写就了一部道德与宗教分离的伟大宪章。

他开始的口气是不徐不疾的；不论是头脑还是心灵，无神论者都不见得比偶像崇拜者逊色。循着这样的思路，他进一步暗示说，无神论者并不比基督徒逊色。啊！假如人们碰上了某个天外来客，对他说，我们这里生存着一些既有理性又有见识的人，他们敬畏上帝，他们相信，行善积德就会进天堂，作恶多端就会下地狱，这个天外来客肯定想亲眼见识见识，这些人究竟是怎么行善的，是怎么敬爱他人的，是怎么以德报怨的，又是怎么努力争取永恒幸福的。唉，可惜啊！现实中的情况并非如此。生活中的一幕幕戏让我们无比清楚地认识到，我们要相信的只能是某种经验事实：在人们的信仰与行动之间，差异是巨大的；原则并不能对行为构成什么影响；人们个个嘴上都极为虔诚，但做起事来却像在亵渎神明；人们个个都说自己敬爱上帝，但实际上真信奉的只是名利和情欲；“我知道什么是善，也赞同善，但我还是要行恶”，这可不是什么新说法。请看一看基督徒究竟是怎么生活的吧。他们也读一些谈虔心修行的书籍，但总是一边读一边忘。那些最典型的天主教

267 部队里的战士，他们都是些流氓和强盗；不论是敌国还是友邦，只要他们到了异土，都会不加区分地大肆洗劫；他们根本不问青红皂白，只要有必要，不管是大教堂、小教堂还是修道院，他们都会付之一炬。从理论上看，十字军东征是多么可敬的一项伟业啊！但这一次次东征前后，发生过多少背地里的交易、不光彩的勾当、背信弃义的行为，又犯下了多少罪行啊！相形之下，女人们会更虔诚一些，但有些女人刚从忏悔亭里出来就偷偷与情人幽会，这种事我们不是见过很多回吗？在极度崇敬圣母马利亚的人当中，有交际花，有小偷，也有杀人犯；曾经还流传过一些因虔诚而感动上苍的故事，故事中，女孩或作过恶的人因为在教堂点亮烛台上的蜡烛，或是因为在圣母像前长跪祈祷，就得到了圣母的庇护。冉森派人士不赞同经常领圣体，因为他们很清楚，有人每天待在圣餐台边，也仍然不改歹徒的秉性。简而言之，一个人公开表明的信仰并不见得会影响他的行为，也并不见得会影响他的道德。甚至单纯宣扬虔诚还有可能会鼓励某些恶念恶行，会让人对异见者大发雷霆，会让人只热衷于表面的修行，还会让人变得虚伪。

于是，贝尔让读者看到的，是一种完全出乎人们意料的经验事实：我们经常能看到，有些正统基督徒的生活方式很糟糕，同样我们也能看到，有不少持宗教自由思想的人生活方式却非常优秀。这里我们就不谈古人了，比如说狄雅戈拉斯、特奥多鲁斯、尼卡诺、欧赫迈罗斯、希波[1]，又比如说始终被人看作罗马名士代表的普林尼[2]，再比如说过着典范式生活的伊壁鸠鲁，

1 狄雅戈拉斯（Diagoras de Mélos，约公元前475—前410），即米洛斯岛的狄雅戈拉斯，古希腊立法者、诗人；特奥多鲁斯（又译西奥多罗斯），应指无神论者特奥多鲁斯（Théodore l'Athée，约公元前340—前250），古希腊哲学家；尼卡诺，应指亚历山大里亚的尼卡诺（Nikanor d'Alexandrie），古罗马皇帝哈德良时期的希腊语法学家（2世纪上半叶）；欧赫迈罗斯（Evhémère，公元前316—前260），古罗马时期的神话作家，著有《圣史》一书；希波（Hippon），应指希波克拉底（Hippocrate，约公元前460—前370），古希腊时期的医生，西方医学奠基人。——译注

2 普林尼（Gaius Plinius Secundus，23/24—79），古罗马百科全书式的作家，以其《自然史》一书著称。——译注

还是让我们看看今人吧：米歇尔·德·洛皮塔尔[1]曾被人怀疑没有任何宗教情感，但他长着一张无比庄重的面孔，过着一种无比高贵的生活；此外，与斯宾诺莎有过交往的人都说，斯宾诺莎是个亲切随和的人，是个正直的人，有很好的品行操守，但斯宾诺莎是个无神论者。

一个无神论者的共和国——为什么就不能有这样的想法呢？一个没有任何宗教的社会可能近似于异教徒的社会，而基督徒在实际生活中其实和异教徒也没有什么分别……无神论者向往荣耀，期待回报，讨厌被人蔑视，也憎恶惩罚，他们的这些感情并不亚于基督徒：他们虽然认为灵魂终将消亡，但这并不妨碍他们谋求自己声名的不朽。最后，假如说，任何一种学说在受人 268
拥戴前，都必须出现一些殉道者，那么，无神论的学说也同样不乏殉道者：瓦尼尼[2]就是一位因无神论思想赴死的人；更近一点的则有一位穆罕默德先生（Mahomet Effendi），他因宣扬反上帝存在的学说在君士坦丁堡被处死。“他只要承认自己的错误，承诺未来永不再犯，就可以保全性命；但他宁愿坚持自己的渎神思想，他说，他其实不求任何回报，对真理的热爱让他必须来承受殉道的命运，只有这样才能让真理不受动摇。”

列举完正反两方面的事例后，贝尔开始了自己的论证：宗教与道德远不是密不可分的，而是彼此独立的两件事；一个人可以信宗教却没有道德，也可以有道德却不信宗教。一个无神论者只要生活上合乎道德规范，就不会是个超越自然能力的恶魔：“一个基督徒犯下种种罪行并不是件奇事，而一位无神论者在生活中秉承道德原则也同样不奇怪。”与罗马、巴黎的基督徒相比，土耳其、中国的无神论者的生活习性应该更为纯朴……

甚至我们是不是可以说，独立存在的道德会高于同宗教联系在一起的道德？因为前一种道德既不期待回报也不欢迎惩罚，只因为自身的需要而存

1　米歇尔·德·洛皮塔尔（Michel de l'Hospital，1503至1507年间—1573），法国政界要人、诗人，曾任法国大法官。——译注

2　瓦尼尼（Lucilio Vanini或Giulio Cesare Vanini，1585—1619），意大利哲学家，因其宗教上的自由思想被宗教裁判所烧死。前文（第二卷第一章）中有提及。——译注

在，而后一种道德既担心坠入地狱又期待进入天国，根本没有任何无私之处。——托兰德用他习惯的套路，进一步发展了贝尔的思想：“在一个国家，在一个人类社会，即便出现最可怕的无神论，它的危害性也比不上某些野蛮原始的迷信行为，因为这样的迷信会让最繁荣的国家陷入各种分化、分裂的运动中，会给最强盛的国家造成巨大损失，甚至常常还会引发动荡；这样的迷信会让父子反目，会让朋友离心，会让原本联系得最紧密的事物关系破裂……”[1]

与神紧密关联的道德被毁掉了，那么，又该如何在只与人相关的世界里重建道德呢？烦恼由此开始。

269 是不是要回到过去，在古代找一些异教哲学家当导师呢？真这样的话，又该在异教徒里选哪些人呢？伊壁鸠鲁？或是爱比克泰德[2]？但他们是相互矛盾的。那是不是应该找一位没有独创任何学说，只是尽力把古代道德最美好的一面呈现给世人的哲学家呢？是不是应该向西塞罗这位罗马演说家、这位《论责任》一文的作者请教，问问他纯世俗生活的规则究竟有哪些呢？伊拉斯谟也曾仰慕过他崇高的生活方式和圣洁的心灵；的确，“这是异教徒的世界中前所未有的阐述得如此完美的思想，它以极为有力的方式，建立了一些气度不凡的原则，通过这些原则，人可以追求荣耀、追求完美，可以对美德、自由、祖国和全人类产生热爱。”[3]

但基督教的道德学家也自有回应的招数。如今有人想让一些旧学说复活，但早在1 700年前基督教诞生时，这些学说就已经被清理干净了。布鲁图斯家族、加图家族不就是可悲的例子吗？他们太喜欢夸夸其谈，太喜欢搞大动作，太喜欢举手投足间都带着表演的腔调；这两个家族最终都衰败了。

---

1 《阿代西德蒙》(*Adeisidaemon*)，1709年。——原注

2 爱比克泰德（Epiktetos，50—125或130），古希腊斯多葛学派哲学家，强调克己自制的价值，试图以此来抑制人类利己主义的消极因素。——译注

3 引自科尼尔斯·米德尔顿：《西塞罗生平》(C. Middleton, *Histoire de Cicéron*)，伦敦，1741年，普雷沃神父法译本，1743年。——原注

只有基督教精神能将人类从衰败中拯救。

于是，随后又出现了一种极具现代气息的道德，它是有教养的绅士的道德，它也是一种心理学层面的道德。它并不耻于向古代溯源借鉴，从各方面来说，古代对它而言都远远胜过基督教；但它最愿意求助的对象还是理性。这是一种文明化的理性，它不再像以前那样粗蛮、严苛，过往的僵化现在已几乎不复存在。“曾经有段日子，想成为有德之人就必须严守戒律，这样的时光我们应该将其忘却了，因为礼貌、风雅，还有享乐的学问，这些都属于现世的功劳。仇视邪恶的行为，这应该是与世共存的态度，但粗鄙之徒会把生活精致的人称作乐趣的事物说成是恶，这种态度就不能效仿，此外，不要把原始人因其野蛮天性而形成的陈腐观念也当成您要的美德。”[1]这种道德既不排除享乐，甚至也不排除激情，只要享乐和激情是适度的，只要它们有正确的引导……或许这也没错吧。但这样的道德无法具有责任的力量，更 270
不可能具有普遍的价值。想理解它、实践它，就只能让自己当圣埃弗尔蒙，或是威廉·坦普尔，再或是哈利法克斯伯爵（Charles Montagu, 1st Earl of Halifax）。这道德是贵族的道德，是雅士的道德，是游手好闲者的道德；它是个脆弱的复合体；它是妥协的结果；它无法形成主导的地位，而只能做环境的适应者……

斯宾诺莎在形而上学的层面上提出了一种高端而严格的道德，但之前我们已经看到，这种道德只有极少数人能够接受。——世界辽阔多元，人类的习俗永远存在着千差万别，这真是件让人惶惶不安的事啊！共同的规范，能让所有人接受，能适合于任何时间地点的规则，实在是太难寻觅了！在某些地方，任孩子跑到旷野被野兽攻击，任孩子饿死，竟然是人们习以为常的事情：有这样的事情，还谈什么家庭责任的普世化！在另一些地方，父母一旦衰老，孩子就会毫不迟疑地将他们杀死。“在亚洲某处，一旦人们觉得某个

1 语出圣埃弗尔蒙，载古斯塔夫·朗松：《道德观念的转变》（*La transformation des idées morales*），《月报杂志》（*Revue du Mois*），1910年。——原注

病人恢复无望，就会把他活埋进一个土坑，病人在坑里经受风吹日晒，但人们毫不留情地看着他死去，不会提供任何援助。明格列尔人[1]自称信奉基督教，但在他们那里，人们会肆无忌惮地活埋自己的孩子，而且这是司空见惯之事。在其他某个地方，还有父母吃自己亲生孩子的事。加勒比人有阉割自己孩子的习惯，然后再把他们养肥吃掉。加西拉索·德·拉·维加[2]曾记录道，秘鲁的某些民族有将妇女囚禁起来养作妾室的习俗，这些女人生下的孩子会被悉心照料到13岁；一到这个年龄，孩子就会被吃，而孩子的母亲如果无法再生育的话，也要遭受同样的命运。”世上的这一幕幕景观说明，道德其实是一件因地制宜之事。人们对此只能屈服：“谁要是花点功夫读读人类史，再用超然世外的态度分析一下大地上各民族的种种行为，他就会确信，除了必须维持人类社会存在这条责任以外（但在面对其他社会群体时，很多
271 社会群体会全员践踏这一责任，这样的情况实在是再常见不过的了），其他的任何一条道德准则，任何一种美德规范，虽然在世界某个地方适用，但总会与其他某些地方全社会的普遍做法相悖，会在那里被蔑视或禁止……”[3]

“除了必须维持人类社会存在这条责任之外……”这句话展现出一种新道德形成的可能性；这是一种与天性毫不相关的道德，甚至不包含善的观念，也不包含恶的观念；但这又是一种合情合理的、必要的道德，因为它的职责是要维系我们人类集体的存在。我们既然是社会的人，自然会很害怕无政府主义毁掉我们这个物种；于是我们会采取各种措施，避免陷入致命的乱局；我们有维系自我存在的本能，这种本能会为我们提供种种建议，我们便将这些建议转化为规章。维系群体存在的自尊自爱是正当合理的；个人主义只有在威胁到群体时才会变成恶行，因为他本人是群体中不可分割的一个个体单位，他威胁到群体自然也就威胁到他自身。道德善（bien moral）不同

1 明格列尔人（Mingréliens），生活在格鲁吉亚西部的民族。——译注

2 指印加的加西拉索·德·拉·维加（Inca Garcilaso de la Vega，1539—1616），秘鲁的第一位伟大作家，以西班牙语记录美洲印第安人历史。——译注

3 本段两处引言均引自《人类理解论》，第一卷，第2章。——原注

于名声、财富、愉悦，道德善的问题不是舆论问题，而是生死攸关、必须重视的问题，因为道德善维系着人类的存在。

这样的道德有一种前所未闻的、令人称道的优越性，其支持者这样说道，因为它是可以论证说明的。它不是靠某种先验性的公设建立起来的，而是以一些完全可以分析的事实为基础的。让我们看看我们自身吧：能够制造、增进、维持我们愉悦感觉的事物，我们将其称为“善”；相反，能够制造、加重、延续我们痛苦感觉的事物，我们将其称为“恶”。这样的话，为了我们的正当利益，或者说为了我们的存在本身，我们都会去遵守世俗的法律，因为遵守了这些法律，我们才可以守护我们的财产、我们的自由，也只有这样，我们才能让我们的愉悦感觉更稳固、更长久。相反，如果我们不遵守这些法律，我们就有受罚的危险，乱象会随之出现，无政府的状态会随之出现，在这样的状态下，生活的痛苦自然免除不了，甚至生存本身也会出现危机。从舆论的法则、名声的法则看，道理也是一样的：美德会让社会中的其他人对我们保持尊重和热爱，这样就会增进我们的愉悦感觉；恶行只会招 272
来谴责、批评和敌意，因此也就制造了痛苦。[1]

不过，社会善（bien social）是纯粹的美德吗？一个共同体在履行了自身应尽的责任后，究竟能实现繁荣昌盛，还是只能保障生存？这两个问题洛克本人并没有疑惑，但一位持宗教自由思想的人表达了质疑，此人绝非善茬，某些道德学家认为人心中只有宽容、温厚和舍己利他的情怀，他被这样的言论激怒了。此人生于荷兰，后来加入了英国国籍，他的名字叫贝纳德·德·曼德维尔（Bernard de Mandeville）；他是一位新派哲学家，作为这样的哲学家，他总是自由地阐述自己的思想，既不考虑权威和习俗，也不怕冒犯德高望重之士。他是个大胆的、性情粗犷的人，喜欢和大众见解唱反调，试图以此制造轰动效果。在他开始写寓言故事后，他的确也做到了这一

1 《人类理解论》，第二卷，第28章。——原注

点。他起先主要是模仿伊索和拉封丹的风格，但接下来我们要谈的这则寓言，完全不是为儿童所写。

1705年4月2日，一本没有作者署名的26页小书面世了：《嗡嗡的蜂房，或改邪归正的故事》（*La ruche murmurante, ou les fripons devenus honnêtes gens*）[1]。该书讲的是一个蜂房里的故事，这是个与井井有条的人类社会类似的蜂房。在这个蜂房里，不乏无赖和骗子，也不乏邪恶的庸医、教士、士兵和高官；整个蜂房的领导者是一位邪恶的蜂后。这个蜂房每天都发生着各种营私舞弊的勾当；代表正义、旨在惩治腐败的司法界本身也腐化了。简而言之，每一种职业、每一个阶层都是恶行当道，但整个国家依然繁荣强盛。个体的罪恶造就了公共的福祉，公共的福祉也反过来成就了个体的幸福。正是因为懂了这个道理，这个群体中最邪恶的那帮成员才会全心全意为公共利益效力。

可是这群蜜蜂的思想突然发生了变化，它们产生了一种奇怪的念头，它们从此只想追求正直与美德。它们要求实施彻底的改革；而且其中呼声最高的，是原先那些最游手好闲、品行最不端的成员。朱庇特神断言道，这群成
273 日里嗡嗡叫个不停的蜂民看来是摆脱了从前被诟病的恶行；他又说道：与此同时，它们的心中只剩下对善的热爱。

但在这以后，整个蜂房很快走上了衰亡之路。没有了不节制的行为，就没有了疾病，而没有了疾病，大家也就不再需要医生。没有了争执，就没有案件的出现，而没有了案件，大家也就不再需要律师和法官。蜂民们全都变得很节俭，甚至清心寡欲，消费也就几近于无：不再有奢侈品，不再有艺术，也不再有贸易。整个蜂房变得满目荒芜。

邻近的蜂房觉得进犯的时机已到，战争就此打响。被侵犯的蜂房发起了反抗，并最终赶走了侵略军，但胜利的代价也相当巨大。成千上万的英勇蜂民在战争中捐躯。幸存者为了避免重新走上邪恶的老路，便带着凛然正气，

1 现通译为《蜜蜂的寓言》。——译注

飞进某棵树的树洞中重新安家。但对这群蜜蜂来说，它们所拥有的只有美德和不幸了。

“别再怨个不休，你们这些失去理智的俗子凡夫！你们想用正直廉洁造就一个伟大的国家，这样的事显然是白辛苦。既要享受世间的种种乐趣，又要扬名沙场、安逸生活，同时还要坚守美德，能办到这一切的，恐怕只有疯癫之徒。还是放弃这无用的幻想吧！想品尝甘饴之果，就必须容忍营私舞弊，就必须将奢华和虚荣保留下去……”

他的这则寓言引发了无数反驳和争议。但贝纳德·德·曼德维尔与之较量起来丝毫不留情面，什么地方都不肯放过。他的寿命不短，不过，他的寓言活得远远比他本人要长，时至今日还有人谈论。

第五章　地上的幸福 274

幸福，是不是要将它寄托于彼世的生活中呢？人在彼世之灵究竟是什么样的，说法太多也太模糊；后来甚至有人说，根本没什么彼世之灵，只有某种永恒的实体，而这种实体究竟是怎么样的，人们也无法说清。不再有神的光环，不再有竖琴，也不再有合唱的天使。我们应该把握住地上的幸福。要抓紧时间，不容耽搁，明天并不是那么可靠，只有今天才最为重要；把希望寄托在未来的人都有失周全，还是让我们坚守人间的喜乐吧。

这就是新派道德学家所阐述的道理，他们开始在现世中寻求幸福。

想让自己过上幸福的生活，我们首先可以做的，或者说我们的第一种方法，是要像智者那样冷静地理性思考，克制那些对苦痛夸大其词的不实想象。我们在自寻烦恼想象这些事的时候，总会有无尽的才能；我们会将其放大，会觉得自己所说的事是世间难得一见的，因此也是无法平复的；甚至可以说，我们对苦难有一种依恋，我们把苦难当成了珍视的对象。这样的想象还有另一种弊端：它会让人们追求一些难以企及的快乐；它制造了种种海市蜃楼般的幻景，最终只会让我们失望。我们一次次追逐幻景，也一次次上当受骗，这让我们无数次陷入沮丧与厌倦的情绪中。我们应该学着去看生活的本来面貌，不要向生活要求过多。我们常常抱怨某种糟糕的处境，但是请让我们这样假设，如果我们在出生前就已经听说，世上有各种坎坷、各种不幸，在我们的人生旅途中随时可能会遇到，那我们是不是会非常惊恐？然后 275

我们再比照着想一想，原来，我们的实际生活已经避开了诸多险恶，命运对我们如此优待，难道不该将其视作一种奇妙的幸福吗？“世上有各色人等，有奴隶，有生活得不到保障的人，有靠卖命工作才能生活的人，有长期受疾病折磨的人，这些人可是为数不少的一大群人。我们能不在其列，这究竟靠的是什么？我们要明白，生而为人是件危险的事，我们还要学着去看，我们被免除了多少不幸，又躲过了多少险恶。”[1]

就这样，我们将自己的视角调整得更为公正，那么，现在让我们用自身的智慧，专心管理我们的财富吧：虽然只是一笔渺小的财富，但它是实实在在的。我们要尽力避开激情，因为冲动下的行为向来只会招致烦恼和痛苦；让我们去寻求安宁吧。假如我们身边全都是所谓平淡无奇之物，那我们也只好耸耸肩：“有人享受安宁还要抱怨，这样的人到底觉得人类该有什么样的处境才好呢？”我们要学会避开那些万众瞩目的场面，避免让自己过于出彩，避免有太大的雄心抱负，否则，我们这艘简朴的人生小船在航程中就会遇到风险，我们应该平稳地航行，让船驶向宁静的港湾。我们要能认同自我：有了自信，我们就有了保护自己的最好武器。我们要小心谨慎，像守财奴那样做好各种防范措施，来守护我们那点可怜的财富，一旦稍有浪费都值得心惊肉跳。的确，就算有了各种精心的防备，但只要运势稍有不好的变化，这些财富随时都会离我们而去。不过，在认真的守护下，这些财富能得到保存的几率还是大大提高了：只要我们学会保持睿智，我们就能为自己的生活创造各种可能。

我们无法触及真福，但真福当中会包含着一个个小幸福；一段怡情的对话，一场痛快的狩猎，一次美好的阅读：它们可以让我们平日里的生活变得充实。我们应该品味这些实实在在的喜悦，而不要只追求不确定的东西。“我们要掌握好我们的现世，空谈未来的人无异于招摇撞骗的家伙，谁要是总向我们说些天花乱坠的事，那他应该就是骗子。”我们还是该享受简单的

1 丰特奈尔:《论幸福》(*Du bonheur*)。在这一整段文字中，我们基本沿用了丰特奈尔在阐述其观点时原本使用的表达方式。——原注

快乐，我们应该把这些快乐当作某位主宰者一时兴起赐给我们的奖赏，因为第二天它们就有可能被收回。我们千万不要错失享受愉悦的时机，也不要对 276
愉悦的定义产生错误的理解。“这完全就是个审时度势的问题，把筹码抓在自己手里才算是真正的智慧……”

做这样一个机敏的玩家，永远对游戏本身保持关注，根据局面的进展，决定是该伸手掷筹码还是该缩手不动，这样的态度倒也很让人羡慕。但我们必须承认，这不是所有人都能办到的；能具备这样的态度，人们必须要有非常清晰的头脑和非常冷静的判断力；而具备了这样的态度，人们会意识到，激情不过是用理性就可以战胜的东西，而想象不过是温驯的奴隶才会相信的东西；具备了这样的态度，就意味着进入了一种轻松、独立、闲适的处境。利己主义的幸福……

但又有人提出了另一种幸福的理念。想让我们的心灵尽享安乐，就要让它远离把人生看作一场悲剧的情感。有了这种情感，在我们生活的每时每刻，我们都会感到痛苦；在我们面对死亡的那一天最终来到时，这种情感会比过往任何时候都更为猛烈：从此就要迎来另一场悲剧，一场永恒的悲剧。那些在快乐中走向彼岸的人真是幸福的人啊！[1]快乐离世的人不会热衷于悲剧，因为这是一种阴郁而强烈的情感，它会让人的内心得不到任何安宁，它不单会扰乱拥有这种情感的人的心智，还会让这些人变成狂热之徒，进而使其他人也深受其害。狂热、幻象，将人折磨不休的恐惧感，用阴郁的态度去设想地狱和地狱里的惩罚，这些糟糕的东西，我们怎么才能将它们一扫而光呢？

我们可以借助一种相当简单的办法，保持一种被称作“开朗幽默”的心态：只要勇于做到这一点，一切就能迎刃而解。在您的鼻梁上架上一副可爱的眼镜，镜片上稍稍涂上点桃红色：您眼中的一切便全都染上了这种令人快

1 德朗德：《谈快乐离世的伟人》（Deslandes，*Réflexions sur les grands hommes qui sont morts en plaisantant*），1712年。——原注

乐的色彩。到了所有人都用微笑看世界的那一天，为罪恶推波助澜的乖戾思想就自然会消失。不要低估了开朗幽默的功效，它是一味永远有用的灵丹妙药。我们知道，“旁观者”先生[1]用温和的方式修正当时世人的行为，每出
277 一期报纸，就会给出一点道德上的忠告，“旁观者”先生说，幽默是我们每天都该穿上的一件衣服，有了幽默，我们的前程将会多么美好！

这种情绪逐渐扩散开来，在法国它受到了一部分人的重视，但它更活跃的地方还是英国，因为在当时，只要是有心观察的人都能注意到，英国社会正弥漫着一种忧郁的气氛，清教徒过度虔诚的生活态度也影响了很多人，开朗幽默的情绪正好可以用来抵消这些负面因素，而这种情绪有一位雅士可做代表，他就是安东尼·阿什利·库珀，即沙夫茨伯里伯爵。对这样一位生活精致的人物，人们自然乐意多给予几分关注。沙夫茨伯里显然有很多理由可以做个乐天派：他出身名门，是政府要员的后代，还是洛克的保护人；他在接受教育的过程中得到了洛克的亲自指点；他在政治方面天分不高，于是他便怡然自得地在思想和艺术的世界里追求快乐；他家境优越，这让他可以游历四海，也让他具有了收集各种珍本书籍、名贵画作的条件，还让他能够出手资助一些生活窘迫的文人，如迈佐、贝尔、勒克莱尔等。命运赐给他无数厚礼，但独缺一样，那就是健康。他有肺结核的毛病，于是他只得离开自己的城堡、土地、朋友和祖国，他先后在蒙彼利埃和那不勒斯休养，想在空气更清新的地方寻找治病的良方，但这一切都是徒劳，他在42岁时就告别了人世。因此，他虽然有很多理由做一个乐天派，但同样也有理由诅咒命运、抱怨生活，尽管这样的理由只有一条，可这条理由是致命的。

他依然认为生活是美好的、幸福的，不过在患病之后，他的这些平静、乐观的论断就多了一份让人感伤的味道。在长着百年苍木的英国花园里，在地中海沿岸的艳丽阳光下，沙夫茨伯里与他的友朋攀谈；他说的话始终让人感到轻松愉快，从不乏味也从不浮夸；如果硬要挑个缺点的话，那就是他总

1 《旁观者》（*The Spectator*）是1711至1712年间由阿狄生、斯蒂尔创办的一份日刊。——译注

爱海阔天空地漫谈，主题不太明确，说话的节奏也过于悠闲。时而他会谈到希腊哲学家和罗马诗人的最优美思想，这自然会让他的话增添情趣；但时而他又会突然说到某件当代的事，提到某位健在的人物：他随时就会改变话中的意境。他甚至也不介意在话中夹杂一点嘲讽，或者更准确地说是夹杂一点幽默：这是不尽相同的两码事；法国人善于嘲讽，但英国人偏重于幽默。尽管形式上变幻多端，但这些谈话中都包含着一种坚定的观念，他想用魅力征服对方，让对方接受自己的这种观念，这就是他在如何寻求幸福这个问题上的观念。

将人还原为人——如果可以这样说的话——，就是让人不再假正经，不 278
再虚伪，不再因为狂热而失去了真实的情感。沙夫茨伯里曾经写过一篇书信体文章——此文顺理成章地一直享有盛名[1]——，在文中，他抨击的对象就是狂热。通过这篇文章，他并不是想谈让美的作品不断涌现的创作天赋，而是要说笃信宗教时的狂热，这种狂热会让我们以为自己拥有一星半点的神性，但实际上这只会让我们纵容自己身上最糟糕的缺点：忧郁的情绪，懒于用理性思考问题的惰性，对古怪离奇事物的爱好，自得自满，贪慕虚荣；不仅如此，还有干涉他人生活、抑制他人思想的不当愿望；以及仇恨他人、手段残忍的坏习性……我们要用理智，用自由的思想，甚至用——这一点很少有人想到——某种恰当的嘲讽，与狂热展开斗争。

让我们学会笑：拿道德来当医术，没有比这更好的办法了。碰上了恶人恶行，我们应该心生怒气、以恶还恶吗？千万不要这样！我们还是笑吧，这样更好。什么事都别看得太重要，遇到忧郁的人，让我们嘲笑他们几句；遇到狂热的人，我们就愚弄一下他们吧。

现在有一帮可怜的家伙逃亡到了伦敦，他们是在法国塞文山区参与了卡米扎尔起义[2]的人；这些人充满了狂热的怒火，他们散布各种预言，言行近

1 《一封论狂热的信》(*A Letter concerning Enthusiasm*)，1708年。——原注

2 《南特敕令》废除后，法国塞文山区一带的新教徒开始发起反抗，起义于1702年爆发，1704年达到最高峰，直到1715年才最终平息。——译注

似于癫狂；他们成了危险分子，司法机关将他们捕获。该不该将他们关入大牢呢？又该不该让他们上绞刑架，让他们变成殉道者呢？——有人在木偶戏剧场里演了几出挖苦他们的戏，这种处理方式就足够了：在经历了嘲笑后，他们的重要性就不存在了。让他们的狂热病继续发展下去吧，我们只要放声大笑，一笑了之，这种病自然就会渐渐失去威力，然后不治即愈。啊！要是从宗教争论刚开始出现的时候就这么处理所有相关问题，那会让多少人免于火刑啊！

宗教应该去除各种仪式化的东西：人有了开朗的好情绪，自然会走向真正的虔诚，总是受糟糕的坏情绪影响，就会导致无神论。假如上帝确实有非凡之善——当然他的确如此——，那我们就应该在心平气和的时候多想想
279 他，而不要到恐惧的时候、痛苦的时候才想到他。为什么我们总要在不幸、不安或受苦时才会向上天祷告呢？我们这是误入了怎样的歧途？

> 大人，简而言之，在我看来，我们用忧郁的情绪对待宗教，反而会让宗教充满悲剧的色彩，也在事实上让宗教造就了世间无数凄惨的悲剧。我的观点是这样的：只要我们礼数周全，那么，我们用怎样的好情绪对待宗教都不为过；我们用自由、通俗的方式分析研究宗教，也是怎样都不为过的。因为如果宗教是真实的、纯正的，那么，它就不仅能接受这些态度，而且还会从中受益；但如果宗教是捏造的，甚至还有一些欺骗的成分，那么，它的真相自然会被揭穿，会被公示于众。

沙夫茨伯里自然也必然要应对一位人士，此人对生存的悲剧性有最为深刻的体会，他的名字叫帕斯卡。沙夫茨伯里了解帕斯卡赌注[1]，但他拒绝接

1 “帕斯卡赌注”是帕斯卡在其著作《思想录》中表达的一种论述，即：我不知道上帝是否存在，如果他不存在，作为无神论者我没有任何好处，但是如果他存在，作为无神论者我将有很大的坏处，所以，宁愿相信上帝存在。——译注

受。他说，用打赌的方式对待宗教，如果上帝存在，就赢得一切，而如果上帝不存在，却什么都输不了，能够打这样的赌，和大街上要花招的乞丐也没什么不同了。这些乞丐看到有人路过就会叫一声“阁下”。假如这个行人是位贵族，那么他会因为对方没有直接称呼他的爵位和头衔而感到愤怒；但如果他本不是贵族，听到这样的称谓会有受宠若惊之感；不论是哪一种情况，这个被叫了声“阁下”的人都会向乞丐施舍的……用这样的小算计来确立自己的信仰，这难道不是在咒骂上帝吗？

上帝本身并没有悲剧色彩。上帝不会不公正，但那些认同救赎预定论的人并不这么想。上帝不会对谁记恨，但那些害怕永受惩罚的人并不这么想。上帝不会强迫人们自私虚伪，但那些守美德只是为了未来奖赏的人并不这么想。上帝是善，是世间无处不在的仁慈：只要是善人、仁慈之人，就请团结在他的周围吧。

> 热爱大众，为普世之善奋斗，为全人类利益服务，直到用尽自身的力量，这必然会让人达到至善的境界，也会让人实现我们所说的神性……

这不是一个麻木不仁的时代，这个时代厌恶冷漠的态度，害怕怀疑的思想，这个时代是一个不断探索追寻的时代，我们已经多次见证了这个时代中的各种辩论、纠纷、争吵、喧嚣。然而，尽管沙夫茨伯里的信念与其同时代 280
人一样坚定，但他的口气从不粗暴；他始终保持彬彬有礼的温和态度，不失贵族的高雅之风，他有着一颗仁慈和关爱他人的心，他以为自己的学说完全出自理性，但其实这常常是他宽厚之心自然流露出来的情感，这样的情感让我们身心放松，也深深打动了我们。这样一位道德学家居然不厌恶世人，甚至不会严厉地批评世人，这真是件不可思议之事；他同样不认为他所处的时代有多么糟糕：确实，这个时代充满了荒唐、疯狂之事，但这些荒唐之事都得到了人们的揭露，这些疯狂之事都受到了人们的批驳；这证明这个时代有一种自由批评的精神在推动，而这正是赢得拯救的开始。尽管人们会觉得他用来追求幸福的药方太普通，剂量太小，他的哲学太通俗、太家常化——他在自己的那篇书信体文章中说过，这是一种审视我们内心的、简单的朴素哲学，一种真诚公正的朴素哲学——，但他并不会就此轻易地放弃：他一直立足大地，通过美的魅力，让我们享受天上的安乐。

“美与上帝是一体的也是一致的”：美与善是合而为一的。既然宇宙是一个和谐的世界，那么，任何不协调的声音都是我们不能接受的；既然我们的道德意识促使我们去实现这种和谐，那么，它就应该力求这和谐全面完满。从美学角度看，恶是一种过错；故意作恶犯罪，首先是有违逻辑，其次则有违道德，而且还与好的审美格调相冲突。艺术将可感知世界里的种种绚丽光彩再现出来，这些光彩反映的是安顿万物秩序的理念，同样，人也需要在自己的内心里努力再现道德的优美，寻找道德上的维纳斯女神，而这不过是另一种反映安顿万物秩序的理念的渠道。人是雕刻自己这尊雕像的艺术家；他要让正确的思想、合乎美德的行为、美的形态从他身上展现出来；一旦人在自己的创造意愿下将这些悉数实现，人就达到了所谓的幸福境界。无神论者放弃参与对万物秩序的安顿；这样他就走上了错路，他会作恶，会宣扬丑的事物，于是他成了不幸的人。

这就是被称作“人类大才子”的沙夫茨伯里的思想。为了确定“社会道德是道德核心”这个观点，他聆听了曾给自己当过家庭老师的洛克的见解。
281 在谈幸福的问题时，他又借鉴了斯宾诺莎的看法。斯宾诺莎摒弃了原罪的概念，他向明理之士建议，应该享受生活的乐趣，享受花草的芳香、植物的静美，享受音乐，享受游戏，享受戏剧：喜欢看人类哭泣的，只有某种与人性敌对的神性。斯宾诺莎的快乐是隐秘的、深沉的，但不仅如此，对他来说，快乐是让高品质生活得以实现的一种情感，而忧伤是让生活品质退化的情感；不过，除此之外，他还让愉悦具有了更高的价值定位，一种哲学上的价值。沙夫茨伯里认同他的看法；但他是个汲取各家之长的人，因此柏拉图也同样成了他尊崇的对象。既然他本人所生活的时代与文艺复兴时期有着不止一处渊源，那么柏拉图又怎会被轻易忘记呢？剑桥的教授们一直对柏拉图保持着虔诚的崇拜；卡德沃思斯通过“可塑性原则”来解释世界，他认为，可塑性是将理念转换为创造的媒介；而沙夫茨伯里也喜欢看我们洞穴穴壁上的神奇投影[1]。他认为，只要聆听一下宇宙的和谐之音，我们的哀怨和悲号就再也不会入耳。

总之，沙夫茨伯里认为，幸福不会通过斯多葛主义实现，斯多葛主义一边承受，一边鄙视的苦难，其实是可以避免的。不论是禁欲，还是持续压抑我们天性中腐化的部分，都不会换来幸福。地上的生活不再是一个试探我们的短暂过程，不幸是折磨我们的事情，它不会比快乐更值得珍惜，因为悲泣的人是可以得到安慰的。[2]人们不想再看基督痛苦的形象，不想再看他为了拯救人类而被钉在十字架上的形象；人们也不想再听他张开双臂时那无声的召唤。幸福是我们内心自发形成并不断膨胀的一种力量，我们只需要对这种力量加以正确的引导。接受痛苦和惩罚，乐于牺牲，反抗本能，痴迷于十字架上的殉道，这无非都是些错误的观点、糟糕的陋习。理性的上帝不允许我们把自己有限的生命看作迈向无限存在的预演。

想要建立起地上的幸福，有一种美德可以发挥作用；这是一种新的 282
美德。

其实这原本算不上是一种美德；这更像是一种弱点，甚至会被当作怯懦的表示。对所有的观点一概宽容；宽容自己兄弟的观点，哪怕他误入歧途，哪怕他就要丧失灵魂；宽容伪先知和真骗子的观点——这相当于公开声明，

1　柏拉图在《国家篇》中有过一个著名的“洞穴之喻”，在一个地穴中有一批囚徒，他们自小待在那里，不能转头，只能看面前洞壁上的影子，他们自然地认为影子是唯一真实的事物。柏拉图明确表示囚徒代表人类的状态，而囚徒被拉出洞穴的过程则类似于通过教育而获得启蒙的过程。洞穴之喻对于后来的政治和教育理论影响甚大。——译注

2　博絮埃：《玛丽－特蕾兹王后的葬礼演说》(*Oraison funèbre de Marie-Thérèse d'Autriche*)：“一个基督徒的生命从不会限于地上，因为他在大地上始终是在遭受苦难，而苦难只是一种考验，一种学习，一种死亡前的序曲。”——原注

自己在协助别人造假犯错。人应该尽自己的责任，所谓责任，就是要为那些一叶障目的人擦亮双眼，将那些走上错路的人带回正道。或许对他人的思想是不该随意冒犯，但是既然人们知道，真理是唯一的，认识真理才能获得永恒的救赎，那是不是还应该对这些人不闻不顾呢？人要尽自己的责任，就不能宽容，不能仁善。从此，所谓的宽容者，只会是一些伪装后的索齐尼派分子，只会是混淆是非、让人辨不清真实教会特征的人，只会是在自己信仰中接受各种异端思想的人；他们可能是宣扬冷淡对待宗教的怀疑论者，可能是反叛者，也可能是自由思想者。宽容，博絮埃是不可能做到的；甚至佩利松也不可能做到，尽管他曾与莱布尼茨讨论该如何让新教徒回归罗马教廷的怀抱。1692年，佩利松曾写信给莱布尼茨说："我认为，那些被称为索齐尼派的人，还有那些所谓的自然神论者和斯宾诺莎主义者，他们都在全力传播这种学说，可以说，这是所有谬误学说中问题最严重的一种，因为它与其他的谬误学说都能结合到一起。由于担心得不到别人的容忍，又担心受到世俗法律的干预，于是他们就乐于宣扬忍受一切的学说。人们所说的宽容主义就是这么来的；在此基础上还出现了一个新词，人们在指责罗马教廷时，会说它排斥异己，搞'不宽容主义'……"

但他的这些话并不能起到什么作用；他自己也深深感到，一种转变正在进行；在经历了多年的艰难险阻后，宽容终于改头换面，演化为一种美德。在两大类型的辩论——政治类辩论和宗教类辩论——中，宽容都成为重要的主题。是的，法国国王可以动用武力，强迫冥顽不化者纠正自己的错误；对
283 于那些拒绝认可思想权威、扰乱和平、威胁政府存在的人，荷兰的大法官们也有权剥夺他们的工作，把他们投入大牢；同样，那些总是宣扬罗马拥有至高权威、能凌驾于世俗王权之上的可怕的天主教徒，英国国王也可以将他们逐出国境。——不。人们既不能也不该人为地干扰各种思想的演变，因为这个领域的事务完全该交给上帝来亲自裁决。如果一个人具有真正符合基督教精神的灵魂，那么他必然会感受到也必然会认识到，迫害是与福音精神相悖的，这和黑暗与光明相悖是一个道理。只要臣民都尊重他的政治权力，那

么，一位基督教国家的君主就应该对所有臣民都抱以宽容的态度。按照新教历史学家所记录的历史，威廉三世就是这样的一位君主。“就这个问题他曾这样说过，他是个新教徒，因此他只能做出维护新教的承诺；但另一方面，他并不清楚异端这个词到底有何含义，也不清楚这个词的词义究竟能引申到什么范围；对他来说，出于宗教的原因去迫害某个人，这是让他永远无法接受的事，他如果想劝人改宗，不论此人是谁，他都只会用情理去说服对方，因为这是与福音精神相符的。”[1]针对法国废止《南特敕令》的做法，他特意在1690年用《宽容法案》做出了回应。

宗教层面的辩论更为激烈。1670年，德于索牧师开始吹响了号角，他建议各个宗派化干戈为玉帛，共同接受一种能涵盖整个宇宙的、无所不包的教理。听到这种观点，朱利约后来那种爱动肝火、容易狂怒的性格初显端倪；为了反对德于索，他写了一篇《对〈和解书〉的分析或论宗教领域的宽容》[2]（*Examen du Livre de la Réunion ou Traité de la Tolérance en matière de religion*），他说：“各位可以看到，对异端竟然如此可耻地给予宽容，我是恨之入骨的，这算是我的一种老毛病了，时间越久，这毛病就越重。”在逃亡者赖以栖身的荷兰，关于宽容的争斗也一直在持续，而且程度更为激烈；正反双方都提出了自己的论据，但总说不到一块儿去；各种论著一本接一本面世。几位算得上最开明的牧师，如亨利·巴斯纳日·德·博瓦尔，如杰戴翁·于埃（Gédéon Huet），又如埃利·索兰（Elie Saurin），他们认为，不宽容——而不是宽容——才是一种反智的罪过；当然，尽管他们可以用仁慈和友善之心来对待世人，但天主教徒并不在其列——威廉三世的 284
《宽容法案》也同样将天主教徒排除在外——；这几位牧师并非独立行动，他们还和一些荷兰本地的智者、学者联合在一起，这些人有吉尔伯特·库

1　大卫·杜朗（David Durant），续写拉潘·德·托阿拉的《从罗马人统治起到查理一世驾崩的英国史》（Rapin de Thoyras, *Histoire d’Angleterre depuis l’établissement des Romains...*），1724—1736年，第11卷，第48页：《他对宽容的看法》（*Ses sentiments sur la tolérance*）。——原注

2　《和解书》指的是德于索于1670年写的《基督教和解》（*Réunion du Christianisme*）一书。——译注

珀（Gilbert Cuper）、亚德里安·帕埃茨（Adrien Paets）、格哈德·努特（Gerhard Noodt），他们都忠实地信奉着本国的自由传统：联合在一起的这群人共同努力，要克服艰难，让宽容升华为一种美德。但与此同时，偶尔也出现了一些狂风骤雨般的怒涛，这几乎要把所有的努力全部搞砸：贝尔通过一本《告流亡者书》（*Avis aux Réfugiés*）——这本书并不能确定是否由他所写，但不论如何，他还是被当成了作者——，对新教徒和天主教徒同时发起了攻击，他认为两者都一样不够宽容，这就惹得两个阵营里都有人情绪高昂地向他发起了论战。不过，暴风雨平息后，人们对宽容的看法终究还是有了改善，人们认为，宽容带来的橄榄枝是难能可贵的。

在认同宽容的人中，洛克是最具人道精神的一位。毫无疑问，在这林林总总的无数文章中，洛克的《论宽容》（*Epistola de Tolerantia*）是最具说服力的，体现的胸怀也是最宽广的，其他任何一部作品都无法与之相提并论；这本书是他在1689年出版的，此后，他一直捍卫书中的观点，直到去世。请把宽容看作基督教的本质所在吧，洛克这样高呼道。因为如果一个人没有了慈悲之心，没有了温柔之情，没有了善意，他又怎么敢自称是基督徒呢？信仰应该通过慈悲之心付诸实践，而不该依靠铁血或战火。只因为观点上的小小差异——而且人们还不知道最后审判日到来时究竟哪个观点会被判为对、哪个观点会被判为错——，兄弟之间就可以自相残杀，就可以用火刑处死对方？那些喜欢怒火中烧的狂热信徒们，如果你们真的想让自己有用武之地的话，那就去找那些和你们同一个宗教的人吧，去和他们的罪恶行径做斗争吧，毫无疑问，这些放荡的行径才是真正致命的，相比较而言，有些人以严谨的思想否定教会的某些决策，这样的事情根本算不得什么啊！宗教是一回事，但俗世是另一回事；宗教社会是一个世界，但俗世的社会又是另一个世界；政府官员不管理灵魂上的事情，他永远也不该把职责扩展到教堂之内。宽容与基督的福音精神十分吻合，也与众生的常识十分吻合，如果有谁拒绝认可宽容的必要性和益处，那他就该被人们视作怪物。人们在教堂里说不说拉丁语，站着或是跪着，穿长裙还是短裙，这都有什么关系呢？无论你们信的是天主教，还是日内瓦的加尔文宗，也不管你们是阿米尼乌斯派、反阿米尼乌斯派、再浸礼派还是索齐尼派，你们都要知道，靠武力永远无法征服一颗心灵；你们没有这样的权利，也没有这样的力量。你们还是彼此宽容吧；以行善的意愿作为共同的宗旨，互敬互爱。

第六章　科学与进步

在一座幽静的大公园里坐着两个人：一个是打扮入时的侯爵夫人，另一个是位绅士，此人是侯爵夫人的朋友，或许也是她的情人，夜色渐浓，两人还在继续长谈。他们谈的是什么话题呢？天文学："把您知道的这一颗颗星星都说给我听吧……"两人都是斯文优雅的名流做派，他们在丰特奈尔的笔下就是这样的形象[1]，之所以作者会这样描述，是因为他本性便是如此，当然，他还认为，这样写会使人物变得更招人喜爱。他特意想了一些办法，让自己的书不至于冒犯任何人，甚至能让所有人觉得有意思，特别是那些基本上什么都不懂的人；他想让这本书首先通过趣味、通过浅显的魅力来吸引读者。他这样的尝试弄得不好是会毁掉作品的宏伟主旨的。不过，即便只靠形式的秀美，这气魄宏大的主旨还是能光芒四射地迸发出来。星光沐浴下的绅士与侯爵夫人，他们的行为让人联想到古代迦勒底探索星辰奥秘的牧民；两人就像大地上最早的居民那样，不仅对日月的光辉惊叹不已，也对星辰的绚烂啧啧称奇；他们只是一对凡夫俗子，但他们敢于用可怜的肉眼来尝试解读天空的秘密。

侯爵夫人就属于那种基本上什么都不懂的人，但丰特奈尔是有学问的；他用了几个晚上，就向她说清了看似神秘无比的天体知识。关于天体的运

1　丰特奈尔于1686年出版了他的《关于宇宙多样化的谈话》(*Entretiens sur la pluralité des mondes*)，全书共分成六部分，讲述了六个晚上他本人与G夫人——原型为德·拉·梅桑热尔侯爵夫人(Marquise de la Mésangère)——的谈话，谈话主题均为天文学的内容。——译注

动，人们有太多错误的认识！这些错误也延续了太久！长久以来，人们一直都以为太阳是绕着大地运行的：第一处谬误，造就了此后无数个其他谬误。不过现在谬误终于被澄清了。“出现了一个叫哥白尼的德国人，他对古人想象的各种圆轮[1]、固定不变的天空都进行了一番驳斥。他将这些旧观念通通
286 击得粉碎。他对天文学怀着一种格调高雅的、深深的迷恋，他站在天体模型旁边，拿起原本被放在宇宙中心位置的地球，将其换位到一个远远的角落里，然后用太阳取而代之，他认为，太阳才更有资格享受这样的荣耀……”古人犯过很多错误，这只是新发现的又一例，人们因为盲目追随古人所以也跟着上了当。一个新时代就此开启。理性和观测让千百年流传的谬误现出真相。科学的言论出现了，那就该相信它，大地和天空也就随之发生了巨变。

这一发现可能会引起一片恐慌。曾经有个雅典的疯子，他以为停靠在比雷埃夫斯港的所有船只全都归他所有；与此人类似，侯爵夫人原本也认为，整个宇宙是专门为她打造的，所以听完丰特奈尔的话，她真是如同经历了一场幻灭！在这个大地上，处处都有人辛苦劳作，战争不断，人们深陷在不安的生活中，从此，大地在她眼中，就犹如一个又渺小又脆弱的蚕蛹，在无数天体中简直可以忽略不计！在了解了宇宙无限的真相后，她想必会浑身战栗吧。

但实际情况恰恰相反，她感受到的是一种新入道的喜悦，甚至还带着几分骄傲：她已经入门了，开始了解这门经过全新理念洗礼的科学了。她仿佛进入了一个正宗的教会，她不再属于从不了解真理的异教徒，也与沉湎在谬误中的异端分子彻底了断：她为此感到自豪。丰特奈尔用了各种通俗的比喻，把抽象的概念转化为有趣的画面（如河上滑动的一条小舟，深海里航行的一艘大船，小路上滚动的一只圆球），让我们拿其中的一个比喻作为

1 根据托勒密对古代天文观测资料的解释，环绕地球做均衡运动的，并不是天体本身，而是天体运动的圆轮中心。他把环绕地球的圆轮叫作“均轮”，较小的圆轮叫作“本轮”；为了解释时快时慢的现象，他又在主要的“本轮”之外，增加一些辅助的“本轮”，还采用了“虚轮”的说法。——译注

我们想象的对象，它呈现的是一幕舞台剧式的画面：法厄同[1]身体脱离了大地，在风的带动下，他直上云霄。让我们假设一下，毕达哥拉斯、亚里士多德、柏拉图，以及所有那些名字让我们如雷贯耳的智者，他们都看到了这一幕剧情。前一个说，法厄同是由某些“数”组成的，是这些“数”让他得以腾空。后一个则说，是某种神秘的美德让法厄同飞起来的。另一个又说，法厄同对剧场上空有着某种偏好，他要是不升到那里就会感到不自在。想想看，古人为了解释这样的现象，弄出了百来种说法，这难道不是件可悲的事吗？幸而笛卡尔和其他几位近代的人也来了，他们说：法厄同能腾空，是因为有绳子在拉他，他在腾空的同时，有比他身体更重的重量往下落。过去从没有人想到去舞台布景的背后看个究竟，直到有一天，机关被发现，人们开始用理性思考问题，他们才算是明白了原理。发现给人带来的乐趣是多么美 287
好啊！参透真理时的那种至高的幸福又是多么令人欢欣啊！

科学知识有它的专有之美，因为世界有着完美的布置，最复杂的事都是通过最简单，也可以说最经济适用的装置实现的，一想到这一点，就会让有智慧的人深为陶醉。别人不喜欢机械的世界就随他们不喜欢吧，侯爵夫人听说世界其实如同一块机械表般运转，反倒对世界更多了几分热爱。如此富有规律，选择方法时如此节省资源，又如此简单，还有什么能比这更让人钦佩的呢？她在发现自然的法则后，感受到一种理性范畴的快乐与满足，这种感觉很微妙，也难得一遇：“这可不是看莫里哀喜剧时的那种愉悦，它处在理性的范畴中，但具体是哪片区域我也说不上来，这样的愉悦触动的只是人的灵魂。”

既然科学无处不在，那现在就让我们到那些科学界的典型代表人物身边看一看吧，他们会在黑板上写一些令人头昏脑涨的数字，会借用望远镜眺望天空，会解剖动物和人的身体；让我们进入他们的专属领地吧。丰特奈尔正在向我们发出这样的邀请。过去在研究哲学时，他属于“不安分的人”；现

1　希腊神话中的光明之神，太阳神赫利俄斯与克吕墨涅的私生子。——译注

在他进入了科学领域，他变成了“好奇者”中的一员：这两种称谓本质上是一致的。让外行人抛却畏惧之心，大胆地靠近分辨善恶的知识之树吧！真理犹如某种神启，它对所有心灵都能产生影响。1686年出版的《关于宇宙多样化的谈话》是一本既迎合时尚又不失深邃的著作，它堪称是一种宇宙新诠释法的先行兵。

成为时尚的不仅仅是几何学精神，还有几何学本身。几何学在之前的那个时代被推崇到一个至高无上的地位，现在它已回落到有识大众即可理解掌握的层面。巴黎有位叫约瑟夫·索弗尔（Joseph Sauveur）的数学家，他因为向大众开设几何学课程而远近知名，对他的课程，绅士们个个趋之若鹜，女士们也表示，想要得到她们的芳心，就必须先解出化圆为方的问题。至少《学士报》记录过这样的现象，嘲讽过当时的这种风气：“通过《文雅信使》这份刊物，数学家们终于找到了秘诀，让数学这门牢靠、严肃的科学的术语
288 走到市井街头，走进女士的闺房，大家都说，原来风流雅士的那一套已经完全行不通了，因为人们现在讨论的，都是各种习题、推论、定理，以及关于直角、钝角、平行四边形的问题；前不久，有两位巴黎的小姐被这些知识弄昏了头，其中一个说，要是男人不会制作眼镜，就别想向她求婚，制作眼镜是《文雅信使》经常提到的一门技能；而另一个则直接与一位品行完美的绅士分手，因为在她规定的时间范围内，这位绅士没能在化圆为方的问题上给出任何新思路。”（1686年3月4日）既然物质的本质无非就是广延，那么，物理学的本质无非就是数学。人们能够把握物质的本质，能够用牢靠的计算代替文字游戏——比如说“鸦片让人昏昏欲睡是因为它有一些催眠的功效”这类话——，这多亏了几何学家的出现。正是因为有了他们，人们才掌握了解释宇宙万象的钥匙。

不过实话实说，当时主导人们思想的并非只有数学，另一个领域的问题也同时在困扰着人们，而且问题一天比一天急迫。数学是承载知识的一种形式，但是不是真的就这么一种呢？用抽象的思维思考一切，就能了解一切了

吗？或许几何学在成功的同时也存在越权之嫌；证据在于，笛卡尔先生是一位杰出的几何学家，但在物理学方面他似乎就没有走对路。观察，实验：这是新哲学建议的两条新路。科学是不是能忽视它们呢？此时，伽利略的声音仿佛传到了人们耳边；同时，一直未被遗忘的培根也似乎发出了更响亮的声音。人们记得，培根曾说过，一切都该以观察为起步；人类要通过感官的感知，才能在头脑中形成对事物的理解；感官感受到的形象被传递到头脑中后，变成了理性判断的根据；而理性也会反过来提炼、修正这些形象；因此，真正的哲学应该以感官认识为起点，这样才能在形成理解时走上一条直接、恒定、可靠的道路。几何学家们以自己对物质的定义为出发点，坚信真空是不存在的；但其他领域的学者通过他们的实验证明，真空毫无疑问是存 289
在的；这些学者由于对现实进行了实际研究，因此是他们发现了真正的真理。真理来自事实。要以事实为准绳。这是人的责任。

于是，人们又有了一项新的任务，一项重大而艰巨的任务。人类的思想要走上一条新的轨道，要去探索，要不断工作，要克服艰难险阻，特别是还要得出一些切实有效的成果；保持对数学的借鉴，因为数学代表着一种精确的手段，但最终的目标是另一类学问，这类学问不会脱离血肉之躯来研究生命，而是在接受生命复杂性的前提下，实现对生命的掌控。这是一种群策群力式的努力，是处在变化中的欧洲的集体努力。首当其冲的是意大利人，代表者是佛罗伦萨西蒙托学院（Académie du Cimento）会聚的一帮学者。对于这个学院的学者来说，每一种自然现象都可以变成他们研究的问题：为什么水果里面会有虫？树的茎叶上生出来的寄生物都是些什么东西？有种鱼在水里会发出磷光，一见空气光便消失不见，这究竟是怎么一回事？他们就类似的问题进行着探索。他们没有实验室，没有工具，他们一脱下外衣、取掉庄重的假发，就会投入到工作中去。他们坚持探索。他们渐渐制造出一些工具。他们不断地增加实验量。他们说，的确，理想的学问是几何学，但几何学会抛下我们，会脱离我们生活的世界，进入到那些无限的空间，因此我们要转向实验，通过各种正面和反面的证明，实验能把我们引向真理。尽管西蒙托学院于1667年解散，但意大利的这项传统并没有因此消亡；在随后的一个世纪里，通过马西里（Luigi Ferdinando Marsigli）、瓦里斯涅利（Antonio Vallisneri）、瓜尔蒂耶里（Niccolò Gualtieri）、克拉里奇（Paolo Bartolomeo Clarici）、米切利（Pier Antonio Micheli）、拉马奇尼（Bernardino Ramazzini）、佛尔蒂斯（Alberto Fortis），以及我们无法一一列举的各位学者的前仆后继，这一传统一直延续了下来。在1704年《密涅瓦艺术长廊报》（*Galerie de Minerve*）的某一期上，朗奇西（Giovanni Maria Lancisi）发表了一篇文章，谈的是“用医学艺术进行哲学思考的方式”，“从中可以证明，与其他任何哲学方式相比，实验性哲学能最好地实现理性医学”。

英国也有这样的一支学者团体（其中最知名的一位是波义耳），他们也同样活跃：英国皇家学会是令整个欧洲艳羡的对象。“学会里的成员都是聪慧晓理之士，但这些人在著书立说时并不刻意展示自己的聪明头脑或是惊人
290 记忆力，他们更关心的，是通过牢固的成效来推动艺术和科学的发展。于是，他们首先将关注点放在能够通过实践得出真相的命题上，而对其他问题不再感兴趣；接着，他们又通过推理、通过新实验来溯源求因，这样的方法会把这些自然主义者带向遥远的异乡，比如说，他们在本国做了无数实验并发明了一些特殊仪器后，还会再去特内里费岛[1]的山峰上另行验证一番。”[2]

对于这种正在成为新时尚的学术方法，荷兰的物理学家们是非常精通的；同时，他们的医生、植物学家、博物学家也都争先恐后地投入到相关的工作中去：斯瓦默丹（Jan Swammerdam）、惠更斯（Christiaan Huygens）、布尔哈弗（Herman Boerhaave）、格拉维桑德（Willem Jacob's Gravesande）以及列文虎克。最后这位列文虎克，他有着灵巧的双手、锐利的目光，以及

1 特内里费岛位于靠近非洲海岸大西洋中的加那利群岛，是其中最大的一个岛屿。西班牙最高点泰德峰就在这个岛上。——译注

2 语出索尔比埃尔（Samuel Joseph Sorbière，1615—1670，法国物理学家、医学家、文学家。——译注），载乔治·阿斯科利：《17世纪面对法国舆论的大不列颠》（G. Ascoli, *La Grande-Bretagne devant l'opinion française au XVIIe siècle*），1930年，第二卷，第42页。——原注

深受新事物吸引的头脑，按照我们今天的话来说，他是以完善自我技能作为起步的；他用自己的双手尝试了无数次，想制造出一种胜过前人的高性能显微镜。他成功了；他最终造出了放大率达270倍的显微镜。对他来说，一滴水就映射出一个世界：水里面有一些微生物在活动、在争斗、在寻食；尽管只是一滴水，但它和辽阔的海洋一样，包含了无数的生命体；仿佛这一滴水中跃动着所有的生命形态。他还用同样的方式观察了其他液体，比如说血，比如说人的精液……不过，他的发现还是遭到了一些人的反对；世事向来如此，必须要经过一些争论，经历一些驳斥，传播一些宣传册和书籍，用无数工作来做铺垫，人们才能把自己眼中所见的真相转化为大众接受的共识。

斯堪的纳维亚人也不例外，他们的代表有奥勒·罗默（Olaus Roemer）、托马斯·巴托兰（Thomas Bartholin）和尼尔斯·斯滕森（Nils Stensen）等，其中尼尔斯·斯滕森在解剖学上的发现为医学掀开了新的篇章。而德国人，比如说奥托·冯·格里克（Otto von Guericke）则一直坚持关于真空问题的实验。德国人是重视纪律、热爱集体工作的民族，他们出版了一份特别的、以医学与物理学为主要话题的刊物，通过这份刊物，他们将自然爱好者的工作成果传播给世人。贝尔对此赞誉有加，他说，这些工作者一方面凭借自身发明创造的天才，另一方面通过勤勉而不知疲惫的工作态度，为科学做出了极大的贡献。

法国人也变得对大自然充满了好奇之心：巴黎人会上王家植物园，听 291
迪韦尔内（Guichard Joseph Duverney）开设的解剖学课程；尼古拉·勒梅里（Nicolas Lémery）则让所有法国人都深感自豪，勒梅里本是一位药剂师，后来成为伏尔泰所说的“第一位理性的化学家”；此外法国还出了当时最知名的物理学家之一马略特（Edme Mariotte）。“巴黎新开了一个自然研究所，就是人们所说的科学院。负责人比尼翁（Jean-Paul Bignon）神父声明说，这里研究的自然将会是朴素无华的自然，像法兰西学士院里的先生们那样戴上假发、弄上各种饰物，在这里肯定是不妥当的行为。此言确实有理。”[1]

1 《欧洲各国朝政思想》（*L'Esprit des Cours de l'Europe*）期刊，1699年，第25页。——原注

西班牙也加入了这场研究探索的运动：1697年，一个以物理学和实验医学为课题的研究协会在塞维利亚成立。就像文学和哲学领域中曾出现过的盛况那样——或许态势更为迅猛——，各种思想如雨后春笋般在各国各地涌现出来。托斯卡纳的一位名医弗朗切斯科·雷迪发表了一部关于微型动物的论著；他在书中说明，物质只要能避开苍蝇就不会腐烂，因为苍蝇会随处产蛆。整个欧洲学术界都对他的发现产生了兴趣；而他这本论著的传播也体现了欧洲思想界的合作，原著由法国人皮埃尔·科斯特从意大利文译成法文，而译著的出版地点是在荷兰。一位叫保罗·萨洛蒂（Paolo Sarrotti）的威尼斯人在伦敦结识了罗伯特·波义耳，从此对科学产生了极大的热情，他带了“两位英国的年轻人”来到威尼斯，这两人“都很擅长操作实验用的仪器”。塔夏尔（Guy Tachard）神父第二次远游暹罗归来后，泰伏诺（Melchisédech Thévenot）先生向他求证一件事情，此事旁人向他担保说是绝对真实的，但听起来还是非常奇妙：据说有人在西奈山的顶峰发现了海贝，这样的事有可能发生吗？于是，两位无畏的神父勒布朗（Le Blanc）和德贝兹（de Bèze）就此踏上了登山之旅。欧洲各大报刊都会用大篇幅文字探讨高等数学的问题，但相比之下自然科学占的版面还要更多。可是，从读者来信中可以看出，大众所关注的其实往往是奇闻逸事类的现象：在听到一声巨响后，一只
292 从未下过蛋的母鸡发出了不同寻常的鸣叫，接着产下了一只远远超过正常大小的巨蛋，这只蛋上还有星型的印迹，不过并不是人们认为的彗星图案，而是几颗普通的星星；有人抓到过一只长着婴儿头的蝴蝶；还有个小姑娘曾经从口中吐出过蜘蛛、毛虫、鼻涕虫以及其他各种类型的虫子……这些就是大众喜闻乐见的“奇事”。不过，在这些报刊中，科学界的实际努力依然清晰可见；各国学者正怀着同样的好奇心，以同样不安分的精神，全力工作：树里面的汁液有怎样的流动原理？奎宁到底有哪些功效？酵母是怎么产生作用的？解剖眼中的一切，解剖胃中的一切。为心脏连上新的血管。你看了一只可怕的怪猫？那没什么，不要啧啧称奇，不要高呼神迹，把它解剖了分析一下就行了。

就像在哲学界和批评界那样，一旦出现了充分成熟的条件，就会有一位英雄在时代的召唤下应运而生：牛顿。

维柯曾把莱布尼茨和牛顿称为“当时最伟大的两位天才”，两人几乎是在同时发现了微积分，这是不是最能体现当时时代特征的一个现象呢？有了这种新方法，就可以不再用不连续的方式看待自然现象，毕竟总体上来说，自然现象是具有连续性的。不过，当时的绅士名流还以为，这只是一种他们可以忽略不计的学问，但实际上这门科学在人类思想的发展过程中占有极为重要的地位！人们发现，每当数学的某个分支出现重大突破后，新的理论体系就会在此基础上形成，并由此产生一种认识事物的普遍化理念：毕达哥拉斯的哲学思想就源自算术，斯宾诺莎的哲学思想则源自几何学，同样，微积分也奠定了莱布尼茨的哲学。[1]事实上，莱布尼茨本人公开表示过，数学是为哲学提供支撑的最主要力量，另外，如果不先明确运动的法则，就无 293
法找到实现和谐的理论体系。而牛顿正是在微积分方法的引导下发现了重力法则。

1687年，这一法则在《自然哲学的数学原理》这部伟大作品中被正式提了出来。但是，书中的这些原理远不可能一出现就得到理解，效果要到后一个时代才能充分展现；不论是在哲学、批评或是其他任何领域，18世纪都是在用17世纪末已经发现并贮藏下来的养料；这些养料分量太足，只能慢慢消化吸收。《自然哲学的数学原理》一书并没有像笛卡尔曾经尝试的那样，用数学来涵盖整个物理学，而是把数学变成了一种物理学用来发现成果、验证成果的工具。此外，这部不朽之作重树了观察和实验的地位与价值。关注事实；服从事实；在事实面前保持谦卑的态度；对任何无法用事实验证的理论，都要心存近乎本能的畏惧：牛顿的这些原则正是他过人之处的体现，而他发现的宇宙规律，仿佛也是对他各种原则的神奇印证，是对他态度的一种

1　莱昂·布伦茨维格：《数学哲学的几个阶段》（*Les étapes de la philosophie mathématique*），1912年。——原注

回报。按照大众的说法，牛顿是坐在一棵树下，看到苹果落地后，产生了苹果为什么会掉下来的疑问，这个故事反映了一种以现实为出发点的思想的运行过程，所以即便这只是想象的故事，也并无什么不妥。前文我们已经看到，各国的学者都在以极大的耐心和极高的热情从事研究工作，而推动他们如此工作的那个原始心愿，牛顿已经以极为出色的方式实现了。从具体现象入手，通过理性的方法对其进行诠释，再以具体现象来验证这种诠释：这就是各国学者一直试图构建的一种科学法则，现在牛顿将它明确地提炼了出来。

后来，已成为法国科学院终身秘书的丰特奈尔曾发表过一次赞美艾萨克·牛顿爵士的演讲；对牛顿的各种发现，他用自己的清晰思路一一道明，以至于在座的外行都觉得自己完全理解了，而他的措辞在保持原有的明确、轻快之风的同时，也仿佛受到了他全力赞美的这位富于创造力的伟人的感
294 染，变得充满活力和热情。于是就流传下来了这样一篇比较列传式的演讲稿，丰特奈尔将笛卡尔和牛顿相提并论，这可不是普通演讲时的修饰性排比，因为这一比较不仅非常恰当，而且也是众望所归之事。虽然丰特奈尔对自己的老师笛卡尔多少有些偏袒，但他还是出色地展现了这两种思想立场的差异，他说，这两种立场都是人类思想进入极限状态后的反映：

> 尽管这两位伟人看起来反差如此明显，但他们之间却存在极大的关联。两人都是一流的天才，生来就要建立自己的思想王国，主导他人的思想。两人都是杰出的几何学家，他们都觉得，有必要把几何学运用到物理学中。两个人都几乎凭一己之力，建立起一套以几何学为基础的物理学体系。但其中的一位在思想上经历了一次大胆的飞跃，他想走到万物的源头，通过一些最根本的清晰观念，树立起世间的基本原则，有了这些原则，人们就能够俯视自然的各种现象，因为这些现象就相当于是必然会出现的结果。另一位则更为内敛更为低调，他将现象作为自己的出发点，然后再一步步上升

> 到未知的原则中去，他要让原则成为因势利导、从后果自然推出的产物。换句话说，一位是以自己的明确观念为出发点，去找他所见现象的原因。而另一位是以他所见现象本身为出发点，去找现象的原因……

丰特奈尔的这篇演讲稿接下来还提到了牛顿于1704年发表的《光学》，在相关段落中，丰特奈尔将实验的作用、价值、难点甚至美感都一一展现了出来：

> 实验的艺术达到一定水准后，就完全不是常人能及之事。呈现在我们眼前的，不过是一点微不足道的事实，没有极端敏锐的观察力，根本分辨不清来龙去脉，没有极端精准的推断力，也根本设想不出会有怎样的来龙去脉。要将这样的事实分解成其他各种次级事实，而这些次级事实又可以再次自行分解；假如没有选择正确的途径，那就难免有时会陷入无法脱身的迷宫。大自然似乎有心将那些原始的、最根本的事实连同原因一起，挡在我们视线之外；当我们终于有办法发现它们的时候，就会出现一幕全新的、完全在意料之外的景观。

我们看到，在实验物理学赢得至高地位的同时，一种新的思想模式也逐 295
渐成为主流，并产生了诸多效应，甚至可以说是无数效应。随着牛顿的天才光芒四射，先验的思想模式逐渐向实证主义过渡，这样的转变，普芬道夫在法学领域、理查·西蒙在圣经评注领域、洛克在哲学领域、沙夫茨伯里在道德领域都曾有过尝试。人们一度认为，理性如果发展过头，会具有无尽的摧毁力，但牛顿以可靠的方式消除了人们的恐惧。他将批评家的苛求与实验者对事实的探索结合到了一起，这是一种人们原本会认为不可能完成的艰难结合。人重新踏上了征服宇宙的道路。

1715年2月8日，布尔哈弗医生以《论物理学在确定性方面的贡献》（*De comparando certo in physicis*）为题，在莱顿学士院发表了一次演说；他在演说中对前些年的种种成果进行了归纳总结。关于万物存在的本源问题，所有尝试都未能实现突破；最根本的原因、本质问题，依然离我们很遥远；我们尽管在不断地增加诸如原子、单子这样的新概念，但并没有太多实效；现在，我们或许应该明白，在这些问题上，当下的假说未来都会被推翻。牛顿本人在谈到引力的时候也曾说明，经院哲学在无法解释某些原因时，常常会用玄妙的说法蒙混过关，他本人不想重犯这样的错误。尽管世间的各种物体都是相互吸引的，但究竟为什么会有这样的引力，他本人尽量避免去解释；他注意到一些很容易看见、很容易感知的现象，并对各种现象所产生的作用进行了比较、计算，但他就到此为止。因此，让无数哲学家迷失方向的形而上学领域，我们应该将其视作禁区。我们还是只潜心关注通过实际体验获取并确认的结果吧；放弃形而上学，专心投入到物理学中；只有这样，我们才有可能开始了解自然的真正属性，一直以来，我们都没有真正迈对这一步……

一切都似乎有理有据；这种言论所体现的，仿佛是一种新的怀疑论，一种经历失败后产生的怀疑论，按照布尔哈弗医生本人的说法，就是“物理学层面的皮浪的怀疑主义”。假如没有我们刚刚所说的那些思想转变，他的这番言论根本不可能得到人们的认同。这位伟大的荷兰医生所总结的原则，属
296 于一种新生的智慧，也属于一种洛克曾谈过要义的通识哲学理念。人们已经厌倦了对本质现象的探求，他们觉得，自己恐怕并没有这样的能力，于是他们只看自己能主宰哪些领域，并将这些有限的领域一一厘清。人就专心耕耘这些领地吧！在这里安个舒适的家吧！少点辛苦的工作，多点甜美的收获吧！希望这片领地能让人过上幸福的生活，一天比一天更为幸福的生活！这条路谁来带大家走呢？科学家，他们承担着指导生活方向的使命。而他们也因此荣耀满身。科学家的地位胜过了君王，也高过了所向披靡的征服者，在各种学院里，人们尽情赞美科学家，过去人们在演讲时专门用来讴歌作家的

话，现在也用到了科学家身上。科学家同样完全可以胜任公共事务管理的职责。有人认为，政治其实就是非常精密的计算，加上非常巧妙的组合排列，假如真是这样的话，那么科学家肯定精通此道；牛顿于是当选了英国国会议员，他也确实没有辜负自己的职责。历史学家们曾经自豪地说，他们遍览各国的兴与衰，看透了各朝各代的风云变幻，但与科学家相比，历史学家能享受到的这些乐趣简直不值一提！“磷光，混在一起就能燃烧的低温液体，磁铁那近似魔法般的吸引力，以及各种只有近距离观察、只有深入大自然探索后才能发现的神秘现象，让任何历史中的奥秘都会变得黯然失色……”[1]有了这类说法，看到诗人也跟着讴歌起显微镜、抽气机、气压计，描述起血液的流动和光的折射，自然不会有人再感到惊讶。这只是诗歌用自己的方式向新的时代精神表达敬意。

科学一直在拓展我们的知识范围：今天它向我们揭示了重力的奥妙；明天又会出现新的天才，他们将向我们揭开一些其他的秘密；尽管目前我们还不知道带动世界运转的那台神奇机器的真正面目，但按照这样的趋势发展下去，慢慢地我们就能尽览它的全貌。知识给了我们力量。尽管表面上看起来，科学对普通人而言并没有任何作用，但它实际上还是会带来诸多益处；学会准确、精密的思考方法，学会用严谨的科学法则来培育我们的思想， 297
这并不是可有可无之事。而且有了理论后，实践中的运用总是会出现的：“*theoriam cum praxi*”（理论与实践相结合）[2]。“抛物线的次切距是对应横坐标长度的两倍，这本身是一种非常枯燥乏味的知识；但想精准地发射炮弹，了解这样的知识又是必不可少的，现在人们对此已经掌握了。”——“17世

1　此处引文及以下的几处引文均为丰特奈尔对科学的赞美，语出自《王家科学院重组史》（*Histoire du renouvellement de l'Académie royale des sciences*）中的序言部分，1702年。——原注

2　语出自莱布尼茨：《柏林科学院成立备忘录》（*Denkschrift über die Errichtung der Berliner Academie*），载《莱布尼茨德语文集》（*Deutsche Schriften*），第二卷，第二部分，第268页。还可参见他计划推广通识科学的作品《科学的现实作用及对人类幸福效用的探索》（*De utilitate scientiarum et verae eruditionis efficacia ad humanam felicitatem*），载《莱布尼茨未刊短篇及残篇文集》（*Opuscules et fragments inédites*），库蒂拉（Couturat）出版，第218页。——原注

纪，最伟大的那些几何学家开始研究一种被称为摆线的新曲线，但那时他们不过是纯粹停留在思辨的层面上……然而，在深入研究这种曲线的属性后，人们可以借助它让摆钟的运动达到尽可能的完美，从而让计时效果也趋向极度完美。”我们通过科学来改变自然，成果日新月异，我们将创造一个又一个传奇：总会有那么一天，人可以在空中飞行。已经有一些人尝试通过人造翅膀飞翔：这一技术“将会逐渐完善，未来的某一天，人们甚至还会飞到月球……”简而言之，“科学知识的世界，是一个凡人可以使用、可以受益的辽阔领域：我们可以发明一些新型的、便捷的机器，免除、简化我们自身的工作，我们还可以把好几样原动力或原材料精巧地结合在一起，造出我们可以使用的新产品、好产品，我们的财富，也就是说让我们生活更为便利的有用物品，也就会随之不断增长……”大地就要变成天国；科学涵盖的这种种姐妹学科，如机械、几何、代数、解剖学、植物学和化学等，它们比以往称雄的缪斯女神更为强大，在它们面前，死神也要望而却步：

科学的各位姐妹，
你们务必要让我诗中的预言实现：
请让那万千种美妙的新艺术，
布满宇宙和人间。
尽情施展你们的神通，
我们很快就会看见
298 我们生活的节奏将变得快如闪电！
对面那昏暗的河岸上
阿特洛波斯变得游手好闲，
而拉克西丝[1]时刻不得停歇……[2]

1 克罗托、拉克西丝、阿特洛波斯为希腊神话中的命运三女神，阿特洛波斯负责切断生命之线，而拉克西丝决定生命之线的长度。——译注

2 乌达尔·德拉莫特：《为科学院写给比尼翁先生的颂歌》(*L'Académie des Sciences, Ode à M. Bignon*)。——原注

“进步”，这简简单单的一个词，带有多少胜利的满足感，又富含多少喜悦的期待啊！一方面，它让人们产生了生命中难以缺少的自豪感，另一方面，也让人们对未来充满了希望，人们不再否定当下，而是全力让当下变得更完满、更美好。我们的方法在进步。我们的科学在进步。我们行动的影响力在增长。我们思想的水准也在提高。“两个世纪以来，所有科学和所有艺术都几乎完全停止了发展和进步，但在本世纪，它们又汲取了新的力量，可以这样说，它们踏上了一条全新的大道……”[1]——“我们现在所处的这个世纪，是一个一天比一天更为昌明的时代，可以说，与之相比，之前所有的世纪都只能算黑暗时代了……”[2]所有的不安，所有的躁动，都有了疏通的渠道；人们不再留恋过往那遥远的黄金年代，尽管依然无法把握永恒，但人们可以把希望寄托在一个更近的未来，这个未来他本人或许就能亲眼见到，而他的孩子无论如何都可以享受得到那时的美好……

科学变成了万众崇拜之物，变成了一种神话。人们开始把科学与幸福混为一谈，也把物质进步与道德进步当成了一回事。有人认为，科学将取代哲学和宗教，有了科学，就可以满足人类思想的所有需求。不过，也有人对此表达了相反的意见，他们指责科学，认为科学试图逾越自身早已定下的界限，他们还觉得，科学已变得盛气凌人，于是他们要宣告科学的破产——必须尽快让这个新生的神话破灭。[3]

---

1 丰特奈尔:《王家科学院重组史》，序。——原注

2 皮埃尔·贝尔:《文学共和国新闻》，1684年4月，第11篇文章。——原注

3 托马斯·贝克:《一位绅士对学习的思考》（Thomas Baker, *Reflections upon Learning, by a gentleman*），伦敦，1700年。——原注

第七章　追求新的人类典范

意大利的“侍臣”[1]曾经是欧洲人的生活典范和理想生活模式，但这一榜样早已退出舞台，由“绅士”取而代之。绅士这个新的榜样为思想混乱不清的那一代人好好地上了一堂关于智慧的课，这些人也都遵从了教诲。这堂课的内容是，应该接受现存的宗教、政治和社会秩序，在经历了这么多事、受了这么多苦以后，安于现状似乎才是最佳的选择；每个人都应该在秩序中安分守己，不搞动乱，不搞反抗，这样才能让所有人都过得幸福，至少能让所有人都过得满意。绅士的形象原本充满了矛盾和反差，但经过精心的调节，这一形象最终呈现出完美的和谐：古代的智慧与基督教的美德，思想上的探索与生活中的需求，灵魂与肉体，日常俗事与崇高的向往，统统达成了一致。绅士向世人传授礼仪，这是一种不易做到的美德，是一种先悦人方能后悦己的理念；绅士认为，凡事都要避免过度，即便行善也要适可而止，除了可以为荣耀自豪，其他时候一定要牢记不以物喜的原则。成为绅士，要靠持之以恒的纪律，还要靠主动的自我反省；防止自我意识出格，将自我价值看成某种共同价值的一个组成部分，这并不是件容易做到的事。能履行好这样的职责，需要一种低调的英雄主义；绅士之所以优雅，是因为他能调节自

1　1528年，意大利作家巴尔达萨雷·卡斯蒂利奥奈（Baldassare Castiglione，1478—1529）出版了《侍臣论》（*The Book of the Courtier*）一书，书中描述了一个完美侍臣的形象，“勇敢、精明、热爱真理、多才多艺而且有文化教养”。此书也被认为是记录文艺复兴时期文化礼仪的代表作。——译注

己内心的力量，并以此力量来促进万物的和谐。

临近17世纪末，绅士的形象依然光芒不褪；依然会有人怀着崇敬之心看待它，并将其当作榜样来教育年轻人。新一代的写手们会充分借用前辈的成功经验，在自己的论著中向世人提出诸多大家都已耳熟能详的人生建议。比
300 如说，应该向绅士学习，绅士喜欢社交聚会，并饶有兴致地给自己创造这类机会；绅士对脑力劳动的成果都有上乘的判断能力，而且在发表评论时，既不会有成见，也不会随意批评，更不会心怀妒意……

但这些建议现在都已经过时了，都成了陈词滥调。以前心甘情愿主动接受的东西，现在已经没必要再接受，也没必要再想着尽量从中受益了；现在要做的，是革新一切，而且应该尽快革新。不再需要什么调和，也不再需要什么妥协；必须改变政治，改变社会。像国教这类事，怎么可以随便屈从呢？要做全新的人，顺应潮流的人，这样的人应该像用各种生活格言教导女儿的哈利法克斯侯爵那样，鼓励自己的后辈创造一种属于他们自己的宗教，一种温和的、简便的、让人愉悦的宗教，一种能免除恐惧和忧郁的宗教：现在已经不再是上帝向受造物发号施令的时代了；现在要由受造物来支配上帝。总之，绅士哲学的几乎所有原则已全面崩塌；往昔那美丽的塑像已跌落在地，成为碎片。

这尊塑像在过去看起来本像是理性创作的作品，不过，现如今正是理性的意义发生了转变。理性以往是一种调和式的力量，让人们服从于各方和解后形成的秩序，但现在它已经变成了一种批评式的力量，分析反省的精神是其首要效能。绅士自然无法再与这种永难知足的理性匹配在一起了。

绅士只能主动让位。由于绅士曾长期主导着社会潮流，人们在模仿它、以它为榜样的同时，也形成了一种机械化的反应。对于某些人来说，绅士的作风不再是一种实现更好生活的手段，其本身已成为一种追求的目标，它不再与伦理道德相关，它只是一种乐趣：可以说，这些人已经将绅士本身的属性改变了。“你知道，”格拉蒙骑士（Philibert, comte de Gramont）向朋友马塔谈自己在学院里学习兵器知识的经历时曾这样说道，“我是法国最机灵的

人，因此那里教的东西我很快就全学会了；在学这些知识之余，我又掌握了让青春变得更完美、让自己变成绅士的技能，因为我还学会了各种纸牌游戏和骰子游戏。”[1]他这真是有点买椟还珠的意思了，游戏不过是生活的普通点缀，是社交时消磨时间的普通方式，他却以为游戏就代表了绅士作风的所有 301
含义。在他回忆录的其他章节里，我们能看到，他在与一位过于自信的玩家交手时，凭借自己的聪慧骗取了对方的钱财，因此，在18世纪初，绅士作风与正直的品行已经不再是合而为一的整体了。从此，绅士便丧失了原有的地位，人们需要另一种榜样来指引自己的生活。

西班牙提供了一种榜样：西班牙的英雄其实并非新生事物，它仿佛经历了一场浴火重生的过程，因此让人尤感惊讶。1637年，耶稣会的巴尔塔沙·葛拉西安出版了他的《英雄》一书；随后，他又分别写出了1640年的《政治家》（*El Politico*）、1646年的《审慎的人》（*El Discreto*）[2]、1647年的《智慧书》（*El oráculo manual*），以及1651、1653、1657年的三部《批评家》（*El Criticón*）：所有这些作品都致力于对人的研究分析，会分别根据人的不同属性，塑造出一个值得效仿的典范；不过，不论是看过往的普遍规律，还是看当时那个时代各种思潮日新月异的变迁速度，这样的作品理应已远离时尚。可为什么巴尔塔沙·葛拉西安的作品在17世纪末又被大量翻译，而他本人也得到了极高的赞誉呢？其实他原本就不是寂寂无名的作家：他只不过是后来由一颗平凡的星辰变成了光芒四射的巨星。究其原因，或许要谈到1684年的一个法文译本，译者是阿梅洛·德·拉·乌赛（Amelot de la Houssaye），这是个文笔优雅轻快的译本，它或许有点偏离原汁原味，但营造出一种原作并不具备的欧洲情调。或许还有耶稣会的关系，尽管作者生前

1　汉密尔顿：《格拉蒙伯爵生平回忆录》（Hamilton, *Mémoires de la vie du comte de Gramont*），1713年，第三章。——原注

2　英译本名为《完人君子》（*The complete gentleman*），法译本名为《普世之人》（*L'homme universel*）。——译注

与耶稣会有过一些争执，但耶稣会摒弃前嫌，为作者在身后扬名做出了贡献。又或许还有读者的功劳，因为有很多读者对新时尚、新潮流并不满意，他们觉得现世作家提供的精神食粮难以下咽；就像司汤达所说的那样，人们内心里一直有种对西班牙黄金时代的依恋。或许除了上述这几点外，还存在着另一些我们不了解的因素，毕竟很难将某一现象的所有原因全都解释清楚。

实际情况是，1685至1716年，仅在法国一地，葛拉西安的作品就出现过15个版本的译本。同样，德国也迷恋上了这位西班牙的道德学家：克里斯蒂安·托马修斯在他的首堂教学课上，曾发表了一篇振聋发聩的、反对卑躬屈膝模仿法国人的演说，他在演说中表示，德国人如果想让自己的生活更雅致，那么葛拉西安就是必须借鉴的大师之一；在这篇演说的开篇和结尾，他
302 都以敬仰的口气提到了葛拉西安的名字。无论是在英国、意大利，还是在欧洲其他地方，葛拉西安处处都受人拥戴。

按照葛拉西安的看法，把各种平庸的能力和谐地融于一身，肯定不会是理想的人：哪怕能力再多，但因为全都是平庸的，最终也只能造就一个平庸的人。既然理想的人有出类拔萃的愿望，那么他就需要一种更崇高的抱负来激励他。他要具备过人的智力，踏实可靠的判断力，以及一颗充满激情、如火般炙热的心灵（假如心是麻木无情的，脑子再聪明又有什么用呢？）；一方面他应该充分发挥自身能力上的优势，另一方面也要在直觉的指引下信赖命运的安排，因为命运也会青睐那些敢于向它发起挑战的人；他要在每类人群中都选出一些最崇高的代表，不单单要追赶他们，还要超越他们：理想的人，就是尽力让自己成为顶尖者，成为独一无二之人的人。为此，他必须保持低调、神秘，静候属于自己的良机，甚至还要隐瞒自己的本领：一点点逐步展露自己的本领是很重要的，因为这样才能让普罗大众每次都惊叹不已，仿佛他的能量是取之不竭的。英雄在痛苦的时候需要隐忍，在被羞辱的时候也需要隐忍，其实，只有当他在自我审判时觉得自己不堪，觉得自己应该蒙羞，那才能算作真正的羞辱。胜利并不是终极目标，一统天下也不过只是种

手段：即便自己变得无往不胜、傲视群雄，英雄还是会把一切功劳归功于上帝；如果英雄开创的是一个道德王国，他也只会将其视作宗教的业绩。英雄非常机智，甚至会借用宗教玩出某种“神圣的花招”，但同时英雄也会带着些天真的傲气；他对人心的本质了解得很透，但依然不失浪漫的情怀；他很看重实效，但也迷恋理想中的美好；他是个虔诚的狂热信徒，同时也喜欢挑战困难、迎难而上：以上这一切刻画的便是英雄的完整形象，光彩照人、令人仰慕，但又充满了矛盾。相形之下，绅士的形象就显得暗淡无光了，它和巴黎所在的法兰西岛风光更为相宜，那里没有张扬的个性，天空的色调柔和阴沉，但英雄的形象需要与卡斯蒂利亚的灼热阳光结合在一起，当年堂吉诃德就曾在这样的阳光下赶路，此外，在这样的阳光下，公正、善良和爱才能熠熠生辉。

英雄的形象在整个欧洲都受到了欢迎，但这只维持了不长的一段时间。欧洲人可以怀着好奇之心、带着赞许的态度看待葛拉西安，可以读他的书，在书中听取教诲、寻找乐趣，但欧洲人已无法把葛拉西安看作精神导师。此时已为时过晚，欧洲早已下定决心，不会再走回头之路。既然绅士都无法让 303
欧洲满足，那么英雄这种世俗气息更淡的形象又怎么能成为欧洲追随的对象呢？

此时，欧洲正处在一个分析起来非常有趣的时期，如果能将当时的情景再现于屏幕上的话，画面应当是乱糟糟的，充斥着各种形象，有的形象迟迟不肯离开，有的形象又不够清晰、不够明确。绅士的身影渐渐淡出人们的视线，资产阶级的模样则慢慢成形并有了色彩。贵族的那套准则尽管之前一直主导着人们的理念，但现在人们已经不再需要它了。人们还要向战士道声永别；曾经，人们只欣赏统帅的军功，只爱听攻城拔寨的故事、浴血奋战并最终赢得胜利的传奇，只喜欢谈敌人在被猛攻后狼狈逃窜、胜利者戴着花环接受欢迎的场景，但这样的时代已经过去。奥甘库尔元帅（Charles de Monchy, marquis d’Hocquincourt）这位勇士成了圣埃弗尔蒙嘲笑的对象；芬乃伦在作品中借伊多梅纽斯对忒勒马科斯所说的话，告诉人们应该停止对穷兵黩武的君王的崇敬，转而将智慧的君王当作爱戴的对象；丰特奈尔讥讽道："以作战为生的人，大多在履职时表现得非常骁勇，但其中很少有人会思考战争本身；他们挥舞双臂时如人们所期待的那样强劲有力，但他们的脑袋转也不转，什么东西都不去想。"贝尔则从理智的角度，谴责那些只考虑自己声名的"好战的野心家"，"他们对虚荣的贪恋更像是一种懦弱，甚至还可以说是一种疯狂"；让-巴蒂斯特·卢梭[1]听到这些说法后也呼应道，征服者无非只是命运的宠儿，而命运常常会让一些前所未闻的罪行变得冠冕堂皇：

愿你所说的那些英雄
都能被冠上一些美妙的称谓，
因此，让我们以理性为仲裁，
看看他们的德行有多美。
但我能找到的美德，
只有乖戾、懦弱、不公、傲慢，
以及背叛、疯狂、凶残；
看来，各种令人深恶痛绝的罪行
骇人听闻地组合到一起
才能造就英雄德行的奇特之美……

即便是一些被人长久仰慕的伟大的古代英雄，也要请他们让出他们所享有的不正当地位：

1 让-巴蒂斯特·卢梭（Jean-Baptiste Rousseau，1669/1670—1741），法国诗人、剧作家。——译注

什么！已灰飞烟灭的旧日意大利，旧日罗马，
还有个需要我尊崇的人物苏拉[1]！
人们告诉我，我要痛恨阿提拉[2]、敬仰亚历山大，
但他们之间并没有多少分差！
屠戮众生时的英勇 304
以血洗手时的豪情
这就是我要找的战士的美德；
我还要违心地张开嘴
去歌颂一位野蛮的英雄
可他生到人间就要带给世人苦难重重！

所谓征服者，就是神在对人类不满时一气之下派到人间的人，此人会破坏世上的一个个国家，会让恐惧、贫困和绝望遍布大地，并让所有的自由人都沦为奴隶。——这些征服者被人描述得如此伟大，荣耀满身，但他们实际上更像是泛滥的河流，纵有壮观的气势，但会将本应去灌溉的良田悉数淹没。——这些话是谁说的呢？还是芬乃伦，语出《忒勒马科斯历险记》第八卷。

还有人谈到了荣誉的重要性。这些人对荣誉的问题实在是太过痴迷了；这其实是一种成见，现在已经到了必须就此反思的关键时刻。一旦迷信荣誉的重要性，人们就会用决斗来解决争端，而这恰恰是最糟糕、最疯狂的举动。很多恶行会被人说成是风流雅士之道，贵族们还喜欢炫耀这些行为，针对这些恶行，比如说道德败坏、嗜赌成瘾、不敬神明，英国的清教徒和法国

1　苏拉（Sylla或Sulla，公元前138—前78），古罗马政治家、军事家、独裁官，英勇善战，依靠军队实行独裁统治。——译注

2　阿提拉（Attila，406—453），古代欧亚大陆匈人（Huns）的领袖和皇帝，在西欧被视为残暴劫掠的象征。——译注

的理性主义者是一致反对的。在他们的共同谴责下，绅士终于退出了舞台。

现在登台亮相的是资产阶级，他们面带微笑，而且刚一登场就是一副极为自得的姿态！斯蒂尔和阿狄生为他们做了大力宣传；两人都是睿智的道德家，他们或许不够完美，但缺乏的只是一点专注力、一点华丽的文采和一点胆识，他们饶有兴致地以精妙的方式塑造出一种新型人类，并得到无数读者的认同，影响范围也从起初的英国本土扩大到整个欧洲。有人认为，文学界的所有伟大成就都有社会层面的因素，如果此言不虚，那么资产阶级受到欢迎的因素也是如此。在一个寻求自身法则的时代里，《闲谈者》[1]和《旁观者》这两份报刊以生动有趣的方式提供了一种人类生活的新模式——两份报刊的宗旨都是要对人进行分析研究——，这一方面或许是因为创办者以刻画人的不同形象为乐，但另一方面也是因为他们确实有意以此来革新人的生活模式。每一期报刊走出印厂，来到伦敦各家咖啡馆，随后又越过海峡进入欧
305 陆，都是在向社会——一个期待通过某种新规范来建立新秩序、新礼仪、新职责的社会——提出自己的新见解，也都像《闲谈者》本身所言，是在为重建人类荣誉做出一份新贡献。两份报刊通过一篇又一篇文章——不论文章是嘲讽式的还是抱怨式的——，对各种错误一一驳斥，对各种流弊一一纠正，甚至在谈完该规避什么之后还会说明该反过来做些什么。两份报刊的创办者对古人都有深入的了解，常会在文章中向古人表达敬意；他们也曾把法国道德学家——如蒙田、圣埃弗尔蒙和拉布吕耶尔——的观点放到实践中运用；此外，既然他们研究的是人，自然也不会忽视不久前还活跃在舞台上的那形形色色的人，如绅士、君子、雅士、风流之士、社会才俊等；但他们还很清楚，人心既有恒定的一面，也有易变的一面，必须不断为我们的心灵补充新的养分；于是他们承担起这份职责：过去有卡斯蒂利奥奈、贝楠卡萨这两位

1 《闲谈者》（*Tatler*）是阿狄生、斯蒂尔创办的一份每周发行三期的报纸，1709年发行第一期，1711年3月被《旁观者》取代。——译注

意大利人，以及尼古拉·法莱和梅雷骑士[1]这两位法国人；现在，职责从拉丁地区转到了英国，要由两位英国人来完成使命了。

一位法学家，一个叫“自由港”的商人，一个叫“警卫”的军事家，一个叫“蜂巢”的上流人士，再加上一位教会人士：这些人组成了“旁观者”先生所处的社会圈子。总的来说，这个圈子里的人都属于资产阶级，除了一位准男爵，罗杰·德·柯弗利爵士（Sir Roger de Coverley），但罗杰爵士是个非常纯朴明理的人，他与自己贵族兄弟们的作风格格不入，他是个如此矛盾、如此违反常情，又如此温和、如此仁慈的人，完全不同于前一个世纪文学作品里层出不穷的那些不良绅士。而“旁观者”先生本人更是位纯朴到极点的人。他的所有财产就是乡间一片六百年没变过样子的小庄园；他见识非常广，但从不喜欢当众炫耀；他环游过世界，却并不因此扬扬自得。他神情严肃，沉默寡言，喜欢独处，没有几个知心朋友，也不喜欢探亲访友，他不会给任何人留下话柄，哪怕是女房东也挑不出他的任何毛病。由于大家常看到他去剧院、咖啡馆和伦敦的各种公共场所——因为他想研究同时代人的生活方式——，于是有人觉得他是耶稣会士，也有人怀疑他是间谍，还有人把他当成密谋造反的人，或是头脑有问题的人。“尽管会遇到这种种小波折，但我还是能找到一些慰藉，每当我不带任何成见、以一种安宁平和的眼光去观察人的天性时，我内心里都会产生一种甜美的满足感。支配这些人行动的，要么是激情，要么是利益，这两样东西早已对我无法形成束缚，因此我 306
能更敏锐地发现他们的才华，也能很清楚地看出他们的罪恶。”“旁观者”先生自己都不必开口细谈，光凭他的纯朴，光凭他那安宁平和中的智慧，我们就知道，他过的是一种典范式的美好幸福的生活。

不过他还是开口说话了，他对我们说，所谓的贵族做派，无非是贪慕虚

1　贝楠卡萨（Orsola Benincasa，1547—1618），意大利修女，曾在那不勒斯创建过圣母无原罪姐妹会，也是一位受到当地知识分子广泛关注的思想家、教育家，那不勒斯现在仍有以她命名的大学；尼古拉·法莱（Nicolas Faret，1596—1646），法国政治家、文学家，著有多首关于君王美德和忠君绅士的诗歌；梅雷骑士（chevalier de Méré），原名安托万·贡波（Antoine Gombaud，1607—1684），法国作家，著有《绅士》《论真正的君子之道》等作品。——译注

假的名誉，因为贵族会顽固不化地用决斗来解决争端；贵族对“公正”这个词的理解也是完全错误的，因为他们居然会与职业赌家较量，把自己的命运交给这些人操控，所以说，贵族精神逐渐消亡也就不足为奇了。他嘲笑那些拿虚妄的头衔当作毕生荣耀的人，因为这些头衔只与他们的出身有关，是偶然的产物，而并不是大众授予的。他倡导礼仪和精致的生活方式，谴责在剧场里大声喧哗的男人，以及酗酒、抽烟的女人；但他同时又强调说，表面上的礼仪并不是生活中唯一重要的东西；假如礼仪要抹杀人的本性，那么，他宁愿选择换种方式让个性得到彰显。逢迎恭维，装腔作势，虚情假意，这些全都让他深感厌恶；一个人的价值，在于他自然流露的个性，而不是他伪饰出来的品德，这对每个人来说都一样。有人认为，男人的至高美德甚至可以说是唯一美德就是勇敢，对女人来说则是贞洁至上，这实在是大谬不然的观点。这种成见之所以会形成，是因为它遵循的是取悦异性的原则，女人看男人时最欣赏的就是对方的勇气，而男人都讨厌不忠的女人。这反映出，人们往往更看重一些所谓的社会素质，至于道德和优秀的天性，在人们心中其实并没有那么重要。同样，外在的美观也不应该超越内在的实用：时髦的女郎只想着人前光鲜，游手好闲的男子只顾着如何讨女人欢心，所谓的才俊对任何事都追求精致，于是，这些人都变成了不明善恶之人，从而也就近似于人类当中的害群之马。开开玩笑，说说俏皮话，甚至尖刻地嘲笑，这些都是上流社会的人爱干的事，但这些行为往往只包含恶意。说到底，上流社会的生活究竟有何意义？人的价值就是要在社交场合、在聚会时全力出风头吗？人就靠这种方式来获取真正的幸福吗？奢华、喧嚣都是与幸福背道而驰的，幸福需要远离尘俗；享受独处时的快乐，享受与几位至交的友谊，才能真正感受到幸福；幸福是远离光环、安于孤独的，幸福眷顾的地方，是森林、泉水、田野、草地：幸福是自给自足的，并不需要他人的见证、围观。相反，
307 虚无缥缈的幸福才喜欢受到他人的关注；这样的幸福只能存活在宫廷内、剧场里和聚会时，它需要赞许和羡慕，一旦没人理睬它，它也就自然失去了生命力。确实，我们对幸福是不应奢求的！对人类来说，学会自我宽慰，学会

在厄境中保持坚定的意志，是比追求幸福更有用，也更有必要的事。此世我们能求得的，只有灵魂的满足，一旦我们的雄心抱负膨胀起来，就免不了会遇到种种挫折和苦难。让我们尽我们所能，寻求自己在地上的安宁，以及在彼世的幸福。——我们能看出，“旁观者”先生的观点，基本上只是借用了某些老问题的著名新说法；不过，我们还能看出，尽管“旁观者”先生是一位崇尚古典的老派人士，但他与绅士这类人明显是格格不入的；此外，他想尝试建立一种更高层面的社会文明，主导者由贵族转变为资产阶级，从重视外在转向强调内在，从追求社交娱乐转向探寻社会的实用功能，从崇尚艺术转变为宣扬道德。

“闲谈者”说，朝臣只会用漂亮话来搪塞别人，学者又爱嘲讽没什么学识的人，所以商人比他们更有资格被称为“绅士”。“旁观者”对此也持相同的看法。对商人怎么敬重都不为过。商人给英国带来了强权、财富和荣耀；商人让英格兰银行的地位不断攀升，使其成为新时代的圣殿；不仅如此，商人还通过自己的贸易活动，让世界各国走向互惠合作，从而共同促进全世界人民的福祉。可以说，商人是全人类的朋友。英雄只需要一种空泛抽象的声望，但商人需要的是一种能具体感受到的名声，也可以说是一种形式更巧妙的名声，这种名声被称为信誉。只要被人说一两句坏话，或是稍微影射一下、传播一点谣言，商人的信誉都会受损，他本人甚至还会因此身败名裂。有一天，一位绅士说了这样的话，他可以相当随意地谈论大部分其他的绅士，而不必顾忌太多，但唯独不敢乱说商人的坏话，因为这种话一说出口，就相当于上法庭告他们了，甚至相当于不听他们的辩词就给他们定罪。于是，一种前所未有的新荣誉骄傲地出现在历史舞台上：商人的荣誉。

众所周知，剧场里的人物个性会更为鲜明；剧作者为了获取更好的舞台视觉效果，是不得不对此做一些特殊处理的。斯蒂尔已经不满足用报刊来
展现绅士与商人的对立冲突；他直接把这样的故事搬上了戏剧舞台。例如他 308
最优秀的作品之一《心灵恋人》(*The Conscious Lovers*)。贵族约翰·比维尔爵士的女儿就要出嫁了，男方的父亲是在印度经商发家的富商西兰德先

生。两位亲家见了面，商人对绅士百般讥讽。西兰德先生说，他的家谱是极为辉煌的：远祖戈德伏鲁瓦，接下来的一代代传人分别是爱德华、托勒密、克拉苏、理查德伯爵、亨利侯爵、让公爵等等，所有这些人都是英豪级的人物……

约翰·比维尔爵士似乎并不太了解时代的最新面貌，西兰德先生便仔细地向他讲述了一番，告诉他英国刚刚完成了怎样的一种变革：

> 请允许我冒昧地告诉您，我们这些商人啊，是上世纪刚刚在世界上崛起的新贵。你们这些守着一方田地的地主啊，你们总是觉得比我们高出不知道多少，但其实我们和你们同样值得尊敬，也基本上同样实干。说实话，你们经营的事，远不过一车草料，或是一只肥牛。讲白了，你们就是一群可笑的人，你们生来就是做懒汉的料！

还有能比这更充满傲气的话语吗？

> 有人说，一位成功的商人可以算是整个国家里最出色的绅士代表，这样的说法绝对正确；不论是见识、风度还是判断力，商人都胜过了很多贵族。

总之，英国确实完成了一种变革，而文学既是推动这一变革的因，也呈现出了这一变革的果；文学作品记录、传播了整个变革的过程：

> 对很多绅士来说，他们必须接受自己的命运，将祖辈传下来的资产转交给新的主人，而新主人们也确实更配得上这些财富，毫无疑问，凭自己本领得到新产业的人，总比疏于进取而失去原有产业的人要胜任得多……[1]

1 《旁观者》，第174期。——原注

在英国形成的这类新人此后又对整个欧洲产生了深远的影响。无论是
报刊、游记，还是戏剧、小说，都在宣传他们；追求时尚的人也都在努力效 309
仿他们：打扮简单朴实，避免华丽的装饰，以呢绒替代丝绸，以手杖替代佩剑。心灵也同样要向纯朴的方向打造：坦承直率的性格，疾恶如仇般地痛恨谎言，通晓事理，关心实用性问题。正如“旁观者”先生所言，现在难道还应该成天关注美文和艺术吗？应该花同样多甚至更多的精力去关注工作，关注商业，关注贸易，关注勤俭节约的问题，关注对完善生活有益的机械知识和技艺。皮埃尔·科斯特于1695年翻译了约翰·洛克的《教育漫话》（*De l'éducation des enfants*），他向读者解释道，实际上，这位英国作者是为培养年轻一代的绅士写这本书的；不过法国人不要弄错“绅士”这个词的含义：它指的已经不再是贵族，而是仅次于男爵的那个社会阶层的人士；也就是说，对应到法国，指的是家境良好的资产阶级。“由此我们可以轻松地得出结论，这本关于教育的论著是专门为绅士量身定做的——不过‘绅士’这个词指的是它在英国的含义——，这本书里的观点理应得到更广泛的应用。”通过皮埃尔·科斯特的声音，英国资产阶级向欧洲所有国家的资产阶级伸出了友谊之手，希望他们能加入到自己的阵营中来。

不过，到了这个时代，任何一个国家都不再享有独造一种普世典范人物的特权了；因此，这类人物与以往相比会更为复杂，轮廓也没有以往那么清晰；过去要在舞台上向世界展现一个典型人物，只要凭借古典艺术，用最直接的光线，映照出他的具体形象，但现在这样的方法再也行不通了。因为法国也有自身的探索。无论是从国家气质还是从实际需求来看，法国都需要一种引导它走向理性、走向思想解放的向导式人物。最终，法国在18世纪形成了一种被知识界完全接受的理想式人物，这一典型人物具有英国人和法国人的双重气质，他既是抽象的思考者，也是具体生活的指引者：他就是哲人。

在最初酝酿成形的阶段，哲人在人们眼中是怎样的形象呢？法兰西学士院1694年出版的词典是这么说的：“像这样致力研究各类科学、通过科学原理和科学的因果关系来认识各种现象的人……像这样远离俗务烦扰、过着僻

310 静安宁生活的智者，我们就将其称作哲人……有时，哲人也专指那些思想自由、用高于平民生活范畴的职责义务来要求自己的人。”

当时，哲人的定义还是处在一个混杂不清的阶段。但首先，哲人不再是只信奉亚里士多德或柏拉图学说的学究，不再是专业做这种学问的人，不再是专家、教授；即便从未研究过形而上学也可以做个哲人。——其次，哲人也可以是以理性为工具而不以记忆为凭证的学者：他会研究天文学，谈论世界的多样性，即便不能解释为什么地球会绕着太阳转，也能把这一现象本身描述得清清楚楚。——哲人还可以是过着极安逸生活、男女友人众多的一位智者，他的全部抱负，就是管理好圣詹姆斯公园里的一群鸭子[1]；他在安排自己的生活时必然会考虑到享乐，但比重并不会过高：一种理性化的享乐。——哲人又可以是自由思想者：这是至关重要的一点。他在评价判断任何事情时，都保持着无拘无束、充分自由的态度；正如德·朗贝尔夫人（Mme de Lambert）后来所说，哲人让理性赢得了尊严。法兰西学士院里的那些先生认为，哲人是用高于平民生活范畴的职责义务来要求自己的人，但他们说错了，或者说，他们至少是错误地估计了未来的事态发展。哲人恰恰就是想变革平民生活范畴的职责义务：要是不用新思想去游说他人，那又怎么能称哲学和哲人呢？——最后，哲人要有一颗炽热的心，但这需要再等上半个世纪，要等他心中的这把火渐渐点燃、渐渐变旺，并最终成为熊熊烈火。

从一开始，哲人就对天启宗教怀有敌意。如果您说，在中国，皇帝咨询的顾问和信任的大臣都是哲人，那么您就非常清楚，这些人和他们的祖师孔子一样，都是世俗的智者。如果您要听一位哲人谈道德和学问，那么您就可以非常肯定，他谈的道德不会与宗教有关，他的学问也不会牵涉到上帝，甚至还会是反宗教反上帝的。如果您得知某人以哲人的身份度过一生

1 圣詹姆斯公园（St. James's Park）原本是圣詹姆斯宫的鹿园，17世纪时查理二世聘请法国景观设计师重新造景，如今成为伦敦市中心最美丽的公园。圣埃弗尔蒙在伦敦期间曾被任命管理该公园里的鸭岛。——译注

直至去世，那您就会知道，此人直到告别人世，都没有相信过宗教和神明。维护传统的人士对这些都心中有数；1696年，勒热神父（P. Lejay）在自己任教的学校里排演了一出戏剧，剧名为《达摩克里斯[1]或掌权的哲学家》（*Damocles, Sive philosophus regnans*）：把大权交给一位哲学家或哲人是非常不谨慎的行为，因为他很快会把世界弄得天翻地覆。

哲人的哲学是一种将形而上学置之门外的哲学，它有意识地缩小了自身研讨的范围，只关心能被人的头脑迅速理解掌握的东西。它对自然的理念是，自然不能说是绝对美好的，但自然是强大的、有序的，是与理性相协调的。因此它倡导的是一种自然宗教，一种自然法，以及一种自然的自由平等。它将道德划分为若干种不同层面的次级道德；要根据其不同的社会功用性，在具体情形中确定选择哪种道德作为标准。它认为人们有权追求幸福，一种地上的幸福；专制、迷信、战争，这些都是阻碍人们在此世赢得幸福的力量，是人类的敌人，要与它们进行面对面的斗争。科学能保证人的无限进步，因此科学是人类的真福。哲学则是指引人们生活的向导。总之，这些似乎就是我们所看到的当时的种种变化；这些理念和追求自17世纪末开始形成，并结合在一起，组成了一种倡导相对观念、倡导人文主义的学说。到了这一步，可以说一切已经就绪：伏尔泰可以登场了。 311

1　达摩克里斯（Damocles）是公元前4世纪意大利叙拉古的僭主狄奥尼修斯二世的朝臣，他非常喜欢奉承狄奥尼修斯。——译注

第四卷

想象和情感的价值

第一章　无诗年代

此后，理性主义运动不断发展，从《百科全书》到伏尔泰的《风俗论》，再到《人权宣言》，一直延续至当今。

不过，理查德森[1]、让-雅克·卢梭和狂飙突进运动又从何而来呢？能出现如此激情澎湃的河流，必然存在不为人知的源头。此前我们都只当世界的舞台上仅有理性主义者在表演：的确，在那个时代，活跃在前台的是他们这群人，他们揽下了最重要的角色，他们大声喧哗，对其他人指指点点。可舞台上并非只有他们；现在，我们应该来看一看其他的角色。只是我们首先要承认一点，这样的研究相对来说要困难不少，我们看到的表象是不尽如人意的，研究的初步结果也令人感到失望。

我们想试着以诗为切入点来展开我们的研究；在诗的世界里，或许蕴含着我们期待找到的想象和情感的价值。

但这个时代是无韵的散文的时代。斯威夫特的散文内容丰富多样，文笔坚定有力，令人诚心钦佩；圣埃弗尔蒙的散文文风灵动；丰特奈尔的散文细腻精致；贝尔的散文豪情似火。他们在各自擅长的领域中都堪称无人能及。说到贝尔，莱布尼茨曾称他是个热爱辩证法和逻辑的人，是个只喜欢控诉他人、只喜欢将人区别对待的人，他胸中的热情从不会冷却。他特别容易动

1　塞缪尔·理查德森（Samuel Richardson，1689—1761），英国作家，以书信体第一人称叙事为创作特点，代表作《帕米拉》（*Pamela*），作品影响过卢梭、歌德。　译注

怒，动不动就怒不可遏；他的那团怒火在作品的字里行间依然清晰可辨。有时，通用词汇已经不足以表达他的情绪，于是他就自己创造出一些新词；对他来说，遣词造句是要与思想紧紧相扣的，必须要让语句完全表达出思想的
316 内涵。可以说，没有人能写出和他类似的文章；即便他不在文章的末尾署名，人们也可以很快辨识出他的文风。

不论是英国作家还是法国作家，他们都用自己的方式，让无韵的散文有了一种新的功效，他们让文章变得富含思想，也让文章具有了斗争性和攻击性。无论是杂论、随笔、书信体文章、生者对话录或亡者对话录，还是虚构式游记，都成了他们谈论各种道德、宗教、哲学问题的天地。

但他们做不了诗人。词语的铿锵韵律或柔美音调，他们已无法听见，他们的心灵也失去了对神秘的感应。他们想让一种冷酷的光笼罩整个现实世界，即便偶尔流露出一些感情，也必须形式上有条有理，内容上清晰准确。如果说诗能被比作一种向上天的祷告，那么他们是从不祈祷的；如果说诗想尝试着达到一种只可意会不可言传的意境，那么他们是不会承认有这种意境的存在的；如果说诗是想寻找乐律与含义之间的平衡，那么他们会毫不犹豫地放弃平衡。他们只想论证演示，只想阐述定理；他们偶尔也会写几句诗，但这只是为了用诗来展现他们的几何学精神。[1]

诗就这样死了；或者至少可以说，它看起来已经毫无生机。诗里面谈的全是知识，形式上也机械、枯燥，诗失去了它原本的存在价值。在这段时间里，大部分诗人写的近似于打油诗：拉封丹去世后，法国就不再有诗人出现；英国尽管古典派盛极一时，令人艳羡，但依然缺乏真正的诗人。

此外，想发挥创作的天才，还需要应对另一个敌人。可以说，当时的人们过于崇敬前一代人留下的大量杰作了。高乃依、拉辛、莫里哀，他们都有

1 利马永·德·圣迪迪埃：《帕尔纳索斯山之旅》（Limajon de Saint-Didier, *Le Voyage au Parnasse*），1716年，第258页：“人们突然听到一阵震耳欲聋的声响；100名诗人一齐高声祈祷，希望阿波罗听他们的颂歌。其中一位高声说道，万能的上帝啊，我为大地的运动做了首诗；另一位则高喊道，我写了首关于代数的诗……”——关于英国的情况，参见乔治·阿斯科利：《17世纪面对法国舆论的大不列颠》，1930年，第二卷，第119页。——原注

太多的爱好者和追随者；大家都觉得，这些伟人的作品值得被后人一直照搬照套下去；大家都相信，他们掌握了艺术的某些诀窍、某些奥秘，只要能发现这些诀窍、这些奥秘，就可以和他们一样创造出永恒的美。有些人觉得自己思想坚毅，他们痛恨成见和迷信，对万事万物都不肯心怀敬意，并对自己的这些举动津津乐道，但一遇到文学的问题，这些人就变得温顺盲从；他们 317
折服在偶像面前；他们也不敢冒犯文学体裁高低不同的原则，或是三一律原则。他们不信恶魔也不信天使，但他们信品达，信阿那克里翁，信忒奥克里托斯[1]，他们会用自己的方式来诠释这些诗人的作品；他们甚至还会信亚里士多德，但他们并不关注亚里士多德的哲学家身份，而只在乎他是《诗学》的作者，光凭《诗学》这本书，他的身上就有了一半的神性。

对拉辛来说，希腊是个令人向往、令人心动的充满诗意的现实世界；淮德拉如果不是神的女儿，自然也就不会如此痛苦：

我的祖先宙斯，他是万神之父、众神的主宰。
整个天庭，整个宇宙，处处都是我长辈的踪迹。
我有何处可以藏身？你说我们可以把长夜无边的地狱当作栖身之地。
这让我怎么说才好？我父亲就在那里手擎命运之瓮。
据说，这是命运之神让他严加掌管的物器。
在地狱里，每一个可怜的人都要接受米诺斯[2]的判定。
啊！要是他看到亲生女儿出现在自己的领地，
被迫将千百条大罪一一供认，
有些罪行在地狱里也是前所未闻、令人称奇，

1　品达（公元前517—前437），古希腊抒情诗人；阿那克里翁（？—前485），古希腊著名诗人；忒奥克里托斯（公元前315—前260），古希腊著名诗人、学者，田园诗派的创始人。——译注

2　米诺斯（Minos）是希腊神话中的克里特之王，是宙斯和欧罗巴的儿子。米诺斯死后做了冥界的判官，是冥界三巨头之一。他是淮德拉的父亲。——译注

> 那么他肯定会无比惊讶，浑身战栗。
>
> 要是真出现这恐怖的一幕，我的父亲，你会有怎样的说辞？……

不过，拉辛的成功演绎并没有让希腊精神得到充分发扬，人们对希腊的理解甚至完全走上了歧途，很快，希腊就变得不再具有希腊的真正面貌：它已经不再是个自发自然的主题，它失去了新鲜感，也失去了生命力；它仿佛成了一座座塑像林立的古墓；它的那些独特的杰作被人当成了套路，人们生硬地对其进行改动，力求不动脑筋地赢得成功。古希腊被移植到现世；人们并不想理解真正的奥德修斯、埃阿斯，而是给他们戴上假发，佩上短剑，然后称赞他们的俊美。

1715年左右，出现了推崇荷马、神化荷马的潮流，崇古派想以此对尚今派发起猛烈的回击；蒲柏以再创作的方式翻译了《伊利亚特》，他为自己译本写的序还被译成了法语和德语，那么，当时的人到底在这部希腊史诗中看到了什么呢？作为一位幸运的译者[1]，蒲柏对这个问题是这样解释的，他说，荷马创造发明的能力超过了所有人，而这种能力是天才的标志，因为有了创造发明，作为自然奴仆的艺术才能享有各种财富、各种受其掌控的素材。荷马正是因为有了这样的能力，才可以构想出这些被亚里士多德称作史诗灵魂的传奇故事，这些传奇故事大抵分为三类：一类是现实中可能发生的故事；另一类是寓理于事的故事，在表面的情节下，诗人真正想表达的，是智慧和
318 科学的奥秘；还有一类是神奇的故事，这类故事里有各种超自然的现象和召唤神力的机器装备："把神当作诗里面的一套机器装备[2]，荷马应该是第一个这么做的人，这也让他的诗显得更为重要、更为崇高……"这种创造发明的能力可以用在演说中、描写中，可以用来比喻、对比，也可以让文风更优

1 蒲柏翻译的《伊利亚特》和《奥德赛》给他带来了丰厚的收入。——译注

2 按照其他文献的说法，"机器装备"（machinerie）这个词的意思指，荷马可以根据需要，随时在诗中加入与神有关的内容，以此来保证情节的流畅生动。——译注

雅、诗句更精彩，不过，它自然也免不了存在种种缺陷！它的那些神奇的故事已不再有真实感，它的那些隐喻的手法有过多过滥之嫌，在反复不休的使用下，它也渐渐让人感到厌倦……

读到这番话后，性急的达西埃夫人[1]坐不住了。这位蒲柏先生到底想说什么啊？这个英国人译了荷马的作品，却对荷马本人毫不理解！按照他的说法，《伊利亚特》"是既没有秩序也没有匀称感、各种美乱糟糟混在一起的大杂烩，它只有一粒粒种子，并没有成形的、成熟的果实，它是堆积了无数无用之物的作品，这些无用之物是必须被剔除出去的，因为它们会抑制、会扭曲那些真正值得保存的东西！——这么颠倒是非、这么不公正的话，连荷马的敌人们都从来没有说过。《伊利亚特》可远不是蛮荒原始的花草地，它是世上有过的最正规的、最匀称的大花园。勒诺特尔（André Le Nôtre）先生是世界上首位园林艺术专家，他曾说过，荷马诗作中的那种匀称感既完美又令人钦佩，他自己设计的园林从不曾达到过这样的境界……"

此话一出，事情便出现了新的动向：归宿由伊萨卡[2]变成了凡尔赛。

诗实在是遭遇到太多不公正的待遇！人们不再理解什么是诗，也听不到真正的诗；过往那种诗情洋溢时仿佛有股神的气息穿过心头的感觉，现在也再没人能体会到了。诗被人当成了演说家雄辩术中的一种形式，而雄辩术恰恰是与诗背道而驰的敌人。诗不再探寻灵魂深处的奥秘，它极力违背自己的真实本性，转而关注外在的东西，诗成了说理、论证、解决问题的渠道。想象力被当作一种低层次的能力；诗能创造的意象都被人分门别类地打上标签，从此全成了庸俗艳丽之物。诗句的韵律变得单调而沉闷，创作韵句只代表征服难关的过程：所谓的诗只剩下了这些意义。1717年，瓦兰库尔

1　达西埃夫人，即安娜·达西埃（Anne Dacier，1645—1720），著名语文学家、翻译家，译过《伊利亚特》和《奥德赛》；丈夫安德烈·达西埃（André Dacier，1651—1722），同为语文学家、翻译家。——译注

2　伊萨卡（Ithaque）是《奥德赛》主人公奥德修斯的故乡。——译注

（Jean-Baptiste-Henri de Valincourt）进法兰西学士院，他在答谢德·佛勒里
319 （André Hercule de Fleury）的欢迎辞时说道，缪斯女神不再居住在帕尔纳索斯山上，缪斯女神也不再算得上是女神；她们的作用，只是为理性进入人们头脑时提供一些灵活的渠道。

假如我们想知道当时的种种谬论究竟到了何种程度的话，那就该读一读丰特奈尔所写的关于田园诗本质的文章，读一读乌达尔·德拉莫特所写的关于颂歌的文章。相比较而言，后一篇文章的逻辑性更强一点，因为作者毫无畏惧地直接从原则谈到了行动：有韵的诗句是一种约束，还是让我们写无韵的散文吧。诗句能写的东西，散文全都可以表达出来，而且散文更精确、更清晰，写起来也更简便；散文不会让人受这些韵脚、音律之类麻烦事的折磨；就让我们下定决心，为大众献上脱离诗句形式的颂歌吧……但他并没有走上一条创造自由诗的道路，也并不是认为，只要有了灵感，就可以随心所欲地每次采用新形式进行诗歌创作。恰恰相反，他是否定文字的和谐感的，而且这一立场让他深感自豪。

其实，诗在其整个历史发展过程中，一直受到雄辩术的威胁，但是，这场较量最残酷的一天、雄辩术大获全胜的一天，莫过于乌达尔·德拉莫特写下一首名为《自由雄辩术》（*La libre éloquence*）的颂歌的那个日子：让韵脚和音律都从此消失吧！

> 韵脚，又荒唐又霸道，简直像是个暴君，难道我的思想要始终做你的奴隶？你强行让我的思想脱离理性的王国，这局面究竟要维持到什么时候？你抛弃了确切、精准和清晰的原则，用韵律和节奏来控制我的思想，那么，你就该同样遭到抛弃。假如我坚守这些原则，你又能怎么报复我、怎么折磨我呢？……自由而独立的雄辩术，我只能靠你了，只有靠你，我才能摆脱这不公正的奴役生活，走向理性。

乌达尔·德拉莫特也改写了一遍《伊利亚特》，他将全诗缩减为12篇，之后他又写了首颂歌，以荷马的口气，对自己的精妙工作大加赞许；此外，他还把拉辛的剧作改编成散文，并对改编的效果深感满意……后来，他的朋友和他的同道中人都和他一样，希望世人能理解这样一个道理，只有对事实的陈述才是唯一重要的事情；为此，人们需要抛弃远离事实的幻想，转而全力表达真相，人们还需要停止对语言的扭曲，别让它只成为悦耳的工具；但 320
愿诗人能够变成哲学家：诗人若还想有用武之力，变成哲学家是最好的方式了。[1]“理性越完善，人们就越看重判断力、轻视想象力，因此，受人欣赏的诗人也就越少。据说，最初的作家就是诗人。我非常相信这种说法，因为诗人不会有其他的历史作用。但最后的作家肯定是哲学家。”[2]

等最后的作家出现，这一天显然还很遥远，在此期间，必须对这群无用、固执、爱骗人的家伙多加防范。按照让·勒克莱尔的定义，所谓诗人，就是在谈论自己话题时通篇胡编乱造或是部分胡编乱造的人；他在阐述自己观点时会用上精心设计的套路，目的就是要让读者啧啧称奇、产生兴趣；他在表情达意时用的都是与普通大众截然不同的方式，这不光光是韵律的问题，即便在遣词造句上也大相径庭。“在我们开始读某首诗的时候，我们必须提醒自己，这是个骗子写的作品，他想和我们谈一些虚无缥缈的东西，就算其中有些是真事，也夹杂了很多其他的成分，让人极难分辨真假。我们必须提醒自己，他使用那些华丽的表达手法，大部分情况下是为了压倒我们心中的理性，他使用那些动听的韵律，只不过是要麻痹我们的耳朵、让我们觉得舒服，这样我们就会欣赏、认同他的观点，对他本人也会产生更好的印象。事先提醒好自己、做好这些准备后，再读这类作品就会免受毒害，毕竟思想正派、意志坚定的人读读诗还是有点好处的，但是，对于那些理性

1　丰特奈尔：《关于诗的泛论》（*Sur la poésie en général*），载《杂文集》（*Œuvres diverses*），第八卷，1751年。——原注

2　特鲁布莱神父：《关于文学和道德若干话题的杂论》（Abbé Trublet, *Essais sur divers sujets de littérature et de morale*），1735年。——原注

思维不够强大的人来说，一旦他们沉湎在诗里，心智恐怕就会受到干扰。”[1] 让・勒克莱尔是最具代表性的理性主义者之一，他对诗的这种敌意究竟从何而来？——因为当时有一种公认的观念：诗就意味着错误和虚假。

不管怎么说，这就是当时大部分人头脑中的一种无意识观念。对他们来说，品达的颂歌、布瓦洛的《攻陷那慕尔颂》(*Ode sur la prise de Namur*)都需要重写，因为原作都是极为有害的范例。“我一直认为，”被誉为法国当时最伟大抒情诗人的让-巴蒂斯特・卢梭曾这样写道，“想达到崇高的境界，最牢靠的办法之一，就是模仿那些前世的著名作家。”于是，他所说的崇高
321 境界，就是堆积一个个问号、一个个感叹号，释放出一些虚伪的激情。一开始总会是一种异常惊讶的口吻：我看到了什么？我听到了什么？为什么天空半开半掩？原来是因为这位公主出嫁了，那位王子出生了，又或是因为某位国王驾崩了。顺着这个情节，接下去会有一节又一节诗句进行描述，同时还会加上神话故事作为凭据。最后的结尾通常是段比较，或是段壮美场景的描述，又或是段浓墨重彩的抒情：颂歌就这样完成了。外表被弄得杂乱无章，但实际上极有讲究，内在的逻辑、机械装置式的精密结构都被掩盖了起来，只有以这样方式写成的颂歌，才能算得上是真正成功的作品。“这种形散的作品其实有它的规则，也有它的艺术和方法，而且这些东西隐藏得越深，内在的联系越难察觉，美感就会越突出，这就好比我们的交谈，越是像酒后吐真言一般胡言乱语，对话就会越显生动有趣。因此形式上的散乱实际上是一种披着疯狂外衣的智慧，它摆脱了严格如几何学定理般的重重枷锁，这些枷锁让作品变得沉重不堪、毫无生气……”[2]

不过，当时的局面也并非糟糕到不存在任何正面因素；甚至可以说，我

1 让・勒克莱尔：《法拉西亚纳，或关于批评、历史、道德、政治的杂思》(*Parrhasiana ou Pensées diverses sur des matières de critique, d'histoire, de morale et de politique*)，“开篇”(Début)，1699年。——原注

2 《谈〈为布列塔尼公爵出生而写的颂歌〉》(*A propos de l'Ode sur la naissance du duc de Bretagne*)，1707年。——原注

们看历史的功过簿时，还可以在很多过失中找出一些值得保留的价值。

追求绝对、纯粹的诗歌，这是一种过于美好的梦想；现实中只有相对的诗歌，相对于其所在时代的那一代人有意义的诗歌。诗歌想继续存在下去，只需要醉心于抽象理性的这一代人还能在诗——被他们称作虚伪欺骗之物的东西——里面找到一点魅力；只需要这一代人做点破格的行为，拒绝追随想把有韵的诗歌彻底改造成无韵的散文的举动；只需要在这代人里还能出一些喜欢音乐和韵律的作家，哪怕为数极少，他们也能为这代人保留一种幻想，一种存在某类高层次和谐境界的幻想。纯粹的诗歌是不存在的，但对诗歌的永恒需求是存在的。蒲柏看上去是一位天才的诗人，他也确实是一位天才的诗人；他满足了他那个时代人们对诗的含蓄需求，并且做出了比这更大的贡献。

因此，假如有人认为，在这个诗意贫乏的时代依然存在着诗，他的想法也谈不上有多么荒谬。对于德国人来说，卡尼茨（Friedrich von Canitz）就是他们的诗人；甚至这位诗人也得到了法国人的认可，因为后来人们在向法国人介绍德国自然纯朴的民族特色时，常会把卡尼茨当作代表人物之一。令 322
全欧洲称奇的是，意大利出的诗人竟然各种类型一应俱全，尤为神奇之处在于，尽管他们写了很多糟糕的诗，但还是有几部诗作被人一再传诵，它们的魅力跨越了一天、一年、一个世纪，甚至一直延续到今天。马里诺[1]的传统是他们的重负，根据这一传统，他们要不知疲倦地歌颂冷却的火、燃烧的冰、残酷的柔情、玩笑式的严肃。古代的优秀诗人同样是他们的重负；即便可以不再模仿阿那克里翁，也必须要改学品达的风格。困扰他们的还有科学这一新生事物，他们实践科学，喜爱科学，还一定要在自己的诗中为科学留下一席之地。他们堆积华丽的辞藻，急着想达到形散神聚的艺术至高境界，这就让他们写下的颂歌总显得艰涩乏味。但还是有这么一天，以品达为效仿对象的弗朗切斯科·雷迪写出了新意，在诗中，他请酒神巴克斯[2]来到托斯

1　马里诺（Giambattista Marino，1569—1625），意大利巴洛克风格的诗人。——译注

2　巴克斯（Bacchus）是罗马神话中的酒神和植物神。——译注

卡纳的丘陵，让他一杯接一杯地喝那些用沉甸甸的葡萄酿成的美酒佳酿，慢慢地，巴克斯走路开始踉踉跄跄，说话也变得结结巴巴，终于酩酊大醉：

喝味淡色暗的啤酒的人
大都早死，很少能撑到古稀之年，
喝英国果酒的人
都是想早点入土为安，
喝北方各种酒的人
更是想尽快与人间做个了断……

光是把这些不纯之酒的名称一一说出来，巴克斯就有亵渎神灵之嫌；必须让他那说出渎神之语的嘴，

回到纯净的原样，
要让它紧贴一樽金盏，
盏里盛满了佳酿
这是葡萄美酒
是健康的美酒
在蒙特圣萨维诺[1]如火般盛放……[2]

323 这一天，一种饱含新意的诗赢得了自由，尽管它的抱负原本是要重塑古时对酒神的赞美诗，但它毕竟内容丰满、结构紧凑、韵味浓厚、形式独特。我们还要提的另一位诗人是文森佐·达·菲里卡亚（Vincenzo da Filicaja），他一心为国家效忠，并用这样的诗句发出了感人的哀怨、凄美的呐喊：

1 蒙特圣萨维诺（Monte San Savino），意大利阿雷佐省的一个市镇。——译注
2 《巴克斯在托斯卡纳》（*Bacco in Toscana*），1685年。——原注

哦，法兰西，你竟然要向我动武？你拔剑出鞘朝我猛刺，
我却只能用玻璃器皿充当武器，抵挡你的攻击。
我们古代的那些盖世伟业，
却完全无法给我庇护，助我御敌。[1]

但实际上还远远还不止这些！各种奇喻（concetti），各种夸张荒唐的隐喻，各种复杂的、精心雕琢的、扭曲的修辞手法，甚至整个17世纪的诗歌创作风格，意大利人都想将它们通通赶出自己的诗作。他们开始反抗。浮夸的诗再也不能出现了；只要简单，只要自然。屋子已经装得太满了，必须做一次彻底的大扫除。该怎么说呢？实际情况是，连屋子都不再需要了，不再需要墙，也不再需要屋顶：真正的诗歌应该生存在露天下。1690年，一群诗人和智者在罗马聚会，他们决定把会议地点设在小树林里；他们要让古时的阿卡迪亚[2]重生，在那个时候，人们能在风中感受到诗的气息，在那个时候，牧羊人用他们的芦笛吹出天籁般的旋律。唉！这本是极为美妙的一项计划，后来却变成了一场假面舞会。这些新时代的阿卡迪亚人制定了一些法则——这是他们关心的首要事务；然后他们又模仿希腊语中牧羊人的姓名，给自己取了些可笑的笔名；他们在意大利全境设定了无数据点，他们要让这些地方比当年的阿卡迪亚更有学术气息；他们在小树林里诵读自己作的诗，但这些诗并不比他们想清除的旧诗好到哪里去：这相当于新瓶装旧酒，换了包装，东西却还是一样的。这场行动最终宣告失败。对这样的行动，人们一般会强调它的失败，但如果愿意的话，也可以强调行动意图的美好、行动目标的崇高。

英国的田野里也结出了饱满的谷穗。或许在普赖尔的作品中，我们看不 324

1 《向法国进军的意大利》（*L'Italia alla Francia*），1700年。——原注

2 阿卡迪亚（Arkadia），古希腊地名，该地居民的生活富有田园的淳朴气息，西方文艺作品中常以“阿卡迪亚”一词形容田园牧歌式的生活或世外桃源之地。——译注

到色彩艳丽的宏伟画卷，但他知道如何用秀丽精巧的画面展现魅力。他不会创作遒劲有力的交响曲，但他谱写的旋律柔情似水；希腊人和罗马人传授给他雅致考究的艺术，不过那只能反映他的第二天性，并不会让他的第一天性完全退化；不论是阿那克里翁，还是他推崇的大师贺拉斯，他们只是提升了他的才能，而并不是他才能的创造者。他不会气势磅礴地表达自己的情感，但他知道如何用优雅的方式，歌颂那些平静悠闲的时光，展现那些生活中的苦难，表达我们对死亡的恐惧、对光阴飞逝的怅惘；他笔下的克罗埃[1]，在看到自己种下的花枯萎时会泪流满面。他的作品中没有愤怒，没有对他人的轻蔑，也没有让读者看了都会心碎的凄惨景象；他的诗歌里只会时不时地出现一种忧郁的音调，顺着我们的双耳深深扎根至我们的心中。在他的一部作品中，他与他的朋友约翰[2]一起游历了几百年前的英格兰；他来到一家多年前住过的客栈，回忆起往昔的情形：

请上这边来，我亲爱的老板娘，这些年您过得怎么样？
特别爱干净的西西莉，还有普鲁登斯、苏，他们现在何方？
楼下住的寡妇，八年前那个唱歌的马夫，
我至今也都没忘。
您的妹妹近况如何？她那么温柔，那么可爱，
对女仆说话时声音却像小号般嘹亮。[3]

这仿佛是一幅英国式的版画：一家乡间客栈，一侧是坐在桌旁的客人，另一侧是老板娘：

1 《达芙妮与克罗埃》（*Daphnis et Chloé*）是公元2世纪希腊作家朗格斯（Longus）的浪漫小说，后有多部改编作品。——译注

2 约翰指约翰王（King John，1167—1216），英格兰国王（1199—1216年在位）。这首诗诗名中的“唐氏厅”（Down Hall）是作者在埃塞克斯郡（Essex）的一处都铎风格的庄园。——译注

3 马修·普赖尔：《唐氏厅，一首叙事诗》（*Down Hall, a Ballad*），首版于1723年。——原注

说真心话，她回答道，我觉得您越活越看不出年纪。

对了先生，请问这位先生他要喝点什么东西？

您问的问题真是要了我的命，

一个又一个，让我不知从何说起。

整个画面非常自然，气氛也非常放松；接下来的诗句依然保持着同样的语气，但两人在回忆陈年往事时内心里蕴含的种种情绪，却会让每一位读者深受触动：

唉，自从上次与您分别，件件事都变得离奇走样， 325

马大被判了绞刑，寡妇改嫁出门。

普鲁登斯产下的孩子现在由教会收养，

西西莉骗了一位先生的钱财然后远走他乡；

至于我那温柔可爱的妹妹，

她已经葬在墓中多年。

我们可以轻而易举地再找些别的诗人，再展示些别的诗作；这些诗要么当年一出现就让读者过目难忘，要么历久弥新，直到今天还能让我们感受到一种充满往日情怀的、触动读者内心的优雅。不过，尽管这么说，我们还是要从功过两方面来看待问题：一方面不要把问题绝对化，要立足于相对的、具体的现象；另一方面，我们也应该赞同卡尔杜齐[1]的观点，18世纪的前50年是一段前所未有的缺乏诗意的时期，而且这段时期是一个诗歌创作贫乏的大时代的起点。最后我们还必须承认，在前文列举的那些诗人中，即便挑出最好的几位，与但丁或莎士比亚相比，也只能做不起眼的配角。

1　卡尔杜齐（Giosuè Carducci，1835—1907），意大利诗人，1906年诺贝尔文学奖获得者。——译注此外，我们还需要承认这样一个事实，在大部分文学领域里，当时都出现了类似的转变：人们不再认同创造力的价值；人们觉得，写作就是模仿经典，就是服从规则。

在一条条道路上，都会有批评家把守在十字路口，他们要么阻止作者走入歧途，要么直接把作者引向他们所认为的光明大道。托马斯·莱默——他曾经证明莎士比亚完全不懂悲剧，并因此声名大振——说过，要是没有批评家一直紧紧盯着诗人，诗人在创作时肯定会漫不经心、随心所欲。

批评家真是数不胜数啊！首先，古代的批评家有当仁不让的地位，亚里士多德、贺拉斯、朗基努斯[1]，他们从来没有经历过这样的好时光。其次，在世的批评家更是一支庞大的队伍：法国有布乌尔神父、拉潘神父、勒博苏（René Le Bossu）神父等，这些知名的学者会教导作者，思想类的作品怎样才算思路正确，演说稿和诗怎样才算符合规范，史诗又该怎样去构思布局；英国像这样拿着戒尺的人也不少，比如说杰拉德·朗培恩（Gerard Langbaine）、爱德华·比什（Edward Bysshe）、伦纳德·韦尔斯
326 特德（Leonard Welsted）、约翰·德尼斯（John Dennis）以及其他一些名气略逊的批评家；在意大利，则有穆拉托里、克雷欣贝尼（Giovanni Mario Crescimbeni）、格拉维纳，他们分析研究的是完美诗歌和完美悲剧的本质；在德国，克里斯蒂安·韦尼克（Christian Wernicke）说，法国文学达到了一种完美的高境界，究其原因，是因为在巴黎，任何一部名家的作品一出版，批评的文章就会随即跟上……批评家个个激情满怀，但他们实在是一群刻薄的权威！他们求全责备、爱造争执。不过，我们是不是需要同情那些被他们一再刁难、指责的作家呢？——其实也大可不必，作家们很适应他们的时代，总的说来，他们在这样的环境下有两种乐趣可寻：性情高傲的人可以通过回击找到抗争的乐趣，性情懒惰的人也可以通过顺从找到平静的乐趣。

布瓦洛老了。1701年，他的作品集又出了新版，在序言中，他以不减

1 朗基努斯（Cassius Dionysius Longinus，213—273），古罗马哲学家、修辞学家。——译注

当年的豪情，总结了自己的文学准则，但同时也道了一声永别。“这很可能是由我本人校稿的最后一版我的作品集了，我已经过了63岁生日，体弱多病，看起来已经来日无多，我就此正式向读者宣布告退的消息，相信诸位不会觉得这有什么不妥，同时我也感谢各位的善意，因为我的这些作品原本配不上读者如此青睐，但各位还是一次次破费购买……”其实读者从未对他厌烦过；在他这番告退的话中我们就能找到证明，因为布瓦洛还向埃里塞拉伯爵（comte de Eryceira）先生专门表达了谢意，“他将我的《诗艺》译成了葡萄牙语诗歌，并好心地将译本从里斯本寄给我，顺带还附上了一封信，以及他本人写的几首法文诗……”在每个国家，《诗艺》都有它的读者，也都有人评论它、翻译它。在每个国家，都有人将它视作金科玉律。但也有人会咒骂“博阿罗”[1]，指责他竟然敢说塔索[2]华而不实；布瓦洛这个骄傲的法国人，对他本国之外的事，什么都不懂，也什么都不尊重。不过，布瓦洛作为“帕尔纳索斯山的立法者”的身份并不会因此被撼动，尽管此时各路权威纷纷失势，但他的地位一如既往。

从此他代表的不再是他本人，而是一种风尚：后来，人们会专程去奥特伊城参观他的遗踪，仿佛观赏的是卢浮宫的柱廊，或是马尔利城堡的骏马雕塑[3]。曾经发生过这样一件事，一位已有小成的女作家蒙塔古夫人（Mrs. Montagu）去君士坦丁堡，与在那里任英国驻奥斯曼土耳其大使的丈夫会 327
合；到了当地后有人推荐给她一首译成英文的土耳其诗歌；读完诗后她想到了谁呢？想到了布瓦洛。——“这首诗里有些地方非常美妙；尽管‘鹿眼妃子’这个说法在英语里不太悦耳，但还是让我喜欢得不得了；在我看来，诗活灵活现地刻画出一个看似冷漠，眼里却闪耀着火一般激情的妃子的形象。布瓦洛先生曾说过——他说得实在是太准确了——，有些语句现在听起来很

1　应指意大利语口音说布瓦洛名字时的变形。——译注

2　托尔夸托·塔索（Torquato Tasso，1544—1595），16世纪意大利著名诗人。——译注

3　指法国艺术家纪尧姆·库斯图（Guillaume Coustou，1677—1746）于1743至1745年间为路易十五创作的“驯马者”雕塑（Chevaux de Marly），因其最先放置于马尔利城堡（Château de Marly）而得名。——译注

普通，但在古人的语言中或许很典雅；某个词在用的人那里可能显得非常动听，但译过来后会让我们觉得要么低俗，要么刺耳，所以我们凡事不能轻下断言……”[1]

布瓦洛从不曾认为，作家可以不需要天分和才华，但他也决定不了下一代和后辈的态度；他们强调的是技法，并不在意什么天分和才华；他们甚至会说，想写出漂亮的诗句，做到一点就完全足够了，那就是严格遵循规则。布瓦洛倡导文学体裁高低不同的原则，但后人对此一再曲解，他们细致入微地划分体裁：大分类，小分类，小分类下面又有更小的分类！古典主义原本代表着一种灵魂、一种追求，但伪古典主义无非是一套程序：两者的区别就在于此。

道德观念：这就是思想贫乏的后人要捍卫的东西，仿佛这就能让他们聊以自慰。史诗必须要有道德方面的意义，它的创作目标就是要“对道德和风俗进行一番变革”。普通的诗歌也必须要有道德方面的意义，甚至它还应该传授一些宗教领域的真理；诗学变成了一种伦理学，几乎都能算作神学的一部分了。“把实用与美观结合在一起的诗人才是好诗人，他要能同时做到寓教于乐和寓乐于教。”——“诗歌是一位魔法师，但它对人们的心身是有益的；它看起来是胡言乱语，但它的目标是要消除世间的疯狂。”剧场该被当作一所专门的学校，要无情地羞辱那些让美德变得荒唐、为恶行涂脂抹粉的喜剧作者！喜剧在英国形成了一种特有的形式，剧情大都以法国为样本，特别是莫里哀的作品，但在加调料、做大杂烩的同时，英国的喜剧也有了自己独特的味道；英国的喜剧喜欢爆粗口，喜欢弄一些有伤风化的场景；英国的喜剧根本不讲道德，它喜欢制造丑闻，只图让人开心、让人愉快，比如说康
328 格里夫，又比如说范布勒，他们就让这样的作品在伦敦的舞台上大行其道。但这种喜剧遭到了教会人士杰里米·科利尔（Jeremy Collier）的猛烈抨击，1698年，他出版了《英国舞台上有违道德与亵渎神明现象之一瞥》（*Short*

1 写给蒲柏先生的信，埃迪尔内（现土耳其位于欧洲部分的小城，曾是奥斯曼帝国首都，又名亚德里亚堡。——译注），1717年4月。——原注

View of the Immorality and Profaneness of the English Stage）。道德观念，我们需要的是道德观念！真是不像话！戏剧本应向世人展现人类那些脆弱的伟大情怀，展现命运的突变、暴力和不公造成的不幸后果、骄傲自大引发的疯狂、虚情假意带来的罪恶，可现在的舞台上都有些什么呢？全倒了过来！信奉正道反而要遭到耻笑；在英国的舞台上，充斥着各种污秽的东西、渎神的东西和不成体统的东西；竟然还有人无知无畏地把神职人员弄得荒唐可笑。哦，这实在太可耻了！这实在是天大的丑闻！——在杰里米·科利尔激烈言辞的带动下，围绕这一话题出现了多次激烈的讨论，讨论结束后，最终是清教徒的思想和伪古典主义的道德观实现了联合，它们成功地改正了喜剧的走向，这真是一个再古怪也没有的结局了：斯蒂尔的剧作是英国喜剧投射出的最后一道也是最精美的一道光芒，英国喜剧眼看着无法再用自己喜欢的方式继续生存下去，于是它决定走上消亡之路。差不多与此同时，意大利的“即兴喜剧”（*commedia dell'arte*）也受到了指责；人们开始努力创造一种既尊重理性也尊重道德风尚的喜剧。这里我们不谈佛罗伦萨，也不谈罗马，而只谈那不勒斯，在那里有一位叫尼科罗·阿门塔（Nicolò Amenta）的剧作者，他要在创作中摒弃生动有趣的内容，坚决不走逗乐、荒唐的路线——这样自然也就告别了快乐和趣味：不再有不守道德的人物，不再有粗俗的言语，不再有恋爱中的冲动；不再有不知廉耻的女仆，不再有好吃懒做的男仆；也不再有疯狂的剧情。一切都遵循规则，符合道德……

建立一个国家级机构，其主要职责是维护民族语言的纯洁性，捍卫文学的优良格调，这样的事原本除了法国是没有其他国家关心的，因为那时法国正处在一个热衷于纪律和秩序的时期。如今，法兰西学士院的各项事务已经渐渐有了仪式化的庄严感，它享有的威望是其他任何一种协会团体都不可能具备的，无论是颁奖，还是办招待会或请人演讲，它举办的所有活动都会引发一定程度的反响，于是，法国的所有邻国都开始产生了羡慕之情，也都想拥有一所自己的学士院。作为世界上最自由的民族，英国人首当其冲；他们觉得，要是挑选英国学士院的院士，普赖尔先生应该有一席之地，他相当于

329 英国的拉封丹；蒲柏先生则能对应布瓦洛；康格里夫先生可以被称作英伦莫里哀[1]；斯威夫特先生不能忍受任何一种约束，但他会心甘情愿地接受学士院的调遣[2]。经过长时间的讨论，这一计划最终未能实现。但1700年柏林成立了它的学士院；西班牙的皇家学士院也于1713年建成。到了1725年，甚至连遥远的俄国也拥有了自己的学士院。[3]

批评界过去在抨击宗教和政治问题时，总会和这类官方机构划清界限，但现在态度却截然不同，批评家个个成了保守派；他们过去指责古人，认为古人阻碍了知识的进步，但现在他们觉得古人更像是知识的守护神。批评界把纯粹个人的见解推广为放诸四海皆准的规则：批评家认为，要是不遵守这些规则，就不可能得到救赎；他们把经验事实当成了强制性的规范。剧作家如果想写悲剧，那就必须把剧情设定在24小时范围内，地点应当是在某座宫殿里的某个厅内，要谈爱情，要谈责任，剧中的几位主人公都必须一身正气。

1711年，英国人欣喜地看到，在他们国家，在他们自己的土地上，出了一位帕尔纳索斯山的立法者，他写出了一部新的《诗艺》。此人身材不高，体格单薄，极度敏感；再小的声响、再淡的气味，他都令人难以置信地感受得到；尽管有这些差别——当然差别还不止于此——，但他依然算得上布瓦洛合格的接班人。而且，他的领导力注定要延续很久，因为亚历山大·蒲柏在出版《批评论》（*Essay on Criticism*）的时候，不过才24岁。

这本书面世没多久，就成为当时最著名的作品之一，人们觉得，这本书可以让所有的争论就此终结。《批评论》的作者仿佛是两个人的合体，这两个人并不能始终步调一致，甚至还常常互相抵触。一个满腔热情，宣泄着强烈的个人情绪，另一个则代表着必将胜利的纪律和秩序。前一个人将自己青

---

1 伏尔泰：《哲学通信》（*Lettres philosophiques*），第24封信，“论学士院”（Sur les Académies）。——原注

2 斯威夫特：《关于纠正、改进、规范英语的建议》（*A proposal for correcting, improving, and ascertaining the english tongue...*），伦敦，1712年。——原注

3 分别指普鲁士皇家科学院、西班牙皇家（语言）学院、彼得堡皇家科学院。——译注

春的激情尽情展现出来，他道出了许多作家或直言不讳或深藏于心的想法：对批评家的厌烦、反感和反抗。我们知道，作家都期待批评界的赞美，一旦听到反面意见都会觉得难以接受。蒲柏对批评家的态度是不依不饶的：这些 330
人给我的作品挑毛病，胡乱评价我、审查我，他们的权利是哪儿来的？他们不过是在某一天把自己称作了批评家，批评家无非是他们选择的一份职业：选了这份职业，就有了高人一等的地位了吗？什么！随便一个蠢货，只要摆出副了不起的模样，就可以对我指手画脚！随便一个失败的诗人，都可以评判我写的诗的价值！一个被人喝过倒彩的剧作家竟然可以指导我，告诉我该如何写喜剧！还是让他们当当听众，听听别人是怎么讲述真理的吧；要让一位作家来好好地对这帮批评家批评一回。世上每出现一位糟糕的诗人，就同时会有十位糟糕的评论者；盛气凌人并不能证明自己的价值；在指责他人之前，至少要理解他人：心胸狭隘之士是无法接受任何作者的观点的，他能干的事，就是和作者唱反调。对于这些阿里斯塔克斯学院[1]里出来的先生们，我们当然有权要求他们具有各种资质！他们是靠经验还是靠认真的工作来保证自己的评价真实可信的？他们有灵活的思路和对艺术的直觉吗？他们是否保持了足够谦逊的态度，以免对作者产生嫉妒？他们是否能做到略过小问题、着重强调可取之处呢？他们是否能痛痛快快地夸奖几句，而不要像守财奴一样斤斤计较呢？他们算得上公正客观吗？唉！他们只是些奴才，只是些为强权、为名声、为政党、为宗教派别服务的人……

这些愤怒的言辞展现了一颗不甘麻木的心灵，一种把文人的是非看作天下最大之事的性情，实在让人感到有趣。不过，更让人觉得奇特的，是第二个蒲柏登场后的表现，他向前一个蒲柏发号施令，而前者被说服的速度似乎也太快了一点，当然，前者抨击批评家，说到底也只是想让他们用更高的标准要求自己，更配得上自己的身份。以理服人又善于讲理的第二个蒲柏开始谆谆教诲、阐述理念。他说，必须要以自然作为创作的准绳，自然是不会

1　阿里斯塔克斯（Aristarkhos，公元前217—前144），古希腊语文学家、语法学家，在亚历山大里亚创立了自己的学院，学院以语文学为基础，研究对文本的批评。——译注

犯错的，它是纯洁的智慧之光，处处闪耀着神的光芒。不过，尽管自然是亘古不变、普世皆同的，但在追随自然的同时，还必须要有理性作为引导。的确，驾驭珀伽索斯[1]的最好方式是驯导它，而不是用马刺去刺它，应该抑制它的狂躁性情，而不要把它的速度激发出来；它是生有双翼的高贵之马，驾好这样一匹马，最重要的是控制调节好它的节奏。所谓艺术，指的依然是自然，但这是一种完善后的自然，一种有了条理和秩序的自然，一种甘心服从
331 规范的自然。因此，诗人应该遵循古人从自然中提炼出来的规则；他们应该向智慧的古希腊人学习，学习古希腊人的一些有益的戒律，从而适当控制自己的想象力，因为这样才能让它朝着正确的方向全速发展！维吉尔也受到过诱惑，他曾经有一刻只信赖自己的天分和才华；但他及时地醒悟了，他开始理解，荷马与大自然已经融为一体；他心悦诚服，也惊讶万分，于是他放弃了自己鲁莽的念头，他以自我监督的方式，强行让自己的作品遵循极端严格的规则，仿佛他的每一句诗都要接受亚里士多德的检验。因此，诗人需要认识到过往伟大典范的真正价值，对他们产生真正的尊重：效仿他们，就相当于效仿自然。同时，诗人要对自己的作品精心雕琢、再三雕琢！真正自然、流畅的风格其实都是艺术的体现，而并不会出自偶然；只有在学习舞蹈的过程中，人们才知道如何迈出轻盈的步伐。——这就是作为古典主义者的蒲柏所表达的思想。他的这些思想全得益于他所尊崇的那些前辈名家的作品，如亚里士多德、贺拉斯、哈利卡纳苏斯的狄奥尼修斯、佩特罗尼乌斯、昆提利安[2]、朗基努斯，又如破除了“哥特式神学”迷信的伊拉斯谟，再如再现了教皇利奥十世时期意大利辉煌景象的维达[3]；此外还有布瓦洛。蒲柏敬仰这

1 珀伽索斯（Pegasus），希腊神话中的有双翼的飞马，它踩过的地方会有泉水涌出，诗人饮后可获灵感。——译注

2 哈利卡纳苏斯的狄奥尼修斯（Denys d’Halicarnasse，约公元前60—约公元8），古希腊历史学家、修辞学教师；佩特罗尼乌斯（Pétrone），罗马帝国朝臣、抒情诗人与小说家，生活于罗马皇帝尼禄统治时期；昆提利安（Quintilien，35—96），又译昆体良，罗马帝国西班牙行省的雄辩家、修辞家、教育家、拉丁语教师、作家。——译注

3 维达（Marco Girolamo Vida，1485—1566），意大利作家、诗人、人文学者。——译注

一位位前辈，也深深信赖他们，于是，当他回过头来看自己同时代的作家时，也像批评家那样发号施令、指指点点起来。

理论形成后，又能有几部作品来印证理论的出色，这当然不会是件坏事，因为这样会让事情变得更加简单。该如何打造一部史诗，诗人们现在已经透彻了解了其中的方法，那么，他们在期待什么，也就不言而喻了：

> 超越曼托瓦[1]，
> 超越古希腊，
> 一首前所未见的神奇史诗，
> 一首处处准确、优美、有力的诗，
> 它的能量，不亚于安妮的千军万马，
> 不亚于马尔博罗[2]的火炮枪弹，
> 而这就是我们最优秀诗人共同期待的对象……

这是理查德·布莱克默[3]对同胞的鼓舞，而他本人也做出了榜样。他认为，诗歌的目的是要培育心灵、规范道德观念；史诗这种体裁既然地位最高，也应该最重视道德；史诗中刻画的那些英雄人物应该向人们传授各种宗 332
教、美德方面的知识，应该教育人们抑制情感、明理晓事：于是，写史诗转变为一种职责。的确，在荷马和维吉尔之后，就没人写出过成功的史诗，但失败的原因并不是缺少天分和才华，而是不了解规则。既然今天我们可以拿很多人作为导师——除了亚里士多德和贺拉斯以外，还有拉潘、达西埃、勒

1 曼托瓦（Mantua），意大利北部小城，约建于公元前2000年。著名诗人维吉尔诞生在这里。——译注

2 马尔博罗公爵（1st Duke of Marlborough，1650—1722），英国军事家、政治家，欧洲最出色将领之一。前文的安妮指安妮女王。——译注

3 理查德·布莱克默（Richard Blackmore，1654—1729），英国诗人、医生，著有史诗《亚瑟王》。——译注

博苏、莱默——，那么，成功之道我们自然可以尽收眼底：我们就开始谈这个话题吧。

他开始谈了："哦，缪斯，请你告诉我……"在缪斯女神的启发下，他写出了英雄诗篇《亚瑟王子》（*Prince Arthur*），另一部英雄诗篇《亚瑟王》（*King Arthur*），史诗《爱丽莎》（*Eliza*），哲理诗《创世》（*The Creation*），另一部史诗《阿尔弗莱德》（*Alfred*），共计几十部诗作，成千上万行诗句。但是，理查德·布莱克默做医生应该比做诗人更出色，因为他的那些史诗从未被人牢记过。

那么悲剧的情况又怎么样呢？作为一流的思想家、著名的法学家，吉安·文森佐·格拉维纳想亲力亲为，给出示范。他研究了各种相关的论著、各种创作理论，不论是法国的古典主义剧作，还是文艺复兴时期的作品，都不能令他满意，他看中的典范，要一直回溯到古希腊，在他眼中，古希腊的悲剧才是真正的悲剧，是悲剧之源：他紧紧将这一珍宝攥在手中，再也不肯放手。1712年，他在那不勒斯出版了自己的《悲剧五则》（*Tragedie cinque*），在序幕中，悲剧女神化身成人，高声宣告：我来了！我被忽视了这么多个世纪，现在，我终于能以我最初的形态登场亮相了！为我开路的是一位法学家、一位演说家，还有一位哲学家，护卫在我身边的是诗化理性（Raison poétique）——它是规则必须服从的对象——，此外，还有批评家高举火把，为我照亮行进的方向，就这样，我终于来了！……这位缪斯女神虽然话说得很漂亮，但格拉维纳的悲剧并没有受到广泛的欢迎。

整个欧洲此时仿佛展开了一场悲剧大比赛；为了赢得桂冠和各类奖项，每个国家都积极参与；各地的悲剧创作者都全力投入到工作中去。克雷比永[1]想与拉辛比拼一番，但他的作品大多是阴暗的色调甚至是黑色调的。外国人也要与法国人较个高下：啊！要是外国人能胜过法国人的话，真不知道会是怎样一种场景！但至少外国人不惜投入大量时间，也不畏各种艰苦，他

1 克雷比永（Prosper Jolyot de Crébillon，1674—1762），法国剧作家。——译注

们写出了无数悲剧作品；在这个领域里他们奋起直追了多年。1713年6月12日是值得纪念的一天，这一天，西皮奥内·马菲（Scipione Maffei）侯爵在维罗纳首演了自己的《美罗珀》（*Mérope*），尽管剧情结构略显单薄，但与法国古典主义悲剧中最具代表性的作品相比，这部戏的古典主义色彩似乎还更为浓郁。这一作品首先在当地赢得了巨大反响，随后又受到了整个意大 333
利的欢迎。真是一部大获成功的悲剧！剧中充满了激扬的情绪、华丽的台词，以及用机械教条式旋律谱写的诗句，这些都赢得了观众的连声称道。这出戏可以说轰动了整个欧洲、整个世界，它被译成各国文字，评论它、吹捧它的也大有人在；伏尔泰、莱辛甚至后世的歌德都提到过它。英国人也很清楚，必须要革新他们的戏剧，要把莎士比亚那些可耻的、放荡的东西赶出剧场，要阻止有人把悲喜剧与纯悲剧混为一谈的企图，舞台上不能再出现战争的场面，也不能再有成群结队、高声喧哗的场景，至于在舞台上吹喇叭、击鼓、讲暗杀的故事，只要品位正常的人都是无法接受的；简而言之，英国人期待出现规范化的、具有美感的悲剧，在度的把握和主题分配上要非常讲究，讲述恐怖故事的同时一定要展现悲悯之情，在表现英雄气概的时候要不温不火，在刻画崇高品质的时候气氛也不能过于激扬。他们为此竭尽了全力。我们看到了一位纳撒尼尔·李（Nathaniel Lee），他的作品有《尼禄》（*Néron*）、《索芙妮丝芭》（*Sophonisbe*）、《荣光女王》（*Gloriana*）、《女王争霸》（*Reines Rivales*）、《米特里达梯》（*Mithridate*）、《俄狄浦斯》（*Œdipe*）、《狄奥多西一世》（*Théodose*）、《鲁基乌斯·尤尼乌斯·布鲁图斯》（*Lucius Junius Brutus*）等等，尽管他天分不足，容易写得结构模糊、情节混乱，但在这些作品中，他尽力不在一部戏中讲述两段故事，同时避开了无用的情节，严守三一律这个金科玉律对时间的要求，尊重社会习俗，只使用高贵华丽的语言。他的确在几部戏中成功地做到了这些，他把规范化作品视作完美作品的代表，可以说，他离这一目标已经相去不远了。此外，托马斯·奥特威（Thomas Otway）的《威尼斯得免于难》（*La Venise sauvée*）在当时也引发了轰动，这部作品向外国人证明，英国戏剧有能力做得既规范又感人。不过，1713年才是英国真正取得辉煌胜利的一年，在这一年，阿狄生的《加图传》面世了，这部剧作当之无愧地被迅速译成了法文：伦敦已经有了一位新的布瓦洛，现在又有了一位新的拉辛，由此也开始了《加图传》在整个欧洲尽享荣光的历程。它是半个世纪或者说差不多半个世纪不懈努力的成果。英国人为自己杂乱无章的天才找到梳理的途径，并最终形成这样一部规范化的杰作，花上这么长一段时间也确实是需要的。

德国人依然处在落后的位置：耐心一点，再等一等，他们很快就赶上来了。戈特舍德（Johann Christoph Gottsched）对德国戏剧的乱象深感痛心，于是他努力钻研，不仅阅读了亚里士多德的《诗学》及相关的各种评论，还
334 学习了古人的剧作、法国的诗歌，连他们写的序言也不会放过；他就此打开了眼界，他明白了，戏剧艺术是必须遵循规则的，而这些规则是具有绝对性的，是建立在理性基础上的，是必须遵守的，是不可逾越的，德国如果不肯接纳这些规则，那就会永远停留在野蛮的状态中。因此，戈特舍德努力尝试各种方法，力求掌握艺术的奥秘，1732年，他创作出一部成功的剧作《临终的加图》(*Caton mourant*)。他解释说，他原本只需要把阿狄生的《加图传》译成德语就可以了，但《加图传》这部戏还没有充分规范化，还存在可雕琢之处，因为原剧中有某些情节和某些修饰性内容破坏了整个剧作的结构。在上天的眷顾下，当然也在他个人的努力下，德国版《加图传》的所有场景都发生在乌提卡[1]城堡的唯一一个房间里，而整个剧情的时间跨度是“从中午开始，到太阳落山结束”。

有一件古怪的事值得我们思忖，伏尔泰在写悲剧或颂歌时，会抛开他本人的天分和才华——这一点他同时代的读者并没有觉察到，他本人也没有意识到——；他始终想模仿高乃依、拉辛或布瓦洛。伪古典主义后来长时间盛行，可以说，没有任何一种现代流派能有如此长的生命力，但在此之前，在我们所研究的这个时期，就已经出现了各种毫无新鲜气息的寓言故事、毫

1 乌提卡（Utica），位于现突尼斯的古城，小加图晚年都生活在此处，直至去世。——译注

无真实性的悲剧作品、毫无诗意的诗句，这确实让人有点感伤。一派毫无生机活力的景象……古典主义当年为世界做出过贡献，但也留下了这样的副作用。因为法国的古典主义作家在一定程度上达到了完美崇高的境界，他们的星光过于耀眼，后来者不仅难以直视，甚至还会以为，自己唯一的创作源泉就是效仿这些经典人物；因为二流的作家更愿意走捷径，他们喜欢照搬曾经成功过的先例；因为几何学精神使人们不再喜欢灵活多样的形式和鲜艳缤纷的色彩；因为理性在主宰一切后，不再允许“见山只是山”的情况出现；于是，诗的能量渐渐萎缩，诗神陷入了沉睡。

第二章　生活中的如画风情

既然这一片片田野上开放的都是人造的花朵，让人感觉不到真正的魅力，那就让我们到别处找找看吧……

“旁观者”先生向他的读者宣扬明理节制之道，但道德说教还没结束，他就开始鼓吹起想象的乐趣，他要证明，人获取快乐，既可以通过头脑也可以通过双眼，两者之间并无高下之分，他甚至还欣赏莎士比亚那种集怪诞与高雅于一体的风格：“*Juvat integros accedere fontes...*”（这能帮助我们接近本源……）意大利的理论家们也强调对规则的服从，但与此同时，他们又游离于规则之外，认为创作中的某些奇思妙想是有权存在的，而且是有可取之处的，以至于后来有人善意地将他们称作浪漫主义的先驱（当然这有些言过其实）。这类有趣的矛盾现象在当时真是不胜枚举！至于法国人，就让他们我行我素吧，他们现在正把所有的东西都放到量规下测量：只是偶尔会出现一些童话人物，他们像开玩笑一样，将这几何学的蓝图弄得极不协调。17世纪末是一个古板而阴郁的时期，充满了大衰退般的垂暮气息；大师辈出、杰作不断的时代过后，本有批评家的论著续写辉煌，但突然间情况发生了变化，现在人们追逐的是哪种时尚？书店橱窗里陈列的又是怎样的书？童话故事。

路易十四晚年时迎娶了忠心耿耿、通情达理的德·曼特农夫人，这个时期的法国人喜欢听的是鹅妈妈给小朋友讲的故事[1]。我希望笛卡尔不要被突

1　法国作家夏尔·佩罗（Charles Perrault，1628—1703）于1697年出版了《鹅妈妈故事集》（*Les Contes de ma mère l'Oye*），但文中所指的应该是在此之前流行的其他童话故事。——译注

然间打入冷宫，我希望看到的故事，是金南瓜变成金马车，蜥蜴变成穿着艳色衣服的奴仆，长须的老鼠变成蓄着小胡子的马夫；这样的话，故事当中还
336 是保留着一定的逻辑关系，而逻辑对我们国家来说是弥足珍贵的财富。但事实上故事中毫无逻辑的部分还是数不胜数啊！一座座奢华的宫殿平地而起，放眼望去，宫殿的外墙上铺满了黄金和红宝石；大门上则镶了无数光彩夺目的红石榴石；想进门看看，要先拉开一只连在钻石链条上的狍鹿鹿蹄。动物个个都会说话；在林里吃草的母鹿、在窝里安居的母猫，其实都是中了魔法的女人；而青鸟原本都是迷人的王子。这些故事里只有各种神奇的景象，鲜花盛放，满眼珠宝，无数俗世中见不到的华美饰物：一粒黍里藏着四四百尺长的布，布铺展开来后，又能再从一根针的针眼中穿过去；所有地上的、海里的、空中的生物，以及月亮、太阳和星辰，全都描绘在这匹布上。人们能拿木马当自己的坐骑，尽管是木马，但它能脱缰飞奔，简直胜过了马术学校里的上等良马；大街上有各种交通工具，比如说带篷的双轮车，但驾车的不是马，而是一只什么路都认识的大绵羊，或者也可以是绘有精美图案的、镶了金的雪橇，由两只鹿拉着向前疾行，还可以是空中飞椅，拖着飞椅飞行的是生有双翼的青蛙，甚至龙也能拄着顶端冒火的小车在云霄间穿行。人们再也看不到尘世中的种种法则，因为万千神力和魔法可以轻而易举、随心所欲地将它们颠覆；物体不必再受重力的束缚，梦想全都可以成真，美德自有善报，恶行必将受惩。但是，一旦脱离这些可爱的童话故事，人们就会发现，现实的生活是如此暗淡无光、冷酷无情，简直难以重新面对。

女性对于这些故事接受得最快，这些故事来自古老的传说，年代久远，已经没人说得清到底产生于何时，在那个时候，人们的思想还很原始，他们看着自己生活的世界，会困惑于日夜交替、风起云涌、冬去春来的现象，认为这都是神力或魔法的结果，而这些故事就反映了他们内心的激动和不安。与男性相比，女性更重视本能和直觉，更喜欢听这些过去的故事，也会更坚定地守护想象的世界。接着，又出现了一位夏尔·佩罗，他曾在王宫做过总管，他用蝶翼、蛛丝、月光为素材，创作起自己的童话故事，这些作品虽然

地位并不牢固，但依然是生命力永存的杰作。睡美人在森林里睡着了；一切都停止不动，甚至梦也停了下来；精灵们不再搞恶作剧，仙女们也不再嬉戏；在凡尔赛，不论是城市的上空还是王宫的上空，空气中都飘荡着一种万事终结的凄凉气味；突然间，魔棒一挥，魔法解除，万物都苏醒了，在厨房里帮忙的小学徒又开始奔跑起来，仆人们也个个活蹦乱跳，马打起了响鼻，
林子里的鸟在枝头彼此应和着鸣叫，公主醒了，她微笑着对王子说：你来得 337
太晚了，她已经等了太久了。

今天的人们喜欢在徐徐的节奏中感受异乡的风情，但过往的那些真实游记记载的大都是另一类见闻；大多数游记作者的身体虽去了远方，但内心中真正的自我并没有同行，他们没有用心去感受自己遇到的种种景观，在异域之风的吹拂下，他们没有产生任何心灵上的触动。毕竟，光通过异族谈思想，并不能算是完整的游记。这些游记作者，他们难道全都只有纯粹的精神生活吗？世界上种种秀丽如画的风情，他们真的不曾张开双眼好好瞧过吗？在这个世纪里，人们已经谈了太多的知识和智慧，他们为什么不能多说说吸引过他们的美景呢？

通过游记作者，人们了解到，在世人已经熟知的大洋里，存在着一些刚刚才被人探索出来的岛屿，此外，在欧洲，也有一些人们并不熟悉的神奇土地。比如说拉普兰，这是一片刚刚走出“辛梅里安人的黑暗”[1]的土地。旅行家弗朗索瓦·贝尔尼埃曾描述道，塌鼻梁的拉普人是个古怪的民族，他们都是些“双腿粗壮的矮胖子，肩膀非常宽，脖子却很短，他们的脸格外的长，让我难以形容，而且面目可怖，让人觉得有点类似于熊；这些人都是吃鱼油的野蛮人……”拉普兰本身也是古怪的地方，在这里，夏天太阳是终日不落的，冬天则一天到头看不见太阳；在这里，人们骑的不是马而是驯鹿；在这里，人们会在脚上绑滑雪板滑行赶路；在这里，一点点小事就会惊动巫

1　“辛梅里安人的黑暗”，古希腊人曾认为辛梅里安人生活的地方终日黑暗不见天日。参见第一卷第二章的相关注释。——译注

师作法。古怪到旅行家似乎描述的“是一个全新的世界，而不是属于我们所生活的大陆的某一部分……”

与柏柏尔国家[1]相关的作品也一直层出不穷，如惊险故事，海上奇遇记，被捕后成功逃脱或被成功解救的传奇，情人间分别、重逢的爱情故事，殉道者或背道者的心路历程；在这些故事中，人们能看到各式各样的人物，如帕夏老爷[2]、土耳其的禁卫军、哀怨的美女、深锁闺中的妻妾、迷恋上她们泪水的逆徒、苦役犯的看守、卖命划桨的苦役犯、历尽千辛万苦带来巨额赎金——可能是法国的埃居也可能是西班牙的多布隆——的传教士。这类故事不断地被人重复，也不断地臻于完美，一直深深吸引着读者。喜剧式的结局，历经波折的爱情故事，就算写真实的经历，也会写得比虚构的小说还要曲折离奇。

338 当时，至少出现过一首关于耶路撒冷和圣墓教堂的抒情式哀歌。哦，耶路撒冷！哦，这座不幸的城市！这座墓地之城！人们在墓地中看到那些骷髅、那些断骨残骸，种种悲伤的想法不禁油然而生，以下这首《沉思》（*Contemplation*）就充分展现了这些想法：

可叹！这就是我们引以为荣的此世生活？
我们艳羡他人的伟业，难道就是为了这么过？
盖世的君王最终化作这可怜的尸骨，
我们向往的伟业究竟能带来什么幸福？
人类的权力实在脆弱不堪，
因为君王也免不了被坟墓吞噬、被世人遗忘！

写出这首哀歌的人，并不是以《夜思录》（*Night Thoughts*）著称的杨

1 指现北非诸伊斯兰国家。——译注

2 帕夏指的是奥斯曼帝国的各省总督，也可指土耳其的某些显赫人物。——译注

格（Edward Young），也不是写过《墓地冥思》（*Meditations Among The Tombs*）的赫维（James Hervey），而是亚伦·希尔（Aaron Hill）这位去过圣地的旅行家、这位浪漫主义作者。

要是路易十四读过马若瑟（Joseph de Prémare）神父从广州写给拉雪兹神父的信，那他肯定会觉得，荷兰画家们画的那些怪人根本不算什么，更古怪的人还有的是。广州是多么古怪的一座城市啊！城里的街道每条都很狭窄，大家成日里挤在一起生活；脚夫赤脚赶路，头上还个个戴着顶怪异的草帽，既可挡雨也可遮阳；他们出行不坐马车，坐的是一种古怪的轿子，马若瑟神父本人就坐过一顶巨大的、镀金的轿子，六个人或八个人抬着他出门；不过这并不算什么，他们的两省总督出行时，随行队伍总是浩浩荡荡，人数至少过百……“我觉得，我刚刚所说的这一切其实形成了一种全新的城市概念，这样的城市与巴黎是完全没有相似之处的。这里的住家全是独门独户，大街上的建筑完全看不到一扇窗户，而且全都是店铺，这些店铺大都破破烂烂，店门常常是用竹子搭起来的，看到这些情景，心中会有何种感想？……”[1]除这些之外，城市里还看得到佛教的宝塔、天一黑就关起来将 339
街道封住的门楼；江上还有一片漂浮在水面上的城区，每只船上都住着一户人家；在乡间，则是一片片稻田……

从东印度群岛那里，传来了真正的冒险故事，可以说，无论是在陆上或海上的其他什么地方，之前从未涌现出如此具有冒险精神的冒险家。这些人的总部在圣多明戈附近的托尔蒂岛[2]上：这是一群来自各个国家、各个民族的亡命之徒，他们依靠自己的一套法律生活，但这种法律与世间通行的法律大有不同，因为他们是冒险家，是海盗。他们捕杀野牛，取下牛皮，捕杀

1 马若瑟神父写给拉雪兹神父（法国国王的告解神父）的信，广州，1699年2月17日，载《耶稣会士书简集》（*Lettres édifiantes et curieuses écrites des missions étrangères*），第一卷，1703年。——原注

2 托尔蒂岛（île de la Tortue），又译龟岛，属当时的法属圣多明各（即现在的海地）。法属圣多明各自1697年起由原属国西班牙转交法国管理。——译注

野猪，以猪肉为食。在追捕猎物时，他们用的武器是在迪耶普或南特定制的长枪，他们还有猎犬为伴，有雇来的帮手协助，这些帮手通常会和他们签上三年约，如果这些人足够强壮、英勇，满三年后就能成为他们的同伙。击倒某头野兽后，为首的人会取出四块大骨头，接着他将骨头敲碎，吮吸里面热气腾腾的骨髓：这就是他的早餐。他们个个都是神枪手，在消遣时，他们会一枪击落一个橙子的蒂头，而不会让子弹碰到水果本身；有些人步伐轻快矫健，能赶上奔跑中的野牛，并一刀砍断它的大腿。他们性格硬朗，崇尚暴力，冷酷无情，难以相处，随时准备抛洒热血，个个都是勇士中的勇士，但他们又很奇怪地看重友情，义字当先。海盗是海上的猎人。他们迎着海里的巨浪，向行驶的大船冲杀过去，这些船的船主基本上是西班牙人，船上都满载着东印度群岛的黄金；他们登上大船，屠杀船员，将船归为己有；他们打了一场又一场仗，赢得了一场又一场胜利，于是他们也渐渐变得阔绰起来。最后他们会在某一天驾船远航到某个港口，将钱疯狂地挥霍殆尽；比如说有一群海盗，他们在掳得一笔可观的财富后来到了波尔多，他们让人用轿子抬着他们出行，并在大白天用火把开道。

他们凭借着勇气和残暴，实现了史诗般的传奇。他们当中出了些响当当的人物，有因为腕力过人被称作“铁臂亚历山大”的，“他在冒险家中的名气相当于当年亚历山大大帝在征服者中的声名”。生于迪耶普的大皮埃尔；生于格罗宁根、绰号“巴西人”的罗克；威尔士人摩根；一位叫蒙托邦船
340 长的首领，20多年里，他一直在新西班牙、卡塔赫纳[1]、墨西哥、佛罗里达、纽约、加勒比海群岛和佛得角一带的沿海地区闯荡。此外还有一位叫罗罗内（François L’Olonois）的海盗，他是普瓦图人氏，率领的那个团伙共有21

1 新西班牙为旧地区名，其核心区域为墨西哥南部、巴拿马以北的中美洲、加勒比海的西属岛屿（包括古巴、波多黎各、圣多明各、巴巴多斯等岛屿）；卡塔赫纳是现哥伦比亚北方重要的港口城市，16世纪中期为西班牙殖民者掠夺南美金银财富的转运港和奴隶市场，17世纪初曾为拉美的第三大城市。——译注

人，一直在古巴附近的海域活动；有一次，他抢了一艘原本要追捕他的船，上船后他才知道，船上有一位西班牙总督专门派遣的刽子手，准备在捕获海盗后给他们行刑。“在听到这些关于刽子手和绞刑的话之后，罗罗内怒火中烧，于是他让人打开舱口，令西班牙人一个接一个登上甲板；每登上来一个人，他就用剑砍掉一个人的头。他独自一人完成了这场屠杀，从头到尾，一个不留。”罗罗内占领了委内瑞拉行省下属的马拉开波和直布罗陀[1]两座城市。“把所有财宝通算在一起，珠宝和各式各样的货币（按斤估算大约每斤有10埃居），共计价值26万埃居，这还没有算上被他们挥霍掉的，那差不多有10万埃居；此外他们毁坏的财富应当超过了100万埃居，其中包括废弃的教堂、毁坏的家具和烧毁的船只，另有一艘满载着烟草的船只被他们占为己有并带走使用，这艘船的总价值至少也有10万里弗[2]。”罗罗内的结局比较悲惨：“他很不幸被一些野蛮人捕获了，这些人被西班牙人称为‘印第安勇士’，他们将罗罗内大卸八块，然后烤着吃掉了。”[3]

最美的故事则来自东方，因为“大家都知道，论起说传奇故事来，没有哪个民族能和东方人相比”。1704至1711年，安托万·加朗的译作《一千零一夜》陆续出版。每天夜里，谢赫拉莎德[4]都会不知疲倦地展现自己无穷的想象力，讲述她的故事，这些故事来源于阿拉伯、叙利亚和幅员广阔的黎凡特[5]的种种传说；通过这些故事，她描绘出东方人的风俗民情、宗教仪式、家庭习惯，以及他们绚烂多彩的生活内容；她用实际行动说明，想引起他人的注意，征服他人的心灵，可以不靠深奥的学术思想，也可以不靠复杂的大

1 指现委内瑞拉苏利亚州的直布罗陀城。——译注

2 里弗（livre）为法国古代的记账货币，1埃居等于6里弗。——译注

3 亚历山大·奥利维埃·欧克斯梅兰：《美洲冒险家的故事》（A. O. Oexmelin, *De Americaensche Zee-Rovers*），阿姆斯特丹，1678年。法译版，1686年。——原注

4 据传为《一千零一夜》的作者，也是书中的叙事者。——译注

5 黎凡特（Levant）是一个模糊的历史地理名称，指的是中东托罗斯山脉以南、地中海东岸、阿拉伯沙漠以北和上美索不达米亚以西的一大片地区。——译注

道理，只凭缤纷斑斓的色彩，只凭寓言故事特有的魅力，同样可以办到。从
341 此，整个欧洲都不知疲倦地聆听她讲的故事；从此，苏丹的后妃、奥斯曼帝国的大臣、伊斯兰教的苦行僧、希腊的医生、黑奴，他们代替了卡拉波斯仙女和奥罗拉仙女[1]；从此，精巧多变的建筑代替了野兽等待美女接受爱意的宫殿，在这些新建筑外，总会有喷泉，有水池，水池边还会立着用实金做成的狮子塑像，宽敞的房间里则挂着各种丝绸和麦加出产的挂毯；从此，一种新时尚取代了旧时尚：唯一不变的，是人一而再，再而三的追求，人总是听完旧故事又期待新故事，做完旧梦又期待新梦，永不休止。

除了文字，还有种种画面……旅行家们总会为他们的游记配上各种素描或版画，画中的内容，有中国的宝塔，有暹罗的蝰蛇、龙舟和僧侣，还有马拉巴尔花园里的奇特植物等。白晋（Joachim Bouvet）神父请人将中国官员的官服绘制成图，让法国人个个看得大为惊讶；德·费里奥尔（Charles de Ferriol d’Argental）先生是法国驻奥斯曼帝国的大使，他让人制作了一本收录有100幅版画的小册子，想通过这样的方式，让巴黎人看看黎凡特地区的华丽服饰。有些人甚至还向读者献上有人物、有情节的绘画作品，甚至是具有艺术性的绘画作品，来展现典型的异域风情：一个夷邦男子为他躺在床上的情妇点烟；一些探险者闯进了埃及的一座金字塔，他们的火把在千年的墓穴上照射出怪异的光。这些来自遥远他乡、来自未知之境的版画通常都充满了魅力；可以说，它们带来的清新之风让艺术家重新找到了灵感，因为艺术家过去总是在照搬照套古代的经典作品。旅行家很清楚，想打动读者的心，直接向他们传递形象，总比词语、语句更为可靠，于是他们有时自己就兼职干起了画师的活儿：科内利斯·德布鲁因就有意识地一路寻找自己画笔下的模特，他以非常严肃的态度对待此事，仿佛在履行一项神职；他把传达真相当作了自己的使命。

不过，只有书能起到这样的作用吗？来自东印度群岛、曼谷、北京的异

1 卡拉波斯仙女和奥罗拉仙女分别是《睡美人》中代表恶和善的仙女。——译注

乡人身着五颜六色的奇装异服，进入了普通人的日常生活领域。弗朗德尔的地毯生产厂家前所未有地将世界各地的风情作为图案主题；中国人的形象之前已经出现在歌剧院或庙会剧场[1]里，现在人们又能在屏风上和墙饰上看到它们；瓷器、漆器与孔子的思想也几乎在同时传到了欧洲。

斯宾诺莎，马勒伯朗士，莱布尼茨，但同样还有“铁臂亚历山大”和谢 342
赫拉莎德！既有以理性为基础的、伟大的形而上学体系，也有冒险传奇和童话故事激发的想象力，人们一边带着几分惊恐看犀牛或海牛的模样，一边尽情地幻想。人们穷尽了各种渠道来解释世界，其中既有深刻的方式，也有停留在表面的方式，但这是映射出绚丽光芒的表面，是乐趣无限的表面。

贪图享乐之徒、荡妇、酒鬼、流氓，这帮人才不管什么“产生自然的自然”[2]，才不管如何看待上帝；对这些生活放纵的人来说，唯一能确定的“前定和谐”[3]，就是他们喉咙与美酒间的和谐。他们只顾顺着自己的路往前走，不会想自己从何方而来，也不会管自己的路将通往何方；想这些事有什么必要呢？最关键的问题就是活着，一条活着的狗比一位死去的哲学家更有价值。现实具体的世界才是他们的家园。只要在这片家园中穿行，他们就个个喜形于色，他们会吹着口哨，唱着小曲，尽情吃喝，遇到傻子或笨蛋就戏耍一番，他们生活得非常幸福；他们绝不操心死后的事，绝不操心彼世的生活。

乞丐、荡妇、流氓，这类人需要得到人们心理上的认同，需要具有某种象征性的价值，或者说，他们需要具备一种奇特的娱乐他人的能力，只有这样，他们才可以保证不论戴哪种面具都可以一代又一代地取悦大众。流氓

1　庙会剧场（Théâtre de la foire），指在一年一度的圣日耳曼庙会、圣洛朗庙会上集中表演的各式戏剧。——译注

2　斯宾诺莎将自然分成“产生自然的自然”和“被自然产生的自然”，“产生自然的自然”即指上帝。——译注

3　“前定和谐”是莱布尼茨提出的概念，他认为，上帝在创世之初，就规定了各单子之间理念上的联系，莱布尼茨把这种理念上的联系称为“前定和谐”。——译注

万岁！古斯曼·德·阿尔法拉切和托美思河的小拉撒路[1]，他们的子辈、孙辈依然在世间四处闯荡，这些人肩并着肩、手挽着手，与庞大固埃、梅里顿·拉特隆[2]——他们的英国表亲——的后人走在一起。这个不屈不挠的团体现在又有了新的力量加入。在伦敦，小酒馆老板内德·沃德[3]放下自己的生意出门，走之前他邀了几个好友聚餐，一共吃了两只烤鹅、两头牛，以及一块巨大的邦切斯特奶酪：几个人推杯换盏，开始喝的是麦芽酒，最后喝起了甜葡萄酒。接着他就离开自己的酒店在城里转来转去，他先后遇到过洛克、塞缪尔·克拉克、波义耳和牛顿，他穿过大街，越过广场，走进其他酒馆歇脚，来到一户户人家做客，教堂、银行、博物馆，都留下过他的身影，
343 为了寻找这种被称作人的古怪生物的典型样本，他不放过任何一处有用的地方。接着他就热情洋溢地描绘起这些典型样本，他下笔如飞，文笔生动，用词充满趣味；他文思如泉，极富幽默与嘲讽的才能，他把《伦敦谍影》（*Espion de Londres*）的每一章都变成了一出现实主义喜剧：把现实性与喜剧性结合在一起，这可谓是一项由他完成的奇迹，而且他能日复一日不断创新。与他相近的有一位汤姆·布朗（Tom Brown）[4]，此人比波希米亚人更像波希米亚人，比普通的讽刺作家更具讽刺精神，他总是卖文换钱，但刚刚赚到钱就会一口气花光，他用自己的角度，观察记录着这座大城市里的种种疯狂行径。什么！生活难道不是一种娱乐吗？有的人乐趣在自己的抱负上，有的人乐趣在追名逐利上，有的人乐趣在爱情这种荒唐的激情上。小人物通过小的乐趣得到满足，大人物则需要赢取荣耀才能喜笑颜开；至于我本人么，一想到万事皆空，一想到一切不过是场游戏，不过是种娱乐，我就会感到

1 古斯曼·德·阿尔法拉切（Guzmán de Alfarache），是西班牙作家马特奥·阿莱曼（Mateo Alemán，1547—1614）创作的同名小说中的主人公。《托美思河的小拉撒路》（*La Vida de Lazarillo de Tormes*），又译《小癞子》，是1544年出版的作品，作者不详。两本书都是当时在西班牙流行的流浪文学作品。——译注

2 梅里顿·拉特隆（Meriton Latroon），英国讽刺作家理查德·海德（Richard Head，1637—1686）的作品《英国流氓》（*The English rogue*）中的主人公。——译注

3 内德·沃德（Ned Ward，1667—1731），英国讽刺作家、酒馆老板。——译注

4 即前文提到的托马斯·布朗（Thomas Brown）。——译注

开心……

这样有违常情的话就出自这位道德学家之口，他过量酗酒、过度谈情说爱，无限度地借钱，也不计其数地蹲过多次大牢，他去世的时候年仅41岁。不过，从巴黎到马德里，人们熟知的“跛腿怪”[1]也以同样的方式为自己寻找乐趣：他从不直接走大门，而只喜欢爬上屋顶，揭开瓦往屋里瞧，他看到的人，都是与形而上学者唱反调的人，都是与英雄人物相对立的人，他们深陷在物质的世界里，并不觉得这有什么不好，或者根本不会对此做任何反思；他们只管自己的生存。“这幅画卷描绘的是可怜的凡夫俗子们倾力完成的各种辛劳琐碎之事，尽管他们也会想尽办法自得其乐，但毕竟始终在生死之间挣扎，在这个狭小的空间里苟活。”[2]他们并不期待更好的生活，甚至都没有更多的期待；他们并不会探讨超验性的现实是怎样的，似乎这不是个值得他们烦恼的问题，甚至也不是个值得他们好奇的问题。这里的现实，只有丑陋——心灵的丑陋与身体的丑陋；只要除去表面上的那一点点伪饰，现实就会浮现出来；人们能发现的，也只有这样的现实。“我在旁边那间房子里看到了两幕相当有趣的画面；先是一位上了年纪但依然爱打扮的老妇人，在睡觉前，她把自己的假发、假眉毛和假牙都放在了梳妆台上；接着是一位60来岁的风流男子，他刚刚云雨缠绵了一番。他取下了自己的一只假眼，还 344
有假胡子、假发，露出了光秃秃的脑袋。他正等待仆人帮他取下一只假臂和一条假腿，结束后，就可以让自己身体的真实部分上床安歇。”照这样说的话，就不存在真正的美了？我们也不必再指望还能发现美了？“假如我没看错的话，”赞布罗[3]说，“这间房子里我还是看到了一个堪比画中人的年轻美

1　1641年，西班牙作家路易斯·贝莱斯·德·格瓦拉（Luís Vélez de Guevara，1579—1644）出版了他的《跛腿怪》（*el Diablo cojuelo, novela de la otra vida*）一书。1707年，法国作家勒萨日在此基础上创作出同名小说（*Le Diable boiteux*）。此后，还出现了多部同类型作品。下文谈到的为勒萨日的作品。——译注

2　阿兰-勒内·勒萨日：《跛腿怪》，1707年。——原注

3　赞布罗（Zambullo），是《跛腿怪》中与主人公“跛腿怪”一起夜间窥探他人生活的人物。——译注

女。”——“唉！”跛子接话道，“这位让你心动的年轻美女，她是那个准备睡觉的风流老男人的姐姐。她和那位爱打扮的老妇人同住在一起，可以说，两个人没什么本质区别。你欣赏她的身体，但其实这已经是一台老化失灵的机器了。她的胸部和臀部都是人造的……不过，她有本事让自己的神情举止看起来像个小姑娘，所以竟然有两位年轻的骑士为得到她的倾心而互相争斗。他们同时跑来向她求爱。这两个疯子！他们的模样简直就像两只为了根骨头打架的狗。”《跛腿怪》中并不包含什么深刻的思想，它所反映的主要是一种怪诞的、黑色的想象力。勒萨日是通过《吉尔·布拉斯》（*Gil Blas*）将这一体裁的作品推向完美的，该书第一部分出版于1715年：主人公被刻画得更为精致，更富有思想，性格也更为复杂；书中的视角更为深远，文笔也更轻松自然，但它依然与形而上学式的悲剧作品截然不同。

最后又来了一类人，他们之所以姗姗来迟，仿佛是因为他们羞于与前一帮人为伍，他们是神情颇有些骄傲的绅士，但他们的问题在于，他们从不会考虑自己身上的道德问题，最多是事后才会有所认识，提到这类人，大家都会很自然地套用那位亚眠的旅馆老板对玛侬·莱斯科和德·格里欧[1]的评价：他们人都很可爱，只是有点无赖的品性。在他们的人生中，追求的只有冒险、旅行、游戏和男欢女爱；他们喜欢开玩笑，喜欢无伤大雅地骗骗人，喜欢干些胆大妄为的事情，喜欢拿着刀剑惹是生非，他们随便伤人，偶尔也会为人所伤，但死是死不了的。会有人给他们包扎伤口，扶他们卧床休养：一周后，他们就又生龙活虎起来，重新过上无法无天的生活，恪守体面平静生活的人只要听到他们的事，就会摇头不语。这些人个个想拿加蒂安·德·库尔蒂兹[2]——他向全世界传播了无数装扮成贵族的流氓者形

---

1 《骑士德·格里欧和玛侬·莱斯科的故事》（*Histoire du chevalier Des Grieux et de Manon Lescaut*），通称《玛侬·莱斯科》，是普雷沃神父的作品，作品曾两度被禁。——译注

2 加蒂安·德·库尔蒂兹（Gatien de Courtilz，1644—1712），法国作家，曾在法国火枪手部队效力，著有《达达尼昂回忆录》（*Mémoires de M. d'Artagnan*）等作品，并因言获罪，被关押在巴士底狱六年。——译注

象——笔下英雄人物的名字当作自己的绰号；个个都想把自己称作“搏运 345
骑士”。这些人过的是怎样的生活啊！他们的生活节奏是多么疯狂无度啊！“搏运骑士从没有见过自己的父母；他被人放在襁褓内遗弃在教堂门口，是被教士们养大的；长大成人后他离开自己的各位养父，四处谋生；一位有钱的太太资助了他，把他带到一位金匠那里做学徒；后来他又离开师傅参军入伍，加入了S. T. 大人旗下的海军军团；但有一次他坐的军舰遇到了海难；他与另一个人奇迹般地死里逃生；两人在波士顿登岸；在赌博时他的朋友因为与人发生口角而被杀身亡；他为朋友报了仇，却在处理与情人的关系时惹上了麻烦；他想和一个姑娘结婚；但有人指责他搞大了另一个姑娘的肚子；他在大街上遭到伏击，被人用手枪击伤；他的伤势非常严重；别人趁这个机会给他的婚事制造麻烦；指责他的那个姑娘想做他的新娘；要和他打官司；她的哥哥想刺杀他；于是他第二次遭到袭击；这一次他受了四处伤；痊愈后，他的情人因为染上天花而死……”[1]如此忙碌，节奏如此之快，这样一颗不安定的灵魂又怎么可能有时间思考呢？

当时有很多知名的冒险家，其中最吸引人的不是蒙布兰侯爵，也不是罗昂骑士这位不幸的王室成员[2]，同样不是离世150年后突然声名鹊起的达达尼昂先生，而是格拉蒙伯爵——安东尼·汉密尔顿消遣式地将他的生平写成了回忆录，并传播给世人。[3]这是一位英国人为法国文学世界献上的瑰宝，书中那光芒四射的人物形象在法国无人不知。从幼年的学习岁月，到皮埃蒙特乡间的生活，再到流亡英国、在英国宫廷里惹出很多丑闻的经历，格拉蒙的故事谁没有听过？书中除了他本人那些有趣的经历外，还有他朋友马塔的故

1 《搏运骑士回忆录》(*Mémoires du chevalier Hasard*)，根据英文手稿译成的法译本，科隆，皮埃尔·勒桑塞尔（Pierre le Sincère）出版，1703年，内容简介部分。——原注

2 蒙布兰侯爵（marquis de Montbrun）是加蒂安·德·库尔蒂兹作品《蒙布兰侯爵先生回忆录》(*Mémoires de Monsieur le Marquis de Montbrun*）中有真实原型的人物；罗昂骑士（chevalier de Rohan，1635—1764），出生于王室家庭，参加过多次战争，后因参与反路易十四的“拉特雷奥蒙谋反事件”（complot de Latréaumont）而被处死。——译注

3 《格拉蒙伯爵生平回忆录》，其中还包含有查理二世统治时期英国宫廷里的爱情故事，科隆，皮埃尔·马多（Pierre Marteau）出版，1713年。——原注

事、圣日耳曼小姐的故事、塞楠特侯爵夫人的故事，每当看到这些描写，读
者总免不了会心地莞尔一笑。书中自由生动的叙事，如画般的风景描写，言
346 简意赅的立意，辛辣的文笔，遒劲的文风，幽默的笔调，任谁读罢都会非
常欣赏。汉密尔顿并不关心道德，而更在意表现性格；他不愿谈善与恶本身，而只注重两者的烘托映衬；他不立足于哲学思辨，而只强调人生。对此，还是让我们听听他本人的说法吧："本书的宗旨，是要呈现出一个性格独特的人物，我并不想掩饰他的各种缺点，但他那些别人无法模仿的性格让这些缺点都变得不再重要；这个人的身上有各种恶行也有各种美德，美与恶混合在一起，仿佛形成了一种必然的、紧密联系在一起的关系，尽管难得有完美的统一，但两者在对立冲突时也能擦出绚烂的火花。正是在这种让人无法理解的烘托映衬中，格拉蒙度过了他漫长的一生，他经历了战争、爱情和游戏，以及各式各样的生活状态，并由此成为他那个世纪一位令人仰慕的人物……"生命的能量：实际上这就是格拉蒙所代表的意义，也是汉密尔顿想通过作品传达出来的意义。

人的生活有形形色色的如画风景，对于文学作品中的这类描写，不必过于惊讶、过于留恋，否则的话，未免会显得有些天真。毕竟，如果只考虑立意的高度，这些风景几乎很快会被人遗忘殆尽。

第三章 笑与泪：歌剧的胜利

这位可怕的主教久任神职，气势无人能挡，

他在一座名教堂里磨炼心灵，使其卓越不凡，

可是，我们要演绎的是战争之歌，

他怎能硬让我们在唱诗池里演唱……

布瓦洛并没有用戏仿的方式改编《埃涅阿斯纪》，他只是选择了一个小到琐碎的主题，用史诗的形式诵唱出来；故事的情节是巴黎圣礼拜堂的司库与其对头——一位唱诗班的成员——争吵、较量的过程；这样的主题和情节与刻意使用的史诗元素——各种类似大场面的描述、战争、激烈的争斗、预言、梦境——结合在一起，显得格外荒诞：但这真的只是想逗大家乐一乐吗？

不过，在学校读书时，要是找不到其他的精神食粮，布瓦洛的这部《唱诗池》（*Le Lutrin*）确实能逗得我们开怀大笑；200年前的整个欧洲都被逗乐了，那是一个古典的欧洲，一个绅士的欧洲，一个并没有麻木的欧洲。可以说，当时整个欧洲的精英都受到了它的影响，因为布瓦洛这部有趣的作品、这部伟大的讽刺剧几乎被译介到了欧洲所有国家，人们不仅欣赏它，也会在创作中模仿它；伦敦有位叫塞缪尔·加思（Samuel Garth）的名医，他把《唱诗池》改写为《门诊所》（*Dispensaire*），把教士换成医生，把唱诗班成员换成拿着注射器、药杵、研钵的药剂师；

348 缪斯女神，请你向我说说
伦敦的那些医生、药剂师
他们长久纠集在一起，彼此间干着有违人道之事，
他们的争执，究竟能有什么意义：
既然要救死扶伤，上帝为什么要让他们互为仇敌？
他们怎能不管病患的死活，
只顾着相互猛烈攻击？
为什么他们要把帽子当作钢盔，
让注射器变成炮膛，让药丸变成炮弹？
他们太看重荣耀，为此争得不可开交，
他们挥霍自己的人生，也对我们的生命不闻不问……[1]

同样，有人把弥尔顿的诗句当作引子，接着突然来句转折，将整个诗的意境弄得荒诞古怪：

高歌吧，天上的缪斯，
不论歌有韵没韵，只要它富有新意，
一个先令……[2]

整首诗就是在这样的笔调下，以近似庄重的诗句，表达出一个得到一先令硬币的男子的幸福感，这是一枚崭新的一先令硬币，闪闪发光，耀眼夺目；有了这个先令，他就不必再担心面色苍白地忍饥挨饿，他就可以走进一家小酒馆，点几杯起沫的啤酒，再配上点新鲜的牡蛎；这样的诗绝不允许忧郁的情绪成为主导，一旦这样的情绪有显露的迹象，它就会通过某种滑稽可

1 伏尔泰：《谈塞缪尔·加思的〈门诊所〉》(à propos du *Dispensary* de Samuel Garth)，1699年，载《哲学词典》，词条“布丰”(Bouffon)。——原注

2 约翰·菲利浦斯：《耀眼的先令》(J. Philips, *The Splendid Shilling*)，1701和1705年。——原注

笑的方式将其赶跑——这代表的就是喜剧精神吗？确实，这就是喜剧精神，《闲谈者》曾明确表示，英语中曾经出现过的最美的滑稽诗，就是约翰·菲利浦斯（John Philips）的《耀眼的先令》。

在这个领域我们又看到了蒲柏的身影：他也提起笔来，技巧娴熟地写出了《夺发记》（*La boucle de cheveux enlevés*）[1]。能开辟新路，这让他深感自豪，在这一点上，他和布瓦洛也有相近之处，因为布瓦洛也曾因为自己完成了一部法语界前所未有的作品而深感骄傲。创作任何一首英雄滑稽诗，都需要一些机器，一些“神机”；这个词是某些能人发明出来的，意思是指为人们行动指引方向的那些神力；神奇的杰作靠的就是“神机”。因此，蒲柏放弃了被用得太多太滥的天使和魔鬼，转而使用存在于空气、风、土地和火里的精灵；这些都是从神秘学世界里借用的人物；当时的问题并不在于应不 349
应该到各种领域借用素材，而是有没有可能找到新的素材源头。顺着这个思路，蒲柏又想出了一个招数；要是他描写一些原本很难入诗的东西，比如说一局纸牌游戏，应该算得上是一种创举吧！攻克难关是一种伟大的艺术。——一位贵族把他心爱的美女的金色秀发给剪了下来，美女极为生气；这件事不仅引起了人的议论，也在精灵世界里产生巨大反响。轻松简单的情节配上古老庄重的诗歌形式，像绣精致的小花那样搭一些精巧的描写，再用点诙谐风趣的手法，同时为某些诗句制造视觉上的亮点：这就是英雄滑稽诗制造喜剧效果的方式吗？

但说到底，能让人真正放声大笑的，还是意大利的滑稽诗。缪斯女神来到托斯卡纳的乡间后，会感到更加自由，步履更加轻快，因此也不再拘于礼数：

> 我的缪斯不是太阳的女儿，
> 她没有金竖琴，连乌木竖琴也没有，

1 《夺发记》（*The rape of the Look*），1712年。——原注

她就是个粗俗的农家姑娘，她的乐趣
就是在户外展展歌喉……

的确，意大利的缪斯女神也想对英雄史诗做一番改变，但她靠的是逍遥快乐、无拘无束的形式；如此一来，她就不小心让自己惹上了麻烦，她陷入的处境好比是蚂蚁在行进时遇到了石膏或面粉，弄得她只好以自得其乐的方式化解尴尬：

她唱歌只是为了自己快活，
同时也让听的人有份好心情；
至于规则的问题，她既不懂也不关心……

于是，缪斯女神不再犹豫了。她不再追求什么纯洁的爱、崇高的荣誉、骑士的精神；原先她歌颂的对象是勇士，可现在变成了愚夫、荡妇和酒鬼：

雷诺、罗兰他们相依为伴，
在小酒馆里尽情畅饮、不醉不欢……

这个陷入疯狂、时而还有些粗俗的缪斯女神，她对过去被人一再使用的老套元素——魔法、着魔、马队、追捕、埋伏、单独格斗、在小客栈里遇险、被俘入狱、在充满诗意的气氛中走向死亡——不留任何情面，一概抛弃；她就是一个故事接一个故事地讲，嘲讽完一个对象后再嘲讽另一个对
350 象，她才不管走向何方，也不会为自己设定某个前行的目标；她的目的，只是要文人和学究明白，让自己笑，同时也让别人笑，是多么容易的一件事。

1697年，意大利“即兴喜剧”的表演者被纷纷逐出巴黎；他们实在是过于大胆、过于招摇，也过于诙谐风趣了；他们的剧场被强行关闭。不过，法国还有广受欢迎的勒尼亚尔；巴黎的平民可不是天性忧郁的群体。最简单的

剧情就能让他们心满意足，比如说冒名顶替、被人识破的故事，再加上一些期待之中、意料之外的片段；同样，他们也接受经典剧目里被用滥的个性人物，比如说向青年男子借钱从而让他一家破产的高利贷债主，又比如说被人想尽办法利用盘剥的有钱寡妇，专横的母亲，恋爱中的女儿，不守清规、执意反叛的年轻人；再加上各式各样的男仆、侍女，他们能将整个情节串联得生动有趣！尽管都是老套路，但勒尼亚尔能够创造出一种奇迹，或者更确切地说，他有生动的表达力，有过人的才气，有不知疲倦的热情，在情境安排和台词设计上有独到之处，他的幽默风格也让人难以抗拒，因此，他才能从这些老套路中发掘出一种次次都展现出新意的喜剧。他的那部《马虎鬼》（*le Distrait*），还有什么戏能比这更简单的吗？这个莱昂德尔，他从皮卡第去鲁昂，半路上把自己的靴子给弄丢了，他吃水煮蛋时将一根手指头插进蛋里，连蛋带手指头一起咬，结果把手指头咬出了血，他晚上休息时跑错房间，他还把自己的表砸到了地上，他向一个自己不喜欢的姑娘热情表白，却在自己心爱的女孩面前表现出反感的模样；诸如此类的事情他干了不下二十来回，最后，在他婚宴当晚，他居然忘了自己已经结婚：这类剧情，人们实在是见得太多了。类似的故事翻来覆去被讲过多回，从某种意义上说，这实在太过老套、太过平庸了。这出五幕剧无非就是对拉布吕耶尔《品格论》里某一章内容进行的改编和扩写啊。话虽这样说，但它还是会深深吸引你，人物的每件荒唐事还是会让你发笑，而且能让你像个孩子似的开怀大笑。

在勒尼亚尔的作品中，也会有某一幕甚至某一出戏带着悲与忧的气氛；但这并不像莫里哀喜剧里那种笑里藏悲的深刻内涵，因为勒尼亚尔从不发掘人物的心理世界。不过，他也不会不明是非地大谈特谈人的错误和罪行；他会去表现金钱在一个堕落社会中的无穷能量；他也不会介意去描写一些老年人，这些人要么弯腰曲背，要么发高烧、患癫痫、瘫痪在床、骨瘦如柴，整日受哮喘、水肿的折磨，嘴里只剩下一颗牙，仿佛咳得稍微猛一点这颗牙也要脱落——这样的老人一遇上水灵的小姑娘，照样会大献殷勤。在《获赠全部遗产的人》（*Le Légataire universel*）这出戏中，死亡的气息随处可见……

351 不过这并不要紧。人们感受到的并不是悲伤、忧愁，而是快乐。只要是在舞台上出现的人物，都要闪耀出自己的光芒，都要为我们带来一刻的欢乐。他们动作敏捷，体态轻盈，他们欢快地在舞台上蹦来跳去，因为他们已经认定，即便在死亡的背景下，也要尽情寻欢，想消除各种病痛，唯一的良药就是疯狂的放纵。剧情终了，嫉妒的人和吝啬的人都受到了嘲弄，克里斯潘和莉塞特[1]被原谅、宽恕，有情人终成眷属；在演员们谢完场、剧幕落下后，快乐的观众只留下这样的一段记忆：

> 我必须要笑
> 笑生活中我每天见到的种种笑料……[2]

但与此同时，有一片世界是静悄悄的，在这里，放声高歌的场景变成了禁忌。托兰德、柯林斯都是不喜欢笑的人；丰特奈尔只会微笑，而且是淡淡的、带点嘲讽的微笑；让·勒克莱尔过于庄重，朱利约则是个悲剧色彩的人。步入暮年的博絮埃非常严苛，在他看来，爱笑的人是不幸的，因为人本应流泪；芬乃伦则认为，笑本身是件不体面之事；路易十四的人生进入了落叶飘零的秋冬季节，他也不再展露笑容了。但毕竟他们不能代表所有人。

现在，让我们像“跛腿怪”那样，看看其他人家里的状况吧。那帮无忧无虑的家伙——爱捉弄他人的人、酒鬼、流氓和无赖——，还有那些爱笑的人，我们暂时将他们放在一边；现在，让我们来观察一下那些感性的人吧，要是没有激情、忧郁和绝望这种种情绪，他们就无法继续生活下去；现在，让我们移步到那些认为理性是不人道事物的凡人身边。

这里我们要探讨的问题，并不是人世间是否有哪个时代人们不再哭泣，

1 克里斯潘（Crispin）和莉塞特（Lisette）均为《获赠全部遗产的人》中的人物。——译注

2 《马虎鬼》，第一幕，第六场。——原注

而是想确定，在哪个年代人们可以毫不羞怯地当众展示泪水。

以下是某出戏剧中的一幕场景；一位主人公戴着面具，顶着羽冠头盔，正在向另一位也明显具有古罗马时代风格特征的主人公袒露心迹，他用浮华的语言、夸张的动作来表明自己内心的脆弱：

> **塞维留斯：**唉！可是，我知道现在的我，
> 很快将陷入无尽的烦恼，
> 一位美丽的姑娘，她的信念、她的忠贞 352
> 让我不由自主为之倾倒，
> 我想，我过往的坚定将从此变得虚无缥缈。
> 唉！请你开恩原谅我的懦弱，
> 我知道，这样的懦弱无异于种种可怕的警告，
> 请让我在你宽广的胸前尽洒泪水，向你诉告。

泪水！在舞台上，一位身披铠甲的主人公竟然敢说“尽洒泪水”这样的话！因此，另一位主人公不仅不能感动，甚至还要表示愤慨：

> **曼利乌斯：**泪水！啊！你更应该用你强壮的双臂，
> 让这些背信弃义的罗马人在他们的血水中溺毙。
> 泪水！痛苦竟然让你到了这般境地！[1]

观众们对此深感惊讶，剧场里可以肆无忌惮地自由欢笑，却耻于流泪，这到底有怎样的神秘原因？[2]

1 《曼利乌斯·卡皮托利努斯》（*Manlius Capitolinus*），拉福斯·德·奥比尼（La Fosse d'Aubigny）的悲剧作品，1698年1月18日首演，表演者为“国王常设御用演员剧团”（comédiens ordinaires du Roi）成员。——原注

2 拉布吕耶尔：《品格论》，《论有思想的作品》（*Des Ouvrages de l'Esprit*）。——原注

现在我们来到了皮埃尔·贝尔的房间；他正在给他的兄长雅各布·贝尔写信，因为他们的母亲刚刚去世。在这样的悲伤情绪中，他可以接受别人哭泣：

> 您泪水难抑，这我非常理解，您劝我和您一样痛痛快快地哭一场，我觉得这也是个不错的选择。现在确实不该再听斯多葛学派的主张了……上天让我们经历如此心痛的考验，我们用自己的自然情感作为回应，上天是不会无视的；所以说，软心肠比硬脾气有更多的益处。我们的泪水、我们的悲痛，是会换来上帝的赐福的……

但紧接着贝尔的立场就开始动摇了，他又改变了看法。人们有权哭泣，但无权哭个不停：

> 尽管这样说，但我并不认同您对我说的您的天性，您说得很贴切，您说您天生有副软心肠，您见不得也不愿去想那些会让您痛哭的事情。这样的天性对于一个男人来说，是种不恰当的缺陷，放到女人身上也只是勉强可以原谅。作为一个男人，生活中不论遇到什么事，都应该坚守一定的阳刚之气……

353 但他这么说会不会伤害了自己的兄长？于是他又再次改口：啊！要是他的兄长想哭，那就尽情地哭吧！

> 不过，我的态度是，我觉得您过度悲伤是合理的，是可以理解的，但您觉得您的软心肠是一种普遍而伟大的情怀，这我就无法认同了；因此，我指责的是这种过度慈悲的天性，而对您流过的不尽泪水，对您还要继续流的泪水，我是没什么话要说的。就算人们会无节制地流泪，但依然可以保留思想的力量，有了这种力量，就

可以展现我们的阳刚之气，毕竟最伟大的英雄、最伟大的圣人他们也都哭过，泪水不应该被视作女性的弱点……[1]

女性的弱点……现在我们要谈的，是一个富有的中产阶级家庭里的故事，在这户人家里，一位柔弱的女性一封封地写着她的情书，一边哭一边写。她年轻时就爱上了德·布勒特伊男爵（Baron de Breteuil），在她眼里，此人是世界上最英俊的男子，但令她绝望的是，她听说他已经不是自由身了；有一天，她从父母家中逃了出来，想在修道院里了此残生，不过，半路上她就被人抓了回去，为了让她明理，家人强行给她找了个婆家；从此，安娜·德·贝兰扎尼变成了费朗庭长的夫人[2]。不过，庭长夫人与男爵后来还是重逢了；她依然深深地爱着他，狂热地爱着他。于是就出现了这些泪水中写就的书信，可以说，这是恋爱中的女子写出过的最美的书信，每封信中都饱含深情：信中有喜悦，一种陶醉在不为外界所知的爱情中的喜悦，而这样的一份爱越隐秘就越显珍贵；信中有忧郁，而忧郁也同样源自这份爱，因为这是一份无法自由、光荣地尽情展现出来的爱；信中有愤怒，一种在障碍越来越多的处境中自然产生的愤怒；信中有近似母性的柔情话语和充满激情的高声呐喊；信中有反感的情绪，当她想到离开情人后就要重新面对让她有生理厌恶感的丈夫时，这种情绪便会油然而生；信中有敏锐的情感表达，“是的，我的爱人，您喜爱我，我也敬爱您……”；信中还有对情人的蔑视，但这种蔑视并不足以消除她的爱意：“家人不再对我和善，而我也为了一个只值得我恨的情人，把自己的家变成了地狱。上帝啊！我真是极端的不幸；我

1 《皮埃尔·贝尔的未刊书信》，J. L. 格里格、G. L. 范·罗斯布鲁克编（*Unpublished letter of Pierre Bayle*, J. L. Gerig et G. L. van Roosbroeck），载《罗马研究》（*The Romanic Review*）杂志，1932年7至9月号。——原注

2 安娜·德·贝兰扎尼（Anne de Bellinzani，？—1740），法国女作家，她根据自己的爱情经历，创作了书信体小说《少女贝莉丝和克莱昂特的爱情新故事》（*Histoire nouvelle des amours de la jeune Bélise et de Cléante*），她的丈夫米歇尔·费朗（Michel Ferrand）曾任法国最高法院诉状审理庭的庭长。——译注

没法恨他，我蔑视他，我憎恶他，但我觉得我没法恨他……”在这位为爱而
354 生的女人身上，我们能看到140年后各种浪漫主义作品中女主人公的个性特征——令那些女主人公引以为豪的个性特征。在她看来，爱里的喜悦总是稍纵即逝，忧郁让爱变得更加伤惋；在付出过真爱的女人中，她成了最不幸的那个人；终其一生，她都受制于宿命的安排：从幼年开始，爱神就把她当作了一个供自己一再折磨的牺牲品。于是，她泪如泉涌。[1]——这正印证了前文所说的女性的弱点！

此外，当时的社会确实处在堕落的状态；追求奢华就像传染病一样，渐渐侵蚀了每个人的心灵，想享有奢华，就必须要有钱，要在尽可能短的时间内赚到尽可能多的钱，于是人们都爱上了投机、博彩、扑克牌或其他纸牌游戏，想靠这些途径发财。《杜卡莱》（*Turcaret*）这出戏写于1709年；戏里的主人公杜卡莱从仆人钻营成征税官，他认为，有了钱，人就可以买到一切，优雅的举止能买到，艺术能买到，女人的心也能买到。勒萨日为他安排的结局是被人愚弄、嘲笑并最终破产；尽管如此，但金钱确实能量无限，它纵然不是万能的，也能让万物堕落；剧中男仆弗隆丹对侍女莉塞特说的这段话就反映出当时的道德观：“我真的很喜欢人类的生活方式；我们骗一个风骚女人的钱，这个女人的钱都是从一个商人那里要来的，而这个商人是靠讹另一个人的钱发家的；大家就这样一层一层地骗下去，这真是世上最有趣的连锁关系。”当古尔（Florent Carton dit Dancourt）的戏剧是当时社会的一面镜子，通过他的戏，我们可以看到，那些最喜欢假扮天真的人，那些最堕落的人，那些最迷恋荣誉和金钱的人，往往都是女人，尽管她们会有各式各样漂亮的外表。

同时，当时的社会也确实有人推动妇女学习哲学和科学，比如说哈利

1 《少女贝莉丝和克莱昂特的爱情新故事》，1689年。——《费朗庭长夫人写给德·布勒特伊男爵的信》（*Lettres de la Présidente Ferrand au baron de Breteuil*），欧仁·阿斯（Eugène Asse）出版，1880年。——原注

法克斯伯爵，又比如说丰特奈尔。有人认为，妇女应该得到彻底的解放，因为男人滥用权力，他们通过法律，把女人变成了自己的奴隶；他们把最琐碎、最无趣的事全交给了女人，这样的习惯形成后，罪恶就变得根深蒂固，在教育中灌输这样的理念，更是让罪恶进一步加重：这一切确实到了不改不可的时候了。不论从逻辑角度还是理性角度看，女人都应该享有和男人平等的地位：她们应该接受同样的教育，从事同样的工作，她们可以当官，也可以做老师，甚至可以领导军队，担任神职。布瓦洛没有忘记莫里哀的《女学究》，他对这样的观点是不赞同的；于是，他开始表达自己的抱怨，他嘲笑那些淫荡的女人、卖弄风情的女人、沉迷于游戏的女人，以及女学者、女才子、喜欢幻想的女人；他以嘲讽的方式呼吁人们重归甜美的婚姻生活，但 355
佩罗很快对此做出回应，他认为，不论男性女性，每种性别都有自身的荣誉值得捍卫。佩罗称，布瓦洛是属于旧时代的人；布瓦洛讽刺女人，只是因为他想效仿贺拉斯和尤维纳利斯[1]，他觉得，只要是古人说的话，都应该原样照说。但与古人相比，今人才更公正，因为今人知道，时过境迁，当今的习俗已与过往大不相同：女人是应该得到赞美的！意大利哲学家保罗·马蒂亚·多利亚（Paolo Mattia Doria）也对这种观点做出了响应，他通过种种论证，最终得出结论："如果一条条细数各种最伟大的美德，我们可以发现，女人几乎每一条都完全不亚于男人。"

当时社会这方方面面的现象都是切实存在的。通过当时的文字记录我们能看到，少女们正在寻求自我解放，她们忘记了旧时的优良传统和习惯，不断地制造丑闻；妇人们则个个鲜廉寡耻、贪婪自私。但与此同时，伴随着重重阻碍，还出现了一种伟大的爱情，突然间，激情就恢复了权利，并有了尽情展现的可能，它既可以表现为令人心碎的哀号，也可以化作小声的抽泣：这仿佛是对一个新时代的召唤，一个似乎马上就将到来的时代，一个力求完全属于激情的时代。

---

1 尤维纳利斯（Decimus Iunius Iuvenalis，1世纪50年代—约128），古罗马讽刺诗人。——译注

尽管有人用各种巧妙的方式呈现人的情感世界，但另一些人还是想将其彻底从世间清除出去。这种声音又是先从英国传出来的；它来自于一位名叫科利·西伯（Colley Cibber）的剧作家、演员，他已经看出，自己的时代究竟在暗中追求什么。荒诞不经的剧作实在太多了！人们在舞台上塑造了太多荒唐可笑的贵族形象！他认为，杰里米·科利尔说得非常有道理，要赶紧把英国的戏剧带回到大雅之堂，带回到合乎道德规范的世界，否则的话就来不及了。不过，宣扬道德观念还需要借助情感的力量。

我们可以假想有这样一个坏丈夫，他恶毒地抛弃发妻，想到外面的世界找找奇遇，他将自己的钱财挥霍殆尽，按他自己的说法，这些钱要么是用来买老酒，要么是用来讨少女的欢心，于是，他又回到了英国，此时尽管已是身无分文，但他玩世不恭的生活态度还是和以前一模一样；我们也不必伤脑筋为这个坏丈夫取名字了，就叫他“无情郎”吧。与此同时，我们还可假想一个模范妻子，她的名字叫阿曼达。她一直爱着自己的这个坏丈夫，期待他重回自己身边。该直接和他讲道德吗？这确实不行，那样他会再次离家出走的。更好的方式应该是借助情感的力量，要让他悔过自新，要让他残留的那一点点人情味慢慢苏醒，甚至还要让他重新感受到快乐。最终，无情郎意识
356 到自己的过错，他以极度谦卑的姿态悔悟道：“啊！我过去糊里糊涂地深陷在罪恶之中，是你将我拉出了泥潭……你的美德实在太有魅力，终于让我心悦诚服，我要跪在地上，向你表达我的谢意。我想长跪不起，想永远这样伏在地上，因为我深深感到羞愧；我想尽情挥洒悔过的泪水，以此来洗去我的种种罪行。”就这样，他最终通过了情感学校的考验。

科利·西伯的这出道德剧《爱的最后一招》（*Love's Last shift*）于1696年在伦敦皇家剧院上演，赢得了巨大的成功。从此，开始出现一些混合了各种风味的喜剧，剧中既有欢快的元素，也有严肃的一面，贴近生活，但又宣扬道德；同时，以往与道德相悖的人物或情节也留下了些许痕迹，因为我们能看到，过往经典剧目里的某些人物被借用到新剧里，这些人物自然保留了过去的习惯，他们照样喝酒，照样拈花惹草，照样粗言粗语，根本不管听

不得脏话的观众会有什么感受。这些作品当然是新式的喜剧，因为某些情节的设计是极富新意的；但与此同时，这类喜剧也会毫无顾忌地照搬某些最老套的套路，比如说乔装打扮、假面舞会之类的故事，又比如说寄错信、认错人之类的尴尬处境：科利·西伯在这方面算是开了个头，他设计了一段“无情郎”认不出自己妻子阿曼达的情节；他解释说，丈夫走后，阿曼达患过天花，因此她的相貌有了些小小的变化。这类喜剧往往会有笨拙的结构，在每一幕结束后——有时甚至会在每一场结束后——，都有人朗诵一段宣扬道德的小诗，这些诗很难让观众觉得自然，也很难让他们感受到美。不过，所有这些喜剧都反映出人们的同一种觉悟、同一种心理反应，因此即便有不足也可以在很大程度上得到原谅：想实现某种道德上的变革，不能靠表面文章，不能靠强力，也不能靠权威，而只能靠人们内心的认同。必须要让人们的内心真正被打动，在让人们顺应变革前，必须要用情感来震撼心灵、感化心灵。一个男人在发现妻子有不检点的行为后，要是不能让她内心产生悔恨、内疚的情绪，就永远不能指望她回心转意。为了达到这个目标，他可以发挥想象力编出一场戏来；他可以掏钱雇人，让此人假装爱上自己的妻子，并诱惑她走到犯错的边缘；就在即将成为罪人之际，她终于体会到说谎和背叛都是极端可怕的行为；于是，她对罪恶产生了深深的憎恨，并就此回归到恪守美德的道路上来。

在这些喜剧里，人物的性格都变得柔和、体贴起来。老家仆会像忠诚的
猎犬一样为主人效力，主人给了他们太多的优待，他们深为感激，因此，每 357
到关键的时候，他们就会以令人敬佩的方式为主人献上自己的所有。少数不知悔改的女人被安排了不幸的命运，但大部分女人还是温柔和善的；她们即便暂时鬼迷心窍，最终还是会被人及时引回正途。至于男人，只要他坚定不渝、真诚地爱着某个人，在经历几次考验后，终会修到善果。作品中还常常会出现不愿让儿子受任何苦的父亲，以及同样细腻、同样深情的儿子，人们对这样的人物自然都非常欣赏：永远是最优秀、最慈祥的父亲，也永远是最优秀、最孝顺的儿子，两人都非常容易冲动，但产生矛盾后只要有什么事能

让他们感动，他们就会立即冰释前嫌。在这样的戏里，一般还会有个单纯、迷人的天真少女，尽管也听别人说过世道的险恶，但她绝不肯相信世间真有恶的存在。在这样的戏里，即便是最不招人喜欢的人物，也至多是性格上有点粗暴，或者稍微有点嫉妒心。但嫉妒的心会逐渐平静下来，粗暴的性格也会化为柔情，最终，一切误会都将澄清，所有人将含着泪拥抱在一起。斯蒂尔1722年创作的《天定情人》（*The conscious lovers*）就是这样的一部作品，而这部作品的上演也标志着此类情感剧作的成功。

总之，当时的相当一部分文学创作正转变为“对人类社会的热心服务”[1]的工具。

歌剧——这真是对理性的莫大侮辱！它只求声色之欢，完全放弃思想：这简直算得上是一种挑衅。什么都可以放进歌里演唱，从头唱到尾，人物不仅可以通过歌曲来表白爱意，还可以借歌曲发表演说、传递信息、发号施令，甚至可以诅咒他人、袒露心迹、诉说秘密，这真是荒谬绝伦之事：“主人把家仆叫过来、向他交代一个差事，整个过程是用唱歌完成的；某人向自己的朋友倾吐心事的时候，也是一直在唱着歌。这样的场景真是让人难以想象。此外，开会商量事情可以你唱过来我唱过去，颁布命令可以用歌一条条唱出来，即便在战斗中，也可以一边唱着歌，一边用长枪短剑浴血杀
358 敌……”——“您想知道歌剧是怎么回事？我这么对您说吧，这是一种将诗和音乐混合在一起的奇怪作品，诗人和音乐家相互妨碍，他们尽管都费了很大的劲，但效果极为糟糕……”

这句话里忘了提布景师，布景师的罪过同样不小。他们用背景板在舞台上造出各种各样的奇景，他们不追求观众的心理关注，只希望用一些外在的效果让观众惊奇、叹服；他们还发明了种种极端复杂的机械装置，比如说能在空中行驶的战车、腾云驾雾的神仙、活动自如的怪兽：全是些不合常情

---

1 理查德·斯蒂尔：《温柔的夫君（喜剧）》（R. Steele, *The tender husband, a comedy*），1705年。写给阿狄生先生的话，“诗……就是对人类社会的热心服务”。——原注

常理的东西！总之，还是让我们听听那些睿智明理的人是怎么看这个问题的吧，这些人热爱的是真实或可信之物，是合乎逻辑、条理清晰之事，在这些人当中，包括了圣埃弗尔蒙、布瓦洛、拉布吕耶尔、阿狄生、斯蒂尔、格拉维纳、克雷欣贝尼、马菲、穆拉托里：他们都认为，歌剧是非理性的，歌剧是完全可以忽略的一种表演形式。因为说到底，“一件把音乐、舞蹈、机器、布景结合到一起的傻事，是一件了不起的傻事，但归根结底还是一件傻事……”[1]

歌剧确实是不合理性的，但歌剧是能带给人快乐的！这既是任何人都无法否认的事实，也是让理性捍卫者深感愤怒的新观念。歌剧处处都赢得了成功；它先后征服了佛罗伦萨、威尼斯、罗马、那不勒斯，以及意大利的每一座城市。歌剧还在德国的各大音乐中心城市扎下根来，如德累斯顿和莱比锡。歌剧也给维也纳带来了很多快乐，这里从此成为歌剧的第二故乡。所有的亲王和大公都希望拥有自己的一座剧场，建立起自己的布景师、作曲家团队，请到最优秀的乐队指挥、最优秀的舞蹈指导和最优秀的女主唱。巴黎让吕利和基诺[2]声名鹊起。伦敦出了亨德尔[3]。马德里则略有些落后；多尔诺瓦夫人（Mme d'Aulnoy）在她1691年出版的《西班牙游记》（*Relation du Voyage d'Espagne*）一书中曾微笑着描述道：“真是从没见过如此拙劣的舞台布置；想表现骑马的天神降临人间的场景，就让演员从连接剧场两端的横梁上爬下来；想营造阳光灿烂的感觉，就挂上一打油纸灯笼；阿琪娜[4]施魔法、召唤魔鬼的时候，几个人爬下旁边的一把梯子，就代表魔鬼从地狱走进人间……”不过，这种情况很快就得到改观：1703年，马德里有了一家常住的意大利歌剧团。

人们对歌剧的热情究竟是从何而来？——因为人们永远需要欣赏悲怆感 359

1　圣埃弗尔蒙：《关于歌剧的信》（*Lettre sur les Opéras*）。——原注

2　吕利（Jean-Baptiste Lully，1632—1687），生于意大利的法国作曲家；基诺（Philippe Quinault，1635—1688），法国剧作家、歌剧作者、诗人。——译注

3　亨德尔（Georg Friedrich Haendel，1685—1759），生于德国的英国作曲家。——译注

4　《阿琪娜》（*Alcine*）是亨德尔借鉴此前法国和意大利相关作品创作的系列歌剧。——译注

人的作品；然而，自17世纪末起，悲剧就只剩下对前人的单纯模仿，变得机械单调，它已经无法再承载这样的使命。于是，歌剧取代了它的角色。观众的心理需求推动了艺术的转型，促成了一种新艺术形式的诞生。

集各种艺术之大成的布景，各种声与色的享受，再加上和着旋律的种种动作，堪称是听觉和视觉的盛宴；它给人带来的是全新而独特的感染力，因为这是一种无法分析的感染力，它给人带来的是感官的愉悦，观众在被感染的同时，身体仿佛也变得轻盈而柔软；人们就像中了魔法一样身心欢愉；一种无法解释的、直击内心深处的、难以向外人言明的快乐感受：这就是歌剧。或许人们会指责它成百次、上千次，但早已无济于事。指责的人确实没有道理，因为他们不理解，人们心中有一种欲望被唤醒了，而且这是一种应该满足的欲望：观众想在舞台上看到神奇、悲怆和柔情的画面。人们不想再听别人说大道理感化他们的心灵，他们的心灵已经“警醒”[1]。这才是真正发生转变的地方。

我们再尽量说些细节吧：当时在欧洲掀起热潮的是意大利的歌剧。意大利不仅为歌剧这种艺术体裁创立了典范，还仿佛是座取之不竭的泉井，保证了歌剧的音乐之水长流不息；意大利为整个欧洲提供了音乐和歌手；可以说，在当时，意大利就是音乐的代名词。它的音乐剧在所有邻国扎根。巴黎试图反击，但它用来对抗意大利人的天才，仍然是一个出生于意大利的人；更何况，反击的只是半个法国，另半个法国已经被征服了。汉堡长期以来一直忠于德国音乐，但最终还是放弃了抵抗。歌剧世界变成了意大利在欧洲各国的殖民点。

意大利受到这样的欢迎、享有这样的统治力，究竟是出于什么原因呢？——不过，意大利的歌剧作者们其实想用实际行动表明，他们同样忠诚地服从至高无上的理性，因为只有服从理性，他们才能让批评界不再轻视他们，他们才有资格与伟大的悲剧作家一较高下。贝内德托·马切罗

1 塞维涅夫人（Mme de Sévigné），1674年1月8日的信。——原注

（Benedetto Marcello）、阿波斯托洛·泽诺（Apostolo Zeno）——他是为神圣罗马帝国皇帝提供作品的歌剧作者，并想成为歌剧界的皮埃尔·高乃依——等人为此付出过努力，他们想将剧本规范化，想解决好剧本中常见的 360
缺乏条理、结构松散的问题，想让剧本变得更加紧凑、更加严谨，并最终让歌剧向传统悲剧靠拢；后来，梅塔斯塔西奥（Pietro Métastasio）还用亚里士多德的诗学理论为歌剧最终正名。

但这一切其实都是徒劳。当时的社会普遍对文学有一种虚幻错误的认识，人们认为，史诗或悲剧是人类创造的最高级精神产品；在这种理念的误导下，热情如火的歌剧作者们自然无法理解，其实此时文学已成为卑微的侍女，而音乐变成了向文学发号施令的主人。音乐可以要求，这里放段乐曲，那里放段二重唱，另一个地方则要用合唱；音乐还可以指定，这段歌词用高音唱，那段旋律用低音演奏；它可以指挥一切，连用词也不例外，因为必须要用简单易唱、与曲调和谐的词。至于剧作家，音乐只要求他们思维灵活、善于应变：剧作家需要掌握的艺术，只剩下适应的艺术和服从的艺术——服从作曲家、服从指挥、服从女主唱。在欧洲所有语言中，意大利语是最丰富，发音最洪亮、最和谐、最多变的，在阐述思想时它完全没有优势可言，但现在它重新找回了一度失去的威望。

意大利音乐能给人带来多么美妙的享受啊！在摆脱了种种束缚后，它显得是多么自由奔放！它是如此热情洋溢，又是如此丰富多样！它的表现力如此强大，又如此轻松流畅，赢得这样的成功实在是当之无愧！意大利音乐是一个容量无限、取之不竭的宝库，观众已经离不开它，而它也向观众提供了法国音乐乃至任何一个国家的音乐都不具备的东西：热情，欢快，以及鲜明的个性。是的，每一出意大利歌剧都有鲜明的个性，要么情绪激扬，要么柔情似水。它并不追求什么和谐，因为和谐只强调温和、平等、统一，只通过谨慎而符合逻辑的方式实现转承；它是敢闯敢试、敢于冒险的，也正是凭借不俗的胆量，它才陶醉了人们的心灵。这些都是那个时代的人——甚至包括法国人——对它的评价。“法国音乐家稍微做点出格的事情都会患得患失，于是他们尽力迎合、讨好观众的耳朵，但即便他们能小心翼翼地让方方面面都与规范相符，依然会担心无法赢得成功，会为此提心吊胆。相形之下，意大利音乐家就要大胆得多，他们突然间就会改变音高和调式，最后总会有一
361 段段七八个小节的华彩乐段，用的音调高得让人感觉简直承受不了；他们还经常使用持续音，这种奇妙的长音会让不习惯的听众觉得过于大胆，听众起先会情不自禁地表示愤怒，但渐渐地就会觉得怎么也听不够……”简而言之，“他们在听众的内心制造了惊奇和恐慌，听众本以为整场音乐会就要陷入可怕的混乱状态，甚至会觉得整个音乐都处在深受威胁的危局中，但就在此刻，他们又用极合规则的华彩乐段为乐曲收尾，让听众重新恢复平静，每位在场的人都惊讶地发现，和谐在先前的混乱中重生，这些不合常规、似乎要摧毁和谐的东西，居然展现出最美、最伟大的和谐……”[1]

这是一种通过非凡胆识创造的愉悦，是人们在神圣规则遭到侵犯的幻觉中产生的一种不安的愉悦，是让我们身体产生强烈反应的愉悦，也是让我们的神经像琴弓下的小提琴琴弦那样不断颤动的愉悦：意大利作曲家为当时的歌剧观众提供的就是这样一种愉悦，这些作曲家为数众多，他们的名字和乐曲一样响亮，他们“通过自己杰出的作品让整个欧洲为之倾倒”。斯卡拉蒂（Alessandro Scarlatti）是其中最知名的一位，他的学生们曾问他，为什么他会有这样或那样的偏好，为什么他会给出这样或那样的建议，而他的回答始终是同样的：“*Perchè fa buon sentire.*”（因为这让人感觉更好。）

1 拉格内：《音乐、歌剧领域中意大利与法国人的比较》（Raguenet, *Parallèle des Italiens et des Français en ce qui regarde la musiqe et les opéras*），1702年。——原注

第四章　国家、大众与本能 362

为了防止欧洲变成只有批评家、分析家、逻辑学家和理性主义者的世界，出现了各种力量，这些力量虽然来源纷杂，但它们的存在本身就意味着一种抗争。对此，我们已在前文中试着做了一番阐述：这是一些着眼于未来的力量；尽管看起来还很遥远，但在这些力量的酝酿下，终有一天，情感与想象将反客为主。这种种力量的面貌，我们已经逐一看过，它们在纷繁的表现形式下所体现的具体生活气息，我们也逐一感受过、记录过。现在，我们可不可以站在更高的角度进行反思，这些抗争的力量在形成过程中，是不是存在着某些潜在的共性原则？

国家差异感或者说民族差异感，这恐怕是谁都不能废止的吧？它所涉及的是一些消除不了的价值观；它产生的原因，有些是能通过理性解释清楚的，有些则不能。

在欧洲各国，人们思考的方式有同一化的趋势，于是，写作的方式也渐渐变得一模一样：讲究条理，强调精准，思路符合规范，力求通过坚韧的耐心和坚苦的工作换取坚实可靠的美。但这只是第一层事实。在体现总体原则时每个国家都有自己的诠释方式，尽管各国都愿意朝一个方向走，但明显的差异点依然存在，甚至还不免有一些对立冲突的现象，而这应该就属于第二层事实。比如说，英国接受古典主义，一方面是受到了法国的影响，另一方面则因为英国自身也在呼吁变革，它需要一种力量作为制衡，保证国家在

363 强大时不至于失去约束。因此，这永远只能是一种英国式的古典主义：一种特殊的古典主义、一种妥协式的古典主义。[1]接下来我们就来看一个生动鲜明的事例。斯威夫特是一位古典主义作家；确实，他为奠定英国散文的地位做出了卓越的贡献；他的作品成为学校的教材，或许未来也将被一直使用下去；他的成就是无话可说的，他的天才也是毋庸置疑的，因此人们会毫不犹豫地将他列入英国最伟大作家的名单。但对于某个笃信布瓦洛的法国人来说，他的作品体现的是一种多么奇怪的古典主义啊！让我们试着用1704年欧洲大陆读者的心理，翻开《桶的故事》(*Conte du Tonneau*）这本书读读看吧，我们一定会极为惊诧。首先，这本书写得多么没有条理啊！写书的这个家伙根本不懂写作；他只是脑子想到哪儿，笔就写到哪儿，写了一会儿就偏离主题，再写下去又进一步偏离主题，仿佛他完全不知道写作有一种重要的艺术手法叫作转承过渡。他完全是逞性妄为；在各个章节里，他开篇的导语能比正文还要长；他完全不在意形式上的逻辑性：如此种种，仿佛他是故意拿我们开玩笑。“绕了这么一个大弯后，我现在要重回正路了，我下定决心，从此要紧扣主题做好正事，直到我这段路走完，除非半路上又有某道特别怡人的风景……”专门写一段离题的话来赞美离题的行为，这样的作者该让我们怎么想？此外，在他的作品中，有多么奇特的类比！多么古怪的思路！多么疯狂的想象！“智慧是只狐狸，要是不把它逼出巢穴，基本上是捕获不到它的；智慧是块奶酪，奶酪皮越厚、越粗糙、越难看，奶酪的品质就越高；智慧是杯巧克力，越喝到底味道就越浓郁。智慧又像是只母鸡，必须要忍受它那难听的叫声，因为叫完后就会出现一只蛋；智慧还是颗核桃，万一没选好，不仅有可能让你坏掉一颗牙，还会给你带来一条虫……”

斯威夫特还喜欢攻击一切、毁灭一切，他这个毛病又是怎么一回事呢？天主教徒是他首要的抨击对象，但他同时也抨击路德宗和加尔文宗的教徒，

1 这一话题可参见路易·卡扎米安在《英国文学史》(*Histoire de la littérature anglaise*）一书中的深入分析，埃米尔·勒古伊（Emile Legouis)、路易·卡扎米安（Louis Cazamian）著，1924年，第694页。——原注

抨击各类狂热的教徒；他偶尔也会说些和缓的话，但没人能保证，说完这 364
些话后他会不会再展开猛烈的攻击；他容易发脾气，爱动肝火，喜欢辱骂别人：真是个癫狂的阿里斯托芬。他总爱用讽喻和嘲讽的手法，一用起来就没休没止！他连开玩笑的方式都会是极端残忍的："上星期我看到一具被剥了皮的女尸；你们绝对想象不出，她这样被剥光后有多么的不堪……"

很多英国人认同古典主义规范的价值，甚至有意顺从此规范，但与此同时，他们内心里还是对失去的自由感到无限遗憾。另有很多英国人则认为，前有亚里士多德后有贺拉斯，这就已经足够了；严苛僵化的法国教条并不是他们真正需要的东西。"这就好比是说，有人为了取到优质的蜂蜜，就把蜜蜂的翅膀剪短，让它们只能待在自己的蜂巢里，即便能飞也飞不出多远……可蜜蜂自身的意愿并不光是停留在花圃里，它们还想在田野间自由飞翔，由自己来选择自己喜欢的花朵……"[1]

换到文学之外的领域，比如说国民习俗的时候，对立则更为突出，甚至会变得极为激烈；换句话说，英国人要维护自己的安宁，不想受他人的打扰，要维护自己某些根深蒂固的习惯，要维护自己某种与众不同的存在方式。明明这个时代在一定程度上是把法国社会生活的理念当作样板的，但要是读一读当时的小说或喜剧，人们会发现，负面的反应是极为强烈的。在这些作品中，法国被刻画成一个厚颜无耻的国家，它传到英国的，是舞蹈老师、品行堕落的男仆、给别人介绍皮肉生意的侍女、经营时尚用品的女商人、爱冒险的女人、贪慕虚荣的侯爵，所有这些人都觉得自己举止优雅，并愚蠢地对此大加炫耀，但其实他们无非是懦夫和骗子。英国人认为自己是正直、朴实、粗犷的民族，于是常拿自己与法国人进行对比：他们把自己的粗犷表现为一种美德。与其听凭异族腐蚀自己，让自己像他们那样，变成木头人、伪君子、徒有其表之徒，还不如保持自我，说话坦率，举止粗陋，这样

1　威廉·坦普尔：《谈诗》（*Upon Poetry*），载《杂文集》（*Miscellanea*），1692年。——《杂文集中一篇谈诗的文章》（*Essai de la poésie dans les Œuvres mêlées*），法译版，乌得勒支，1693和1694年。阿姆斯特丹，1708年。——原注

本民族的活力不会受到破坏。在很多英国剧作里，法国的男男女女都成了反
365 面的陪衬角色：人物形象个个都很荒唐，一方面他们可以起到愉悦观众的作用，另一方面，他们可以烘托出大不列颠人的品质，那些牢不可破的优秀品质。

意大利同样抱怨自己成了法国的奴隶；的确，从某种意义上说确实如此。但我们同样不能一概而论。这不单是因为某些意大利诗人还在用罗马帝国大一统的传统观念看待世界——在这样的理念下，高卢怎么说也只是个后来者，真正的君王终有一天将重掌权杖——，而且他们的理论学家还声明存在着一种意大利的古典主义，它从时间上看早于法国，它是唯一正宗的古典主义，也是真实、纯粹的古典主义。他们固执地认为，文艺复兴——属于他们的文艺复兴——仍在延续：谁敢反驳他们在文艺复兴中做出的贡献呢？有些作家的确是在模仿高乃依、拉辛，但他们都会高调地声明自己的意图，称模仿只是为了超越，他们还会一再表示，他们只忠于古希腊悲剧的精神，也只会拿古希腊悲剧作为真正的榜样。这是他们唯一认可的对象，而且，由于是他们的先人发现并最早发扬了古希腊悲剧，所以这其实也是属于他们的领地。说到底，法国有什么功劳？法国实际上是破坏并腐蚀了这些高贵的榜样。法国让古代的悲剧失去了阳刚之气，把悲剧变成了言情剧，谈情说爱被赋予了过高的地位。真正伟大的大师永远都是索福克勒斯：必须要回归到他的传统。

各个国家你争我斗，都想把最悠久的历史归于自己。于是，它们纷纷研究起本民族的过往故事，探本溯源，想为自己添几分高贵。就这样，每个国家都拥有了最古老的语言、最古老的诗歌、最古老的散文，以及最古老的文明。每个国家都可以自豪地证明，它的邻国都不过是自命不凡的新贵。

不过，在这方面，没有哪个国家能和德国相比，它以极大的勇气，做出了不同凡响的努力。德国过去的地位轻若尘埃；它始终被人压制，受尽羞辱。一直以来，德国总是受他国的影响，却无法影响他国，看起来，在树立

道德规范这个领域，它似乎不能再算是个大国。

尽管不受重视，但德国依然坚守着自己的民族精神；为了证明自身的存
在，它在各条战线都展开了积极斗争。国家的统一问题？只要通过一次内部 366
的变革，这个问题能很容易得到解决，普芬道夫这样说过，莱布尼茨也这样说过。——法律？在罗马法、教会法之前，难道日耳曼人没有自己的法律吗？而且这分明是更好的法律。大学里只知道传授罗马法和教会法，但这是大错特错之事；现在已经到了为国家法和本地法重新正名的时候了。——语言？实际上，德语与拉丁语一样古老，也一样优美；换成希腊语，换成任何其他一种语言，情况都是如此：德语的历史可以追溯到世界起源的时候。——文学？德国文学也不比任何其他国家的文学逊色。这是学者莫霍菲乌斯（Daniel Georgius Morhofius）在1682年论证的结果。为了得出这个结论，他殚精竭虑，收集了无数证据。在他这本沉甸甸的、内容翔实的论著里，每一页都能让人深切感受到他对德意志、对自己祖国的热爱！他说，德国有一些非常值得称道的诗人，但他们被后人不公正地遗忘了，比如说汉斯·萨克斯（Hans Sachs）；还有一些更早的诗人，但奥洛夫·鲁德贝克[1]错误地把这些人说成是斯堪的纳维亚人。由于饱含热情，莫霍菲乌斯还得出了一些奇怪的推论：德国古代有些诗人没有在历史中留下他们的痕迹，但这不代表他们没有存在过。相反，他们是肯定存在的，因为对于所有民族来说，诗歌都是一种原始的文学体裁；从此，尽管这些人无人知晓，尽管无人能寻觅到他们的踪影，但这些人就此存在了。

德意志的这种语言，同时具有希腊语的饱满形态、拉丁语的崇高气质、法语的优美、意大利语的高雅、英语的丰富、弗拉芒语的庄重；热情歌颂德语的人都希望，这种使用了千年的语言将在未来出现一批杰作，让欧洲其他国家都嫉妒不已、心悦诚服的杰作。1689年终于有了《阿米尼乌斯和图斯内尔达》（*Arminius et Thusnelda*）这本书，作者是卡斯佩斯·冯·洛恩施泰因

1　奥洛夫·鲁德贝克（Olof Rüdbeck，1630—1702），瑞典科学家、作家、语言学家。——译注

（Caspers von Lohenstein），它引发了德国民众胜利的欢呼。终于出现了这么一位伟大的作者，一位“*Patriae amantissimus*”（忠诚的爱国者），他努力探索与日耳曼民族相称的创作主题，并最终发现了这样的主题；他赞颂了顽强抵抗罗马的英雄阿米尼乌斯，当时的罗马已不再是一股新兴力量，而是如日中天的全盛强国；他通过自己的著作，为德国戴上了橡叶与月桂编织的花冠。喜悦中的放声高呼，胜利后的万众欢腾……

德国人有不少永久不变的心理状态，但得到最广泛认同的一点，恐怕是内心永远充满“向往”（*Sehnsucht*）吧？在这个时代，智慧之光想驱散人们
367 内心的种种黑暗，甚至想唤醒无知无觉的心灵，“向往”自然是缺少不了的条件。诗人、教育家克里斯蒂安·韦斯（Christian Weise）在其所有作品中都令人敬佩地竭力追求简单、自然，每年，他都会把自己的戏剧作品放到其本人管理的学校里上演：学生们能尝试着做演员，自然有无穷的乐趣；他们的父母也都为此深感骄傲。1688年，他在一部名为《郁郁寡欢的心灵》（*Die unvergnügte Seele*）的作品中，刻画了一个不知满足者内心的痛苦。维尔图努斯（Vertumnus）出生在一个不错的家庭，人又很善良，照理说他应该过得很幸福，但实际上他总是感到不幸：他觉得他的财富无法给自己带来乐趣，但又说不出自己究竟缺了些什么。他试着填补心灵的空虚：通过女人，通过和一帮酒鬼在一起寻欢作乐，通过追求荣誉，通过结交帕尔纳索斯山上的才子。但这一切全都没有用；他陷入了绝望，眼看就要郁郁而终；难道只有死后的世界才有快乐和满足吗？——从此，整出戏开始向道德说教转变，心理学上的探讨就此终结。一对农民出现在维尔图努斯面前，他们一个叫“知足”（Contento），一个叫“平和”（Quiete）；他们的人生有很多坎坷，而且都是些非常不幸的遭遇，但他们依旧对生活充满热情，只向生活索取他们可以得到的东西；他们的生活态度给维尔图努斯好好地上了一课，在听了他们的诉说后，维尔图努斯终于幡然悔悟。

在这个时代，内心不知满足的人依然保持着低调谦卑的姿态；这样的人不会为此自鸣得意，不会因此产生优越感，他们相信，自己的这种情况是可

以得到改善的。不过我们知道，维尔图努斯在后世的传人可不像他这样，这些人会把自身的烦恼转变成对外界的愤怒，他们要让整个世界、要让上帝来见证自己的不幸，在他们下定决心离开这个配不上他们的世界时，自然也不会有“知足”和“平和”来解救他们。

当时的批评家尽管欣赏《郁郁寡欢的心灵》和克里斯蒂安·韦斯的众多诗歌作品，但他们并没有太多的幻想，他们也没有意识到，德国其实已经创作出一部反映民族集体精神的佳作：格里美豪森（Hans Jakob Christoffel von Grimmelshausen）的《痴儿西木传》（*Simplicissimus*）。这可以说是一部流浪汉小说，讲述的是主人公经历的各种奇遇；但书中带有一种浓郁的本土气息，这让翻译成为一件难事，在部分国家，比如说法国，至今也没有该书的译本。这本书的主题之一是“三十年战争”[1]，文中处处可见庄稼被毁、村庄被劫、农民被残杀的情景，处处是战火，处处是血迹。这本书的主题之二是谈一种单纯而圣洁的精神，在整个文明堕落的大环境下，这种精神受到了 368
种种诱惑，并被人一再损害，但最终它竟然赢得了胜利，成为文明新的主导者。这本书的主题之三是信念，大地宛如一片象征的森林，有信念的人奔走在大地各处，他怀着坚定的意识，一边生活在各种暂时的幻象中，一边又无时不在期盼永恒的现实。这本书的主题之四是一个基督徒的故事，他一生经历无数考验，他曾经无知，曾经犯下原罪，曾经改悔，曾经满怀希望，最终他艰难地进入了天国，赢得了永恒的喜悦。所有这些主题并行发展，穿插交织，融为一体，随后又重现各自的脉络，整个过程不仅内容丰富，而且出彩之处众多，实在是难得一见；全书歌颂的是一个民族的传奇历史，这个民族在邻国的眼中一度濒临灭亡，但它表现出了不可动摇的信念，以独特的力量赢得了新生。

当时还没有创造出一个种族优于另一个种族的理论。当时人们也没有分析过“祖国”这个词的内涵。当时人们甚至对于民族国家的概念都没有清晰

1　“三十年战争”（1618—1648），是由神圣罗马帝国内战演变而成的一次大规模的欧洲国家混战，也是历史上第一次全欧洲的大战。——译注

的认识。当时人们尽管情感上有乡土观念，但并没有从学术上对此进行过解释和论证。当然，情感上的乡土观念是人们都体会过的；尽管意大利处在四分五裂的状态，德国依然没有完成统一，波兰总喜欢惹出战事引火烧身，西班牙昏昏沉沉难以振作，但对这些国家的国民来说，只要有人贬低他们国家的内在精神，甚至只是冒犯了他们国家的外在荣誉，他们都会反驳，都会抗争；在民族主义思想面前，原本被认为具有普世性、平等性的理性再也发挥不了作用。

偶尔，人们会听到一种歌谣；这不是精心创作的颂歌，也不是牧歌或讽刺短诗。这是一种近似于原生态的歌谣；据说，这歌谣与一位中世纪斯堪的纳维亚国王有关，此人名叫朗纳尔·洛德布罗克（Regner Ladbrog），他被毒蛇咬了致命伤，在毒液即将侵入心脏之际，他用北欧的语言唱起了这些歌
369 谣。[1]威廉三世、路易十四的同时代人听到这些歌谣，必然会因为其奇特的歌词和曲风而深感惊奇，会被其深深打动。此外，人们甚至还会提到一些来自更遥远地方的悲歌，吟唱这些悲歌的，是那些以不可思议方式生活的极地居民——拉普人。比如说这首《奥拉荒原之歌》：

哦，晨曦初现，那可爱的光芒
在请我的美人来感受乡野之欢，
它驱散雾霭，照亮天空，
将我亲爱的奥拉带到我的面前。

啊！只要我能确定再见到她，我亲爱的奥拉，
我定会爬到这杉树的顶端；

1 威廉·坦普尔：《论英雄的德行》（*Essay upon Heroic Virtue*），载《杂文集》，第二部分，伦敦，1690年，第234—235页。——原注

我坐在枝头上，迎着轻柔的和风，
一刻不停地细看四周的景观……

又或者这首《驯鹿之歌》：

再快点吧，我的驯鹿，让我们用轻快的脚步，
穿过这片荒原，完成我们爱的旅途。
再快点吧，我的驯鹿，你依然、依然太慢，
急不可待的爱，要的是疾如闪电的速度……[1]

世间有那么多遵循最佳规则写就的诗句，这些歌谣与之相比自然算不得什么；这些尚不完善的作品要是没有引起阿狄生的兴趣，要是没有他公开承认自己对这些作品的喜爱，更会显得不值一提。古老的狩猎民谣，讲述两个孩子一大早被困森林的故事的歌谣[2]：它们都是纯真而美好的作品；阿狄生在环游英国时，听到了这些被一代代传唱、为纯朴大众带来无限乐趣的歌曲，自己也深得其乐。[3]的确，为了证明自己的品位，阿狄生不惜拿荷马和维吉尔来说事，他试图证明，这些歌谣的贡献不亚于《奥德赛》和《埃涅阿斯纪》。不过，所幸的是，他没有坚持这种学术式的论证；他重新赞美起这些作品流露出的自然气息，一位结束劳作、从田里返回家中的农民哼起自己熟悉的小调，表情是那么纯真——这样的表情反映出大众真实的内心世界。"这首歌就是对自然的一种简单再现，它没有借助任何艺术手法，没有使用任何艺术性修饰……；它能让人喜欢，除了以下这条理由之外别无其他：它是对自然的简单再现……"

在生活的另一个截然不同的层面，歌颂大众同样成为主导趋势，或者至

1 《旁观者》，第366、406期。——原注
2 这两首民间歌谣的英文原名分别为*The Ballad of Chevy Chace*和*Babes in the Wood*。——译注
3 《旁观者》，第70、74、85期。——原注

少可以说它已成为一种不断上升的力量，人们认为，大众的权力是唯一合法
370 的权力，只有经过大众的认可，王权才可以行使。即便在法兰西王国，也有人在回溯历史，他们强调，高卢是被法兰克人征服的，而法兰克人常在战神广场[1]召开民众大会，指定他们的首领；因此，君权并非来自神赐，也并非出自罗马人的传统，而是由一群战士选出一位统治者然后授予他的。于是，尽管民主制度下的人民阶层尚未形成，但大众权力的概念已经清晰地出现，并对未来产生了深远的影响。

本能：这已变成一个非常受人关注的话题，基督徒既反感相关的讨论，也为此深感不安，而哲学家也犹豫不决，他们不想把任何天性看成完善、完美的，而更愿意将其归结于理性的作用。但至少我们可以说，本能的话题已不会再脱离人们日常的视野了。时而，会有位医生藐视医学院及其学说，他宣扬自我医疗的理论，宣扬通过本能来维持身体健康的方式。时而，又会有位特立独行的怪人声称，写诗的灵感从本质上说来自于本能，来自于一种狂热、一种高境界的癫狂。说到这个问题，有一个让知识界和各类学科都奈何不了的因素，对于理性主义者来说，这是一个让他们难以征服的麻烦对象：崇高。人们曾说过，伟大的思想都是真与新的结合，再加上优雅而精准的表达方式，并无其他；没有了真，就不可能存在崇高的美，因此也就不可能存在崇高。如果这样的说法成立，那它牵涉的问题就远没有结束。于是，有人怀着永远无法满足的热情质问起朗基努斯的文字（因为朗基努斯当年不知畏惧地对这个难以言说的词下过定义，而朗基努斯本人又代表着一种远古的魅力），不管怎么说，崇高应该是一种不完全受理性控制的价值吧？

从笛卡尔起，人们就开始讨论与动物灵魂相关的问题，到此时似乎也没有结束的迹象，持各种观点的人士都加入了讨论，那么，这场讨论是否可视
371 作对本能的认同——尽管这种认同常常属于默认——呢？有些人爱良马，有

1 此处的“战神广场”并非特指某个地点，而是统指墨洛温王朝、加洛林王朝时期法兰克人召开战士大会的地点，属泛指性的普通名词，后来“战神广场”易名为“五月广场”。——译注

些人爱忠犬，但大家都认为，动物不具有与人相类似的灵魂；他们觉得，动物至多只有一点点判断力，可另一方面人们也看得出，动物是有爱的，也是能感受到痛苦的，它们并不是机器，毕竟机器是毫无感情的。拉封丹塑造了很多动物的形象，他在《写给萨布里耶尔夫人的话》[1]中是这样谈他对动物的认识的：

> 完全没有像我们这样的理性，
> 但也绝不是盲目冲动的生灵：
> 我塑造的它们仿佛是一块块微小的物质
> 不费点力气简直看不出它们的身形，
> 它们是原子的精华，
> 是说不清道不明的凝聚之光，
> 比火焰跳得还要猛烈、还要轻盈……
> 我让我塑造的它们
> 具有感觉，懂得判断，
> 这就已经足够，哪怕它们的判断还不够完善……

玛加洛蒂（Lorenzo Magalotti）是佛罗伦萨的一位博物学家，是西蒙托学院的管理者，他以更为大胆的方式，反对笛卡尔的动物没有灵魂的观点，他谈到我们对动物的爱，“我们对一只狗、一只猫、一匹马、一只鹦鹉、一只麻雀，都会有非常伟大、非常温柔，往往也非常疯狂、非常愚蠢的爱”。但丁说过，“爱，让每一个被爱的人无可豁免地也要去爱”；塔索也说过，“有可能得到对方的爱，我们才可能去爱对方”。

因此，我们爱动物，是因为它们也会爱我们；因此，它们不可能没有情

---

1 《写给萨布里耶尔夫人的话》（*Discours à Mme de la Sablière*）是拉封丹寓言中的一篇，萨布里耶尔夫人（Marguerite Hessein de La Sablière，1640—1693）是拉封丹的保护人。——译注

感……——通过四处传来的这种种声音，通过不同情形下的这种种反应，我们可以看到一种对情感世界的追求和憧憬：这仿佛是从水塘底部冒出来的水泡，常常一到水平面就四散无形。

那些幸福的宁芙、幸福的牧人，他们在泉水边、在静谧的森林里过着甜美的生活，在这枯燥乏味的时代，他们是多么让人羡慕啊！那些幸福的贝
372 提卡[1]的居民啊，你们是如此纯朴，你们竟然能不可思议地摆脱文明社会里的所有繁文缛节，你们的幸福确实值得广为宣扬，这是那些不再遵循自然法则的人完全无法感受的幸福！“那些被认为最有智慧的人，他们的生活方式都是野心勃勃、自命不凡的，哦，和这些人相比，你们的生活真是截然不同！我们真是太糊涂了，我们差点以为，你们的这种纯朴不可能存在于现实当中。在我们的眼中，你们的生活仿佛是美好的童话故事，而在你们的眼中，我们的生活必然犹如噩梦中的情景吧！”——人们一度用革命者的腔调高声宣布，幸福的野蛮人，你应该是完美生活的典范，欧洲人应该学着做休伦人！

最有才智、最有思想的人宣告了思想的破产：

> 它是祸水，源源不断地制造谬误，
> 它是毒药，破坏正当的自然情感，
> 扭曲内心的真实感悟；
> 它是磷火，照到何处就会害到何处，
> 只有愚蠢之徒才觉得它魅力十足，
> 思想，人们给你立的圣坛，
> 我现在就要来破坏清除……

1 在罗马帝国时期，贝提卡行省是伊比利亚半岛上的一个行政地区，大致相当于今天的安达卢西亚。——译注

思想！你有无限的诱惑力，也有人对你无比欣赏，
但真正爱你的人，实在少得有些夸张；
毕竟，真正能打动人心的
是发自内心的语言；
只有真心的话语
才能触及灵魂、掌握灵魂的方向
而你永远也不可能
让我们流泪伤感……[1]

有些人虽然产生不了这样的感受，但他们能很快嗅出风向，于是也开始一条条揭露理性的危害：

它让我们相信
我们有掌控一切的权力；
它让我们陶醉在错误的知识中
为此骄傲，为此沾沾自喜；
它用千百种新颖的花招
让我们戴上面具，看不到真正的自己；
它让我们在各种罪恶中昏睡沉溺：
躁狂的人得名阿喀琉斯，
狡诈之徒变成老练的政客，
无神论者被誉为自由思想的睿智之士。
你们这些世间的凡人 373
自认为出身一流无人能及，
其他的种种民族

1 肖利厄神父：《抗争思想的颂歌》(*Ode contre l'esprit*)，1708年。——原注

你们都觉得太过无知；
休伦人在小屋里栖居
只以本能作为生活原则，
所以被你们叫作生番蛮子
但请你们说说看：
你们被理性弄得不知所往
他们由本能指引生活方向
这两者究竟谁更野蛮？[1]

人们需要清除岁月累积下来的种种伪饰，将几个世纪的重负从肩头卸下来，把人们称作道德却从未信过的东西重新命名为虚伪，后来，出现了一部精彩的作品，它清晰地表达了人们的这种需要、这种情感。有一个叫托马斯·因克尔（Thomas Inkle）的英国人，他是伦敦某大户人家的第三个儿子；他坐船去东印度群岛做生意。船某次中途停靠的时候，船队里的一部分人被印第安人所杀；他侥幸逃脱，并找了个藏身之地。一位印第安女子发现了他，这是个年轻美丽的姑娘，名字叫雅莉可（Yarico）。她爱上了这个不幸的外族人，她为这个男子献出了自己的全部身心，她给他提供食物，守护他不让他被人发现；而他也向她承诺，只要有机会，就会带她去英国一起生活。有一天他们看到了一条船，便发出了求救信号。船在附近停靠，几个水手下来将他们带上船：他们得救了。但在航行的途中，托马斯·因克尔想起了歪点子。该怎么处置这个女人呢？现在他不仅浪费了自己的时间，也损失了许多金钱，于是他决定，船靠在下一个码头的时候，就将这个女人卖作奴隶。印第安姑娘痛哭流涕，哀声连连，她希望这能感动自己的情人，使他回心转意；由于她怀有身孕，托马斯·因克尔在卖她的时候以更高的价钱成

1 让-巴蒂斯特·卢梭：《颂歌九，致德·拉法尔侯爵》（*Ode IX, à M. Le marquis de la Fare*）。——原注

交。这就是文明开化者的所作所为……[1]

有一天，丰特奈尔走在半路上碰到了与本能相关的问题；他感到非常惊讶，甚至可以说，面对这个贸然出现的话题，他还有点恼火。“对方在说‘本能’这个词的时候，指的是附加在我理性之外的某种东西，它对维持我的存在能产生一种有益的效果；这种东西会在我完全弄不清端倪的情况下指引我去做某些事情，但它对我又是非常有用的：这就是本能的神奇之处……” 374
他无法接受如此特殊的一种事物，而且他认为，神奇的事物本就不可能存在于世间，因此，他开始借助最复杂的思辨，借助最精妙的论证，力图证明，本能只是一种尚未定型的理性，是还没有办法从各种可能性当中自觉选择一种行动方式的理性：经过这样一番证明后，丰特奈尔重新安下心来。

看起来，当时的思想离卢梭宣扬的“神赋本能”还相去甚远。不过，假如我们把视线从那些无法脱离上层社会精致生活的人身上移开，转过来去看看性情略显粗野的另一类人，比如说一位叫贝阿·德·穆拉尔（Béat de Muralt）的瑞士人，那我们就会发现，卢梭那著名的呼语[2]其实早已有了雏形：

> 人要是没事可忙、失去了尊严，那么，他对与自己相关的各种事也会失去认识；另一方面，要是处在混乱无序的状态中，我们就无法知道我们的尊严是什么，也无法知道我们究竟该忙些什么。只有秩序可以让我们形成这些认识，而将我们维持在有序的状态中，我想只有一种办法，那就是顺应我们内心里的本能，神赋的本能，这或许是原始本真状态下的人留在我们身上唯一的东西了，也只有它能带我们重回原始本真的状态。我们了解的所有活着的生

---

1 《旁观者》，第11期。——原注

2 呼语（apostrophe），指为达到修辞目的对一个人（通常是不在场的人）或一个人格化的物发出的称呼。卢梭在《爱弥儿》一书中曾反复多次使用“良知！良知！神赋的本能”这样的呼语。——译注

> 物，都有各自的神赋本能，这种本能可以防止它们走上错路。人是所有生物中最杰出的一种，因此人怎么会没有自己的本能？这应该是一种在人生方方面面都有体现的本能，它应该无处不在，也应该绝对可靠。的确，人毫无疑问具有这样的本能，而这种本能就是他良知发出的声音，通过这种声音，上帝与我们对话，并让我们认识了他……[1]

“神赋的本能，这或许是原始本真状态下的人留在我们身上唯一的东西了，也只有它能带我们重回原始本真的状态”：倡导返朴归真的呼声有很多，但没人能说出比这更清晰、更响亮、更震撼人心的话吧？

1 《关于旅行的信》(*Lettre sur les voyages*)，写于1698至1700年间。参见夏尔·古尔德（Charles Gould）评注版，1933年，第288页。——原注

第五章　不安的心理学、情感的美学、实体的形而上学和新科学

不安的心理学

我们已经说过，约翰·洛克不喜欢谈太过宏伟的大主题；他更喜欢脚踏实地，他放弃了对至高真理的探索，只满足于追求我们弱小的双手可以掌握的相对真理。谁要是想向他请教一飞冲天的捷径，那恐怕是找错了对象；谨慎的洛克只会为他指一条稳妥的道路，这条路通往一个尽管不够宏大但确定无误的目标，一路平坦，不会有意外的阻碍和分岔。

虽然洛克走的是这样的一条路，但他确立的原则还是对后世产生了极大的影响：感觉是灵魂的最原始行为！如果仔细分析的话就会发现，这一原则对当时人们普遍接受的价值观层次划分方式产生了强烈冲击。那些崇高的观念、最美最纯的观念，那些道德箴言，还有灵魂的种种活动，都源自于感官。我们的心灵是在感官的基础上发挥作用的，它只能算是个帮工，是个干体力活的角色：没有感性生活的指导，理性生活也就不复存在。从此，感官的地位仿佛由仆变主；与理性相比，感性不仅出现得更早，而且也更为崇高；感官的这种种新身份都在《人类理解论》一书中有充分的体现。

感觉并不是灵魂的本质。——不过，灵魂的本质究竟是什么，这应该是无法确定的；可以明确的是，无论怎样假设，这一特权都不会再归思想所有。如果说灵魂的本质是思想，那么，我们就不会看到它差异极大的各种表现形式（但事实上我们还是看到了），它能从最高程度的聚精会神和凝思

状态，一直降低到几乎看不见踪影的状态。人在睡眠时思想会完全消失；甚
376 至在清醒的状态下，也会出现思想模糊不清、思考力微弱的时段，此时的思想接近于零。既有可能消失，又会表现出高低不一的水准，这一切都不是一种本质性事物应有的属性，而只能说明，思想更像是一种功能，一种时高时低、时有时无的功能。

不仅如此：价值观层次重新划分后，还出现了对欲望和不安的心理学研究。

什么！洛克早就描写了那些受欲望困扰的人的灵魂状态，然后才出现了圣普乐、维特、勒内[1]这些人物形象？——当然，这类人物形象并不能说一定是直接由洛克而来，也并不是紧接着洛克的说法出现的；不过，对于洛克之后的那几代人来说，他们的心理状况已经发生了很多改变，心理学方面的研究也得到了很大的发展，有些问题人们无法通过思想世界得到满足，便会求助于心理世界，出现这样的变化有很多种原因，但我们可以毫不犹豫地认为，洛克的哲学起到了重要的作用。在17世纪尚未最终结束时，洛克在表达其哲学理念的过程中就说过这样的话：

> 一个人会因为缺少某样东西而感受到自己的不安（相反，如果这样东西出现就能给他带来快乐），这种不安就是我们所称的欲望，欲望有大有小，这取决于不安的感觉究竟有多强烈。这里我们想顺带指明一点（这应该不是无谓之举），不安能刺激人们的生产和活动，尽管它不是唯一的刺激源，但也应该算是最主要的那一种……[2]

英文原著中表达“不安”的词是“uneasiness”，译者皮埃尔·科斯特

1 分别为卢梭《新爱洛伊丝》、歌德《少年维特之烦恼》、夏多布里昂《勒内》中的人物。——译注

2 《人类理解论》，1690年，第二卷，第20章。——原注

在遇到这个词的时候犯了难，因为他找不到法文中的对应词；他没有更好的办法，只得将其译作法文里的“不安”（*inquiétude*），并用斜体的方式进行了特殊处理，以此表明，从词义上说，这里是一种特殊而新颖的用法。他反复这样处理了好几次，因为洛克不止一次地用到了这个词：

> 不论是谁，只要他反省一下自己，就会很快发现，欲望其实就是一种不安的状态；有智者说过，希望与欲望的差别并没有多大，圣经里也谈到，“所盼望的迟延未得，令人心忧”（《箴言》13:12），相信这样的感受每个人都曾有过吧？而且，人们心忧的程度是与欲望的程度成正比的，有时，欲望会让不安不断升级，所以才有了拉结[1]这样的高呼：赐给我孩子吧，赐给我我想要的吧，不然我就要死了！[2]

我们并不会因为有了某样东西才会去行动；我们之所以行动，正因为这 377
样东西还没有。我们的行动受我们的意愿所决定，而激发我们意愿的动力就是不安。没有不安，我们就会一直麻木不仁：我们的希望、恐惧、喜悦、烦忧，都是源自于不安；我们的激情同样源自于不安；不安是我们生活的动力。此后，以洛克为师的后世学者又重新探讨了这个话题，而且探讨得极为透彻。孔狄亚克在为洛克树立新的历史地位的同时（他认为，除了亚里士多德和洛克，就再没有人真正配得上“哲学家”这个称谓了），还表示，洛克已经谈了很多关于不安的问题，对于我们来说，只需要证明，在我们形成习惯的时候，如触觉、视觉、听觉、感觉、味觉、比较、判断、思考，又如欲、爱、恨、惧、希望、意愿，不安都是首要的源泉；他进一步表示，我们

1　拉结，根据《圣经·创世记》的记载，是雅各第二位和最宠爱的妻子，她陪丈夫操劳了20年还得忍受无子带来的种种痛苦，当最后终于能随丈夫回家，丈夫也不再做奴隶时，她没过多久就因难产而死。——译注

2《人类理解论》，1690年，第二卷，第21章，皮埃尔·科斯特译。——原注

灵魂和肉体的所有习惯都来自于不安。他高度赞美欲望，并把烦恼定义为灵魂的苦痛。在孔狄亚克的基础上，爱尔维修又做了进一步的发挥，他所强调的，是激情的力量，是烦恼对人造成的折磨；他试图说明，激情四溢的人比四平八稳的人是高出一筹的，只要失去激情，人们就会变得愚蠢。——浪漫主义情怀为何会在人们内心涌现，曾有过各种说法，但没人考虑过洛克的作用：洛克造就了百科全书派，并促生出观念学的学者[1]。这是相当了不起的贡献。与此同时，他还深入人的灵魂，观察分析了对我们造成种种磨难的不安，并把不安确立为我们意愿和行动的源泉。

洛克也关注教育；他把家庭教师的实践经验与自己的哲学理想结合在一起，想让人成为一种可以由自己后天创造的生物，为了实现自己的目标，他要在人的身上发掘出什么潜质呢？恐怕只能是人天性中的自发性了。他摆出一副革命者的姿态，以自己身边的儿童为例，对儿童的教育方式表达了反对。首先，孩子不是亦步亦趋跟在大人身后的影子，他们有胳膊有腿，有自己的胸膛，有自己进食的胃；他们有自己的身体，需要通过各种形式的锻炼来让身体变得硬朗，这样才能健康强壮。至于他们的头脑，需要靠理性来引导，而不该是循规蹈矩地学前人的做法；更不该是从外界灌输某种权威的思想，要是在没有得到深刻认同的情况下就将这一思想树立为规范，而且是不
378 加区分运用到所有人身上的规范，那就大错特错了。我们应该意识到，在每个孩子的身上都有一种天才。“我们应该让每个孩子的天才都尽可能地得到发挥。但是，不顾孩子本身的天才，努力为他培养其他的才能，也是白费力气。假如这样硬来的话，至多能造出一个极度平庸之才；他将来肯定是一副让人讨厌的模样，毕竟在压抑下，在矫饰中，结果必然会如此。”——“自然形成的朴实、粗犷要胜过刻意表现出来的优雅，同样也胜过任何一种精心研究设计过的举止，这样的举止不是对天性的修正，而是对它的伪饰和腐化。”应该更看重美德而不是知识，因为在生活中更重要的，不是知道很多

1 “观念学的学者”原文为“idéologue”。——译注

事情，而是为人正直、善良。因此，在教育孩子时，应该意识到洛克一直思考的这个自发性的问题，教给孩子一些最低限度的必要知识就足够了。教孩子知识要选择恰当的时间地点，要掌握好时机，要注意孩子当时对什么感到好奇。假如把教育看成一种不得不完成的任务、一种必须承担的重负，那事情就会变得让人心烦、让人不快。应该借助幽默的方式，借助良好的时机，这样的话，您就会看到，原先的重负变得无比轻松。可以为孩子展露天性提供一些辅助，也可以去修正天性、引导天性，但不能做得刻意明显：在必要的情况下对孩子的天性做一点调控，可以让孩子的天性表现得更为自然。

个体教育：说到底这才是让洛克真正感兴趣的对象，而不是公共学校里的教育。一位睿智的家庭教师取代父亲的角色，他毫无保留地把自己的所有精力全放在学生身上。他不会体罚学生，因为这是在侮辱孩子，是在贬低孩子的人格。除了最初几年，他会尽量少给学生约束；教的时间越久，学生的自由就越多。幼苗成长之际，要用无数谨慎的手段去呵护它；为了让孩子依照自己教授的内容行事，也要用无数巧妙的道理去说服他。这样的教育方式看起来很简单，但实际上非常复杂，蕴含的内容也非常精彩；有时候，它简直近似于斯多葛学派的作风，甚至会有极为严苛的要求，但在大多数情况下，它还是主张一切服从于感觉，也鼓励一切服从于感觉；它不断地谈论现实，但又充满了梦想；这样的教育既是老师给学生制定的学习大纲，也像是老师出于自身需要而写的一部小说，在小说中，他写入了自己的反抗、遗憾、怅惘和欲求；这样的教育让我们联想到后世的另一个人，70年后，他表 379
达了自己对洛克的高度认同：他就是让－雅克・卢梭。

情感的美学

“哲学精神把人弄得如此注重理性，如此追求逻辑，它很快会毁了大部分欧洲，就像当年哥特人和汪达尔人所做的那样……我看到的情况是，很多不可或缺的艺术被忽略；一些对维持社会运转极为有益的老式做法被废止；

我们只关心思辨说理，而不在乎实践。在处理各种事务时，我们完全不考虑经验的作用，但经验对人类来说是最好的老师。我们现在的所作所为完全没有顾及后世。假如我们的祖先和我们一样凡事讲理性的话，那么，他们肯定只顾自己造屋、造家具，今天，树林里也就不会再有适合盖房、适合取暖的木材供我们选用了。”说出这番惊人之语的人是杜博神父。这段话出自他1719年出版的《对诗与画的批评式思考》(*Réflexions critiques sur la poésie et la peinture*)，一部经过长时间酝酿才逐渐成形的作品。

当时存在着两个阵营，在第一个阵营里，是那些想把艺术归入纯理性范畴的人。什么是美？能鉴赏美的好品味是什么样的？什么是崇高？这些问题实在都很难回答啊！不过，某些哲学家有答案，其实也不光是哲学家，有些人并不专门从事哲学研究，但他们只依靠几何学精神分析问题——这或许是他们自身的习惯，也或许是受别人的带动，又或许是追逐潮流的结果——，这些人也同样有答案。我们已经听过他们的说法，他们认为，美就是真，或者至少可以说，美就是各方面与真契合的事物；美既然等同于真理，那么它就应在伦理道德方面发挥作用；所谓好品味，是要先参照种种原则和种种典范的，有了牢靠的规范为依据，才能形成可靠的判断。

把这种艺术哲学转化到实践中后，您看到的就是学院派的做法。效仿古人。完美地掌握一种人人都必须服从、都必须让自身的才能与之相适应的技巧。观察分析自然与天性，但与此同时，也要学习如何修正、如何规范自然与天性，因为从细节上看，自然与天性会导致很多任性、荒唐的结果。路易
380 十四时代著名的画家勒布伦（Charles Le Brun）堪称是绘画界的布瓦洛，他不仅作品成功，迎合时代的需求，同时还得到了国王的认可，这让他声名鹊起，可以说成为家喻户晓的绘画大师；只要说起勒布伦的名字，我们眼前就会浮现出一系列无比庄重的作品，每一件都镶在宽大的金边画框里。这位勒布伦向其弟子传授过多种表现人物情感的手法，比如说，应该如何传达愤怒、惊讶和恐惧的情绪，展现人物对他人的敬重、仰慕和崇拜，则要更为复杂一些。敬重到仰慕的过渡是这样的：“面部各部分基本没有什么变化，如

果有的话，也只是眉毛抬起一些；但眉毛依然保持着水平的角度，眼睛张得比平时略开一点，瞳孔位于上下眼睑之间的正中位置，一动不动地盯着引发人物仰慕的对象。双唇也同样微微张开，但看起来它和脸部其他各处一样，并没有什么变化。”诸如此类；一切都被预想到了，一切都被整理分类、制定好规范。美，就是由一系列制作配方组成的理性……

第二个阵营的人数相对少一些；不再满足于以勒布伦为榜样的画家，想远离贝尼尼[1]、用优雅来代替华丽浮夸风格的雕塑家，充满梦想的建筑家——他们不想仿照罗马耶稣会教堂造圣殿，也不想仿照凡尔赛宫造城堡，他们想造的建筑，是性情自由者珍藏他们心爱事物的秀丽场所——：这些人都是急着想与前辈、师长决裂的年轻一代。此外，还有一些与院校里专业学者作对的业余人士，他们反对学院派，想争取权利，由自己来决定自己该喜欢谁，比如说罗歇·德·皮尔[2]，他不喜欢博洛尼亚画派[3]，他看重伦勃朗，推崇鲁本斯，而且，他敢于直言不讳地表达自己的想法。准确地说，他并不能被称作革命者，因为他并没有刻意攻击主流学说；他更应该被定位成一个想做回自己的人：在不同的情形下，他这一类人有时反抗力度会逊于革命者，有时又会远胜于革命者。甚至可以说，他不刻意反对权威，这反倒让他的言论呈现出一种清新而浓烈的自由气息。比如说，“想成为一位画家，就要有一定的天才，这是他首先该具备的资质。这种资质是靠学习、靠努力工作无法得到的……”——“破格是一种非常必要的行为，它指的不仅是诗的格律，也同样存在于其他各种艺术中。单从文字上看，破格肯定是违背规则的事，但要是看破格体现出来的精神的话，那么可以说，如果运用得当，破格自身 381
也能成为一种规则……”[4]

在不循成规之士的阵营里，最突出的一位就是杜博神父。因为他能将很

1　贝尼尼（Gianlorenzo Bernini，1598—1680），意大利雕塑家、早期杰出的巴洛克艺术家。——译注

2　罗歇·德·皮尔（Roger de Piles，1635—1709），法国画家、雕刻家、艺术理论家。——译注

3　指16世纪末至17世纪一些出生于博洛尼亚，推动意大利巴洛克绘画发展的画家。——译注

4　《画界名家生平简传》（*Abrégé de la Vie des peintres*），1600年。——原注

多罕见的优秀品质集于一身，他既是入世的名士，也是出世的学者：他常参观徽章博物馆[1]，也常光顾歌剧院的后台。因为他既有细腻的思想，也不乏豪迈的情怀。他一方面是典型的法国人，另一方面也能放眼世界看问题。他能同时做行动家和哲学家。他与洛克的交往很多（他在伦敦结识了洛克，此外，他完全信赖皮埃尔·科斯特的译文，一再阅读洛克著作的法文译本），因此，这位伟大的英国人关于感觉的论述深深影响了他：杜博意识到，感觉作为一种源泉，可以消除自己同时代人的疑惑，可以让他们心灵的渴求得到满足。感觉是美的源泉，是崇高的源泉，也是艺术的源泉。于是，他想把这一观点向大众解释清楚。

《对诗与画的批评式思考》这本书里充满了各种才思；杜博神父有丰富的个人体验为支撑，他亲眼见过很多画作，也欣赏过很多喜剧、悲剧、歌剧；他喜欢谈天说地，但这并不是无所事事的闲聊，而是可以激发思路的漫谈；他的行文极为精巧，尽管他未必完全掌握了真理，但他的书还是会被人视作无穷的财富。为了让书更有条理，他将全文分成了若干章节，但有些章节较短，另一些又较长，阐述的文字或戛然而止，或洋洋洒洒，有些话题刚开了个头就告一段落，另一些话题则随意地一再重复：这与伟大的古典主义写作方式完全背道而驰，有点类似于后世的《论法的精神》，只是相比之下没有那么光芒四射罢了。通过灵活机智的处理方式，通过援引事实、陈述实例，杜博终于让习惯了分析式思维的人们勉强开始接受感觉的作用。

悲怆对我们心灵的感染力是多么巨大啊！在欣赏诗和画的时候，我们向来都是伤感多、欢乐少，这难道不是一种很奇怪的现象吗？在一个原本只是想供人们消遣的画室里，一幅展现耶弗他牺牲女儿的画作[2]让我们长久驻足，深深吸引了我们，其他有趣的画作与之相比全都不值一提。在某次节庆

1 徽章博物馆（Cabinet des médailles），指法国国家图书馆里的“钱币、徽章、古董陈列馆”（Département des Monnaies, médailles et antiques）。——译注

2 耶弗他是《圣经·士师记》里的人物，耶弗他为争战焦虑，竟然毫不深思地许了愿，以致他必须牺牲女儿。——译注

活动中，有人朗读了一首描述一位年轻公主之死的诗，尽管人们聚在一起原 382
本是为了欢庆，但他们还是深深陶醉在这种悲惋的情绪中。“我斗胆来澄清一下这种矛盾的现象，我想解释的是，诗与画能给人带来愉悦，究竟源头何在……”

的确，烦忧是人的大敌。人想逃避烦忧，要么可以借助感觉的力量，要么可以通过思考的渠道。但前者显然更为有力，激情能占据我们的全部身心。激情能带给我们无比兴奋的冲动，在激情的状态下，我们会觉得心灵的其他任何一种状态都是消沉压抑的。只是，真实的激情、现实中的激情会带来一些危险的结果，相信我们对此都有过惨痛的体验和感悟。这样的话我们究竟该怎么办？我们可以用模仿的方式，展现那些会在我们身上激发出真实激情的事物。这就是艺术的功能。“画和诗以模仿的方式呈现那些可以激发出我们真实激情的事物，从而在我们身上激发出一种拟真的激情。”

从此，有一种说法得到了人们的普遍接受：艺术等于理性再也讲不通了。艺术应该等于激情，但它是升华的激情，也是更浓烈的激情。激情有不同的强烈程度，这就可以解释为什么文学体裁有高低之分：首先，与喜剧相比，悲剧更容易触动我们的内心；其次，“每一种文学体裁都可以打动我们，但力度各有千秋，这取决于它们刻画的主题、模仿的对象能在怎样的程度上令我们动情。这就是为什么哀歌、田园诗这样的体裁会比戏剧更吸引我们”。此后，不论是创作还是批评，所有的理念都逐渐被更新了，创作只需要充分有效地传达激情，批评也只需要验证激情是否得到了充分有效的传达。为了探索艺术的秘密，杜博神父对人的存在进行了深刻的反思，直到找出感觉这种首要的价值；与之相比，知识体系里的价值永远显得苍白、乏味，也不够自然。“我认为，”他进一步说道，“绘画对人的影响力要胜过诗歌，我的这种认识基于两个理由。首先，绘画是通过视觉这种感觉方式对我们产生影响的。其次，绘画并没有诗歌里那些人为设定的符号，它用的是各种自然符号。绘画在模仿的过程中借助的是自然符号。”优美的文体给人们带来的愉悦感属于身体反应。诗歌里的乐感给人们带来的愉悦也属于身体反

383 应。天才远非普通的才能，普通的才能人们可以通过模仿、通过实践去增进，但天才不同，它是一种自然的天赋，是一种什么也阻挡不了的原始力量，它高于各种规则和惯例。或许，天才也是身体中实实在在蕴含的某种力量："天才是一种神赋的豪兴，也是一种或许具有某些身体方面原因的狂热和兴奋，比如说，特殊的血质，再加上特殊的器官构造。"尽管这种立足于身体角度的解释目前还不算完善，但后世的人们应该会看到一些更可靠的相关依据。而且，即便在目前的条件下，人们同样可以思考这样一些问题：文学和艺术的惊人发展，是否有一部分出于人身体方面的原因？阳光、空气、气候，这些因素是否会对画家和诗人的创作产生作用？人身体方面的原因、自然方面的因素，是否又会对整个人类社会的运转机制产生影响？我们的观念、我们的喜好，从很大程度上说取决于我们的血质；而我们的血质又与我们所呼吸的空气有关，特别是我们在幼年时代、在受教育时期所呼吸的空气：或许，这就是气候迥异的国家在观念和喜好上也大相径庭的原因吧……

杜博的论述最终就到此为止。为了得出这样的结论，他走过了一段漫长艰辛的探索之路。他的这部著作代表着一个无比清晰明确的信号，人们要从两方面表达自己的抗争，既要抗争教条的学院派思想，也要抗争理性主义者的抽象理论！杜博神父著书立说的时候，"美学"这个词尚未被人创造出来。这个词的出现要等到1735年，一位德国年轻人在自己的博士论文中首次使用了这个概念，他的名字叫亚历山大·戈特利布·鲍姆嘉通（Alexander Gottlieb Baumgarten）。不过，在《对诗与画的批评式思考》这本书中，我们已经看到了一种建立在情感基础上的美学分析尝试。杜博神父推崇色彩与声音，推崇大地、流水和天空，推崇一切我们能看到、听到、触摸到的事物，推崇所有属于我们感觉生活的元素，推崇我们内心的情感世界，推崇我们身上与动物相通，甚至可以说近似于肉欲的那一面，以此来反抗纯理性对它们的遗忘和蔑视。

实体的形而上学

在莱布尼茨的哲学中，我们还可以看到这样一种诉求：倡导无穷小、难以被感知、难以被认识、模糊不清的事物的价值，倡导精神的力量，倡导简单实体的存在，并认为这是生命本能的本质，是自我的本质，并在这三方面 384
的基础上建立起一种形而上学的体系。

几何学要对世间万事做出最终的解释，这是让莱布尼茨无法接受的。他对笛卡尔可谓真心仰慕，但与此同时也对他的某些言论深感厌恶，他会用自己的方式，用一篇又一篇的小文章来表达这种情绪，最终，在离世两年前（1714年），他写出了自己的“哲学遗嘱”《单子论》。这本书并没有立即出版；萨瓦的欧根（Eugène de Savoie）亲王让人将书稿锁在一个珠宝匣内，此后只向几位特殊人物展示过：这是他珍藏的宝物……不过，珠宝匣后来还是被人打开了，匣子里的书信、论著重见天日，书中谈到的“精神实体”的概念就像发酵一样，对世间产生了广泛的影响。

在莱布尼茨看来，笛卡尔太喜欢用简化的方式处理问题，他将“广延”和“实体”这两个概念混为一谈，也对运动和生命力不加区分。他喜欢完全一分为二地看事情，很明显，他忽略了将人从整体分解到无穷小的渐变过程，也不理解心灵的各种模糊感知。笛卡尔主义者认为，人们察觉不到的感知就毫无意义，而这恰恰是他们的重大失误，对此，莱布尼茨特意在《单子论》里做了说明。其实，早在10年前他就在《人类理解新论》中指出过，随时随刻，我们身上都会发生无数我们自己意识不到的变化，因为谈到人的感受，要么是无数微弱的小感受混杂在一起，要么是完全统一成一种感受。假如我们的家安在磨坊边、瀑布边，那么，我们很快就会习惯磨的转动、水流的声音，过一段时间后，我们就不会再注意这些；但实际上这些画面、这些声音还是会一直冲击我们的感官。我们在海滩上听到海水的声音时，照说我们应该感知到每一滴水滴落的声音和每一次浪拍打的声音，但我们根本形成不了这样的体会。这些察觉不到的感知其实是构成人心理活动的主要源泉，不过，笛卡尔对此并没有认识和分析。“我们必须承认，‘感知’和依附于它的各种事物，是无法通过机械的理性思维求得解释的，也就是说，无法通过分析图形或运动那样的方式求得解释。我们或许可以假想，人体中存在着某个机器，它带动人思考，让人产生感觉，形成感知，然后我们可以将这个机
385 器同比放大，甚至一直放大成一个我们能钻进去的磨坊。可是，要是我们进入这个放大后的机器里参观，却只会看到一个个互相带动的零部件，完全无法找出对感知的真正解释。因此我觉得，想找到真正的原因，就不能将思维停留在某个复合体或是某个机器上，而应该分析简单的实体……”

这种简单的实体就是“单子”，是自然里真正的基本微粒，是万物的本原。莱布尼茨在向我们阐述这种单子的属性时，是想用形而上学来代替物理学，使其成为解释生命的首要途径，在这个过程中让我们深感震动的，是他一直在倡导、捍卫某种来自个体心灵中的力量；斯宾诺莎想把个体的特殊性融入到整体的普遍性当中，而莱布尼茨寻求的是一种综合的立场，他在呈现普遍性的同时，并不想让个体的权利就此丧失。单子的内在属性不会被其他某种实体损坏或改变；单子没有窗户，没什么东西能进来，也没什么东西能出去。即便是与邻近的其他单子相比，每个单子也都有自身的特殊性，因为大自然里向来不会有两个完全一样的存在物。单子和每一种被造的存在物一样，注定也是要变化的，但这种变化只取决于其内部因素，而与外界无关。

单子具有如此鲜明的特性，必然也就引发了一种争论：既然它是简单的实体，既然它不包含任何外来的元素，那么它是不是永远只能孤立存在？——并非如此；通过前定和谐说，我们可以对这个问题有更清楚的认识。

莱布尼茨究竟是如何构建这个神奇的理论的，这里我们就不赘言了，毕竟，任何一部哲学史书籍都能比我们解释得更好。我们这里只想谈一谈与我们论述有关的内容。——无意识。——心灵的实体价值：“任何一个心灵都如同一个独立的世界，它自给自足，独立于任何其他生物之外，它有无限的蕴含，能表现出宇宙的万象，它和生命所在的宇宙一样，是持久、恒定、绝

对的存在。”——对于生命的层层分布、绵绵不息，莱布尼茨曾有过这样的诗意描述：

> 物质的每个部分都可以被视为一座长满植物的花园，或是一
> 块处处都有鱼在游的水塘。然而，植物的每一根枝丫，动物的每一 386
> 部分肢体、每一滴体液，也同样是一座这样的花园，一块这样的水塘。
>
> 花园里植物之间有泥土和空气阻隔，水塘里的水也将一条条鱼分开，尽管泥土和空气本身并不是植物，水本身也并不是鱼，但它们各自依然是包含着植物或鱼的一块小天地，只是在大部分情况下这是个非常微妙的道理，是我们无法直接感知到的。
>
> 因此，在宇宙当中，没有任何事物是废弃、荒芜、毫无生气的；并不存在什么混沌；杂乱无章都只是表面的现象……[1]

最后，莱布尼茨阐述了一种至高的和谐状态，我们在进入这种状态时，会深深迷醉其中，仿佛进入了一个只存在着纯粹的圣爱的完美世界。

新科学

那不勒斯。这里有阳光，有生活的各种乐趣。在这里，总是能听到种种叫喊声、喧哗声。在城市蜿蜒的小街上，出没着世界上最好动的一群人。他们有着无比的活力，有着无比的好奇心和求知欲；在这里，文化的交流活动极为频繁。这里有饱含激情的对话，有各种集会、各种沙龙，通过这些方式，人们举重若轻地展现丰富的学识，讨论所有科学和哲学方面的问题，研究分析各类学说，收集整理各种事例。那不勒斯欢迎来自欧洲的所有思

1 《单子论》，第67、68、69节。——原注

想，于是种种思想纷至沓来，而那不勒斯也知道如何将这些思想与自身的天才结合在一起；1668年6月23日，在这座独特而喧闹的城市里，诞生了乔瓦尼·巴蒂斯塔·维柯，他也成为这座城市强大和活力的象征。

他的思想发展经历了无数阻碍，而他也知道如何一一规避。首先，他避免做一个众人瞩目的神童；接着，他又避免自己成为一个过于顺从老师、跟在老师后面人云亦云的学生；然后，他避免自己受某项职业束缚；甚至于他还要避免自己过太幸福的生活，因为这对想静心思考的人来说是最具威胁的不利因素之一。他读过亚里士多德的作品，也读过其他所有希腊名家的作品，他阅读的对象还有圣奥古斯丁、圣托马斯·阿奎那、伽桑狄、洛克、笛卡尔、斯宾诺莎、马勒伯朗士、莱布尼茨，但他并没有成为任何人的奴隶，只是挑选了四位大师当作自己的典范：柏拉图、塔西佗、培根和格劳秀斯。说到培根，他看出，“无论是与人相关的科学，还是与神相关的科学，都需
387 要进一步深化其探索的领域，此外，即便是当下它们那些为数有限的发现，也有必须得到修正”；至于格劳秀斯，他“把整个哲学都融合在一个普世的法律体系中，他神学思想的基础一方面是事实的历史记录，当然这些事实有可能是传说中的事实，也有可能是确凿无误的事实，另一方面是三种语言：希伯来语、希腊语和拉丁语，这是仅有的通过基督教流传至今的三种有学术价值的古代语言……”不过，这些天才对维柯的影响并没有那么彻底，不至于让他放弃质疑，他依然会从根子上对这些人的学识展开质疑。就这样，维柯以痛苦而又精彩的方式，一直坚守着自我。

世上有两种智慧，一种是理解的智慧，一种是创造的智慧，维柯两者兼具。但他是个冲动的人，他明明为自己设计好了前行的路，却常常半途而废；他喜欢用大量的隐喻，总是充满狂想；他本想专注于分析，但突然间他又遵循崇高的直觉行事。他依照最完善的逻辑规则展开论证，但接着又会急不可耐地跳出自己原先的论证轨迹，这倒不是说他讨论的素材过于繁杂让他找不到头绪，主要还是因为他本人天性就是如此。他是个执拗的人，对某些事情总喜欢一再重复；他缺乏耐心，行文节奏总是过快，刚谈到最基本的原

则，他就把最终结论也陈述了出来；新颖、大胆、矛盾、真实的事物都会让他痴迷不已，他喜欢由他本人——乔瓦尼·巴蒂斯塔·维柯——来亲自从无数谬误中找出真相，并最终将其昭著于世。他不具备古典主义者的平衡能力，他脾气暴躁，容易激动，有不少怪毛病，可以说，他是典型的不知足的那类人：他总是不知疲倦地证明自己的观点，改正自己的文章，澄清自己的思想，把自己奇妙的发现传达给读者，永远不知满足。他是个坚持己见的人；人们很难和他打交道，甚至也没有人喜欢他；他傲慢、易怒；他有一种在天才身上常见的优越感，但他认为自己的天才没有得到同时代人的认同和理解，他为此深感痛苦。于是，他付出双倍的努力来说服他们；他既是在与世人斗争，也是在与自己斗争。最后，他只得把自己内心的大秘密尽数告知世人，这就是新科学的秘密。

这之所以是一种新科学，首先是因为，它优先运用的能力是创造性的想象力。的确，批评学有自身的重要性，能发挥一定的作用，但它毕竟与生活的深层意义相抵触：生活不是抽象的，生活需要持续不断的创造。——这之所以是一种新科学，也与它的方法有关，这是一种已经被其他人摒弃的方法，历史分析法。只不过，维柯所说的历史并不是历史学家所叙述的历史： 388
人类在其发展进程中一路留下了各种印迹，历史就存在于这样的印迹里，比如说原始形态的诗歌，又比如说各个时期的语言、法规、制度，总之，他说的历史是各种能体现人类历史生存方式的东西。——这之所以是一种新科学，还因为它有一种新颖的时代观，它并不会把探索真理的任务寄托到遥远的未来，反倒是逆流而上，在人类起源的时代寻找真理。——这之所以是一种新科学，同样因为它的本质理念是前所未有的。这是一门研究群体发展变迁的学问，探讨的是一种既能自我创造也能自我认识的生物，这种生物一旦明确了主体和客体的关系，就能使自身存在的可靠性得到保障：新科学的内容，就是由人类记录下来的人类对自身的创造。“这茫茫的夜色深深地笼罩了与我们相隔遥远的古代世界，但就在此时，我们看到了一束永不会消逝的永恒之光，它是任何人都无法质疑的真理：这个世俗世界必然是由人自身创造出来的。因此，想找出我们思想变迁的来龙去脉是一件完全可能的事，毕竟这种探索是有益的，也是必要的。”

维柯真是一个既可怜又伟大的人物！当时的人们是无法理解他的；人们基本上对他的言论充耳不闻；他的观念实在是太过新颖，与他同时代人所阐述的观念差别实在是太大了。别人宣扬的是抽象、理性，他们认为，文明是不断前进的，过去都是些会让他们羞愧的往事，他们把历史当作谎言，把诗歌当作文字游戏，他们排斥情感，认为这会带来各种病态的东西，他们也排斥想象，认为这会导致人们走上疯狂之路。但维柯以天才的执着精神，坚决拒绝把人类的身体当作解剖用的标本，他下定决心，一定要向世人还原生命跃动的实质。他以法学和语文学为参考，研究了各种画像、图形、符号和传说故事，渐渐地，他变成了一个熟知过去的人，于是，他干脆一直走到历史的起点，一方面想探寻人类发展变迁的历史过程，另一方面也想为人类思想找出一种理想的模式。

维柯认为自己给人们带来的是一根金色的圣枝，但对此并没有人能接受。于是，在《新科学》(*Scienza Nuova*)[1]一书中，我们也能听到一个愤怒
389 的灵魂的呐喊。往日里，人们的语句中承载了太多的思想，维柯想用激情带它们轻松地展翅高飞，但维柯迫不及待地想用一本书来证明一切，他总是担心自己没有把理说透，行文时始终是一副匆匆忙忙、气喘吁吁、缺乏变通的模样，因此，他这部伟大的作品并没有在同时代人那里引起什么反响。要再等四分之三个世纪，这部令人钦佩的巨著才最终在欧洲的天际投射出耀眼夺目的光芒。

1 《关于各民族的共同性质的新科学原则》(*Principii di una Scienza Nuova intorno alla commune natura delle nazioni*)。首版，1725年(*Prima Scienza Nuova*)。第二版，1730年(*Seconda Scienza Nuora*)。——原注

第六章　狂热的灵魂 390

在每处乡村，地势最高的地方都有钟楼，在每座城市，密集的住宅中心都有教堂，它们是向人们指引天国方向的地方。圣烛那金黄色的火焰在圣龛前摇曳，神父的讲道声和信徒的合唱声此起彼伏，信经与圣母颂歌鱼贯入耳，钟楼传来的钟鸣声与香炉逸出的沁人香气交织在一起。世上有无数的教堂，或是天主教的，或是新教的，又或是犹太教的，此外还有伊斯兰教的清真寺，人们聚在这样的地方，坦承自己人生的种种秘密，倾吐与自己生死攸关的种种疑惑，并把最高的解释权托付给上帝，因为仅靠他们自身的理性是无法厘清这些问题的……

有人认为，宗教需求应是人们心中的一种永恒需要。

但是，在这个时代，信徒们深深感受到来自自由思想者和无神论者的威胁；很多宗教的卫道者都反复强调，他们面临的危险正在日益扩大。他们当中的一些人会毫不犹豫地接受在理性领域进行搏斗，但另一些人会寻求其他的武器。羊群边聚集了越来越多凶残的豺狼，必须用新的防范手段化解它们的攻势：如果有人公开蔑视宗教，那就要用更积极的虔诚行为进行回应！只要保持警惕、虔心祈祷，敌人是不会赢得胜利的。

“这是一个崇高的时代，它可以被称为精神的时代，也可以被称为圣爱的时代……”研究过旧制度下基督徒生活的亨利·布雷蒙[1]曾有这样的说

1　亨利·布雷蒙（Henri Bremond，1865—1933），法国天主教神父、历史学家、文学批评家、法兰西学士院院士。——译注

法；按照他的阐述，当时虽然笛卡尔主义盛行，但那些灵魂虔诚的人依然热
391 忱地认同宗教中的基本真理，也依然全力践行各种圣事。他列举了一些当时的祈祷书作为自己言论的理据，其中有一本特别值得一提，这本书很纯朴也很优美，名为《永朝圣体之钟》（*L'Horloge pour l'adoration perpétuelle du Saint Sacrement*），成书时间是1674年。书中的圣钟会在危险迫在眉睫的时候响起；一听到钟声，信徒们就会明白，敌人正在撒旦的率领下进犯我们的领土，他们要毁灭人世间的信仰；钟声在不同时刻会让人感受到不同的可怕场景。午夜零点：黑暗王国的统治者们趁着浓浓的夜色（他们的统治时间集中在夜里），走出他们的老巢，他们带上从不离身的酷刑刑具，举起随时用来开路的火把，四处劫掠，征集帮凶……凌晨五点：他们将圣体饼扔给狗吃……不过，书中每描述一次不敬神明的行为，就会有一段连祷文跟在后面作为补过；令人生畏的钟鸣声唤醒了人们的“一种新本能”“一种潜在的热情”，在过去那些没有战争的和平时日，它们是没有理由出现的。

这种新本能、这种潜在的热情意味着人的情感世界在某一方面丰富起来；或许，一个重要的转折点就此出现；尽管表现得还不够明确清晰，但护教论就是在这个时间形成的，此后，它又经历了整整一个世纪的发展变化。传播知识，没问题：任何一家教会都不会做知识的敌人。传播理性，没问题：任何一家教会都不敢说自己可以不需要理性的协助。但是，即便不考虑那些极端的无神论形式，只看普通大众信仰的变化，人们也会发现，很多人开始认同某种知识的力量，这种力量想从宗教中分离出来，它试图摆脱宗教，在没有宗教参与的情况下创造出理想的人类。“确实，我们这个时代是知识丰富、思想开明的时代。人们在科学和艺术领域都取得了重大的进步，要么是创立了更好的原理，要么是用更可靠的论证方式，提供了更坚实的证明。在之前的几个世纪里，智慧之光被野蛮地深锁在种种樊篱中，现在，人们通过无数新发现、新实验，终于让思想突破了这些限制。——但是，人们还是有理由产生疑惑，这些美妙的探索究竟有没有使宗教深受裨益，宗教究

竟是赢家还是输家……”[1]不过，假如能得到其他精神力量——对手蔑视甚至 392
否认的力量——的协助，宗教完全可以将失地一一收复。

用形而上学的方式来证明上帝的存在，能给出一些非常精彩的证据；但对于“受自身想象力所限的普通大众”来说，这些论证是难以理解的。为了迎合大众的想象力，迎合大众的感知水平，基督教的卫道者又用了别的办法来证明上帝的存在。自然界的种种奇观不就证明了他的存在、证明了他的力量和慈爱吗？尽管这算不得什么新理据，但如果进行适当的强调，并将论证与抒发情感结合起来，那么，旧的理据也能体现出新的价值。于是，人们可以用惊叹的方式解释一切，用抒情的语调讴歌一切。请用这样的方式看树木：“夏天，这些枝丫可以用它们的影子让我们免受烈日的炙烤；冬天，它们能生出火焰，让我们的身体保持自然的温暖。木材不仅仅可以用来取火；它尽管坚固耐久，但同时又是一种可塑性很高的材料，人用手就可以毫不费力地将它塑造成自己想要的形状，既可以用它来盖高楼大厦，也可以用它来造各类船只。此外，果实成熟后，果树的枝丫总会垂向地面，这仿佛是提醒并召唤人们来尽情享用……”——再来看一看水：“假如大地上的水稀少一些的话，那么现在的很多水就会变为某种气体；大地将会干涸，处处都是不毛之地；世间的动物只剩下了飞禽；会游泳的动物再也不见踪迹，鱼全都无法继续生存；海上贸易自然也成了空谈。假如大地上的水稀少一些的话，被我们称作‘船’的漂浮在水上的精妙建筑就再无用武之地；轻的物体反而会首先沉入水底……”再看一看空气，看一看火；看一看星辰，看一看晨曦，“几千年来，我们每天的日子都是从晨曦开始的；它永远那么精准，出现的时间和地点都非常有规律”。最后再看一看动物：“大象的脖子要是和骆驼的一样长，那它的身体就撑不住了，所以它长的是个长鼻子……”[2]

1　伊萨克·雅克洛：《论上帝的存在》（Issac Jaquelot, *Dissertation sur l'existence de Dieu*），海牙，1697年，序。——原注

2　芬乃伦：《自然知识对上帝存在的证明》（*Démonstration de l'existence de Dieu, tirée de la connaissance de la nature*），1713年。——原注

此后不久，纽汶蒂[1]也发表了类似的看法，接着，普吕什（Noël-
393 Antoine Pluche）神父也通过自然界的种种奇观来证明上帝的存在，并受到了无数读者的欢迎：在他们之后，还有贝尔纳丹·德·圣皮埃尔（Bernardin de Saint-Pierre），还有夏多布里昂（François-René de Chateaubriand）。

经过以上的一路探讨，现在我们即将进入的，是强调情感作用的人士活跃的最后一片领地，首先我们要提到的是戈特弗里德·阿诺德（Gottfried Arnold），以及他那本《关于教会与异端的公正历史》（*Histoire impartiale des églises et des hérésies*）。他告诉我们说，这之所以是本公正的历史，是因为写书的人不属于任何一个教派，他用的方法不属于神学范畴，而是历史学范畴。这是一部通史，因为它并不以单独某个教会为准，只要是宣扬信仰上帝、信仰耶稣基督的教会，都属于它论述的范围。特别值得一提的是，它还想成为一部为异端正名、给他们带来荣耀的历史著作。

按照他的说法，人们在处理异端这个问题上实际上是犯了错的，所谓的异端分子，无非是些被误解的人、被诽谤的人。他们是有损他人权与利的人，所以才会被这些位高权重者冠上这样的名号。位高权重者因自己的正统性而自豪，但正统与真正的信仰并不是一回事。盲目地接受各种教理和程式化的东西；服从权威；认为信仰是“因功生效”[2]：这就是所谓的正统，但实际上这无非是一种空洞的理性主义，它无视实际的宗教体验，无视灵魂的觉醒，无视正念的复生。

真正的异端，并不是那些有正确信仰但有被他人误解之虞的人，而是那些拒绝接受上帝影响、像异教徒一样生活的人，是那些自私自利的人、刻板教条的人、排斥异己的人……因此，戈特弗里德·阿诺德——他学识广

1 纽汶蒂（Bernard Nieuwentyt，1654—1718），荷兰医生、数学家。——译注

2 “因功生效”（*opus operatum*）是圣奥古斯丁发展出来的概念，强调礼仪性的拯救，要求个体参与到教会礼仪中去，分享那些已经完成之事功的效力和好处。礼仪是教会活动的顶点和教会力量的源泉。——译注

博，富有反抗精神，以神秘主义的方式笃信宗教——在1699年这样说道，那些被大众错误地当作异端分子的人，他们其实是真正的基督徒，是基督的忠实信徒，苦难使他们的心灵更加纯净，爱的力量给予了他们无限的鼓舞；而那些被大众称为正统人士的人，他们的内心冷漠无情，他们才是真正的异端分子。

现在，就让我们顺着他指引的方向，看看灵魂炽热如火的狂热信徒的世界吧。

1709年，生活在王家港隐修院[1]的最后一批修女被驱逐；1710年，这座隐修院也被摧毁。冉森派终于得到清除；多年以来，这个教派一直让法 394
国教会深受困扰，现在它总算是屈服了，“*ubi solitudinem faciunt, pacem appellant*”（他们把国土变为废墟，说那就是和平）。——但实际情况并非如此；这一教派开始在法国境外发展，并逐步壮大；在比利时的鲁汶，有冉森派的几个活动据点；乌得勒支也有一家顽强生存的冉森派教会，始终向逃亡者、向被驱逐的人士敞开大门；冉森派同样活跃在德国的多座城市；在维也纳，甚至连皇室也受到了冉森派思想的影响；在意大利，冉森派出现在皮埃蒙特、伦巴第、利古里亚、托斯卡纳，甚至还有罗马；在西班牙，冉森派也一直进行着自己的宣传。于是，关于冉森派的争论在法国境内也卷土重来，争论极为激烈，仿佛这是个刚刚出现的新话题，1713年，教皇还为此颁布了《唯一诏书》[2]。奥拉托利会教士凯内尔（Pasquier Quesnel）神父出版了一本谈福音伦理道德的书；结果书中有101条建议被教皇定罪；这件事犹如一个标志，从此一切又回到了当初；反对者、支持者、调停者又开始了争吵，而且多年不休。很快，出现了一些过度狂热的冉森派教徒；在宗教仪式的队列

1 指法国伊夫林省的王家港隐修院（l’Abbaye de Port-Royal），建于1204年，一直是宗教、政治、学术纷争的重要场所。1710年耶稣会士依据路易十四的谕令摧毁了这座隐修院。——译注

2 《唯一诏书》（Unigenitus），即教皇克里门特十一世于1713年所颁布的宣布基督教冉森派为异端的诏书。——译注

中，在某些人的坟墓前，他们造出了一些神迹，过去冉森派只是添麻烦，但现在是在演闹剧了。冉森派的理念基于两大要素，一是神学，一是伦理道德，但随着时间的流逝，前者的力量逐渐削弱，后者的力量不断增强。冉森派教徒的内心总是感到酸楚和焦虑，他们期待救赎却又无法确定能否获得救赎，被迫害的悲伤往事总是挥之不去，于是他们开始坚信神迹，坚信神迹能为他们复仇，他们的这种态度，不论是国王的旨意，还是罗马教廷的诏书，都无法使之改变。渐渐地，冉森派所推崇的已不再是某种教义；他们提倡的是一种精神，一种粗暴而严苛的精神，世人在信仰和道德方面对自身的要求越来越松，于是他们的反对声也变得越来越激烈。

法国塞文山区卡米扎尔起义的参与者都是龙骑兵抓捕的对象，一旦被俘，他们会受尽折磨，甚至要为自己的信仰殉道，因此，他们更容易情绪偏激，并一步一步走上极端，最终出现疯狂的行径。例如他们有一位首领叫亚伯拉罕·马泽尔（Abraham Mazel），此人有一本《回忆录》传世，这本书也可以说是他的告白书。“那是在我拿起武器前的几个月，当时，起义的想法只是在我心头刚刚浮现，有一天，我突然感觉到我置身于一个花园，一些膘肥体壮的大黑牛正啃着园里种的卷心菜。一个我从没见过的人让我将这些黑牛赶出花园，我没有同意，但他坚持要我这样做，反复向我发出要
395 求，最后我照着他的话，把这些黑牛赶出了花园。随后，圣灵降临到我的身上，让我从花园的幻象重回常态，他就像个力大无穷的人那样抓住我，让我张开嘴，我就这样说了很多话，其中有句话是，我先前看到的花园代表着教会，那些巨大的黑牛指代的则是教士，他们在吞噬教会，我被召唤进来是要让这一情景结束，让事情重归正轨。神启示了我好几次，于是我明白了，我要做好拿起武器的准备，要与我的弟兄们一起同迫害我的人进行斗争，我要用铁和火来痛击罗马教廷的教士，我要焚毁他们的祭坛。”于是，在神启的感召下，他们到树林里聚会议事；圣灵在他们身上的效力极为明显，他们个个激动得浑身战栗，目睹当时情景的路人也全都深感恐惧惊慌。在神启的感召下，他们拿起了自己的武器，向前进发，展开攻击，分头行事。在神启

的感召下，他们焚烧了当地本堂神父的住所，将神父们全都杀死。事后马泽尔被抓获，他被关押在艾格莫尔特的康斯坦斯塔[1]里。他锯开了一片石墙成功逃生；“他感到，自己每次在动手锯的时候，圣灵都会重新降临到他的身体上”。

埃利·马里翁（Élie Marion）引起的风波则更大。“1703年的第一天，我有幸得到上帝的恩宠，圣灵降临到我身上，在第一次神启时，我不由自主张开嘴说了很多话，其中有一句是，我在娘胎的时候就被上帝选中，将来要为他的荣耀献身。”埃利·马里翁是上帝的选民，是要让耶稣基督赢得荣耀、统领世间的先驱。这里我们就不谈他如何发起战斗，也不谈他如何功败垂成，我们就回溯一下他在伦敦的所作所为吧，1706年他流亡到了这座城市。他看到过一些幻象；随后又像先知那样发出很多预言；圣灵降临到他的身上，附在他的体内；他对异教徒、对不敬神明的人倒比较宽容，真正让他愤怒的，是那些对宗教冷淡的人，是牧师。之前他就痛斥过日内瓦的牧师，这些人不肯相信基督会再次降临人间。“对他们来说，基督第二次降临人间仿佛是一道刺目的阳光，他们无法直视，否则就会失明。他们要当心，不要让自己像犹太人那样被抛弃！”在伦敦，他又厉声谴责法国的牧师，谴责英国国教教徒，谴责了几乎所有人；于是，一场奇特而可悲的故事就此发生。这些参加了卡米扎尔起义的先知为各教会所不容，还受到被他们称作群氓的大众讥笑，他们被捉拿、被审判、被定罪，可他们觉得自己身上存在着一团
愈烧愈旺的火。他们在英国发展了一些新的成员，毕竟他们的言论有类似传 396
染病的威力；一位有歇斯底里症倾向的英国女子的加入，使他们的队伍如虎添翼。有一天，他们宣布时辰已到，火与硫黄将把这座城市吞没，城市里的各种渎神行为也将随之消亡：只有真正的信徒会幸免；为了让毁灭天使能辨认出他们，信徒们最好佩上一条绿色饰带，不论是系在胳膊上还是绑在头上都可以。又有一次，他们预言道，半年内，先知们就不会再受迫害，他们履

1　艾格莫尔特（Aigues-Mortes）是法国南部加尔省的一座滨海城镇，康斯坦斯塔（tour de Constance）是当地的一座工事。——译注

行上天使命的真相将昭示于世。然而，六个月后，什么事也没有发生。还有一次，他们称自己能让某个死者复生。英国民众惊讶地看着这些狂热分子，这些癫狂之徒；他们起先只是觉得厌烦，后来便严格地依法行事。埃利·马里翁被绑在柱子上示众；在他头的上方，竖着一张这样的告示："埃利·马里翁确信自己是真正的先知，这是荒谬而渎神的行为，他口述过很多自称在圣灵启示下听到的话语，并将这些话语印制传播，这些言论的目的就是要让女王的臣民恐慌。"埃利·马里翁最终被迫离开英国，少数一直对他忠心耿耿的亲信也随他而去；这一小群人从一个国家走到另一个国家，他们来到了君士坦丁堡，来到了小亚细亚，一路上他们一直在宣讲自己的观点，一直在发布预言，一直让人感到恐慌；他们也一直受到镇压，偶尔还会被关押进牢里，但这一小群人内心里始终燃烧着疯狂的火焰，他们说，要让这团火照亮所有的国家："天国之光降落人间，将地上的黑夜照亮，让地上的人们看到深藏于他们所处黑暗中的种种败坏之事……"

从某种意义上说，斯宾诺莎的宿命论充分体现了理性的僵化特征。不过，他又认为，个体在融入"普遍存在"的时候是有一种甜蜜感的：这是一种心灵的感受，也近似于一种身体的感觉。为了使效果更充分，就要有意识地、主动自愿地融入统领这个世界的秩序中，这个秩序就是世界本身，就是上帝，就是万物，但人们或许会就此放任自流，从自省的行为迅速转变为被动的顺从，最终放弃自主的意识。有此观念，《伦理学》促生出一种在荷兰
397 和德国广泛传播的神秘主义，也就不足为奇了。——不过，这些斯宾诺莎主义者离最狂热的那些群体还相去甚远。

路德宗的牧师当年批判天主教徒的罪状，现在被人原封不动地拿来批判他们：他们现在只追求文字上的完美，而不再关心精神上的修为；他们既没有慈悲之心也没有真正的信仰；他们利用神职工作牟利，甚至允许人们用钱来赎罪；他们的布道不再能揭示真理，不再能指引人们的生活，而只是背下来的连篇空话，当中还掺杂了一些媚俗的玩笑，完全谈不上是在宣讲上帝

的言论。因此，虔诚派得以在德国出现并发展壮大，他们认为，宗教的要义在于内心的虔诚。虔诚、内心，这些词在菲利普·雅各·斯彭内尔（Philipp Jacob Spener）的著作和言论中一再出现，德国人的感性长期受到抑制，正是斯彭内尔使其重新展现出来。斯彭内尔曾在法兰克福做过牧师，1670年，他曾设想在那里创建一个“虔诚学院”。牧师的职责不是论辩，不是抱怨，而应该是唤醒人们的内心，引导人们的精神生活；于是，他每周用两个晚上，召集一些善男信女聚在一起，诵读圣经、共同祈祷，让心灵接受上帝的教诲。这只是他工作的第一步；1675年他又迈出了第二步，他出版了《虔诚的愿望或完善真正福音教会的真诚》（*Pia desideria oder herzliches Verlangen nach gottgefälliger Besserung der wahren evangelischen Kirche*）一书。从此，他的影响不断扩大，牧师、信徒都被他的言论吸引，而他也劝勉世人，应该重回到一种积极的、活跃的信仰方式，一种建立在爱的基础上的信仰方式。1686年，他来到德累斯顿，在这里，他当上了萨克森选帝侯的告解牧师，他在宫廷里讲道，并成为高等宗教法院的成员。当然，与他本身的影响力和成就相比，这些荣誉其实根本算不得什么。不论是大学里的学生，还是家庭主妇，都会认真聆听他那既热情又庄重的言论；在他的启发下，一个个学习研究圣经的小团体先后建立起来；虔诚的人，这本是个非常不起眼的说法，但现在平添了无数荣耀。虔诚派出过一位奥古斯特·赫尔曼·弗兰克（August Hermann Francke），有一次，本应布道的他突然发现，自己感受不到信仰的力量，他不禁陷入绝望，便双膝跪地，请求上帝将他从困境中解救出来：上帝给了他启示，而他未来的使命就是尽力去启示他人。虔诚派里有力图靠自己寻求自身救赎的王公和贵族，也有资产阶级和人民大众；德国人的信仰意 398
识就此被重新唤醒。

虔诚派就像流行病一样不断传播。斯彭内尔离开德累斯顿来到柏林，在这里，他说服了勃兰登堡选帝侯；1694年，后者将哈勒学士院改造成哈勒大学，斯彭内尔成了大学的筹划人之一。这里成了虔诚派的一座核心堡垒，堡垒里处处可见基督教的相关作品。这些内心狂热的人在这里赢得了胜利，那么，他们究竟代表了什么，体现了什么呢？首先是一种历史的承继，神秘主义者波墨[1]是长存于他们心间的人物。——其次是一种拒绝，一种反抗，因为有人想用寒冰来冻结他们这种热浪式的宗教生活。——从更深的层面说，则是一种理念，他们认为，分析式的方法、理性主义的探索并不能代表全部知识，清晰的逻辑也不见得就能引导出所有的真理；他们坚持信赖直觉，坚持认为，顿悟是可能的，与生命的永恒之源尽情沟通也是可能的。——此外还有一种自我的意识；在自我中蕴含着一种强大的情感力量，它比其他的力量更具个性化特征，是个体独有的力量。——最后是一种坚守原始“基质”[2]的情怀，他们认为，常见的那些宗教文明形式会威胁到原始“基质”的完整性。

情感是有无数细微变化的东西，虔诚派信徒的生活也因此变得非常丰富。他们先是感到自己的内心变得空洞、乏味，觉得自己迷失了方向；他们焦虑不安，仿佛困在沙漠里、高声喊叫却得不到回应的人：还有什么事能比苦苦等待圣恩更让人煎熬的呢？忏悔和倾诉的时候到了；他们仿佛被当头棒喝了一下：神迹，顿悟，直接领受到的神启。于是，他们感受到一种不属于俗世间的非凡之爱，以及这种爱所带来的无限温存，他们不再是之前的凡人，他们已经融入了能知晓一切、有无限意愿、可以让生命提前感知到永恒世界的至高存在。既然这样的话，还有什么必要再去探索呢？哲学家的意义又何在呢？甚至可以说，神学家、圣经的注解者也没有存在的必要了，因为圣经应该是一本凭其自身就可被人理解的书，因为圣经里的圣谕并无玄妙难解之谜。“*Unum est necessarium*”（不可或缺的只有一件事）：按上帝意愿行事……——在虔诚派这里，行动依然是存在的；到了寂静主义者那里，连行动都要废止了。

---

1 雅各布·波墨（Jakob Boehme，1575—1624），德国神秘主义者、神智学家，他称自己的哲学都是通过与上帝的交流发展而来。——译注

2 “基质”（*substratum*），也译作“基础物体”“基底”，西方哲学用语。亚里士多德用它来解释事物的派生、生灭和变化，他把基质看成经历变化和发展而仍然继续存在的质料。——译注

法国教会的两位巨擘级人物——博絮埃和芬乃伦——产生了争执；争执又升级到互相指责、互相控诉；他们闹到了罗马教廷，其中的一位还被定了罪；他们的这场大较量实际上是大趋势下的具体事件——除此之外还能怎么 399
解释呢？寂静主义是神秘主义潮流的形式之一，它以释放情感为名，在各地对现有的宗教机构产生了巨大冲击。

芬乃伦的内心里有万千梦想。在这场风波后，他做好了转身的准备；希腊向他敞开了怀抱；奥斯曼帝国的苏丹却对他有些畏惧，避之不及；他已经看到，教会分裂的局面就要走到尽头，东西方未来将迎来和解，按他自己的原话说，“亚洲的叹息声穿透了幼发拉底河，在漫漫长夜后，它终于看到曙光重生”。此外，他还会用陶醉的口气描述一片梦想中的土地，一个比贝提卡还要美好的理想世界：这里的冬天从不寒冷，夏天也从不会骄阳似火；一年仿佛只有春秋两季循环往复；这里的土地也非常肥沃，一年会有两次收成；路边树木繁盛，长满了石榴、桂花和茉莉，香气袭人。甚至他还会亲手建造起一座完美无瑕的城市，城市的名字叫萨朗特（Salente）：这是一个不再有罪行，也不再有不幸的城市；这座城市能为孩子们提供平等的幸福，这一点即便是南方大陆也无法做到。萨朗特是座和平之城、公正之城，这里的社会秩序井井有条，市场上货源丰富充足；财富就像海潮一样源源不断地涌入城内，就算有退潮的时候，其他的新财富又会及时填补空缺。任何一个难关，都能“轻易地迎刃而解”。仿佛有根魔棒一挥，一切都旧貌换了新颜：不论是城里的市民，还是城外的农民，不论是妇女，还是孩子和老人，所有的人都非常幸福开心。“老人们惊讶地看到，他们期待了如此之久以至于不敢再奢望的事情竟然变成了现实，他们在喜出望外之余也流露出内心的真情，泪水潸然而落；他们颤抖地举起双手，指向天空……”萨朗特与邻近的地方也始终能和平相处。尽管偶尔也有敌人入侵，但只要派人来到他们当中，向他们做一番演说，敌人就会停下进犯的脚步。士兵们扔下武器，所有人拥抱在一起，眼含热泪。

芬乃伦对泪水情有独钟；在他的《忒勒马科斯历险记》里，各位主人公的泪水像小溪一样绵绵不断，像激流一样来势汹汹，可以说整本书都被这涟涟的泪水浸透了。不论是卡鲁普索、优查利斯、维纳斯，还是忒勒马科斯、孟托、菲洛克勒斯、伊多梅纽斯，他们都洒下了无数宝贵的泪水。芬乃伦乐于让自己表现得和蔼可亲、温柔体贴。“我喜欢让人感到亲近的事物，不喜欢令人惊诧的、神奇玄妙的东西”，他在自己的《论学士院事务的信》
400 （*Lettre sur les occupations de l'Académie*）中这样说道；他还表示，只要是法语中没有的、发音柔美的外来词，都应该吸收过来。——“这真是一种您独有的温柔体贴……”学士院的负责人则用这样的方式给他写了回信。他有一颗仁慈、慷慨的心；不论是乐于敞开心扉的人还是习惯紧锁心门的人，他都知道如何打动他们的心，也愿意将这各种方法运用到实践中去。

但他很清楚，想让自己想象的世界变成现实，是一个太过宏伟、要求太高的计划，然而，只能在虚幻的云端飞翔，这并不能让他满足。他也同样清楚，自己高傲、粗暴的一面是完全有可能显露出来的；甚至他的内心还深藏着某些强烈的仇恨情绪。自己离完美还如此遥远，表里还有如此多的反差，这让他深感不安！他的灵魂为此受尽折磨，他的内心充满了忧郁和烦恼，他痛苦地面对着自己“道德存在”中的“某种无法解释的深层次本质”；于是，一种厌恶的情绪在他心头生起，因为正如他自己所说，他从中看到了类似于爬行动物的卑劣性。

他迫切地期待着能灌溉他心灵的纯净之水，向往着圣恩的出现，这能让他的世俗气、他耍过的一些伎俩、他的野心、他逢场作戏的行为得到宽宥；他希望能达到一种他在孤立无援的状态下无法实现的完美；他自身的焦虑心境让他痛苦不堪。或许，这就是为什么居荣夫人[1]能给他带来无穷能量的秘密吧：她对他产生了巨大的影响，因为他需要用神秘之火来熔化、摧毁他心头的沉重枷锁。之前，居荣夫人已经先后征服了圣西尔出身的闺秀[2]、上流

1 居荣夫人（Mme Guyon，1648—1717），法国女神秘主义者。——译注

2 圣西尔（Saint-Cyr）是现巴黎远郊的一座城镇。1684年，在德·曼特农夫人要求下，路易十四下令在此修建一所为家境不好的贵族女孩提供教育的寄宿学校，学校的名称为圣路易王家学校（Maison royale de Saint-Louis）。——译注

社会的贵妇，甚至还有德·曼特农夫人本人，但这样的征服非常短暂，因为这些人一发现苗头不对就修正了立场。她还曾试图征服博絮埃，这实在是太难了，博絮埃甚至从没动过心；他的信仰光明正大，根本不需要和这种旁门左道搭上关系。这个人，这个女人，她身为女流之辈，竟说自己有一些“自发的伟大想法”，吹嘘自己能预言将来，能看到一些异象，能行神迹，这一切都让他感到厌恶。她甚至说，祷告是一种彻底消除自我的方式，而她本人可以不向上帝求任何事，甚至也不求上帝宽恕自己的原罪：到这个时候事情就定性了，居荣夫人是个异端分子，博絮埃从此不会再听她的任何言论。可是芬乃伦此时内心正纷扰不安、承受煎熬，他有崇高的灵魂，对自己的缺陷能清晰地感知，他又过于入世，没有淡然超脱的勇气——于是，芬乃伦接受了居荣夫人关于圣爱的学说。

在上帝与人之间有各种介质，这些介质有的很严实、很粗糙，有的则很 401
精巧，甚至几乎是非物质的，但不论怎样，这些介质都造成了隔断，当人与上帝沟通的欲望到达一个高境界时，某些必须完成的仪式如非做不可的祷告便构成了莫大的障碍，这些介质也就变得越来越难以忍受；对这些存在于上帝与受造物之间的介质，居荣夫人希望能将其悉数清除。她有心发展自己的追随者，自然有强烈的指导他人思想的激情，对于如何达到前面提到的那种精神的高境界，她有自己的一套说法。你们要学习如何祈祷，她疾声高呼；你们要学习如何祷告，你们应该让自己的生活充满祷告，就像你们应该让自己的生活充满爱一样。来吧，心灵饥渴的人啊；来吧，痛苦悲伤的人啊；来吧，有病的人；来吧，有原罪的人，都来到你们的上帝身边吧。来吧，只要你们的心还没有冷冻。

你们先用强烈的方式表达自己对上帝的信仰，让自己能出现在上帝的身边；然后你们开始诵读祈祷书里的几段文章，这倒不是要对其中的文字进行思考，而只是让你们精神集中。在此之后，你们再深入到自己内心的最深处，把里面的所有感觉聚在一起。情感被唤醒后，你们先让它保持一段时间的平静，少安毋躁。要是持续不断地刺激情感，那就相当于剥夺灵魂的食粮；灵魂在进食前，需要进行短暂的休息，以保证爱和信任充分形成。

养成这样的习惯后，就可以开始仪式的第二步，即朴实的祷告。千万不要费太多心思；到了这个阶段，会有越来越多的可能性出现；人们会更轻易地感受到上帝的存在，仿佛上帝离自己更近，身形也更伟岸。最重要的是，在祷告时灵魂要沉浸在一种纯粹的圣爱中，这种爱要脱离任何与爱无关的杂质；因此，这是一种无私的爱。这种爱不会附带任何要求；沉浸在这种爱当中，做祷告就不是为了从上帝那里获取什么东西，因为假如仆人在侍奉主人时，主人奖赏越多就越卖力，那这种仆人其实是不配获得奖赏的。切莫哀求索取；凡事静候结果。只需做好祷告，让自己进入冥思的状态：所谓祷告，并非其他，只是一种能将灵魂熔化的爱的热浪。

登上圣山的基督徒于是就达到了一种无我的境界：抛下任何与自我相关的想法，以便全身心地接受上帝的引导。不再做理性的分析，也不再进行思考。放弃所有的念头，即便是好的念头也不例外。以超然的姿态对待万事万物，不论是与身体相关的事物，还是与灵魂相关的事物，不论是暂时的利
402 益，还是永恒的裨益；让过去成为被遗忘的往事，把未来交给天意定夺，将现在完全托付于上帝。谁能真正做到无我，谁就能很快趋近完美。

个体的那些专有的、与众不同的特征都消失了，因为它们是各种恶念的源泉。万能之主将自己的智慧送到个体面前，就像送了一团火到地上，吞噬掉人身上所有不纯之物。火能吞噬一切，在它的面前，什么也抵挡不了。智慧也同样如此，它能消除受造物身上的所有不纯之物，让受造物有机会与神融为一体。这种融合是难以言表之事。假如一定要通过言语来表达这种状态，那只能说，在这种状态下的人会感受到一种从天而降的爱，并因此沉浸在深深的幸福之中。放弃自我，掌握无限，在这个过程中，人们能体会到一种任何人间快乐都无法企及的甜蜜感。空虚即充盈。舍就是得；放下一切，便是拥有一切。做到这些，只需要爱。

居荣夫人把她过于冗长的论述浓缩成一本书，书名为《世人皆可轻松尝试并由此迅速达到高度完美境界的简易祷告法》（*Moyen court et facile pour l'oraison, que tous peuvent pratiquer très aisément, et arriver par là en peu à une haute perfection*，1685），供对其言论有兴趣的人阅读。她是个敢想敢为的女人，也是个谋略过人的女人，她内心里酝酿的是一套宗教革新计划。她从不会去多菲内省活动，而只会在自己同道中人拉孔伯神父（Père Lacombe）的陪同下，穿行在皮埃蒙特的各条道路上[1]，宣讲传播莫里诺斯[2]的学说；她也从不会在巴黎逗留，因为她没有在那里找到任何能为她的寂静主义推广造势的人。或许，只有芬乃伦能成为那盏火焰旺盛的明灯，照出一个革新的教会；他有办法说明，该怎么通过圣体圣事表达对天主的敬拜，又该怎么与魔鬼进行斗争；简而言之，他可以在她的领导下建立起一个圣爱之国。

在别人眼中，她应该就是个冒险家，但对于芬乃伦来说，她是指引他走上完美之路的向导。不过，对他来说，理性是既精妙又能让人保持谨慎之物，让他放弃自己的理性实在是太难了！更何况还要放弃自己的人生智慧！自己身上所有不纯净的成分通通都要放弃，因为一旦它们存在，就会影响到自己的虔诚！然而，他还是被她身上那种带有浓郁神秘色彩的热情感染了，这些不纯净的成分真的一点点消除了。“越来越没有保留地将自己融入我们的主，内心的感激只有主能明白。”在这个过程中，总会有些反复，偶尔会三心二意，各种想法都会跳出来，会产生抵触，会感到不耐烦，会心生怠 403
慢，表与里——表是指与身边人的交流，里是指自身的祷告——都会变得极度冷淡。她一直对他进行纠正，促使他进步，为他清除阻碍。他感到天真与羞怯又在自己身上重生：“哦，如尘埃般微小真是种无尽的幸福！”他觉得自己终于变成了自己想做的那种人，一切都被清理干净，一无所有，就像是个幼小的孩子。于是他写起诗来，这些诗是根据现成的曲调填词而成：

哦，纯净的圣爱，请把你眼里

1　多菲内省与意大利的皮埃蒙特大区是接壤的，多菲内省当时是法国王储的封邑，而博絮埃是王储的老师。——译注

2　莫里诺斯（Miguel de Molinos，1628—1696），西班牙教士、作家、神秘主义者。——译注

我依旧残留的杂质彻底清理。
愿我只受神意的指引，
我要用全身心参悟你那深奥莫测的教义……

又或者是：

告别世俗的人生，
告别旧日如此留恋的自我，
对你来说都不值一提……

但这样的程度还不够；写这些诗句，就既要追求形式，也要让内容清晰明了；他必须牙牙学语般地说话，必须口齿不清地发声，就像真正的孩子那样。他一再提醒自己：过去我是个企图靠自己生存的受造物，内心充满恶念，常感不安，处境凄凉，饱受折磨——现在，我只是个安睡在圣父怀抱里的幼小的孩子，哦，这才是真福！她在给他的信中写道："您应该在某一天变得和我一样简单。假如您真心不想再做伟大的人物、愿变作孩童的话，那么，您越有智慧，就越该简单、渺小。"他则这样回复她："我已经把我的心完全向上帝敞开，我做好了充分的准备，来接受您所提到的这种渺小的、孩童的精神。"——"我觉得，上帝想当我是个小孩子那样抱着我，我要是自己走路，就必然会摔倒；如果他想通过我并在我的身体上实现他的意愿，那么，不论发生什么，全都会好起来的。"

全都会好起来的，哪怕现在受到迫害，哪怕人们对居荣夫人的学说进行了错误的诠释：至少他把这些诠释都当成是错误的，因为在他眼中，她和教会认可的那些最伟大的神秘人物并没有什么不同，比如说圣女大德兰或圣十字若望[1]。他觉得，问题只不过在于，有些人生来就无法体会到纯净圣爱的

1 圣女大德兰（Sainte Thérèse de Jésus，1515—1582），圣十字若望（saint Jean de la Croix，1542—1591），两人一同改革了加尔默罗修会，圣女大德兰于1622年被封为圣女、西班牙之护守者，圣十字若望也于1726年被封为圣人。——译注

甜蜜感，他们用自己粗大的手掌，蹂躏这朵代表至高虔诚的娇嫩之花，称它 404
不配被放上祭坛。经过多番争论，罗马教廷最终做出对她定罪的结论，尽管如此，这在他眼中无非是又一次考验；他卑躬屈膝地接受了这一谕令，并将其通过牧函的方式公告给自己教区里的信众，不过，他觉得这只是让自己脱离肉欲之身、接受最大牺牲、放弃最后的高傲抗争的一种方式，通过这种方式，他才能融入上帝，赢得最终的胜利。于是，“*inveni portum*”（他找到了庇护的港湾），找到了安宁，这种安宁是他在遇到居荣夫人之前从未感受过的，他不想再失去这种安宁，只愿一直这样直至离世。假如他犯了错，他必然会承认自己的错误，假如他犯了原罪，他必然也会诚心赎罪，但他的心中不再有空间可以容纳错误，他的灵魂也没有犯原罪的条件；他是个真正的一无所有的人，内心里的杂质已经完全燃尽，只剩下一团灰——除此之外，还有一种强烈的爱，这份爱，他只愿在自己存在之体消亡时再最后焚毁。对于芬乃伦本人来说，他内心这段通向纯净圣爱的旅程才是最重要的，世人通常关注的那些事完全不值一提，比如说他与博絮埃之间的争论，两人曾通过书信与文章，你驳斥我，我再驳斥你，然后引来了审查、辩护，由罗马教廷做出最终裁定。他内心的这段旅程犹如一出秘密上演的戏剧，甚至可以说，粗俗之辈即使看到也无法理解：一个人的本质在向神性转变时，一个人在浴火重生时，他内心的剧烈震荡，他的那种悲怆情怀，这些人怎么能看得透？——“我说的纯净的圣爱，并不是那种极度热忱的爱，所谓极度热忱的爱，它的作用只是为了美化施爱者，似乎也只适合施爱者一人使用：这样的爱我称之为不完美的爱，尽管无知的人会将其当作极度圣洁之爱。在我看来，真正纯净的圣爱，是无情之爱，毁灭之爱，它非但不会美化、修饰施爱的主体，还要无情地夺走他的一切，最后，他既然什么也不剩了，也就没有了任何阻碍，于是他就能顺利地抵达自己的终点。若不如此，他就不可能继续存在下去。这种爱的效用，就是去丑化、去掠夺、去摧毁、去制造一无所有的境地；这种爱只存在于毁灭之中；它就像是但以理看到的野兽[1]，见到

1 参见《圣经·但以理书》第7章。——译注

什么都要吃，见到什么都要咬碎，要将一切吞噬进自己的腹中。”

居荣夫人的学生遍布整个欧洲；普瓦雷还将她的作品辑集出版；在当时
405 众多宣扬心灵神学的人士中，普瓦雷算得上是举足轻重的一位。对这些狂热人士，想强迫他们屈服是无济于事的：没有任何力量能压得倒他们；既然他们放弃了理性，那和他们讲道理又有什么用呢？这些人内心有无限的渴望，充满激情，甚至可以说带有病态，他们的人数越来越多，队伍不断壮大，他们信奉的宗师言论本已过激，而他们又将这些言论进一步极端化，最后，他们竟然要在情绪失控、精神失常、彻底疯狂的状态下寻找上帝。他们把所有妨碍他们的因素全都清除了，各个国家的教会都是障碍，这对他们来说犹如牢狱；各级神职人员是障碍，他们将这些人称作暴君；甚至社会也是障碍，因为社会对他们构成了压迫。他们把各种进步视作堕落的行为，把科学看成邪恶之物。他们普遍接受原罪和救世的概念；不过，第一次救世带来的福祉耗尽后，就需要第二次救世，而这第二次救世即将到来。时间已经差不多了，因为“敌基督”[1]正统治着这个已经不再有真正基督徒的世界。

这个敌基督
出现在一年多前。
时候已到
他的面目渐显。
在脑中我见过他的模样
那是个月光如水的夜晚，
一座巨大的舞台
富丽堂皇、光鲜耀眼；

1 “敌基督”为圣经用语，据《约翰一书》所载，敌基督意思是“取代基督”。否定耶稣为基督，否定耶稣为神的独生子，否定耶稣是道成肉身的，这就是敌基督。——译注

一面旗子挂在当中
配着醒目的镶边，
地上处处铺着地毯
肉红的颜色套在毯子外沿。
在一张柔软的床上
半躺的他身形浮现在我面前，
这个伟大的人物容颜已老
不再是昔日的少年。
他的荣耀无人可及，
人人都对他景仰无限；
到了夜里
他就摆起了盛宴：
侍奉他的仆人
队伍长得望不到边
周边任何一个国家的军队
也只能勉强与之比肩……[1]

第一种灾祸开始出现了——战争；其他的灾祸也接踵而来——瘟疫、火 406
灾、饥荒。不过上帝不会听凭自己的信徒就这样死去。很快基督就会降世，他既会有肉体和灵魂，也会展现他的神性，为天父增添荣耀；到那个时候，真正幸福的时代就会开启。

这些狂热人士往往会组成各类团体，比如说约翰·乔治·吉希特尔（Johann Georg Gichtel），他建立了一个天使兄弟会：他的弟子们不需要关心任何事务，做任何工作，唯一要做的就是静思并清空一切杂念，这样的话，人就可以变成天使。又比如说简·利德（Jane Leade），她开创了对圣

1 安托瓦内特·布里农：《暴露在世间的敌基督》（Antoinette Bourignon, *L'Antéchrist découvert*），阿姆斯特丹，1681年，第23章。——原注

女索菲亚的信仰[1]，并组建起一个友爱会，但吉希特尔觉得她眼界狭窄，行事方式在他看来也显得过于温和。她只喜欢拿自己看到的异象说事，此外再发布一些预言，比方说，她曾宣称，羔羊生命册[2]的玄秘封印会被解开，上帝之鞭阿提拉将驾龙而来，友爱会的兄弟姐妹们高举起绣有国王之名的爱的旗帜，福音传播到四面八方，地球上最偏远的国家也将归附于基督救世主……

抛弃内心的杂质并不能让这些狂热者满足；他们觉得自己能看到各种异象，能看到神迹，他们觉得自己达到了入神的境界，能让灵魂感受到天国的景观；这不再只是精神上的享受，而且还带有感官上的快乐。他们与魔鬼进行斗争，因为魔鬼以各种可怕的模样出现在他们面前；经过一番艰苦的鏖战，他们胜利而归。他们是先知，也是能治百病的神医，还是精通各种奇术的神人：可怜的神人们啊，他们被投进大牢，被路人掷石块，他们四处流浪，从一个城市流浪到另一个城市，从一个国家流浪到另一个国家，当局在捉拿他们，他们自身的疯狂也紧紧缠住他们不放。他们只好把自己的苦归咎于撒旦，因为撒旦认定，他们要摧毁其统治的王国，他们是上帝的工具。这些人死的时候都很凄凉，有的是在医院的病床上死去，有的还会被施以酷刑处死，比如说奎里努斯·库尔曼（Quirinus Kuhlmann），他游历了许多国家，如德国、荷兰、英国、法国、意大利、土耳其，一路上他传播自己的思想——但这犹如在石地上播种——，试图建立一些宗教团体，并宣称巴别塔终将坍塌，义人的第五帝国时代[3]就将开始，最后，他于1689年在莫斯科被火刑处死。

让我们来想一想关于这些狂热分子的某些问题吧：想想他们可观的人数；想想他们之间的各种关联，他们各自教派的演变分化以及相互的交流；

1 简·利德称自己多次看到异象，其中包括上帝的女身“圣女索菲亚”（Virgin Sohpia）。——译注

2 《圣经·启示录》21:27：“凡不洁净的，并那行可憎与虚谎之事的，总不得进那城；只有名字写在羔羊生命册上的才得进去。”——译注

3 “第五帝国”的说法来自于《圣经·但以理书》第2章的记载，认为前四帝国（亚述、波斯、希腊、罗马）俱成过去，第五帝国快要来临，基督及圣徒（义人）将亲自统治。——译注

再想想他们大量传播的作品，这些作品总会被人译成各种文字，从一个国家 407
介绍到另一个国家，可以说，他们在整个欧洲铺开了一片辽阔的神智学[1]网络。我们还需要想想另一类人，这类人心中的梦想又有不同。他们有的属于蔷薇十字会[2]；有的是秘法家；有的是信奉炼金术的信徒，他们建立了模糊的一元论思想，认为世界只有灵魂，灵魂的外在形式是可以彼此互换的，而他们就可以做到这一点：将所有这些群体都考虑一遍后，我们最终可以明白，当时的欧洲有哪些思想在持续发酵，这些思想影响的范围又有多广。

理性还是战胜了情感，但情感本身并不接受这一失败。哲学家倡导智慧之光，但有宗教幻象的人士对此不以为然，他们称自己拥有一团照亮了他们内心、在他们内心熊熊燃烧的火。科学家把科学的进步与发展寄托到未来，信奉神智学的人士却宣称，他们的科学是可以迅速掌握的，甚至是与生俱来的，而且这是唯一可靠的科学。当时，大部分思想家强调的都是知识，但少数人回应道，爱才是最重要的。安托瓦内特·布里农的一生充满了种种奇特的经历，她喜欢挑衅，也因此一次次遭到迫害，这个奇特的女人最终过上了只有情感世界的生活；她直接与上帝进行交流，藐视知识，因为她觉得，她拥有的神秘智慧足以满足她的需求，而知识会与这种智慧构成冲突；她声称，就算福音有终结之日，但受造物同样可以在自己身上找到一种律法，此律法能引导其走向真理和幸福。[3]有一天，安托瓦内特·布里农与荷兰一些信奉笛卡尔学说的人士发生了正面冲突。“她与笛卡尔主义者面对面讨论了几次，他们的原理给她留下的印象非常糟糕……这些人对她极为不满，她也同样瞧不上他们。笛卡尔主义者的方法跟她完全不合拍，她不赞成人们把理性当作智慧之光，而他们的基本原理，就是要让任何事情都接受理性这块试金石的检验。她信誓旦旦地说，上帝已经让她看出，甚至还特意告诉她，笛

1 神智学（théosophie）又称“通神学”，指倾向于神秘主义的宗教哲学。——译注

2 蔷薇十字会（Rose-Croix），1484年在德国创建的神秘组织，传统符号是十字架中间有一朵蔷薇花，其教义17、18世纪时在欧洲社会盛行。——译注

3 《黑暗中生成的光》（*La lumière née en ténèbres*），安特卫普，1669年。——第二版，阿姆斯特丹，1684年。——原注

卡尔主义的谬误是世上最糟糕的谬误，在世上存在过的所有异端思想中，笛卡尔主义的学说是最该被诅咒的，这是一种明确的无神论学说，或者说，这种学说是对上帝的排斥，想用败坏的理性来取代上帝的地位。以下这段话是她对这些哲学家的评价，从中我们能清楚地看出她的立场：‘他们的病根，
408 是因为他们想通过人类的理性活动理解一切，而根本没有考虑过信仰中神的启示，神启示我们，要停止我们的理性，停止我们的思想，停止我们那弱小的理解力，只有这样，上帝才能向我们传播神圣之光，或是让神圣之光在我们心中重生。否则的话，我们不仅无法真正了解上帝，而且还会因为我们的理性活动、我们堕落的思想，将上帝和他真正的知识排除在心灵之外。这就是一种无神论，也是一种对上帝的排斥……’”[1]

“经过漫长而艰苦的努力，人们在18世纪消除了——或者说自认为消除了，含义并无不同——上帝用目光关怀每个世人、用右手保护每个世人的那种白须长者的形象，但是，宗教的问题并没有随之消除。因为神秘主义的向往是一回事，向往时让自己得到满足的象征性形象又是另一回事。象征性形象消失了，向往依旧存在。人一直渴求，能在某个需要自己仰望的地方，找到一处类似于泄洪闸的场所，因为人的内心深处始终涌动着一些难以公开表明的心愿，它们期待着能像激流那样喷泻而出……”[2]

1 皮埃尔·贝尔：《历史与批评辞典》，词条“布里农”，注释K。——原注

2 皮埃尔·亚伯拉罕：《巴尔扎克笔下的人物》(Pierre Abraham, *Créatures chez Balzac*)，1931年，第15页。——原注

结 语

在本书探讨的时代内，欧洲究竟是什么？它是个角斗场，各个国家都在与自己的邻国激烈角逐。法国与英国、法国与奥地利互相敌视；波及全欧的战争先后有奥格斯堡同盟战争和西班牙王位继承战争。按照史书的记载，战争在当时是普遍存在的现象，不过，纷争过于杂乱，史书也无法记录下所有的细节。停战协议向来只能换来短暂的停火，和平成了人们怀古时的向往，战争尽管劳民伤财，却始终持续不断：每年的春天一到，军队就会重新奔赴战场。

莱布尼茨已经看清，没人可以改变欧洲人穷兵黩武的习惯，于是他建议道，不如把对战争的狂热情绪释放到欧洲以外的地方。瑞典和波兰去讨伐西伯利亚和塔夫利达[1]，英国和丹麦将北美纳入自己的领土范围；西班牙占领了南美，荷兰吞并了东印度群岛；法国看到非洲就在自己的对岸，便将其据为己有，并一路进军到埃及，让鸢尾花[2]王朝的疆土拓展至非洲大沙漠地带。于是，士兵和他们的火枪、加农炮，全都用来对付野蛮人及基督教以外世界的民族；欧洲各国的野心和利益被分解到这个星球的各个远端，再也不必互相碰撞。

把纷争放逐到远方，这对圣皮埃尔神父（abbé de Saint-Pierre）来说还

1 塔夫利达（Tauride）是古希腊人对克里米亚半岛的称呼。——译注

2 鸢尾花为法国国花。——译注

不够。“这些战争带来了种种残忍的行为，杀戮、暴行、纵火，以及其他各种破坏，对我来说，这比法国和欧洲其他国家在战争中蒙受的苦难更让我心碎，在对此思考反省后，我开始探索以下问题的答案：战争是不是一种绝对
410 无药可救的罪恶？持久的和平又是不是完全无法实现？……”[1]是的，要实现持久的和平，甚至是永久的和平！各国的君主们，请签订一项条约，让自己也让自己的一代代继任者放弃任何互相攻击的企图；把现有的疆土当作千秋万代的固定疆土，不可被他人剥夺的疆土；在此基础上，保证每个国家的军事力量都不胜过其邻国，所有国家都只能配备有限的兵力，具体数额有待确定，但至多不能超过12 000名龙骑兵。假如在这样的限制下，某个地方的战事还是难以避免，那么就要由一个联盟来干预仲裁，若是哪个国家的君主拒绝遵守联盟制定的规章，拒绝接受联盟的仲裁判决，在必要的情况下，联盟可以发动战争，对其进行讨伐。各国都派出自己的全权代表，组成联盟的常务理事会，每次开会，举办地都要选在自由中立的城市，比如说乌得勒支、科隆、日内瓦、亚琛……圣皮埃尔神父就像乌托邦主义者那样，不疏漏每一个细节，精心描绘自己的梦想，特别是有一个词让他极为陶醉，在他看来，所有的希望都寄托在这个词当中，那就是“欧洲的”这个词：欧洲的法院，欧洲的军事力量，欧洲的一体共和国。他极度期待人们能听取他的意见，那么，欧洲就不会再是战火纷飞的角斗场，而将组成一个友爱的社会大家庭。

但实际情况是，1672年，在莱布尼茨想推动法国参与他的伟大设想时，法国刚刚向荷兰宣战；人们也不清楚，路易十四到底有没有接见这位专程从德国而来向他建言的哲学家。40年后，圣皮埃尔神父在描述一个又一个虚无缥缈的美景时，同时代的人也只是听之任之，这些过于领先时代的梦想在他们眼中只是空中楼阁。圣皮埃尔神父满怀热情，为了寻找支持者，他把自己的计划寄给了莱布尼茨，这位从事过伟大和平事业的人如今已垂垂老矣，回

1 夏尔-伊雷内·卡斯泰尔·德·圣皮埃尔：《在欧洲实现永久和平的备忘录》（Ch. Castel de Saint-Pierre, *Mémoires pour rendre la paix perpétuelle en Europe*），科隆，1712年，序。——原注

信也充满了伤感和忧郁。莱布尼茨回答说，想摆脱无尽的罪恶，人们最缺的是意愿；一位品质坚毅的君主可以在瘟疫或饥荒犯境时成功地扭转乾坤；但是，消弭战争相对而言要困难得多，因为这种事并不取决于一个人的决定，它需要各国的皇帝、国王同心协力。他说，不会有哪位大臣敢劝说自己的皇帝，让他放弃西班牙王位的继承权，或是让他放弃在印度的权益；想把西班 411
牙王朝变成法国王室的控制范围，这就是战争爆发的源头；战争原本可能持续50年，但硬想着让欧洲摆脱战火，这恐怕又得再添50年的不太平。“总会出现各种宿命的因素，来阻碍人们的幸福生活……”[1]

欧洲究竟是什么？它是一个既界限森严又充满不确定因素的矛盾体。各种关卡、各种壁垒在欧洲林立，每次通关，都要对付专业的护照检查人员和收税官员；各国间的友好交往，总会遇上各种想得到或想不到的阻挠。人们忙着在田地里搭建各种防护装置，连种田的时间都没有了；每一阿庞[2]的地，都有几世纪的争夺史，每一任占有者都要重新圈一回地。大面积的自由空间再也不可能找到，每片地都被划清界限、固定范围；所有的人仿佛都被紧紧挤压，完全透不过气来，所有的空间仿佛都被占满了：“我来这个世界太晚了，所以我无法觅得片土安家，死后想找个墓埋进去恐怕也一样做不到。”[3]

然而，这些森严的界限还是会变得不确定，因为武力征服可以将其改变，条约可以将其改变，甚至最普通的强占也可以将其改变。原先的各种屏

1　莱布尼茨写给圣皮埃尔神父的信，汉诺威，1715年2月7日。——参见莱布尼茨：《关于圣皮埃尔神父永久和平计划的探讨》（*Observations sur le projet d'une paix perpétuelle, de M. l'abbé de Saint-Pierre*），载《莱布尼茨作品集》（*Œuvres*），富歇·德·卡莱伊（Foucher de Careil）编，第四卷。——原注

2　阿庞（arpent），法国旧时的土地面积单位，各地不一，相当于2 000至5 000平方米。——译注

3　乔瓦尼-保罗·马拉纳：《一位哲学家与一位隐居者关于道德及博学问题的对话》（Giovanni-Paolo Marana，*Entretiens d'un philosophe avec un solitaire sur plusieurs matières de morale et d'érudition*），1696年，第29页。此外可参见第28页：“人们都尽力通过暴力或强取豪夺的方式解决争端；强大的一方总会胜过防御能力较弱的一方；只要存在着行省、王国、人民，敌对和战争这类现象就永远避免不了，这就好比只要大地上有人存在就免不了有罪恶一样……”——原注

障会被人往前推、向后挪，也会被人清除、重建；地理学者们不停地绘制新地图，可刚刚完成工作，就发现这些地图又已不再适用。[1]人们想把一个个现存的王国变成自己王国新拓展的疆土，想让比利牛斯山不再成为天然的国界。于是，一种内在的矛盾由此产生：欧洲尽管宣称，自己是由各个不可更动的部分组合而成的，但它本身又在不断地改变每个部分的原貌。

412 在欧洲西部，人们的生活是安宁的：不会再有蛮族的船队从海上进犯；那些存在了千年的古老村庄，也不会再遭遇外来侵略者的劫掠，感谢上帝，战争就算依然存在，那也只是英国人、法国人、葡萄牙人和西班牙人这些兄弟之间的争斗。——在地中海海域，土耳其人只限于对往来船只或沿岸居民进行骚扰：他们至少已不再构成重大的威胁。——但是到了欧洲东部，却出现了令人惊诧的一番景象！以往，这里的人只需要应对新月帝国的部队，防止他们对文明进程的破坏。但如今的问题已经不再这么简单。现在，几百万人出现在欧洲的东大门，他们遵循沙皇的圣意，要求融入欧洲，要求被接纳为欧洲人。他们希望有人能把阿姆斯特丹、伦敦或者巴黎的物品运到他们这里来；他们还要找一些典范式的人物，找一些大师学习效仿；他们剃干净自己的胡须和长发，改变衣着打扮，学习说德语……但是，江山易改，本性难移，他们真的能迅速改变自己的灵魂吗？他们真的甘心做一个开蒙过晚的学生，把其他民族当作高自己一等的师长，并虚心聆听其教诲吗？如果他们的愿望得到满足（怎么可能得不到满足呢？），他们会不会有来有往地把他们的思想也传播到欧洲呢？可是，他们的思想究竟是智慧还是疯狂？当然，这个问题属于后话了。但即便是此刻，欧洲人也已感到非常困惑，这个新扩充出来的、模仿正统欧洲的伪欧洲出现在与东方接壤的地带，与正统欧洲形成竞争之势，实在是令他们无比窘迫。

欧洲，这真是一片不和谐又充满了猜忌的土地！猜忌带来了纷争，也带来了痛苦和仇恨。拉丁人看不起日耳曼人，觉得他们身形粗壮、性情粗

---

1 《学士报》，1693年4月13日。《1693年欧洲事务现状》（*État présente des affaires de l'Europe, 1693*）："可以说，几乎每天都要经历几次新变化。"——原注

野、思想粗俗；日耳曼人也看不起拉丁人，认为他们体格孱弱、道德败坏。拉丁人内部也互相较劲；据说，他们要是不得已承认某个邻国有某种优秀品质的话，总会感到非常痛苦，因为他们脑子里想的总是对方的缺点。在“跛腿怪”阿斯蒙蒂斯的斗篷上，有无数用中国墨绘制的人物图案，但当中没有任何一幅是美的，每一幅都显得狰狞可怖：一位披着披风的西班牙女士对一个散步的外国人大加挑衅；一位法国女士对着镜子研究新的脸部造型，并要展示给房门口一位手捧假痣、口红的年轻神父看；一群衣衫不整的德国人围在一张桌子旁，不成体统地喝酒抽烟，桌上堆满了他们放荡狂欢后残留的垃 413
圾；一个英国人殷勤备至地向他心仪的女士献上烟斗和啤酒……[1]此外，还可以到“旁观者”先生的花园里看一看，自从花变成了各个国家的象征物，它就再也无法让人感觉到美丽和芳香：意大利的花气味过于浓烈，让人闻后脑袋昏昏沉沉；法国的花尽管色彩艳丽、炫目，气味却很淡，而且持续时间很短；德国的花和北方各国的花，则基本上没有，甚至完全没有味道，偶尔有的话也是很难闻的味道。[2]

然而，要是我们听久了从这一片片动荡的土地中扬起的呐喊声和怨愤声，我们也能感觉到，这些声音当中除了抗议和指责的语调外，也蕴含着几分骄傲。渐渐地，一首赞美欧洲的颂歌变得清晰起来，因为世界上其他任何一个地区都比不上欧洲的强大，都不具有欧洲的智慧和魅力，也都不曾经历过欧洲的辉煌。

的确，在地球的四大部分里，欧洲是最小的，但它也是最美的、最富饶的，这里的耕地最为密集，没有极度荒僻之地，也没有沙漠地带；自由七艺和机械艺术都在这里取得了璀璨的成就。有些人喜欢吹嘘他们在中国看到的种种奇观，那就随他们去吧，因为我们能听到这样的声音：“世上有一种天才，它还没有跨出过欧洲，或者至少可以说还没有远离过欧洲。或许，它

1 勒萨日：《跛腿怪》，第一章。——原注

2 《旁观者》，第455期。——原注

想存在下去，就无法同时做到向更广阔的地域传播，某种宿命的力量使它只能局限于较为狭窄的空间。既然我们拥有它，那就让我们好好享受它带来的益处吧；更了不起的是，它没有被禁锢在科学和枯燥的思辨中，它一直延伸到各个领域，甚至包括那些给人们带来欢笑娱乐的领域，而且都赢得了成功，从这些方面看，我怀疑，其他大陆的任何一个民族恐怕都无法与我们相比。”[1]尽管内部随时会分裂，但在面对它奴役的大陆时，欧洲又会形成一个整体，在必要的情况下，它会团结一心，再次完成征服。在欧洲人的头
414 脑中，一直印刻着往日时光的各种记忆，如大航海英雄时代，如地理大发现，又如满载黄金的海船，插在野蛮国家废墟上的光荣旗帜。按照欧洲人本身的说法，他们依然觉得自己“骁勇善战”“令人生畏”。“假如欧洲想震慑天下，那它肯定会立即动手完成目标，决不会花时间商讨。”——“君王刚把作战的念头公之于世，就能找到无数自愿拿起武器的人，他们唯一的愿望就是赢取荣耀；换到亚洲或非洲，用金银或其他各种许诺诱惑，也不会招募到这么多人。”[2]此外，欧洲不仅深知自己的不幸，也强烈意识到自己的错误，这让它痛心，让它深受伤害，它失去了很多东西，其中最让它感到悲哀的，就是信仰不再统一，昔日里，它可以自称是一片完整的基督教世界，但现在这个话题只能让它感到绝望。但是，欧洲还是自豪地认为，它有一种专有的优势，有一种越对比就越明显的独特性，有一种独一无二的、不可剥夺的价值。

欧洲究竟是什么？它是一种永不知足的精神。它对自身的要求一直是苛刻无情的，它永不停顿地追求着两样东西：第一样是幸福；第二样对它来说更不可缺少，也更为珍贵，那就是真理。每当这两种追求似乎有了新发现时，它都会立即意识到，这样的发现还不够可靠，自己所掌握的只是暂时

1　丰特奈尔：《关于宇宙多样化的谈话》，第六晚。——原注

2　路易·杜梅：《谨慎的旅行者》（Louis du May, *Le prudent voyageur*），日内瓦，1681年，第四论：《总论欧洲》（*De l'Europe en général*）。——原注

性、相对性的东西；于是，它又重新开始了这令人绝望的探索和追求，它的荣耀由此而生，折磨与烦恼也从中而来。

在欧洲以外，有不少人类群体尚未受到文明的洗礼，他们的生活是没有思想的，他们是为活而活的人。有些民族的人暮气沉沉，缺乏活力，他们觉得，成天不安分地想问题只会劳顿心神，于是他们避免过这样的生活，沉浸在以不变应万变的状态中，并将此称作智慧，他们追求的是涅槃的境界，认为这才是完美。还有些民族的人放弃了创新与发明，只愿永久地模仿。但是在欧洲，到了夜里，人们就会把白天织好的布拆掉；人们想试试其他的线、其他的纱，每天早上，织机的声音都会重新响起，在震动中制造出一件又一 415
件新的产品。

这个难以满足的织布女工也曾有一刻觉得，她可以歇歇手了，可以休息一下了，因为她终于造出了自己的杰作，这就是古典主义时代。她还能造出比这更美好、生命力更久的杰作吗？它是如此美好，生命力是如此之久，时至今天依然能让我们赞赏不已，它可以作为典范传给我们的儿孙，甚至传给我们儿孙的儿孙。但这种美也表明，创造它的那些人心中产生了一种安定感。古典主义找到了一种既不用抛弃古代智慧又可以践行基督教智慧的途径；这是一种让内心多种诉求得到平衡的途径，是一种从精神满足和文化欣赏的角度来建立秩序的途径，也是一种创造了无数传奇的途径，总之一句话，它找到了一种能让人心境趋近安宁的途径。

这样的成果实在令人难以忘怀，欧洲欣喜地对其久久凝视，甚至让自己的工作也中断了一段时间。在这段时间里，它产生了一种错觉，既然面前有如此众多既崇高又合乎规范的佳作，自己似乎可以停下以往辛劳的脚步了，毕竟，完成得如此精准、如此美妙的作品，之前它从来没有见过。

不过，这种错觉非常短暂，很快就被它自己否定了；尽管它受到了就此歇手的诱惑，但这并不代表它真正停了下来；因为欧洲一直受制于自身命运的法则，这是一种甚为严酷的法则。先有一群理论家提倡要以自由的方式接受权威，不过，还没等他们把自己的学说细化完毕，另一群理论家又出现了，这些人纷纷斥责道，这个权威制造了各种危险，做出了各种过分举动，也存在着各种谬误，他们要与这一权威的极端之处做斗争，甚至拒绝承认其理念存在任何价值。于是，人们暗中重新开启了探索的工作；尽管表象依旧平静，但人们已重生忧虑；人们踏上了追求另一种幸福、另一种真理的道路；那些不安分的人，那些对新事物充满好奇的人，尽管他们一度被人驱逐、遭人迫害，需要躲躲藏藏地过日子，但现在他们可以抛头露面，可以昂首前进，可以谋求声名，可以努力让自己成为向导和领袖。这段历程就是本书中我们所探讨的发生在17和18世纪之交的思想危机。

但是，这种批评精神究竟来自何方？它在成长过程中汲取了哪些养分？它的力量和胆气又源自何处？

416 它来自很古老的年代；它受到过古希腊的影响；与中世纪某位异端学者有关；又和其他某段遥远的历史有渊源；不过，不容置疑的是，它打上了文艺复兴的烙印。我们在本书中研究的这段时期，它与文艺复兴时期存在着不可否认的一脉相承的关系。在这两个时期，都出现了一些极具胆识的人，他们都拒绝把人类视作神的附属品。在这两个时期，人都同样得到了信任，也只有人能被给予这样的信任，因为是人明确了可知的界限，是人解决了所有有解的问题，并把无解的问题列入无效的范围，人成了世界的希望所在。在这两个时期，自然都得到了新的认识，自然固然是无所不能的，但自然过去被赋予了错误的定义，因此，它不再被视作造物主的作品，而被认为是所有生命体特别是人的生命冲动的表现。在这两个时期，都出现了同样的分化现象；17世纪末教会联盟的尝试以失败告终，这实际上只是对16世纪的教会分裂进一步盖棺定论，尽管在此期间，人们一直做着徒劳的努力，企图扭转乾坤。在这两个时期，不论是年代学的问题，还是巫师的问题，都引发了无休无止的争论。我们在本书中研究的这段时期是一段艰苦的岁月，是人们辛劳不辍、开诚布公的岁月。在这段岁月里，每个人都会审视自己灵魂的最深处；在这段岁月里，支持拥护现状的人会有意识地为自己最珍视的信念而战，怀疑主义者扮演的则是新兴教派信徒的角色；在这段岁月里，所有人都清楚，他们面对的局面，是一次对生命的决定性诠释，因此，在我们看来，这段岁月不啻为第二次文艺复兴。与第一次相比，这第二次文艺复兴只是变得更严谨、更朴实，也少了很多以往的幻想：这是一次没有了拉伯雷的文艺复兴，是一次脱离了喜悦的文艺复兴。

不过，这两段时期的关系并非只有空泛的相似性，它们相互间存在着一种很容易理解的历史关联性。在本书所研究的这段时期，有一些拼命工作的人，他们的胃口永远得不到满足，他们创造出一本本对开的大部头著作，也阅读了无数文献，尽管他们忽略了那些给文艺复兴带来魅力、带来微笑的诗人，但他们沿袭了文艺复兴时期哲学家的行动，因为是这些人塑造了他们的无畏灵魂，是这些人带他们领略了一种无拘无束的思想，让他们感受到这种思想所带来的乐与忧。他们听取这些哲学家的见解，仰慕这些人、追随这些人。自由思想者在16至17世纪出现了一些传人，而皮埃尔·贝尔又继承了这些传人的衣钵：他喜欢弗朗索瓦·德·拉摩特·勒瓦耶，因为在此人的《对话录》（*Dialogues*）中，“有一些极为大胆的关于宗教和上帝存在等问题的见解”；他推崇卢西利奥·瓦尼尼，将其视作不信宗教人士中的光荣殉道者。稍早一些的，他熟悉的人物有让·博丹、皮埃尔·沙朗[1]、米歇尔·德·洛皮塔尔，此外自然还有蒙田：在蒙田那极具古风色彩的文字中，417
他看出，有很多人会不顾事物本身，一开始便径直寻找原因——彗星的事例就是很明显的反映。贝尔和他同时代中大部分杰出代表人物一样，也非常了解乔尔达诺·布鲁诺（Giordano Bruno），他认为，此人“是个极为聪明的人，但他并不太懂怎么运用自己的智慧，因为他一方面指责了亚里士多德的哲学——在他那个时候，这么做当然免不了招来无数麻烦——，另一方面又抨击了信仰里的一些最根本、最重要的真理”。此外，他熟知的人物还有卡

1 让·博丹（Jean Bodin，1530—1596），法国政治思想家、法学家，近代资产阶级主权学说的创始人；皮埃尔·沙朗（Pierre Charron，1541—1603），法国的天主教神学家，17世纪新思想的主要贡献者。——译注

尔达诺，此人是“他那个世纪伟大的思想者之一”，“是个极富特质的人”，“他说过，那些认为灵魂与肉体一起消亡的人，从原则上说，应该比其他人更为善良”；对蓬波纳齐他也有深刻的认识。有什么重要人物他会不了解？他还了解异端分子帕林格尼乌斯，此人是诺代先生最推崇的作家[1]；总的来说，他了解所有只肯认同人类理性为唯一法则的人。[2]

同样，对于理查·西蒙来说，所有那些关心圣经文字与内容的前辈，所有那些按纪尧姆·博斯代尔[3]所言唯一的追求就是“用真正的理性衡量世界”的人，他都非常了解。对文本的尊重，各种历史语言方面的知识，语文学领域的进步，所有为他照亮前行道路的智慧之光，全都源自文艺复兴。他以王家公学院往日的很多学者为师。“我手上有一份材料，”他曾这样写道，“这是王家公学院成立四年后，巴黎神学院为控告公学院希伯来语、希腊语教师而起草的一份上诉书。”[4]

皮埃尔·贝尔和理查·西蒙在世时，就有人指出，他们与前人之间存在着明确的关联性。博絮埃曾这样指责道，“前有伊斯拉谟，后有西蒙，他们凭着自己在文字和语言上的一点过人之处，就胆敢妄自发表评论，比较圣哲罗姆和圣奥古斯丁”[5]；而贝尔的仰慕者则认为，应该在鹿特丹伊斯拉谟的
418 塑像旁为贝尔立像[6]。反对哲学的人会用同一种语调批判斯宾诺莎、布鲁诺、卡尔达诺和意大利的文艺复兴，他们认为，文艺复兴让异教的谬误死灰复

1 帕林格尼乌斯（Palingenius），皮尔-安杰洛·曼佐尼（Pier-Angelo Manzolli，1500—1543）的化名，意大利诗人、哲学家、医生；诺代当指加布里埃尔·诺代（Gabriel Naudé，1600—1653），法国作家、博学家、政治理论家，曾长期为罗马的一位枢机主教管理图书馆。——译注

2 《关于彗星的思考》，多处，及《历史与批评辞典》。——原注

3 纪尧姆·博斯代尔（Guillaume Postel，1510—1581），法国基督徒中研究犹太教神秘哲学的代表人士。——译注

4 《书信选集》，第5、9和23封信。——原注

5 《捍卫传统、捍卫教皇》，第一卷，第三册，第20章：《西蒙先生深表认同的伊拉斯谟对圣奥古斯丁的大胆批评》（*Audacieuse critique d'Erasme sur saint Augustin, soutenue par M. Simon*）。——原注

6 参见贝尔：《书信集》（*Correspondance*），吉加斯出版，序，第9页。——皮埃尔·朱利约：《被指控、被伤害、被定罪的鹿特丹哲学家》（Pierre Jurieu，*Le philosophe de Rotterdam accusé, atteint, et convaincu*），1706年，第2页。——原注

燃，还把无神论思想传播到世间[1]；而喜爱哲学的人则对15世纪末和16世纪初这段时间大加赞美，认为这个时期造就了新的智慧之光[2]。

因此，现代思想的发展大致可以归纳成以下的进程：自文艺复兴起，产生了一种创造发明的需求，出现了一股探索发现的激情，形成了一种批评的意识，这三种趋势非常明显，可以说，它们都体现了欧洲思想新潮流的主导特征。在17世纪中期前后，发展暂时停滞下来；各种对立的元素间渐生出一种矛盾的平衡；互相敌对的力量间达成了某种和解；古典主义赢得了真正意义上的传奇式成功。它具有强大的安定效能；它是一种能让一切平静下来的力量；它带来的安宁，是经历过激情和怀疑的人有意识追求的生活方式，这就好比说，但凡是经历过前一个时代动荡的人，无一不向往一种拯救众生的秩序。不过，这并不意味着分析反省的精神就此消失了：即便在古典主义者那里，这种精神也依然存在，在纪律和规范的约束下，这一精神为古典主义者完善自己的作品提供了保证，通过坚持不懈的追求，作品才能变成永恒的杰作。这一精神也存在于那些反叛者心中，他们在默默地等待着自己的机会。这一精神还受到另一群人的推崇，他们在与政治体制、社会体制达成和解的同时，也继续着自己的暗中斗争，他们借用体制的力量，保障自己的生活乐趣，这群人的代表者有圣埃弗尔蒙和丰特奈尔，他们堪称是革命的贵族。

因此，当古典主义不再能成为努力的方向，不再是主动的追求，也不再能得到深切的认同，而是转变为习惯甚至成为束缚的时候，早已做好充分准备的革新派就要展现他们的力量和激情了；欧洲的思想界于是重新开始了永恒的探索。一场极为迅猛的危机就此开始，来势汹汹，令人惊诧，但实际上这场危机是由一种有百余年历史的传统酝酿而成的，所谓的危机，实际上不

1 参见约翰·伊夫林：《宗教史》（John Evelyn，*The history of religion*），伦敦，1850年，序，第27页。——克里斯蒂安·科尔托特：《论三大欺世盗名者》（Ch. Kortholt，*De tribus impostoribus magnis liber*），基尔，1680年，开篇。——原注

2 文科硕士L. P.：《自牛津写给伦敦某个贵族的内含两篇评论文章的信》；1695年。——原注

过是一种从头再来，是一种历史的延续。

419 这场危机是一次全方面的危机，它势不可挡，影响深广，17世纪结束前它就已拉开帷幕，并几乎波及整个18世纪。思想的大交锋始于1715年之前，甚至早于1700年。《神学政治论》的胆魄咄咄逼人，《伦理学》的胆识让人在莫测高深中叹服，与它们相比，德国和法国在启蒙时代表现出来的胆气实在显得苍白而渺小。不论是伏尔泰还是腓特烈二世，他们都达不到托兰德那种疯狂的反教会、反宗教气魄；要是没有洛克，达朗贝尔（Jean le Rond d’Alembert）可能也写不出《百科全书》的绪言；荷兰和英国之间的哲学争斗激烈尖锐，让后世望尘莫及；甚至可以说，与拉翁唐这位反叛者笔下的野蛮人阿达里奥的生活相比，卢梭倡导的回归自然的理念也根本算不得激进。这段时期的新思想出现得过于密集，也过于丰富，看起来有些杂乱无序，但其中有两条主流是非常清晰的，它们跨越了此后的整个世纪：第一条主流是理性主义；另一条尽管起先只是涓涓细流，但逐渐有泛滥之势，这就是感觉和情感。在这场危机中，人们要跨出原本专属于思想家的领域，要走向大众，要得到大众的理解和认同；人们开始重新审视政府的原则和法权本身的定义；人们开始宣扬个体合理的平等与自由；人们高声疾呼要追求人权和公民权：因此我们还需要承认的是，促使法国大革命产生的那些思想导向，在路易十四统治结束前就几乎全都形成了。社会契约、君权民授、国民对君主的反抗权：在1760年的时候，这些都根本不是什么新鲜的概念了！四分之三个世纪前，甚至更早以前，人们就已经公开谈论这些话题了。

一切都早有端倪，这一点我们知道；世上本无任何新事，这一点我们也知道，特别是我们之前才刚刚强调了关联与演变的问题。但是，假如我们还是可以把某些事物、某些现象定义为“新”的话（在思想领域，似乎除了创新也无法有别的创造），那么，某种缓慢的酝酿、等待终于有了结果，某种永恒的力量在沉睡良久后重生，它突然在某一天复活，势头强劲，并让不了解它或是遗忘它的人感受到一种全新的耀眼光芒，这就可以称之为新；再比
420 如说，某种提出问题的新方式，某种说话的新语调，以及某种看重未来、轻

视过去的新态度，或是一边从往事中受益，一边脱离往昔的新理念，这些也可以称之为新；最后又比如说，某种足够有力、足够自信从而能够对人们日常生活产生明显影响的新的思想力量，某种效果延续到当今时代的变化，它们同样可以称之为新。在这一变化产生的那些岁月里，出现了无数天才，仅以最著名的人物为例，就有斯宾诺莎、贝尔、洛克、牛顿、博絮埃、芬乃伦等，他们致力于对思想的彻底分析检验，以便重新得出引导生活的真理。他们当中还有一位莱布尼茨，我们想把他谈政治领域的一句话推广到精神和思想领域中来："*Finis saeculi novam rerum faciem aperuit.*"（旧世界的终结让世间的事物进入了新状态。）[1] 在17世纪最后的那些年份里，一种涉及万事万物的新秩序开始出现了。

1 《莱布尼茨作品集》，富歇·德·卡莱伊编，第三卷：《新纪元伊始的欧洲状况》（*Status Europaei incipiente novo saeculo*）。——原注

索 引

[本索引中的页码为法文原书的页码，即本书边码；
以斜体标注的数字代表特别重要的页码。]

M

“二十世纪人文译丛”首批出版书目

《希腊精神：一部文明史》	〔英〕阿诺德·汤因比　著	乔　戈　译
《十字军史》	〔英〕乔纳森·赖利-史密斯　著	欧阳敏　译
《大地与人：一部全球史》	〔美〕理查德· W. 布利特　帕梅拉·凯尔·克罗斯利　等著	刘文明　邢　科　田汝英　译
《欧洲历史地理》	〔美〕诺曼· J. G. 庞兹　著	王大学　秦瑞芳　译
《希腊艺术导论》	〔英〕简·爱伦·哈里森　著	马百亮　译
《意大利文学史》	〔意〕弗朗切斯科·德·桑科蒂斯　著	魏　怡　译
《国民经济、国民经济学及其方法》	〔德〕古斯塔夫·冯·施穆勒　著	黎　岗　译
《古希腊贸易与政治》	〔德〕约翰内斯·哈斯布鲁克　著	陈思伟　译
《欧洲思想的危机（1680—1715）》	〔法〕保罗·阿扎尔　著	方颂华　译

图书在版编目（CIP）数据

欧洲思想的危机：1680-1715 /（法）保罗·阿扎尔著；方颂华译. — 北京：商务印书馆，2019
（二十世纪人文译丛）
ISBN 978－7－100－17508－1

Ⅰ.①欧… Ⅱ.①保… ②方… Ⅲ.①思想史—研究—欧洲—1680-1715 Ⅳ.①B504

中国版本图书馆 CIP 数据核字（2019）第097952号

欧洲思想的危机
（1680—1715）
〔法〕保罗·阿扎尔 著
方颂华 译

商务印书馆出版
（北京王府井大街36号 邮政编码 100710）
商务印书馆发行
山东临沂新华印刷物流集团有限责任公司印刷
ISBN 978－7－100－17508－1

2019年7月第1版 开本 640×960 1/16
2019年7月第1次印刷 印张 32½

定价：90.00元